谨以此书献给艺术大师程十发先生

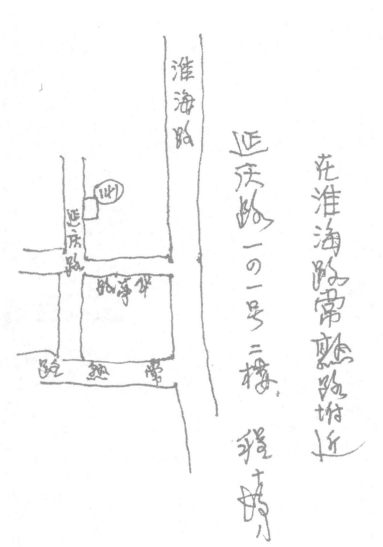

在淮海路常熟路附近

庆路一の一号二樓. 雅時

千家万法镕成我，我为千家哺后生。

——程十发

1964
1965
1966
1967
1968
1969
1970
1971
1972
1973
1974
1975
1976
1977
1978
1979
1980
1981
1982
1983
1984
1985
1986
1987
1988
1989
1990
1991
1992
1993
1994
1995
1996
1997
1998
1999
2000
2001
2002
2003
2004
2005
2006
2007

蔡梓源　　王志娴　编著

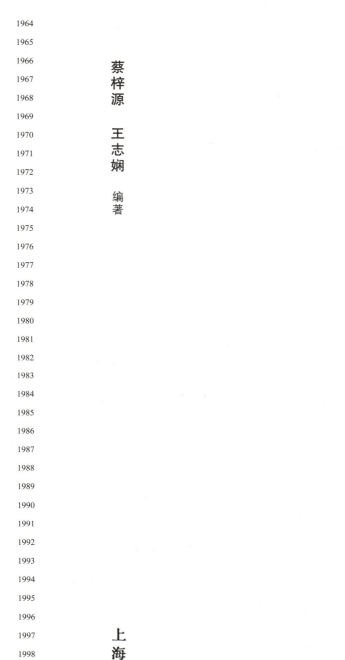

程十髮年譜

雲間程多多

上海人民美術出版社

1921
1922
1923
1924
1925
1926
1927
1928
1929
1930
1931
1932
1933
1934
1935
1936
1937
1938
1939
1940
1941
1942
1943
1944
1945
1946
1947
1948
1949
1950
1951
1952
1953
1954
1955
1956
1957
1958
1959
1960
1961
1962
1963

图书在版编目（CIP）数据

程十发年谱 / 蔡梓源，王志娴编著. -- 上海 ：上海
人民美术出版社，2023.12
　　ISBN 978-7-5586-2632-6

　　Ⅰ．①程… Ⅱ．①蔡… ②王… Ⅲ．①程十发（1921-
2007）-年谱 Ⅳ.①K825.72

中国国家版本馆CIP数据核字（2023）第033972号

程十发年谱

编　　著	蔡梓源　王志娴	
策　　划	潘志明　姚琴琴	
审　　定	程多多	
统　　筹	桑浦美术馆	
责任编辑	姚琴琴　潘志明	
技术编辑	齐秀宁	
装帧设计	潘寄峰	
出版发行	**上海人民美術出版社**	
	（上海市闵行区号景路159弄A座7F　邮编：201101）	
印　　刷	徐州绪权印刷有限公司	
开　　本	787×1092　1/16　36印张	
版　　次	2024年2月第1版	
印　　次	2024年2月第1次	
书　　号	ISBN 978-7-5586-2632-6	
定　　价	298.00元	

程十发（1921 年 4 月 10 日—2007 年 7 月 17 日）

目　录

序 一

众所周知，家父在中国画这一领域里摸索出了一条与众不同的，即所谓"程家样"的道路来。而"程家样"是通过大量对传统绘画的学习与研究，汲取精华，同时也通过对外国的优秀绘画艺术的探索，洋为中用，还包括向许许多多各种不同的艺术形式学习，化中外古今法而为我法，在长期的摸索与实践中形成的独特绘画风格，并不是一蹴而就的。家父逐步完善了他那种形象鲜明且具有强烈个性的"程家样"艺术风格。

"千家万法镕成我，我为千家哺后生。"这就是家父的心之所向。

程多多

2023 年 10 月 8 日

序　二

　　历史是由人类的活动所创造的。人类的活动则是由优秀的精英人物引领的。无论"英雄创造历史"观还是"历史创造英雄"观，对名人的认识，总是我们认识历史的一个重要的切点。因此，至晚从宋代开始，为历史名人编写年谱，便成为中国史学的一个重要特色，历千余年而益盛。但在相当长的一段时期内，名人年谱的谱主，基本上都是政治、思想、教育、文化方面的杰出人物，如韩愈、杜甫、王安石、苏轼等等。至于书画家，迄至民国之前，罕有为之编写年谱者。究其原因是传统的史学有一个根深蒂固的认识，即以文艺，尤其是书画为"小道"。如司马光的《资治通鉴》便明确表示"不载文人"，欧阳修的《新唐书》更宣称"夫子门下，文艺为下科"。直到进入民国以后，以上海为发祥地，书画名家，尤其是活跃在海上画坛的书画名家年谱的编写，才由风气渐开而蔚成风气，成为中国年谱史上的一道靓丽景观。书画名家年谱编写尤以改革开放以来为盛。

　　究其原因，一方面是书画艺术在中国历史上的意义越来越得到社会上的精英和大众的广泛认同，因此，对书画名家年谱的编写也就水到渠成。另一方面是海派书画是近一百五十年间中国书画史由传统走向近代的一面旗帜，因此，海派书画名家年谱的编写当仁不让地成为书画名家年谱中的热门选题。

　　我多次提出，20世纪跨21世纪的海派书画，先后出现过四位无冕的领袖人物，1930年之前为吴昌硕，1930年至1955年为吴湖帆，1955年至1985年为唐云，1985年至2010年为程十发。

　　能成为"海派无派"的海派书画领袖，首先必须有杰出的艺术造诣和成就，但仅有个人的造诣和成就还是不够的。像任伯年，虽然在中国画史上的贡献卓尔不凡，但作为海派书画领袖，他还是勉为其难的。这就牵涉到第二个因素，即他必须具备众望所归的人格魅力——别的书画家，即使不追随你的书画风格，但一定推重、信服你的人品风范。如上所述的四位海派领袖，无一不是画品、人品并高的海上书画界的一代人杰！

　　这里专说程十发先生。

　　论艺术成就，发老于诗文、戏曲、鉴藏、书画、篆刻无所不擅；论绘画，发老于中国画、连环画、招贴画、插画、海报无所不涉；论中国画，发老于人物、动物、花鸟、山水的题材和工细、写意、重彩、水墨的形式无不精妙；论人物画，发老于现实题材、历史神话、民族风情、戏曲人物、红楼故事无不绝伦！我曾提出，中华人民共和国成立后的"新中国画"和"红色经典"，在人物画科，人们都以"笔墨加素描"的"新浙派"为典型。其实，以发老为代表，包括刘旦宅、颜梅华、戴敦邦、韩敏、姚有信等在内的"笔墨加连环画"的"新海派"是又一典型——世人所津津乐道的"程家样"，主要是指发老在人物画创新方面的成果而言；而相比于"笔墨加素描"派，这一成果在中国画史上实现优秀传统创造性转化和创新性发展的意义，显然更胜一筹！论其传统的渊源，在师承关系上，是由吴昌硕、王个簃一脉相承而来；在艺术风格上，则是由陈老莲、任伯年一脉相承而来。而所有这一切，因其过人的天赋、过人的勤奋、过人的阅历，造就了其过人的成就，不言而喻，发老谱写了20世纪乃至整个中国书画史的绚丽篇章。

论人格魅力，发老温良恭俭让又机智幽默，其亲和力和凝聚力，尤其是奉献的精神，在海上画坛有口皆碑。这就顺理成章地使他成了继唐云之后海上画坛的核心。

本年谱的编写者蔡梓源先生，从20世纪90年代开始涉足书画收藏，于海派书画情有独钟，与当时还健在的老辈书画家过从甚密，于程十发先生请谒尤勤，收藏发老的作品亦尤丰。与大多数附庸风雅、旨在升值的收藏家不同，他由收藏而逐步走进了艺术的精神世界。他不仅自己学着作书、作画，20多年下来，竟登堂入室，笔精墨妙，格调尤高；而且不断地将自己在收藏、创作实践中的心得写成评论文章，著述成书，陆续出版行世。进而，他也就有了为发老编写年谱的构想，并很快地投入行动。

十几年来，他兢兢业业地收集资料，细心地甄别裁断，筚路蓝缕，集腋成裘，付出了艰辛的劳动。他终于把发老一生的行业、创作、人际往来、时代社会背景，以详赡的引征、扎实的考订、久洽的评价、图文并茂的形式，完整地呈现到了人们的面前，使发老的画品、人品，足供我辈乃至千百年后辈感发兴奋！

值此年谱即将付梓，梓源兄嘱序于余，因简述感慨如上。

徐建融
2023年国庆节于海上长风堂中

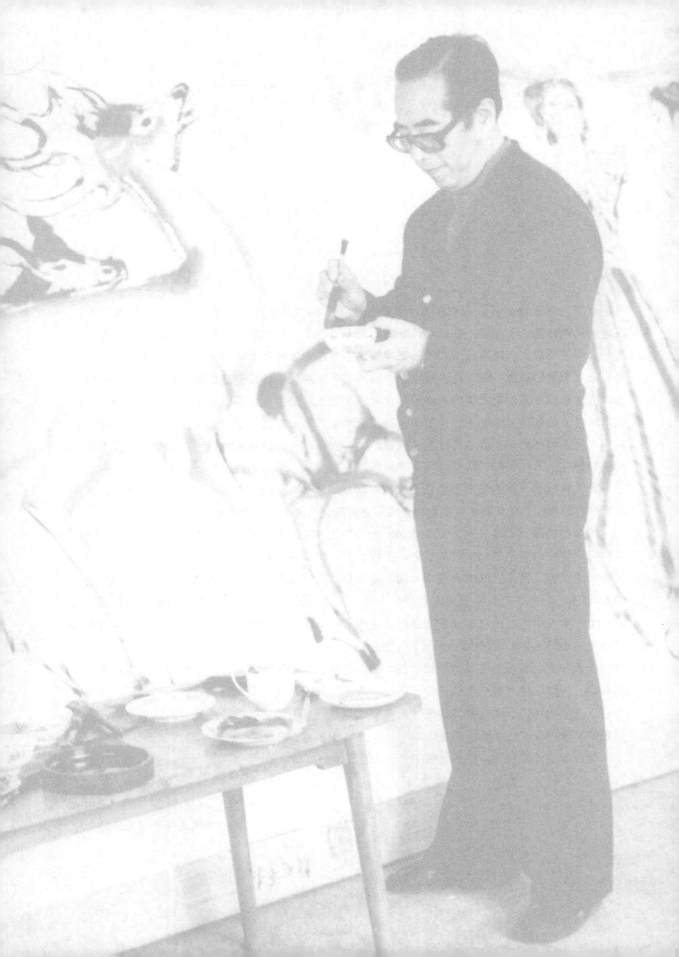

凡　例

一、文中取材，间有未及出处者，皆为笔者平日笔记。因时而不知去向，亦不得核实。故不再一一详列其出处，盖予略节，不复添注。

二、文中时间，涉及日、阳历皆从阿拉伯数字，阴历皆从汉字，并以阳历先后为序。阴历时事，皆于阴历后附对应之阳历时间；若仅为阴历月份时之事，不再附对应阳历时间；无月日之事附于该年之后；若无年份，但依事情大体推之而置于某年。无考者，或附于相类事之下，或舍弃不用。

三、因时间有限，某些篇章笔者仅就其中重要之事，略为择取一二，无有条例，恐或有连贯者未及之，望以原日记为准；笔者另有援引诸多与程十发有交集之师友文章，多仅就有关重要之事录之，亦恐有遗漏，在此不一一重申；另因程十发朋友圈之众，而另有甚多日记、杂记之类未及收集，冀重订时补之。

四、程十发首要身份是画家，文中除了以其生平、交游为主线，更注重对其所创作的画迹的搜集及整理，见其画中诸题及鉴藏各类书画碑帖诸跋皆录之，以见其学术思想。然笔者目拙，恐有伪作录入及有真知灼见者未及录入，望方家给予批评指正。

程十发年谱

1921年　民国十年　辛酉　一岁

　　4月10日，农历三月初三，程十发诞生于上海市松江县谷阳镇莫家弄6号，取名程潼，小名"美孙"，取祖父程子美之孙意，属鸡。因一楼之隔即为东岳庙，故此地也称岳庙镇。

　　先生出生的三月三日是上巳日（节），旧俗人们在此日结伴去水边沐浴，称为"祓禊"：祓即祓除疾病，清身心；禊为修整、净身。《论语》的《子路、曾皙、冉有、公西华侍坐》一节中，曾皙曰："莫春者，春服既成，冠者五六人，童子六七人，浴乎沂，风乎舞雩，咏而归"，即指此事。永和九年（353年），三月三日，王羲之和谢安、孙绰等42人在山阴的兰亭作"修禊"之会，留下了千古名篇"天下第一行书"《兰亭集序》。

　　明代画家莫是龙（1537—1587）也出生在莫家弄。莫是龙，字云卿，号秋水，又号后明、玉关山人、虚舟子等，南直隶松江府华亭人，莫如忠长子。8岁读书，10岁属文，14岁补郡诸生，人称"神童"。皇甫汸、王世贞辈亟称之。不喜科举业而攻古文辞及书法、绘画，以贡生终。是龙之父莫如

程十发出生地松江莫家弄

忠（1508—1588），字子良，号中江，嘉靖十七年（1538年）进士，累官浙江布政使，寻告归，杜门著书。莫家弄之名因莫家而得之。董其昌（1555—1636）为莫是龙好友，17岁即入莫家弄内的莫如忠家塾读书。莫是龙在其《画说》中提到了"南北宗论"，后全文收入董其昌《画旨》之中。

据《崇祯松江府志》第53卷记载，"东岳庙，在府城西，建置无考……"民国时，东岳庙原址在松江县西门外中山路。抗战时期，东岳庙经日军轰炸，部分得以保存，经乡绅出资修葺。中华人民共和国成立后，东岳庙成为道教场所。

程家原籍皖南新安，曾祖思斋翁主诊中医大方脉（即现在的中医内科），并以医持家。他因躲避太平天国后期江浙皖地区兵乱，随着移民潮，选择了日渐繁华且周边相对安宁的上海，定居于枫泾镇。曾祖、祖父子美翁、父亲欣木皆行医积善，在地方上广受称道。程子美曾担任枫泾镇北镇乡公造镇董，除以中医为业外，更开仓济贫，服务乡民，在当地颇有威望。并且他还出资组织人

当年祖上从医牌照

员编写《枫泾小志》，这是一份记录保存枫泾历史经济文化的重要地方史资料。因为程家经常接济穷苦病人，在乡亲中口碑很好，他们把程家门前的小巷叫"太平坊"，直到1966年才改为"和平街"。

光绪辛卯年（1891年）左右，枫泾许光墉等三人重辑了《枫泾小志》。后来在宣统辛亥（1911年）十月间，乡贤程兼善受人所托，在许志的基础上，增加了铁路、学堂等新生事物，增纂了10卷本《续修枫泾小志》，前述典故即来自此书。程兼善世居枫泾，熟悉乡里故人旧俗，曾经撰写过《嘉善县志》中的11卷人物志。而委托重修志书的带头人，正是先生的祖父程

父亲（程欣木）

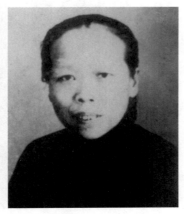

母亲（丁织勤）

子美。

程欣木少年时因祖父早亡，为继承祖业，沿江南水道西上，至浙江嘉善西塘镇，在老字号药铺钟介福堂做学徒，业师为钟稻荪。欣木专心学习中医内外科医术，并广涉各类中医书籍。

钟介福药店建于清光绪十一年（1885年），创始人钟稻荪。钟介福药店又名"钟介福堂"，取自《诗经·楚茨》"报以介福，万寿无疆"之意。除行医

枫泾镇和平街 151 号程十发祖居

外，钟稻荪还参考了明代陈实功所著《外科正宗》的八仙糕处方，研制出了西塘名点保健食品八珍糕。

学徒期间，程欣木在当地结识了浙江嘉善张泾汇人丁织勤，并与之结为夫妇。后因与同族关系不睦，夫妇俩从金山县枫泾镇迁至松江自办中医诊所，挂牌行医。

1921年，中国共产党的第一次全国代表大会在上海召开，宣告了中国共产党正式成立。

1922年　民国十一年　壬戌　两岁

先生父亲医业初不顺利，为了生活，他变卖了祖父分给的十几亩田地。

因当时乡村医生中主治中医大方脉者少见，程欣木妙手回春之名逐渐远播，家中生活得到改善，门下也收了弟子数名。

松江别称"云间"，这一风雅飘逸的别称最早见于西晋文学家陆云与名士荀鸣鹤初次见面的对话。《世说新语·排调》载："荀鸣鹤、陆士龙二人未相识，俱会张茂先坐。张令共语，以其并有大才，可勿作常语。陆举手曰：'云间陆士龙。'荀答曰：'日下荀鸣鹤。'""云间"在此是搭配陆云名字中的"龙"，并非原有地名，经此名士一会，席间妙语从此成为松江的别名。

松江真正的古名是"华亭"。"华亭"一名最初始见于《三国志·陆逊传》，其事因是陆逊因功而被孙权封为华亭侯。元至元十四年（1277年），华亭县升为华亭府。一年后改名松江府，华亭成了下属的一个县。由松江府而析出上海县，后来的大都市上海由此而来。

松江有九峰三泖之胜。三泖者圆泖、大泖、长泖；九峰者由东北趋向西南，依次为凤凰山、厍公山、薛山、佘山、辰山、天马山、机山、横云山和小昆山。

凤凰山形如延颈舒翼的凤鸟。厍公山最小，传说是秦代亢桑子隐居处。薛山在唐代有薛道约隐居，又名玉屏山。佘山为九峰之冠，有东西两山。西佘山海拔97.2米，翠竹幽篁，笋有兰香，又名兰笋山。辰山又名神山，传说元代有道人彭素云居此。天马山上多寺院，有烧香山之称，如今成为种药养鹿之处。机山相传为晋代文学家陆机所居，山下有平原村，均称陆机遗迹。横云山则为陆云所居，山上多峭壁，故有联云嶂、丽秋壁之景，旁边有赭色小山，有"小赤壁"之称。小昆山传说古代产玉，山形如覆盆，有"婉娈昆冈"之景。

今日三泖中，长泖、大泖俱已不存。长泖淤涨成田，至清代只剩阔如支渠的水流。大泖历史上早已淤塞，全部围垦为荡田，亦称泖田。圆泖则退化为宽阔的泖河。

程十发祖居药柜

枫泾镇泰平桥

多桥的枫泾镇

1923年　民国十二年　癸亥　三岁

　　程家从莫家弄迁出，在马路桥西富家弄居住下来，东数十步为嘉庆年间官至工部尚书的张祥河旧宅四铜鼓斋，西邻为清袁爽秋居，北为雍乾年间官至刑部尚书的张照塔射园。附近有一小关帝庙，庙后有西林寺塔。

　　西林塔位于松江区城西侧中山西路西塔弄，建于南宋咸淳年间，名"崇恩主塔"，俗称"西林塔"，洪武二十年（1387年）重建，改名"圆应塔"。塔系砖木结构，七级八角形，塔砖身尚完整，腰檐平座栏杆诸物已拆去，后经人民政府拨款修葺，西林塔恢复昔日的原貌。

　　当时松江名刹有超果寺、西林寺、普照寺、芦隐庵、抱香庵、楞严庵，有石湖塘古松、东岳庙银杏、披云庵梅林，有醉白池、秀甲园、塔射园、颐园等名园胜景。松江府城北门内的禅定寺，建于宋淳祐四年（1244年），元赵孟頫曾居于此。康熙南巡时御书"禅定寺"匾额。1919年，张爱因未婚妻亡故感情受到冲击，从上海悄然遁至松江禅定寺落发为僧。住持逸琳法师为其所取法号"大千"，典出佛家"三千大千世界"。次年1月上旬，张大千离开松江，募化至宁波观宗寺。

　　上海美术专门学校开始设立中国画科，并加强了对国学（包括书法金石）的学术研究，将中国书画正式引进现代美术学院，开创了中国现代美术专门学校设置中国画科的先例。由此开风气之先，影响扩大到各地美校和社团，如国立杭州艺术专科学校、中华艺术大学、新华艺术专科学校、昌明艺术专科学校等，奠定了中国现代高等美术专门教育中西并举的大格局。

　　1912年，刘海粟、汪亚尘等人在上海美租界乍浦路租房办学，开始招生。1913年因场地狭小，学校迁于爱而近路（今安庆路河南北路附近）。1914年2月，学校迁址于北四川路横浜桥南，7月迁至海宁路启秀女校旧址，张聿光任校长，刘海粟任副校长。1915年，学校迁址于西门

上海美专附设暑期学校职员表、国画科学程表　　程十发年幼时常去的西林禅寺

外江苏省教育会新屋，上海道尹公署为上海图画美术院立案。1916年，学校奉命改名"私立上海图画美术学校"。1919年刘海粟任校长，学校更名为"上海美术学校"，改学制，设立科，校址为西门白云观。1921年，根据教育部章程，学校更名"上海美术专门学校"，于康定路辟初级师范科。1922年上海美专分设三部，分置白云观、林荫路、微宁路三院。1923年，学校于杜神父路（今永年路）、菜市路（今顺昌路）新建、改建校舍，设"艺海堂"，开画廊，辟"存天阁"（康有为题）。1930年，学校更名为"私立上海美术专科学校"，门楣上为蔡元培所题新校名。1933年，学校设创立日，并于徐家汇、漕溪路设新校址，校董会主席蔡元培、王济远等亲往出席奠基仪式。

松江富家弄

1924年　民国十三年　甲子　四岁

　　军阀齐卢之战波及江浙，是年，先生阖家曾避难于张祥河旧宅，后又避难于上海租界数月。于沪上时，先生由叔领至青莲阁茶楼，由于年幼好玩，自行走离茶楼，险被拐子携走，幸被叔发觉及时追回。此事先生自小铭记在心，他说：差一分钟，世界上也就没有一个国画家程十发了。

　　张祥河（1785—1862），原名公藩，字元卿，号鹤在，松江娄县人。清嘉庆二十五年（1820年）进士。曾任内阁中书、军机章京，后升任陕西巡抚，累升至工部尚书。工诗词，通文史，著述颇丰。著有《小重山房全集》《四铜鼓斋论画集刻》《诗舲诗录》《会典简明录》《关陇舆中偶忆编》等。张氏宅在松江城西门外，原位于中山中路的里仁弄西，现址在松江中山西路的思鲈园东首。南有松风草堂，院之东北隅有四铜鼓斋。张祥河赴广西出任布政使时曾得汉代伏波将军马援平定交趾叛乱时留下的铜鼓四只，乃以"四铜鼓"为斋名。

张祥河《行书七言联》

　　张氏所著《四铜鼓斋论画集刻》是辑清人论画著作，所选具有代表性，选的版本亦较佳。所辑为12家：①石涛《画语录》；②笪重光《画筌》；③龚贤《画诀》；④王原祁《雨窗漫笔》；⑤王昱《东庄论画》；⑥唐岱《绘事发微》；⑦张庚《浦山论画》；⑧邹一桂《小山论画》；⑨蒋骥《传神秘要》；⑩方薰《山静居画论》；⑪黄钺《二十四画品》；⑫王学浩《山南论画》。此书大体略备清代人论画之要籍，足资参学，也是较早收入石涛《画语录》的著作。

　　9月，直系江苏军阀齐燮元与皖系浙江军阀卢永祥爆发了江浙战争，又称齐卢战争。这是直系军阀与反直系军阀势力之间的一次重大较量，也导致了随后张作霖与曹锟、吴佩孚间"第二次直奉战争"的爆发。为避兵祸，吴湖帆也在这一时期自苏州移居沪上。

石涛 《细雨虬松图》

诸乐三 《墨梅》

1925年　民国十四年　乙丑　五岁

　　父医业之余雅好盆栽，自理得数百盆。亦喜字画，墙上总有几幅附近文人的作品。父挚友为张祥河后人，名定九，常在张宅"松风草堂"举行文人雅集。他也常带来纸笔教程潼画画，又送了两本书：一本是青山草堂套色印刷的《竹谱》，一本是胡佩衡主编的《山水入门》，是先生学画的启蒙。后来先生还过房给张定九为继子，与张氏女儿祉琬以姐弟相称，一同学画。

　　父鼓励儿子学画，经常让他在包中药的纸上涂画，他会默默地坐在山水画前描上很久。《芥子园画谱》《飞影阁画谱》《画学丛编》等等，都是先生学画的范本。

　　张祥河宅内的松风草堂是民国时期松江最为重要的诗社——松风社重要的活动场所。松风社的主事者是张祥河的外孙耿道冲（1854—1932），他与雷补同（1861—1930）是民国初年松江文化事业的领袖。1917年，耿道冲和雷补同、张定九、杨了公、于允鼎等共同发起了松风社。此后诗社规模逐渐扩大，最多时有近80人，其中著者有朱运新（似石，别字顽斋）、顾保圻（荃孙，别署悟庐）、杨锡章（了公）、胡毓台（胡公寿之侄）、顾嘉玉（子丰）、唐彦（蕴初，别署大山）、费砚（见石，别署龙丁）、雷缙（君曜）、徐公修、张琢成等，东道主是同为社员的张祥河曾孙张尔鼎（定九）、张尔永（耕九）、张尔泰（思九）兄弟。松风社至甲子（1924年）积诗2000余首，汇集成编《松风社同人集》。因张定九的关系，程欣木亦时与诗社社员雅集。

　　先生后收藏张祥河行书四言联"门有通德，家承赐书"。

《山水入门》

《芥子园画谱六集》

张祥河《行书四言联》

3月12日，孙中山（1866—1925）在北京病逝，享年59岁。

10月10日，故宫博物院在神武门门楼挂牌成立。

11月，于右任、查烟谷在上海创立海上书画联合会。

1926年　民国十五年　丙寅　六岁

　　先生进松江白龙潭小学（现岳阳小学），开始读的是"半年级"，相当于今日幼儿园，启蒙老师为孙慕野，其亦为松江之西医。

　　父亲有个帮手喜欢看戏，放暑假时，经常带他去看戏。据先生回忆，他四岁到九岁暑假期间，差不多天天去看。

　　先生回忆儿时，父亲曾将一幅后期人工上色的任伯年（1840—1895）《骑驴图》的石印画悬挂在诊所里，这幅作品无疑是先生最初的传统书画启蒙。晚年，先生还依稀记得画上的题跋似乎是："别人骑马我骑驴，仔细思量我不如，等我回头看，还有挑脚汉。"

　　后来先生喜爱甚至收藏诸多任伯年的画作，追索其源头恐怕也来于此。先生还曾特治收藏印"十发得伯年铭心绝品""十发藏伯年小品"。

　　先生晚年回忆道：

任伯年《骑驴图》

　　　　现在人家要我回忆，为什么从小就喜欢画画，原因也是很复杂的，有时候是与环境有关系，与父母有关系，家庭的因素不可忽视。我具体地讲一点。我父亲的房间里挂了一张画，是任伯年的，是复制品，还不是原作。那时候我父亲没有条件去买原作。但是这张复制品不是现在的复制品，是石印的，印了以后用人工上颜色的那种。任伯年画了一个骑了一头毛驴的人，他看见后面有一个推车的人。"他骑骏马，我骑驴，仔细思量总不如，回头看推车汉"，意思是你不要自己骑了毛驴，还去羡慕人家骑骏马的，你回头去还看见推车的，你比上不足，比下还有余。所以我从小就知道任伯年。

　　　　还有我父亲有一个很好的朋友，也是邻居，他的上代人也是比较有名的，叫张祥河。这个人是刻美术丛刊的，有一种叫《四铜鼓斋丛书》（应为《四铜鼓斋论画集刻》），石涛的《画语录》就是第一次在他的丛书里出现的。这个人

"十发藏伯年小品"

后来在广西、广东做官。他的孙子叫张
铸，也很喜欢画画，常到我家来，他给了
我几本启蒙时期的画簿，我就根据它们来
学。小时候我家里就一个孩子，家里鼓
励得多，这样就慢慢地喜欢上了画画。

　　石印技术是20世纪20年代最为时髦的印
刷传播技术之一，而任伯年的作品多取材于
民间艺术，突出对一般市井人物和生活的表
现，故其画作能在他过世30多年后通过石印
技术广播乡里，作为一种廉价却世俗化的流
行，在主要的装饰功能之外，还能够与广大
民众在审美以及情感上有所共鸣。

任伯年《双鸡图》

1927年　民国十六年　丁卯　七岁

　　父已成为乡里之名医，百里内求医者户室常满，加上售卖精制外科膏丹，小康之家其乐融融。

　　先生在松江白龙潭小学上学，班主任是一位18岁的男青年，懂昆曲，常在孩子们面前情致缠绵地哼唱。由于先生自幼心灵敏锐，记忆力强，那婉转低回的曲调、老师自我陶醉的神情，给他留下了深刻的印象。此后，先生渐渐成了一个昆曲爱好者，许多戏曲人物画亦取题于昆曲。随着文学修养的提高，对昆曲唱词理解的加深，兴致好时，先生也会唱上一段。

　　童年时，先生曾经在家里的纱窗棂上临写胡公寿的画作，家里人看到了很是高兴。

　　胡公寿（1823—1886），初名远，号瘦鹤、小樵、别号横云山民，以字行，华亭（松江）人。工画山水、兰竹、花卉，尤喜画梅。萃古今诸家之妙，成一大家。喜用湿笔，浑沦雅秀，得淋漓浓郁之致，江浙名士无不倾服。书法出入于平原、北海间，独具体势。诗宗少陵，清健遒炼。《申报》称其画"天骨开张，笔势超纵"，使乞画者"踵趾相属"，成为"以书画噪遐迩者"。

　　1927年3月，上海出版界的主流世界书局出版《三国志》，由陈丹旭绘画，书名上首次印上了"连环图画三国志"的书名，是现今学术界普遍认可的真正意义上的"连环画"源头。此后，"连环画"，或曰"小人书"，这种通俗易懂的出版物开始在儿童及劳苦大众群体中广泛流传开来。

　　1927年夏日，戴望舒避居在松江施蛰存宅内，因恋施氏之妹施绛年而创作了名篇《雨巷》。

胡公寿《三友图》

吴昌硕《梅兰竹菊》四屏

　　8月1日，由周恩来、贺龙、李立三、叶挺、朱德、刘伯承等领导的南昌起义，打响了武装反抗国民党反动派的第一枪，揭开了中国共产党独立领导武装斗争和创建革命军队的序幕。

　　11月29日，吴昌硕（1844—1927）逝世于上海，享年83岁。

1928年　民国十七年　戊辰　八岁

　　父亲操劳过度得疾，是岁冬离世，尚不到50岁。从此家道艰难，靠亲友资助及母亲卖膏药、帮人家洗衣服来维持生活。因家境困苦，先生回忆起过年时，有钱人家吃松糕，他只有一块硬糕啃啃，把这当饭吃，平时连饭也吃不起。但母亲为了不让儿子辍学，毅然支撑全局。

　　先生晚年曾随手录下一张松江的家乡民间菜谱，这是对往昔有过困苦、有过欢乐、简单而又丰沛的少年生活的追忆，其间对家乡的深情，溢于言表。

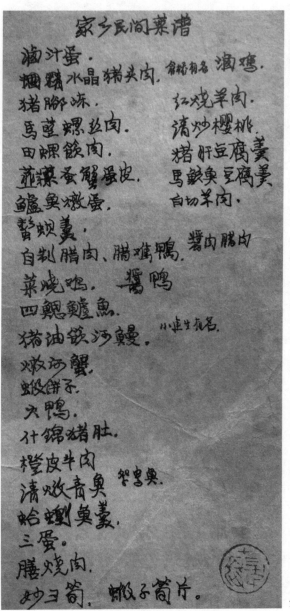

家乡民间菜谱

卤汁蛋

水晶猪头肉　　　卤鸡

猪脚冻　　　　　红烧羊肉

马兰螺蛳肉　　　清炒樱桃

田螺嵌肉　　　　猪肝豆腐羹

韭菜蚕蟹蛋皮　　马鲛鱼豆腐羹

鲈鱼炖蛋　　　　白切羊肉

蛏蛳羹

自制腊肉　腊鸡鸭　酱油腊肉

菜烧鸡　　酱鸭

四腮鲈鱼

猪油嵌河鳗

炖河蟹

虾饼子

火鸭

什锦猪肚

橙皮牛肉

清炖青鱼　　　鸳鸯鱼

蛤蜊鱼羹

三蛋

膳烧肉

炒雪笋　　　虾子笋片

家乡民间菜谱

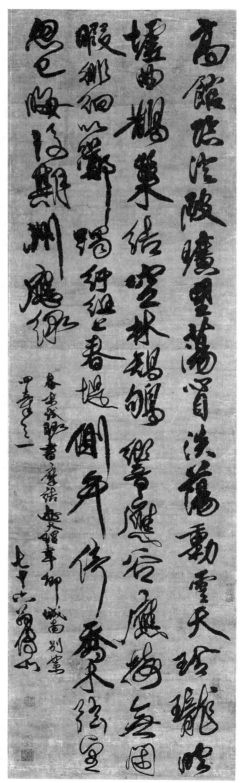

傅山　行书　［唐］王维《晦日游大理韦卿城南别业》诗
原程十发旧藏　上海中国画院藏

1929年　民国十八年　己巳　九岁

一见到珂罗版印刷的山水画册先生就爱不释手，可惜无钱购买，只得借来在菜油灯下刻苦临摹，并把书册上的小画放大若干倍，如原作这么大，经常画到灯油燃尽，灯芯烧焦，以致后来在少年时即戴上近视眼镜。当时的松江有好几家裱画店，先生常常去看裱画，那些店里的画作也成了无声的"老师"。

松江历史上有许多相关的名人，先生儿时就在明代内阁首辅徐阶家属的墓地上，与小伙伴一起放过风筝。当地也流传着海瑞惩治徐阶儿子的故事，所以后来的松江人民对海瑞也特别亲切，这为先生以后画《海瑞的故事》埋下了伏笔。

长篇弹词《大红袍》演绎的是海瑞的传奇，其中一段《海瑞被擒白雀寺》，讲述了海刚峰破获白雀寺冤案的故事。其中的白雀寺原址据传就在松江东门外。

白雀寺原址

清康熙年间《松江府志》卷五中，载有明代松江人张弼短文《东门三事赞》：

三事者何？诗也，字也，棋也。吾郡（东门）素有诗窠、棋囷、字仓场之谚。余欲成其美也，爰为之赞。

郡城东闉，俗阜且文。篇章涌雾，翰墨屯云。闲雅之戏，棋亦超群。风雅遗音，张王格力。弈秋之能，亦来赏激。故谚有言，远迩曷敌。駉（駉）颂无邪，笔谏正直。爰兹勉旃，聿跻于极。彼弈之攻，聊资戏剧。

康熙《松江府志》对当时松江的"诗、字、棋"三事之盛，记曰："士人帖括外兼娴风雅。凡词赋之业，童而攻之，多有文集表见于世。即六书八法莫不家习而究其奥，有以布衣邀宸眷擢卿贰者。今海内谈诗家率推云间派，而论书画者亦以云间为宗。"窠、囷、仓场，均含有聚居、收纳、集合之意，以"诗窠、棋囷、字仓场"来形容松江，言此地文化风气浓郁，弈棋风盛，且不唯东门外一隅，盖松江全府皆然也。故先生后特治"诗窠棋囷字仓场"一印，为籍里旧俗而自豪。

1月9日，何香凝、陈树人、经亨颐发起的"寒之友社"在上海成立并举办美术展览，经亨颐任社长。

郑午昌著《中国画学全史》由中华书局出版。本书堪称20世纪中国美术史学科的奠基性著作之一，被蔡元培赞许为"中国有画史以来集大成之巨著"。

董其昌《山中有白云》　　　　　　　陈洪绶《玉川子图》　原程十发旧藏　上海中国画院藏

1930年　民国十九年　庚午　十岁

因家居东岳庙附近，先生经常来此玩耍。庙的大殿和两廊庑的十殿阎王，那神异而可怕的形象，给先生幼小的心灵留下了不可磨灭的印象。庙前有一个犹如苏州玄妙观的集市，集市里开着各种店铺。每逢年节，唱京剧的，玩杂耍的，说书的，都来此各占一块，竞相演出。这些民间艺人的表演，给人以一种纯朴的趣味。

先生当时十分喜欢看乡下演出的京戏，对才子佳人不感兴趣，宁肯看大花脸、净角戏，这个兴趣一直保持着，所以在以后戏曲人物画中，这些内容占了很大的比例。另一个给先生留下深刻印象的是每年农历七月举行的盂兰盆会，一长溜吹吹打打的迎神队伍，打头还有人扮演拖着长舌头的"无常鬼"。

这些千姿百态、充满烟火气的民间艺术给先生以后的艺术创作带来了深远的影响。

1930年的东岳庙

3月11日，郑午昌、贺天健等发起在上海成立蜜蜂画会，会刊《蜜蜂》创刊。

7月，中国左翼美术家联盟在上海成立。

10月5日，"中国美术展览会"在比利时黎业斯美术会举办，展出黄宾虹、徐悲鸿等的作品180余件。

罗聘《驴背钟馗图》　原程十发旧藏　上海中国画院藏

1931年　民国二十年　辛未　十一岁

母亲虽不识字，但因以前经常给丈夫做助手，知晓不少药理。乡下农民烂脚、生疮的病人很多，母亲又有祖传治烂脚疮的秘方，在病人的鼓励下，就正式挂牌行医。母亲挂牌行医后，来就医者甚多，生活好转。乡人时常赠送自家养的芦花鸡作为酬谢，先生后来回忆说："我小时候唯一的玩具，就是后院那群芦花鸡啊。"

该年，版画家珂勒惠支经由鲁迅介绍来到中国。珂勒惠支早期的艺术风格是现实主义，到中后期逐渐进入了表现主义。由铅笔或者油墨塑造出的黑、白、灰色有力的线条，暗沉的色块，通过印刷的复制转印呈现在画册、杂志上时，竟有一些表现出与中国水墨接近的晕染效果。后来先生接触到珂勒惠支的作品，非常喜欢，他在《阿Q正传》里的笔墨线条处理就受到了珂氏的启发。

程十发和母亲丁织勤

王蒙（1308—1385），字叔明，号香光居士，吴兴（今浙江湖州）人，赵孟𫖯外孙。家学渊源，外祖母管道昇、舅父赵雍、表弟赵彦徵都是元代著名画家。他在"元四家"中年岁最幼，但于画史中画名最盛。工诗文书法，擅画山水，早年受到外公赵孟𫖯影响较多。元末隐居临平（今浙江余杭）黄鹤山，故自号黄鹤山樵。明洪武初年（1368年）出任泰安知州，朱元璋治宰相胡惟庸谋反罪时，王蒙因曾在胡府中看画而受到株连，后病死狱中。

12月，叶恭绰、郑午昌、黄宾虹等在上海创立中国画研究团体——中国画会，其前身为蜜蜂画会。

王蒙 《修竹远山图》
原程十发旧藏　上海中国画院藏

1932 年　民国二十一年　壬申　十二岁

在松江老城中心地段的佛字桥旁，旧有一座石碑，上面刻着十头鹿，程潼每次经过就徘徊其下，对鹿的喜爱彼时就在他心中埋下了种子。20世纪70年代，先生创作多以鹿为主题，也常回想起这童年往事。

先生所说的鹿碑，可能即"十鹿九回头碑"（今被迁至醉白池）。按《华亭县志》载，"十鹿九回头碑在普照寺桥侧，刻十鹿于上，阳纹隆起，头角峥嵘，其一顺向，余俱反顾，故松人以作事不前谓之十鹿九回头"。该碑得名自松江的俗语，实则碑上只有七鹿回头。

先生自小就对松江的人文、历史、掌故充满了好奇心，随着知识面的扩展，种种往事皆了然于心，所以在此后的创作生涯里，他在书画上常常钤上"云间""鲈乡""二陆乡人""华亭路畔之华亭县人"等眷怀乡情的印章。

十鹿九回头碑

为支持和引导连环画这一通俗的艺术形式更好地发展，鲁迅、瞿秋白和茅盾等，曾在1932年围绕连环画问题与胡秋原、苏汶展开一场论战。鲁迅所写论述连环画的文章，有《连环图画辩护》《连环图画琐谈》《论"旧形式的采用"》《看图识字》和《一个人的受难》序等。鲁迅在《连环图画辩护》一文中，以明显的例证和事实，有力地驳斥企图把连环画一笔抹杀的言论。他强调连环画"不但可以成为艺术，并且已经坐在'艺术之官'的里面了"。

1月28日，日军进攻上海，淞沪抗战爆发。担负沪宁地区卫戍任务的第19路军在总指挥蒋光鼐、军长蔡廷锴的指挥下奋起抗战。

《茸城十全图》

1933年　民国二十二年　癸酉　十三岁

　　松江此时正处新旧文化交接时期，在先生的印象里，他站在城墙上可以看到古柏参天的孔庙、宝塔高耸的佛寺及市集兴隆的东岳庙，再远处则能看到天主教堂和基督教堂那尖尖的屋顶和钟楼。

　　先生家附近有许多手工业作坊，如染布的染坊，他们把布匹晾晒在过街的路上，一路走过去就像在看蜡染展览会。纸牌工场里用套色木板印纸牌的花样，用黑、绿、橙三种色调，色彩对比强烈。在制造佛像的作坊里，工匠们凿木头发出的笃笃声和香樟木散发出来的独持的香气，先生到晚年依然清晰可忆。

　　先生后来回忆他早年的艺术萌芽和生活环境的关系时说：

　　　　说到我如何学中国画，我首先承认我与大家学中国画的过程比并没有什么特别，也是临摹、写生、创作、写字、读美术理论和美术史等等。但我不仅讲过程，而且讲使我学习的这些宝贵的条件从何而来。

　　　　我小时候自从九岁父亲故世以后，一直是在亲友的帮助下，和我母亲两个人相依为命地生活。从物质上来说，我没有条件学绘画，但经过了这半个世纪以后，经过了严霜烈日，又经过了次第春风，我发现一种看不见、潜在着的力量在支持我。我在小学念书的时期，生长在离上海30多公里的一个小小的古城松江。我是1921年出生的，出生在一个三代中医的家庭。这个正是新旧文化交接的时代，我们站在城墙上看到古柏参天，这是孔庙，看到宝塔高耸，这是佛寺，又有市集兴隆的东岳庙，不少是唐宋元明清留下的古迹。但又加入了耶稣教堂（应为天主教堂）和基督教堂，它们的屋顶及钟楼高入云霄，中外文化结合在一起。路上也有和尚、道士，加上了外国的传教士掺在人群之中。我们家附近有许多手工业的作坊，如染布的染坊，他们把作品在过街的路上晾晒着，无疑像中国蜡染的展览会。还有纸牌的工厂，纸牌上画有人物，颜色很漂亮，橙色、绿色、黄色、黑色都有，第一道就是套色木板印纸牌的花样，这是民间美术，我对它有极大兴趣，中间有人物花卉，色彩对比强烈的黑、绿、橙三种色调。还有许多家造佛像的作坊，这是传统的雕塑家，我听到他们用凿子凿香樟木的声音，闻到香樟木散发出的香气；还有修理古书籍的店铺，特别有几家裱画店，我会到里面去猎奇地去看这些作品。这一切的环境，只要你有兴趣学习中国美术，已经有了客观条件，这无形地给我创造了条件，无疑这些都是我的老师和默默的支持者，也孕育着如何重视民间艺术的原因。

陈洪绶 《秋花山鸟图》 原程十发旧藏　上海中国画院藏

1934年　民国二十三年　甲戌　十四岁

1934年，程十发从松江白龙潭小学毕业，进入天主教会创办的震旦大学附中（即光启中学，现为松江二中）。此年他14岁，因国文及美术的成绩好，校长（中国籍神父）就用"天才教育"的方式鼓励少年程十发。所谓"天才教育"，是1922年11月1日，北洋政府以大总统令公布了《学校系统改革案》，又因其采用美国式的六三三分段法，所以也称"六三三学制"。该学制另有附则，强调注重天才教育（智能优异者），得变通年期及教程，使优异的智能得到尽量发展。

白龙潭小学校徽

先生少年时对书画、古文情有独钟。他正是以绘画为突破口，让失去父亲护佑的人生有了寄托。他自小言语不多，有时还稍有讷口，但善于观察，长期的社会底层生活，让他发现了鲜活的民间艺术和生动的民间文化。

以后先生安于贫苦学画不已，身患重病其志不移，不人云亦云，有独立见解，处困境仍能以幽默自解，可能都是从少年起养成的坚韧独立的性格所致。

由于交通阻隔和人口结构不同，虽然靠近十里洋场，但松江依旧相对传统保守，人们的生活方式并没有完全被西化风潮影响改变。私塾教育形式已经逐渐为学校教育模式所替代。在小学里，先生对书画、诗文、史地特多禀赋，而对数理化独缺悟性。

4月29日，冯文凤、李秋君、陈小翠、顾青瑶等在上海倡议发起成立中国第一个女子美术团体——中国女子书画会，并举行同人大会。陆小曼、吴青霞、周炼霞、谢月眉、庞左玉等响应加入。

8月，黄宾虹、俞剑华、孙重沓合编《中国画家人名大辞典》，由神州国光社出版发行。

光启中学旧校址

青年时期的程十发

1935年　民国二十四年　乙亥　十五岁

先生的数学成绩总是考不及格，一度影响到了升学，让他头痛不已。后来先生开玩笑说自己是因为数学不好才去学画。

先生以个人名义参加中华民国全国儿童绘画展览会，并当众挥毫。

少年时在水乡的生活经历为他以后创作鲁迅小说题材的连环画积累了丰富的素材和实际经验。

青年时期的程十发

王个簃受聘上海美术专科学校（简称"上海美专"），不久即任中国画系主任。时刘海粟任校长，谢海燕任副校长，蔡元培为校董之一，校址在上海顺昌路。

7月，郑午昌著《中国美术史》由中华书局出版。

上海美专的人体写生素描课及合影

上海美专校址及展览会

1936年　民国二十五年　丙子　十六岁

　　少年时，先生喜欢按自己的兴趣自学，并有自律意识，已临摹了不少珂罗版古画。他把借来的《黄鹤山樵画册》中一幅幅小图临摹放大至原画大小，以揣摩王蒙用牛毛皴笔触的细微变化。此时先生喜爱上了陈老莲的书法。

　　初二时先生在校刊上发表了现代诗。

《枫之笺》 程潼
以前——
在秋的林野里，
饮过醉的泉水：
泛红了你脸！
现在——
虽然枯了！
只要写
当我写第一笔时，
比从前鲜艳得多了！
＊＊＊＊＊＊＊＊＊＊
去吧！
春之溪头的桨声已复活了！
昨夜——
树上的歌声已出现了！

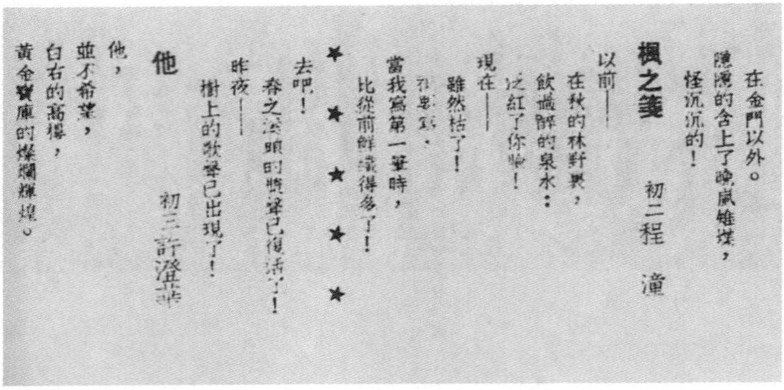

程十发中学时代发表的现代诗《枫之笺》

　　《故宫书画集》结集出版。本套画册由北平故宫博物院编辑，京华印书局珂罗版宣纸影印，自1930年10月至1936年9月每月一期，共出45期，内收名画836幅、法书64幅，皆为故宫内藏珍宝秘籍。中国用珂罗版影印书画名作始于此。若干年后，先生向朋友借来这套画册集，就书上前贤名迹临摹放大，苦心钻研。

　　俞剑华著《中国绘画史》由上海商务印书馆出版，书中潘天寿将海派分为"前海派"和"后海派"，称赵之谦、虚谷、任伯年为"前海派"，以吴昌硕为领袖并延续发展的为"后海派"。

1月，徐悲鸿、汪亚尘、颜文樑、朱屺瞻、张充仁、陈抱一发起成立默社。
6月7日，中国文艺家协会在上海成立并发表《中国文艺工作者宣言》。
10月19日，鲁迅（1881—1936）在上海病逝，享年55岁。

王蒙《青卞隐居图》

虚谷《春波鱼戏》

1937年　民国二十六年　丁丑　十七岁

　　先生在光启中学正临毕业之际，抗日战争全面爆发，松江城被轰炸为瓦砾。先生不得已在该年停学，由母亲携至乡间避难。一年后归来，看见家中被日本鬼子洗劫一空，心中十分彷徨。某天，正低头坐在门槛上思索之时，发现一棵生长在瓦砾堆中的秋海棠，那娇艳的秋色，是对生活的启示，自感应冲破黑暗，盼望光明的来临。在此后画家漫长的艺术生涯中，每当遇到困难或身处逆境，这朵废墟中的秋海棠就会在记忆深处浮现，给予他力量和希望。

1937年的松江古城和被日机轰炸后的松江城区（日本　金村守之拍摄　松江区档案馆提供）

　　7月7日，"卢沟桥事变"爆发，日本帝国主义发动大规模侵华战争，北平、天津相继沦陷，全面抗战开始。

　　7月28日，上海文化界500余人集会，正式成立上海文化界救亡协会，推举宋庆龄、蔡元培、何香凝、茅盾、潘公展等83人为理事。

　　8月13日，日军大举进犯上海，上海军民奋起抵抗，"八一三事变"爆发，淞沪会战开始。

　　12月，日军攻占南京，屠杀中国军民30余万人。

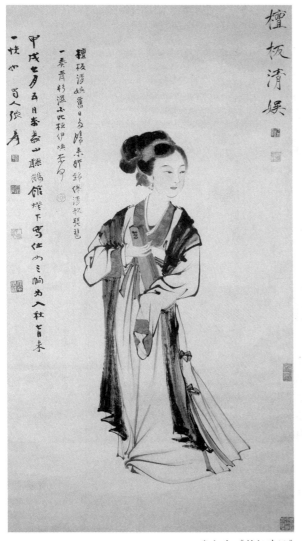

张大千《檀板清娱》　　　　　　　　吴湖帆《山中一夜雨》

1938年　民国二十七年　戊寅　十八岁

9月，在亲友的资助下，先生正式进入上海美术专科学校国画系学习。上海美专由刘海粟创办，当时的代理校长是谢海燕，国画系主任是王个簃，教师有李仲乾、汪声远、顾坤伯等。

当时学校同学许多都穿着考究，先生着布底鞋长衫，可以说是带着松江乡土文化气息走进现代美术教育的学校。因父早亡，先生从未离开过母亲。母亲亲自委托校长谢海燕照顾他，爱才的谢校长看到他的作品后就一直十分关心这个学生。上海美专的国画系分山水、花鸟两科，没有专设人物画科，此外还设有文学、美学、画理、诗词题跋、金石篆刻等课程。先生对山水十分偏爱，用的功夫也最多，古贤名家中他最推崇"无法可循"的方从义（方壶）。

上海美术专科学校

先生曾说："元人画素以大痴（黄公望）为祭酒，而余推方壶（方从义）为第一。黄有法可循，而上清无可循也。"

在上海美专1938年的"课目一览"中，先生作为一年级的新生要修的课程有刘庸熙教授的国文，俞剑华教授的国画史，朱天梵教授的诗学和题跋，李仲乾（李健）教授的金石学、书法和篆刻，王个簃、汪声远、吴莁之教授的国画实习以及吴莁之教授的画论等。由此可见，课程的基本设置满足了培养具有文人素养的国画从业者的需求。这种现代学校形制中的中匡画教学不同于传统一对一的师徒制，它以结构丰富的课程设置、专业老师各有侧重的讲授为基本形式，以不同的专业课程区块和不同教师讲授的内容拼接成学生在校的学习版图。

上海美专管理相对宽松，先生在课堂上得以用自己喜欢的表现方法来创作，导致的结果是交上去的作品某些教师不满而不愿意批阅，但王个簃先生说："随他去吧，他想怎么画就让他怎么画。"后来王老曾赋诗一首评点云："程生不犹人，胸次极寥廓。抚古有会心，笔墨无拘束。萧疏木一柯，崛为山一角。策杖入空濛（蒙），俯仰何所作。曲高和者寡，纷纷念流俗。"在学校里，先生除了得到王老指导学习吴昌硕家法外，亦获吴东迈先生奖励，认为笔力不弱而有奇气云。

在同班学生里，有一女同学，叫张金锜，浙江杭州人，1918年生，长先生三岁。金锜自幼受叔父（杭州书画家张子固）之影响，酷爱书画艺术，张子固与吴昌硕同为西泠印社创始人，耳濡目染，故仰吴昌硕先生艺术流派。

张金锜1918年农历五月十一日（阳历6月19日）出生于杭州，铁线巷女子职业学校毕业后，在吴昌硕公子吴东迈大力举荐下，考入上海美专，拜入王个簃门下学画。张金锜幼年时全家居住在杭州庆春门边上岳官巷内，家宅由她祖父张熊吉花费一生积蓄营造，后毁于日军入侵战火。

程十发和张金锜在上海美专学校同窗

当时日寇全面侵华，上海除租界外所有地方都已沦陷，时属江苏省的松江也不例外。而上海美专在上海法租界，在混乱时局中还算比较安全，又有校舍提供住宿，而那时大多数学校在租界外，也无校舍提供学生住读。尽管如此，上海美专校舍一部分后也被征用为"沪南军警集中营"和"难民收容所"。

先生母亲在乡间行医，要提供先生的高额学费，仅凭医资收入自然十分困难，需要向好几家亲友借凑。

上海美专是私立学校，学费高昂，1937年的全年学费（两学期，包括食宿杂费）约226元。而20世纪30年代上海的复旦年学费50元（食宿费另计），而公立大学如北大、清华年学费约30元（不包括宿费）。

根据上海美专1937年《学则》统计，中国画系的学生每学期要缴费的项目有学费（45元）、讲义费（3元）、杂费（3元）、膳费（40元）、宿费（15元）、图书费（2元）、建筑费（5元），合约113元。学费贵但入学资格相对宽松，只"须在18岁以上，30岁以下，曾在中等学校毕业及有相当程度者"，即可报名。

根据20世纪30年代上海的生活水平，3元大抵可买15—20斤猪肉，或300多枚鸡蛋，或三丈多市布。

上海美专寝室不分系，学习国画、西画的学生们混住在一起，相互切磋。先生学习刻苦，成绩优异。

先生的同学、在西画系读书的青浦朱家角镇人周楚江，在一篇采访中表示对先生在美专求学时的印象很深，因为他们是同宿舍的室友。据他回忆，"上海美专是三进的房子，第一栋是教学楼和女生宿舍，当中一栋租给上海中学，后面一栋则是我们男生宿舍。教学主要在前一栋教学楼，三楼有四间教室，有素描教室和人体教室，素描教室上午大专班上，下午则中专和高中部学生上；二楼有一间教室，另一半是女生宿舍；一楼一间教室是上文化课的，一部分是校长室、教务室、图书馆，还有对外开放的卖颜料的小卖部。美专寝室是不分系别同住一起的，我也时常跟室友相互切磋、学习国画，也就了解到一些中国画的绘画知识。我们那间宿舍学生像程十发等，大多来自松江、青浦，属于江苏省，我们也都是同乡。程十发读书时叫程潼，他人极聪明。他当时只画山水，专学石涛风格，花鸟也不肯画得。读书时程十发在班上成绩总是名列前茅，毕业展时作品倒是融各流派于一炉"。

10月下旬，以水墨绘竹石小鸟《春雨雷鸣初解箨》，这是先生刚入学一个月，参加上海美专为新生作品展览会而作，也是现存先生最早的画作，画上所用三方印"潼""程潼""憩入有癖"也是先生自刻的。自题画于"沪上美专海容斋"。"海容斋"为先生于上海美专读书时所用斋名，约取"海纳百川、兼容并蓄"之意，亦有小城青年意欲融入现代上海艺术海洋之意。先生自言："当时没有钱请人装裱，自己用纸学着裱的。这幅画，全是我纯手工的。"

张金锜祖父母为张元孟（熊吉）、许荇盦夫妇，生二子一女，分别为张均、张坚和张芝薰。长子张均，字子成，娶吴士英，生张金鑑（鉴）、张金锜兄妹二人。次子张坚，字子固，为丁辅之侄女婿，曾为楼外楼题写店招，吴昌硕见之叹服，两人遂成忘年交。在吴缶翁的建议下，张子固遂以鬻书画为生。张坚娶盛藕卿（后为程欣荪接生），生张之江。盛藕卿祖父盛凤翔，他的大女婿即丁辅之，盛家为西泠印社的成立出资颇多。

《春雨雷鸣初解箨》

吴东迈（1886—1963）又名吴迈，吴昌硕第三子，浙江安吉人，寓上海。曾任昌明艺术专科学校校长。1956年起任上海中国画院画师、中国美术家协会（简称"中国美协"）上海分会会员、上海市文史馆馆员、上海中国书法篆刻研究会会员。擅花卉，风格沉雄老辣，兼工书法篆刻，一秉家风，得其父吴昌硕之金石气，具有真朴古艳之趣。

11月12日，王一亭（1867—1938）病逝于上海梓园寓所。

王一亭《钟馗观鱼》

吴东迈《篆书七言联》

1939年　民国二十八年　己卯　十九岁

　　上海美专的李仲乾老师，见先生没有取字，给自己刻的图章总是重复"程潼"，遂以古代计量中"十发为一程"之意，为他取字为"十发"，从此沿用至今，名字反而不大用了。"发"即一根头发的宽度，是"眇眇小"（非常小）的计量单位。

　　李仲乾（1881—1956），名健，字仲乾，号鹤然，江西临川人。出自士大夫世家，是书法名家、晚年寓居上海的清道人李瑞清（1867—1920）的侄子和嫡传弟子。李仲乾乃清末拔贡，官至内阁中书，民国后投身教育事业，曾游南洋，担任槟榔屿师范校长。1935年8月至1951年1月在上海美专教授书法、篆刻、绘画史等课程。李氏擅书法，偶作画，亦善治印，著有《中国书法史》（手稿）、《书通》、《金石篆刻研究》等。李仲乾在1953年被聘为上海市文史研究馆首批馆员。1956年秋，上海中国画院成立，聘请李仲乾为书画院画师。可惜不久他就过世了。

　　李仲乾可以说是对上海美专时期的先生影响最大的老师。他从书法、篆刻切入，对青年程十发的艺术观和艺术风格取向产生了决定性影响。

　　在老师的指导下，先生以临摹《郑文公碑》《张猛龙碑》入手，后对《石门铭》《石门颂》《瘗鹤铭》的笔法产生了极浓的兴趣。先生学校功课中，篆刻较好，李老师鼓励其刻出金石味，讲究刀法。李仲乾的书画思想是一种以金石学为核心、打通书画印之门径的方法。他认为："作画而不通篆籀，则无以作勾勒；不通隶分，则无以作点宕；不通草，则无以作云水。且不知皴擦诸法，不通钟鼎布白，则不解经营位置之理。"晚年先生回忆说："上书法课，他是继承了清道人的家法，鼓励我写钟鼎北碑。他写给我们的示范作品，大约有《散氏盘碑》《王公碑》《瘗鹤铭碑》《郑文公碑》《张猛龙碑》等书体，他的用笔一波三磔，转折顿挫，别有一种景象。虽然也有人反对这种书体和笔法，但我受到不少影响。以后我对北碑及民间书体十分爱好，一直到现在，我都怀着艺术崇拜的感情。这种刀法与笔法相混趣味，使我画笔受到营养，我以后醉心于魏晋木简草隶，是从这一条路线演变而来的。"

　　"程"在古时是个度量衡单位，"十发为程，十程为分，十分为寸"。所以清末民初诗坛颇为有名的程颂万（1865—1932），

李健《隶书》

字子大，同样取号"十发"。这位"老程十发"是湖南宁乡人，曾任湖北自强学堂（武汉大学前身）提调、岳麓书院学监，擅长诗词。在汪辟疆《光宣诗坛点将录笺证》中，程颂万与其兄程颂藩分别被拟为"天哭星双尾蝎解宝"和"天暴星两头蛇解珍"。程颂万之子程君谋是民国间著名的京剧票友，其孙程之则是著名的电影演员，以在银幕上饰演反派人物出名。

6月，张金锜绘《双寿图》。画上题跋云："双寿。廿八年六月俞晶题，时年十四。筱彤表姑丈、棣卿表姑母百龄合庆，表侄女张金锜敬绘。"

11月，绘水墨《八大山人画意》，题跋云："八大山人画意，阿童。己卯十月下浣，关良夫子命画，以此应之，程潼贡拙。"

上海美术专科学校成立于1912年，至本年成立28周年。因抗战爆发，校长刘海粟接受印尼华侨总会邀请，赴南洋至雅加达等地进行中国现代主义名画义赈活动，所得捐款寄往红十字会支持抗战。刘海粟赴南洋前，全校同人欢送校长及夫人，并举行本校师生作品义捐展览会。从该展览会签名册上可略见当时上海美专的教师，有李仲乾、姜丹书、汪声远、马育麟、姜书竹、笳茄、温肇桐、关良、倪贻德、陈盛锋、谭抒真、陈文

《八大山人画意》

王隐秋、陆崧安、刘葵中、刘海若、周雪清、俞变麟、张天奇、陈克白、王远勃、吴秀民、蕴则霓、黄□元、顾坤伯、宋寿昌、谢海燕、刘庸熙、糜鹿萍、王雯、谢公展、朱美琪、叶耀奎等等。

复兴公园留影　　　　　　　　程十发为张金锜留影

王个簃《杂画册》二十四开

刘海粟　《墨菊》　　　　　　　　　　　　　　　　　　关良　《武剧人物图》

刘海粟（1896—1994），名槃，字季芳，号海翁。江苏常州人。1912年与乌始光、张聿光等创办上海图画美术院（后改为上海美术专科学校），1914年秋始任副校长，1919年7月始任校长，1952年院系调整后任华东艺术专科学校校长。历任南京艺术学院（简称"南艺"）一级教授、院长、名誉院长，上海市美术家协会（简称"上海美协"）名誉主席，中国美协顾问。早年习油画，苍古沉雄。兼作国画，线条有钢筋铁骨之力。后潜心于泼墨法，笔飞墨舞，气魄过人。晚年运用泼彩法，色彩绚丽，气格雄浑。

关良（1900—1986），字良公，生于广东番禺。1917年赴日本学习油画。1923年回国，任上海美术专科学校教授。参加过北伐战争，任政治部艺术股长。20世纪三四十年代辗转于广州、上海、重庆等地的艺术院校任教，并于名山大川旅行写生，长于中国画、油画。曾任浙江美术学院教授、上海中国画院画师。

王个簃（1897—1988），名贤，字启之，江苏省南通市人。16岁到南通求学，笃好诗文、金石、书画。27岁由诸宗元介绍，去上海为吴昌硕西席，兼从吴学书画篆刻，为入室弟子。曾任上海新华艺术大学、东吴大学、昌明艺术专科学校教授，上海美专教授兼国画系主任。中华人民共和国成立后，任上海中国画院副院长、名誉院长，中国美协理事、中国美协和中国书法家协会上海分会副主席，西泠印社副社长，上海市文史馆馆员等职。

1940年　民国二十九年　庚辰　二十岁

　　学校里教授山水画的教师汪铎（声远）是黄宾虹的学生，在教学方面主张结合学生特长，多方面地吸收各家各派长处，最后形成自己的风格。他非常器重和照顾先生，但对他与师古、仿古、复古的"院体派"正统气氛格格不入，自行其是，使某些老师不愿批阅这自画一套的作业而感到不安。汪先生认为学一家不能称大家，至少要学两家，推崇"扬州八怪"，不喜"四王"，不赞成死摹古人，这在当时已是十分开放的。

　　上海美专藏有大量的国内外图书和期刊，并每年都有增购的计划，藏书量不断提高。从1937年上海美专的图书概况中可以看到，图书种类分别有哲学、宗教、社会科学、语文学、自然科学、应用技术、美术、文学、史地等等，涵盖了中文、日文、英文、法文、德文、俄文等多语种，总计23206册，其中杂志13454册；"重要及珍贵图籍说明"中提到学校还有包括《丢勒铜版画集》《丢勒木刻画集》在内的欧洲古典主义、浪漫主义、写实主义、自然主义、印象主义、后期印象主义、立体主义、野兽派和超现实主义画家专辑珍本等等。先生很有可能在学校里初识了丢勒、荷尔拜因和拉斐尔前派这些后来对他产生影响的西方画家和艺术流派。

　　关良老师是西画系教授，本来与国画系学生不会有太多交流。但关良嗜好京剧，自个儿操琴吊嗓，先生也好此道，于是师生两人经常一起去看京剧、昆曲。加上关师母也是松江人，于是更添上了几分亲情。

　　上海美专设置的文学课常邀请社会名家来客座讲课。昆曲研究专家周贻白也曾来讲昆曲，先生记得第一课讲的是白朴的《唐明皇秋夜梧桐雨》。不过先生对昆曲的喜爱是从案

汪声远《仕女》

头文学开始的。有两本曲谱对他的影响很大，一本是《缀白裘》，一本是《纳书楹曲谱》，二者都是昆曲、戏曲折子戏文学本的合集。

《仕女》

在学校读书时喜欢唱京剧

10月，为关良刻章。关良后来一直保存着先生在校时给他刻的几方图章。

孟冬，绘侧身彩墨《仕女》，题云："庚辰孟冬，阿童写意。"这也是先生留下的早期的人物画作品之一。所用的形式和技巧基本上还是遵循着那时社会上盛行的传统人物画法，但是在线条方面已经隐约可见自己的想法和思路。次年秋日，先生再题一自度曲于其上，题跋云："人背吾，吾不见，听得珠弦二三声，坚铿诉吾意。珠弦四五声，故人泪如雨。满庭花落不可期，滚滚大小弦，心乱如刀扎，窗外东风催，才道春梦里。晚梦有此句，可赋新声，不知合律否，因记之。辛巳秋日，程潼又记。"

孟冬所绘的另一幅水墨《仕女》，画上仕女背对观者，弹奏箜篌，先生并两题长跋于上。该幅早年初学画之作后被同乡友人蒋君收藏，在1977年11月（小春月）先生过枫泾时重睹少作并再次题诗堂。

在上海美专读书时，业余喜爱摄影的先生为张金锜拍摄了一组照片。他曾有一本《程十发摄影画册》，其中很多照片上都是在法国公园（现复兴公园）里拍摄的张金锜的倩影。先生的岳父张均也亲笔在该摄影集上留言，称赞摄影技术为"巧夺天工阿潼之妙术，此册文章阿潼之成绩也，潼为美术名手方家也，与锜同窗"。题字年为庚辰年。当时拍摄的都是黑白照片，后在1976年前后，张金锜用专用颜料为这些照片上色。

晚年的张金锜回忆往事道："当时我就觉得他是个很勤奋的人，也很有才华。每次我们约会，他都坐在我住的楼下，静静地等我。有时候我们在公园玩得忘记了上课时间，老师也并不责怪我们。"

先生后来的小舅子张之江因其父张子固患肺结核病早逝，自六岁起就住在堂姐张金锜的家中，两人情同亲姐弟。张之江中学毕业后在吴东迈女婿家当家庭教师，每个周六都去上海美专看望堂姐，晚了就经常在学校里和先生挤挤睡在一张破铁床上。

8月19日至25日，吴湖帆、孙雪泥、马公愚、贺天健、郑午昌、应野平、王师子、汪亚尘、徐邦达等发起的"联合画展"在上海大新公司四楼画厅展出，共计展出50余位画家的300余件作品。

1941年　民国三十年　辛巳　二十一岁

仲春，绘贝叶《红衣佛像》一帧。

7月，于上海美术专科学校国画系毕业，成为上海美专第28届毕业生。同年，中国画组仅有包括先生在内的两名学生毕业获得文凭。尽管中国画科在学校的学生比例占得很少，规模较小，但学科的构建、课程的设置具有建立在现代学校教育基础上的系统性、完整性和多样性，为培养现代性的艺术从业者奠定一个全面、丰富的广泛基础。

《红衣佛像》

三年的现代学校教育，使年轻的先生得到了系统且宽松自由的学院规训，收获了传统中国画的技术与精神，同时也打开了自己面向西方、面向现代的一扇窗，使他具备了成为"现代画家"的可能，也为他在敏感时代中对艺术流派的"任性"选择提供了注脚。

在上海美专的学习对先生日后的艺术发展最重要的意义是使他初步形成了面向传统的基本立场，那就是对古典艺术精神的体认和对传统绘画语言的择善而从。他不拘泥的性格、童年时培养起的广泛兴趣爱好，尤其是对民间艺术的钟爱，促使他在接受学院教育的同时始终寻求独立认知，在先生看来，传统是连续的也是动态的，应当不断地被赋予新的生命力。

先生晚年对当时的学习生活依然记忆深刻："进上海美专学中国画，现在回想起来，总觉得事情有两面的。我也不客气地说，一般舆论都说这一间学校是很宽松的，校风不是很严格的，但是学艺术的如不严格也有它的好处。正因为文学与艺术主要靠自学，老师教过头，反而不好。所以我现在回想起来，很感激这一间学校。你上课也可以，不上课也可以。到时候，你照样可以毕业。如果学生可以向这一条路线去学，也可以往那一条路去学。这样一来，学生就不会'样板化'。你走你的路，我走我的路。"

著名的现代作家叶灵凤是先生上海美专早十几届的学长，他曾回忆道：当时的上海美专真不愧是"艺术学府"，学生来不来上课，是没有人过问的，尤其是高年级的学生，只要到了学期终结时能交得出学校规定的那几幅作品，平时根本不来上课也没有关系。不过学费自然是要按期缴的。

10月，与张金锜喜结连理。张金锜的父亲张均，字子成，杭州人，曾在杭州惠新女子中学担任教务长。抗战爆发后全家避难至上海。之前先生提亲时，张均已经身患重病，不幸没能亲眼见到女儿出嫁就已辞世。为变通三年守孝的旧俗，程、张两位青年赶在一周内，于上海美专小礼堂举行了简单而又隆重的新婚仪式，老师与同学共40余人观礼。后又赶去松江老家补办喜宴，举行传统婚礼。由于张家父母都已去世，堂弟张之江把姐姐送到松江。

11月29日，夫妇两人将签名结婚照送赠哥嫂张金鑑（鉴）夫妇，照片在上海老牌的派克照相馆摄制。

程十发和张金锜结婚照

学校毕业后即失业在家。事实上，"那个年代，除图案画系和艺术教育系外，学美术的学生毕业后要在社会上求得一职谋生是相当困难的"（《上海美术专科学校口述史之二》）。因为当时社会需要的多是应用型人才。

其间先生坚持国画绘画及理论学习，主要临摹一些古代作品，汉晋画像砖线条，石恪、梁楷以及陈洪绶和近代任伯年的画风，给他以很大的启发。但是他对前贤并非盲目崇拜，而是有所取舍，取长补短。

先生夫妇新婚后就住在松江的王传胪老宅。松江人王春煦在乾隆四十年（1775年）考中二甲第一名进士（即传胪），本地人就用"王传胪"来称呼他了。民国以后，王氏旧宅年久失修，多有绍兴人租赁居住。先生在王宅租住时，对绍兴人的风俗习惯、行动、服饰细心观察，积累了很多素材，为他以后创作《阿Q正传》的连环画提供了很大的帮助。张金锜曾经这样回忆那段艰辛的岁月："那时候在松江，遇上冬天，天天晚上冷得在家直哭。外面刮风下雪，屋里都会渗漏。没有电灯，没有自来水，身边一点钱都没有，真是苦不堪言。"但是后来同样在这里，先生的第一部连环画《野猪林》诞生了。

冬，绘《仿倪云林山水》，临仿倪瓒原题外，临题跋云："辛巳小春之月展玩于芦子西，又赋短句记之：三泖五湖故旧乡，兵戈匪劫草木长。山阴独徊云间客，最爱倪君画一张。古娄潼氏又书。"

本年春末，张大千携子侄、门人赴敦煌莫高窟临摹壁画。

12月7日，日军偷袭珍珠港，太平洋战争爆发。8日，日本占领上海租界，上海全部沦陷。随着太平洋战争爆发，上海美专或分批留沪教学，或分赴浙江金华、福建建阳办学，后并入国立东南联合大学（简称"国立东南联大"），为艺术专修科。1943年，国立东南联大停办，上海美专改并入浙江国立英士大学，为艺术专修科，后迁至浙江云和。1944年，上海美专又随国立英士大学迁往浙江泰顺里光镇；1945年8月，抗战胜利，上海美专返沪复校，刘海粟复职任校长至1952年。

1942年　民国三十一年　壬午　二十二岁

1月，绘《九皓图》（水墨花卉，21cm×141cm，保利2005年秋拍），题跋云："九九消寒写九皓图，走笔于青藤白阳间。辛巳十二月，潼氏。"

平时向朋友借故宫博物馆珂罗版印的画集，练画线条，从早到晚不断临摹画集中的作品，并放大成六尺（200cm）。从不外出，在家看书刻章，临摹山水，学石涛画石。

夏日，绘《水墨花卉》，题跋云："青藤之荒率奇异我欲也，忘庵之高雅古茂我亦欲也，偶然笔法得自然之趣也。壬午夏，潼笔。"

10月7日（农历八月二十八日），女儿欣苏出生，名字意为程欣木之孙。当时先生夫妇两人从松江回上海，住在老城厢老西门孔庙附近泰亨里的过街楼上。日伪时期，老西门实行戒严令，晚上不能有灯光。婴儿由张之江的母亲、妇产科医师盛藕卿在微弱的烛光下接生（按照上海婚育旧俗，当时产妇都是在家里分娩，由产婆接生到红脚桶里）。年轻的爸爸开心不已但又不懂照顾婴儿，第一天就喂女儿吃云片糕，第二天就抱着她去照相馆拍照。

初秋，绘写意《墨荷》图，题跋云："学水墨不如师白阳为上，青藤不羁而狂，不若不狂而醇，故我舍徐而取陈也。壬午初秋，十发程潼笔。"

秋日，绘《仿李流芳笔意山水》，题跋云："李流芳之湿笔，千古独绝，每一放笔，如山海翻腾，读到李画，大为一爽。壬午秋日程潼。空濛（蒙）如薄雾，散漫似轻埃。平明振衣坐，重门犹未开。耳目暂无扰，怀古信悠哉。戢翼希骧首，乘流畏曝鳃。动息无兼遂，歧路多徘徊。方同战胜者，去翦北山莱。阿童生录谢玄晖诗。"

秋日，绘《临李晞古岚峰渔归图》，题跋云："李营丘之秀郁，举世仅有，及读南宫之无李论，又无从下笔，见李晞古法则简率，我故以其近而舍远也，一心索晞古，反得六如之图，盖画学一道，诚难得正旨，所得者在有意无意间耳。壬午秋日程

《仿李流芳笔意山水》

潼居谷水之滨。"

仲秋，绘《仿唐人阮咸图》，题跋云："洪绶亦有其最柔之笔，并非一味刚劲，人从老莲，须从圆拙处着意，则不负古人之衷也。中秋前四日，十发偶又记于歊浦。仿唐人阮咸图，壬午仲秋程潼笔。"

11月9日至15日，上海大新公司四楼（今市百一店）举办"程潼画展"，发起人为王个簃、李仲乾、汪声远、闵瑞之、许敬甫、吴东迈、龟山正夫、戴霭庐，并曾在画展前在华兴银行预展。大新公司的四楼画厅是上海孤岛时期非常活跃的展览机构，1942年前后，每年要承接20多个规模不等的展览，当时大部分活跃在海上书画界的名家都在这里做过展览。

"程潼画展"是以山水作品为主的展览，先生想凭画笔吃饭，好不容易花钱把画裱起来，但一个无上层人物捧场、无背景又不善于迎合时好的天真青年，卖画十分艰难，先生只得去银行做一个小职员以求生存。

《申报》刊登"程潼画展"消息

5月2日至23日，中共中央在延安杨家岭召开延安文艺工作者座谈会，毛泽东同志到会并发表《在延安文艺座谈会上的讲话》。

10月13日，弘一法师（1880—1942）在泉州不二祠圆寂，享年62岁。

《临李晞古岚峰渔归图》

1943年　民国三十二年　癸未　二十三岁

因失业，为不被敌伪拉去服兵役，四处托人找工作。先由同乡朱一石之父介绍至伪松江县政府之宣传科任办事员，上班约一星期即回家。朱父复介绍税务人员训练班，一月后因无工作分派，赋闲在家。

利用业余时间习画，从未放弃。在家经常临摹任伯年的作品。

徐悲鸿《愚公移山》

1月，"现代中国绘画展览会"在纽约大都会艺术博物馆举办，展出王济远、徐悲鸿、张善孖、齐白石、林风眠等16人的作品。

3月18日，"徐悲鸿画展"在重庆中央图书馆举办，展品200余件，包括《田横五百壮士》《傒我后》《愚公移山》《九方皋》《巴人汲水》《灵鹫》等。

8月14日，"张大千临摹敦煌壁画展览"在兰州举办，展品21件。

11月，罗斯福、丘吉尔、蒋介石在埃及开罗举行会议，讨论对日作战问题并签署《开罗宣言》。

徐悲鸿《猫趣》

1944年　民国三十三年　甲申　二十四岁

　　1月27日（甲申元月间），先生所绘水墨山水成扇一把，题跋云："切盦道长属绘黄鹤辋川之图，然乏佳笔，有东坡先生在儋耳光景。祇（只）以文沈二家草率之笔报命，先生亦吾道中人，工率量不计较，并希莞正。甲申元月朔后二日，谷水程潼并记于十日居。"此画用云间画派法写水墨山水，尚未形成鲜明的个人风格，但是线条笔墨却清丽可玩，是目前能见到的先生书画作品中较早的一件。在二十几年后的辛亥（1971年），上款人以此扇见示，先生遂在空白扇面的右半绘瓶花一樽，烂漫辉煌，俨然大家气象，题跋云："切盦老学长于辛亥秋夕，持吾卅年所画扇，灯下仿佛，匆率间再于其背画瓶菊，其左尚留空白，拟更俟卅年后题画如何。再请莞正，程十发并记。"先生戏言左半边留待再过30年再补白，既是典型的程氏幽默，也是对上款人的美好祝福，祝其长年高寿。只惜此后机缘不再，30年之后未能践约，留下了这把奇扇，虽留有遗憾，却成绝响孤品，在先生作品中再无其偶。

　　12月，由内兄的表叔介绍，进私营上海中国工业银行做雇员。先生起先在柜台做业务，后银行主管发现他有绘画特长，就让其兼着画一些商业海报，做一些橱窗设计工作。

临王石谷《山亭文会图》

《仿黄鹤辋川图》

《瓶菊》

1945年　民国三十四年　乙酉　二十五岁

先生平时主要看珂罗版印刷品来思考、理解画论，并继续临摹古代作品。这十余年，除短暂在银行就职外，都在临摹学习，为今后发展打下了坚实的基础。

该年前后曾绘仿古《关山密雪》，题跋云："许道宁师李成，得其气，尝见关山密雪，尚有右丞风格。十发居士。"

因病返回松江疗养。这一时期先生患上瘰疬病（急性颈部淋巴结核病），颈部伤口糜烂，久治难愈。本年春，先生赴杭州投靠亲友，但当时"通货膨胀"，人人自顾不暇，无力提供帮助。某日，他在西湖边独坐排遣郁闷时，机缘巧合，偶遇一老者，获得一用海马的偏方：将海马烤炙成灰，用黄酒调服，数日即可愈合，不然拖延下去生命都会有危险。先生问老人如何答

张金锜教女儿程欣荪识字

谢，老人说，只需将秘方多传授给患同病之人，救人做好事，就算答谢。他照嘱用药，果然不久伤口结痂并很快痊愈。这是先生年轻时极为特殊的一段经历，让他终生难忘。当他此后塑造华佗、李时珍等艺术形象时，很自然地融进了切身感受。

20世纪80年代起，关于先生的各种故事屡见报端，于是有不少人写信来询问治疗瘰疬的方法，先生每信必复，在信中详细写下医方："未溃，用'榆末'调醋敷患处，做线香原料之一。已溃不收敛者，一个疗程（10天），用完整海马20只，在阴阳瓦上炙成灰存性（即成灰尚未变形），每晚临睡时用绍兴黄酒服二只。观其变化，有好转再服第二疗程。但还须请示医生，以上方子可供参考。"

5月8日（农历三月二十七日），长子程雏出生，因与父亲同属鸡，故取"鸡雏"之意，后改名程助。

在该年己丑月（小寒到立春期间），仿石涛绘水墨山水，题跋云："乙酉己丑月，仿石家和尚法，写奉半畊法家正谬，雪堂程潼养疴谷水。"

古时在今小昆山镇之西有一较大的湖泊，名为谷水，其后谷水成为松江的别称之一。"谷水"一词，初见于晋陆机《赠从兄车骑》诗中"仿佛谷水阳，婉娈昆山阴"句。南朝齐陆道瞻《吴地记》佚文有"海盐东北二百里有长谷，昔陆逊、陆凯居此。谷水东二里有昆山，父祖葬焉。"

程十发自制印

青年程十发在临摹王蒙作品前合影

　　8月15日，日本天皇以广播《停战诏书》的形式宣布无条件投降。9月2日，日本签署无条件投降书，中国抗日战争和第二次世界大战宣告胜利结束。

　　10月24日，联合国宣告正式成立。

1946年　民国三十五年　丙戌　二十六岁

5月，携妻女返松江。为迎合时局，改画写实派的画集，借以生活。至松江县银行（江苏省银行松江办事处）任职，不数日即请辞。

6月，好友雅集，合绘一把扇子为友人祝寿。画上题跋云："（韩）价藩画老干，（潘）子超写红梅，（张）金锜画水仙，十发补成并记，以奉仲蓮仁兄雅正。"

先生某次和夫人一同参加诗社活动，以"百尺楼高"为起句前四字，分别拈得"四豪"和"十三元"韵，各成七绝一首。先生得句云："百尺楼高见雅骚，传神颊上二三毛。桐华错落杯中酒，笔底烟云兴自豪。"张金锜得句云："百尺楼高数亩园，碧桐花落客临轩。开函喜见如龙笔，何事江南夸董元（源）。"

是年，先生与松江友人瞿继康在莫家弄口民众剧场联袂登台，演出京剧《空城计》，瞿氏饰诸葛亮，先生饰司马懿。瞿继康是松江华阳桥人，民国时期任银行高级职员，喜收藏，平日爱京昆艺术。先生住在松江期间，常在瞿宅与瞿继康品茗论艺。

仲夏，绘水墨《仿倪云林山水》，题跋云："屋上青山下流水，弹琴读书聊自娱。春风却是多情物，先问梅花后问吾。云林之似荆关，犹坡公之似王僧虔，直是古人似我。余之拟清閟阁亦斯意云尔。丙戌仲夏，获镜面旧楮，爱学云林于谷水之阳。十发程潼并识。"后1991年重睹，另题云："辛未至冬，程十发重睹于上海，前后四秩余年矣。"

9月，绘《秋山红叶图》，题跋云："丙戌八月中浣，仿痴翁秋山图乃假高尚书画法出之，画竟竟似宋石门、赵文度一流。十发居士。"

9月，绘《仿古仕女图》，题跋云："丙戌八月下瀚，略仿郭诩法，十发居士偶成于谷水之滨。"

10月，绘《写意花卉》（65cm×23cm），题跋云："三叠阑干铺碧瓦。小雨新晴，才过清明后。初见花王披衮绣。娇云瑞日明春昼。彩女朝真天质秀。宝髻微遍，风卷霞衣皱。莫道东君情最厚。韶光半在东堂手。录东堂词。丙戌九月，十发居士程潼写意。"

《仿倪云林山水》

6月，即上海《新民报》（晚刊）创刊后的第二个月，张之江（1919—2013）就成了报社的一员，称得上是元老之一，直至1990年退休。张之江以在报刊上发表术有专攻、别具一格的戏曲报道、书画评论和艺术小品知名。他年轻时候就常和姐夫一起到剧场里看戏，后来还要求姐夫为自己的戏曲报道配上精彩的舞台速写。所以看戏时，先生眼睛时刻不离演员的表演，手下的笔同时不离纸地描绘出绵延不断的线条，不仅要尽可能正确处理好形体和动作的关系，而且要考虑到最后作品的生动传神。这段时间内，先生所画的速写极大地影响了他后来所画的戏曲人物。

松江的马路桥里馆驿口西有去年新开的"新兴杏记饭店"，店为草屋三间，又无店招挂出，人们都俗称之为"草棚饭店"。其烹调的菜肴，正合生活在左近的许多松江籍或原先曾与松江文化界有往来的文化人士之口味，朱孔阳、白蕉等还为之书写店招"草庐酒家"，遂蜚声茸城（松江别称），直到中华人民共和国成立。先生也经常至草庐用餐或宴请朋友。在夏天，他特别喜食蝤蛑螯，这一味松江特有的菜肴，在其必点之列。

《秋山红叶图》

《花卉四屏》

1947年　民国三十六年　丁亥　二十七岁

先生在松江参加茸光国艺社举办的群体书画作品展，张金锜的画作也参加了展览。

茸光国艺社位于马路桥北堍至中山路转角处，一座三层钢筋水泥结构的大楼的底层，为文化人士经常进行文化活动和聚会宴饮的场所，类似于文化沙龙。松江西境古时在诸山之间，草木繁密，飞禽走兽栖息其间，可为游猎之所。据传，春秋时吴王夫差偕同西施东临五茸行猎嬉游，故该社取名"茸光"即源自此。茸光国艺社还举行过平剧义演，先生与夫人张金锜也在莫家弄民众剧院参与过为期三天的义演，先生出演《失空斩》《上天台》《刺王僚》等多出剧目。

由沈瘦狂发起，先生举办过一次个人展览会，作品销售得不错。但迎合时俗的作品与先生最初的艺术理念与期望相距甚远。

沈瘦狂，名文浩，松江人，曾任《松报》主笔，与朱大可友善，能诗，曾辑《重编清鉴易知录》。先生十余岁时，母亲曾有意让先生拜沈瘦狂为寄父。

8月16日（农历七月初一），次子程多多出生。

秋仲，先生与夫人合绘《仿华新罗幽禽图》，题跋云："为道幽卉看不足，更添棲（栖）鸟写黄莺。山斋何事破空寂，春到人间第一声。仿解弢馆大意，丁亥秋仲，杭郡金锜女史写于云间，十发楼。"后另

《临宣和院本花鸟图》

题："丁亥十一月，持赠述舜表弟吉席志喜，程潼张金锜同贺。"

11月，与张金锜合作仿宋人画风的《山茶群雀图》，取法宋人院体工笔，深具温馨和谐的古典之美。

11月，绘《临宣和院本花鸟图》，题跋云："丁亥小春月，临宣和院，十发楼作。"

11月，自刊"十发图书"一印，边款云："丁亥小春月后自刊。"

先生治印，有年款者最早为1947年，最晚者为1988年。先生取法甚广，凡古玺秦汉印、唐宋金元官印、皖浙两派印等，靡不博采兼综。所作印结体有方，奏刀有法，意到笔随，匠心独运，汇诸法而变通之。先生设计印文也常别出心裁、取径多途，如他曾治有一方"程"字四联印，是仿楚国著名的郢爰金币，先生自题以这种形式刻姓名印可谓仅见。

后来金石家童衍方提出先生篆刻艺术的"三大特色"：一曰精研传统、功力深厚，二曰用宏取精、独出新意，三曰印具画意、逸趣横生。

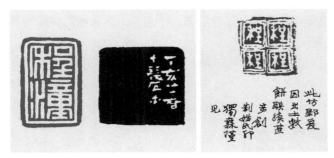

1947年《茸报》刊发茸光国艺社义演启事，程十发夫妇参加演出

程十发自治印

1947年程十发参加松江群体画展

1948年　民国三十七年　戊子　二十八岁

　　女儿委托至母亲家照顾。此时母亲挂牌行医，生活好转。到了夏天，母亲就给孙女欣荪切好半只西瓜给她一个人吃，并给她讲述以前生活困苦的情景。

　　1月15日，绘《雪山行旅》，题跋云："雪山行旅。丁亥十二月五日，临钱叔宝本并参文五峰画法，十发居士程潼。"

　　2月2日，治"十发鉴古"一印，仿自古银印。本月又治"程押"，仿汉铜印。可见先生善于从传统中吸取滋养，又重视借鉴他山之石，其学固多源耳。

　　3月，完成临古《雪景山水》大幅，题跋云："戊子二月临马文璧乔岫幽居，略参大痴道人天池石壁画法，十发居士程潼于印造斋。"

　　3月22日，绘《临文徵明〈山间高士图〉》，题跋云："戊子花朝，临停云馆本，十发居士。"

　　4月27日，完成临元代大家王蒙的《葛稚川移居图》，题跋云："葛稚川移居图。叔玥为日章所作，戊子三月十又九日，十发于印造斋。"

　　5月24日，作《仿黄鹤山人写唐人诗意图》，画放大至六尺整张，工笔青绿山水，设色瑰丽，意境高远，系早年罕见的大型青绿山水，题跋云："戊子四月既望，仿黄鹤山人写唐人诗意。十发居士程潼于印造斋。"全幅画面以细线勾勒与石绿形成鲜明的对比，用明艳动人的赋色，让画面充满了浪漫的气息。这一时期先生临古作品多题画于"印造斋"，因为当时临摹的前贤名作，溯其本源是根据珂罗版印刷品造出来的，所以取此斋名，并常钤同名印在这一时期的摹古作品上。

　　6月15日，绘《仿赵孟頫临黄筌鹡鸰图》，题跋云："仿松雪斋临黄要叔莲塘鹡鸰图水墨本并赋采（彩）色，戊子五月九日，程潼十发父。"后在1949年的农历二月补题云："西风

唐寅《山路松声图》

临唐寅《山路松声图》

暗剪荷衣碎，柔丝不解重缉。荒烟断浦，晴晖历乱，半山摇碧。悠悠望极。忍独听、秋声渐急。更怜他、萧条柳发，相与动秋色。老态今如此，犹自留连，醉筇游屐。不堪瘦影，渺天涯、尽成行客。因甚忘归，谩吹裂、山阳夜笛。梦三十六陂流水，去未得。岁在屠维赤奋若（己丑）夹钟之月，以玉田《凄凉犯》一阕补白，十发居士书。"

6月18日，绘《仿明人雪景花鸟》，题跋云："临明人水墨本用孙雪居赋色法，戊子五月十又二日，十发居士。"

《临马麟静听松风图》

8月25日，绘《秋色图》，题跋云："陶园草木凋零尽，能拒秋霜是此花。戊子七月廿一日，拟文停云法，谷水十发居士画于印造斋晴窗。"

8月下浣，绘《临马麟静听松风图》，题跋云："余摹马家一角景尚在弱冠时，有见余画者，笑谓石如角黍，树如败铁，受诮后即痴不复作，为留古人糟粕耳。近年好摹北宋人画兼及南宋。见马家力作亦思染指。恐堕浙派魔障，故从荒率处著（着）手，用笔略劲疾耳，成后自为离戴吴尚远，沾沾自喜。客疑云君临六如颇得神似，彼一语道破，不觉黯然。我侪师古纵有所得，亦如下阿鼻难以飞升，题时汗渗不能自已。时岁在著雍困敦。七月下浣，临马麟静听松风图，兹记于四赵阁，云间程潼十发文。"

8月，为张之江绘《雪山图》，题跋云："之江弟雅属，戊子七月，十发居士画。"

9月8日，参考《故宫书画集》，完成临唐寅《山路松声图》，题跋云："女几山前野路横，松声偏解合泉声。试从静里闲倾耳，便觉冲然道气生。戊子八月六日临六如山路松声并存其款识。十发居士程潼。"

9月24日，绘《临明人院本花鸟》，题跋云："空闻百鸟声，啁啾度寒暑，何似枝头鸠，声声能唤雨。岁在著雍困敦八月二十二日，临明人院本以率笔出之，并录石田翁句。十发居士程潼于印造斋。"

9月24日，绘《芙蕖图》，题跋云："岁在著雍困敦七月二十日湘友黄君飞迅冒雨来自西湖，折此芙蕖一柄，置我斋头，一时兴起，即调支粉，仿玉潭老人法写成此帧。时秋雨滴沥，对此逸兴湍（遄）飞，亦闲中一乐也。程潼十发父并记于印造斋中。"

《仿王蒙雅宜山斋图》

9月，又绘成《仿王蒙雅宜山斋图》（90cm×36.5cm），题跋云："戊子八月仿黄鹤山樵法为守仁先生大雅指政，十发居士程潼。"赋色使用了较为鲜亮的花青、赭石，透露出先生绘画用色趋于明亮，色彩不作调和的个性特点，这种特点一直延续到其晚年，且随着他对色彩研究日益加深，变得更为自然协调。

本幅上款"守仁"即胡守仁。胡守仁字修仁，江西吉安人，1933年毕业于武汉大学中文系，1946年起历任中山大学、南昌大学教授，1980年受聘于武汉大学。本幅另有章振淦题边跋："守仁先生新厦落成吉迁之喜。民国三十七年，章振淦敬贺。"章振淦自1946年起与先生、瞿继康等在松江茸光国艺社共同彩排演出传统京昆剧目。

秋日，绘《仿唐人演乐图》，题跋云："此帧传为唐周昉本，细察笔意布置尚生，李嵩之后。然相貌衣褶古劲可爱，亦为当时名家手迹，且无宋院中习气，故好事者签为唐人。今卷以仲朗游骑图描法，质诸当代鉴家，更假长史如何？戊子秋廿日十发居士识。"

约秋冬际，绘《临徽宗溪山秋色图》（104cm×57.5cm，嘉德2016年春拍），题跋云："道君皇帝溪山秋色师李咸熙，高旷有致。今略事增减，钩斫并参郭河阳法。十发居士临于印造斋。""纵横车辙又临安，战马空嘶驿马寒。山露彷徨弃柿叶，心增萧瑟系芦竿。衰灯蜡泣为商曲，薄纸魂归惊客欢。水树满涧伤醉目，秋亭别梦未曾干。戊子十一月杭归道中赋此。情况一似南渡当年。爰补宣和画意之不足。搁笔为之黯然。程潼又题。"

本年前后还绘有《仿王绂山亭文会图》。

宝爱其所藏的黄鹤山人王蒙的《修竹远山图》，因为先生觉得画面上远远的地平线上有几座山，很像松江的风景，又喜欢画名所蕴含的平淡意境，故取斋名为"修竹远山楼"，在松江的"远山楼"里，先生临摹古迹，用功极深极勤。

王蒙（1308—1385），字叔明，号黄鹤山樵，浙江湖州人，元代画家赵孟𫖯外孙。其山水画以繁密见胜，与黄公望、吴镇、倪瓒合称"元四家"。王叔明所作《修竹远山图》采用平远式构图，近处以丛竹替代常用的丛树，意境清新，气势充沛，变化多端。近处和远处的山石以其擅长的解索皴和牛毛皴写出，墨色干湿互用，寄秀润清新于厚重浑穆之中。苔点多以焦墨渴笔，顺势而下。画幅右上角有作者长题。此作在顾复《平生壮观》一书中有著录，同时被著录的还有王蒙的代表作《青卞隐居图》。

《雪景山水》

9月，费穆导演的《小城之春》上映。影片中故事的发生地某江南小城，就取景自松江古城。由于在抗战中遭受过日军飞机的狂轰滥炸，小城到处都是断垣残壁，景色也比较凄凉，但整部影片没有一点人工的场景，完全利用了古城松江的自然景色。影片构图优美，清丽淡雅，节奏舒缓。本片后被评为中国电影90年历史上10部经典作品之一，2005年被香港金像奖评为百年百大华语电影第一名。该影片是一代爱影人重要的回忆之一，我们还能从中见到抗战胜利之初的松江面貌，管窥当时先生的生活环境。

王蒙《葛稚川移居图》　　　　　　　　临王蒙《葛稚川移居图》

1949年　己丑　二十九岁

1月31日，北平和平解放。

2月，在所藏《石涛山水册》画册上题跋云："石涛和尚六页，前三页的为真迹精品，后三页为今人伎俩，墨色题字多不类，印之平亦伪。己丑元月，十发居士拾之书于印造斋中。""清湘用笔，师长公偃笔侧锋，伪者乃用卧笔偏锋。偃笔画出变化而多韵，偏卧笔画出少变化而薄真。鉴石和尚当在用笔中着眼可不遥也。十发又记。""此帧前为着色苔点青赭杂用，颇古趣，似黄鹤山人也。十发居士。"

3月，绘《溪山垂钓》（仿古青绿重彩山水），题跋云："云满湖，楼台明灭山有无。水清石出鱼可数，林深无人鸟相呼。己丑二月偶伸佳楮，仿王晋卿设色法画苏长公词意，自谓青绿得南宫水墨之韵。十发居士并识。"

3月11日，绘《折枝花卉》，题跋云："密影翻阶，曾为寻诗到。竹西好。采香歌杳。十里红楼小。己丑花朝仿张孟皋大略并补玉田词意，十发居士程潼于印造斋。"

3月28日，绘《仿倪云林渔庄秋霁图》（15cm×20cm）小帧，题跋云："仿云林渔庄秋霁，十发居士。"并对题宋人词半阕云："平沙催晓，野水惊寒，遥岑寸碧烟空。万里冰霜，一夜换却西风。晴梢渐无坠叶，撼秋声、都是梧桐。情正远，奈吟湘赋楚，近日偏慵。己丑二月廿九日十发居士书。"

4月26日，仿钱选绘《折枝牡丹》，题跋云："百花开后。一朵疑堆绣。绝色年年常似旧。因甚不随春瘦。脂痕淡约蜂黄。可怜独倚新妆。太白醉游何处，定应忘了沈香。己丑三月廿九日，闲斋无事，爰仿钱玉潭法写此幅，似有鼙鼓渔阳起于楮上。再录玉田清平乐词一首题空，十发居士程潼。"

5月27日，上海解放。上海市军管会正式成立，陈毅任军管会主任。5月28日下午3时，市府举行接管仪式，上海市人民政府正式成立，陈毅就任市长。

先生在书店买了一本毛主席《在延安文艺座谈会上的讲话》，从中得到了启示，必须从事美术普及工作，开始从头学习人物画。于是他带了一个铺盖来到松江天马山下，当时那里正在搞土地改革运动，先生找到负责人，向他说明自己的来意，住了下来，参加了几次"农民同地主对账讲理大会"，亲眼见到土地斗争的情况。他年底回到松江后，绘制了一幅《反黑田》年画，把一

《反黑田》

个山区群众大会的场面如实地反映了出来，画上题款为"反黑田。一九四九·十二·廿·程十发写生"。

当时这样的作品很稀少，而且有浓厚的生活气息，很快这幅作品被生生美术公司出版。这是他第一次出版的年画图，由此大受鼓舞，创作热情高涨，接连向出版社寄去了《喜缴胜利粮》《中苏人民友好万岁》等作品，引起了时任华东人民美术出版社社领导吕蒙同志的关注。

在南京路上巧遇上海美专教师沈之瑜，他将先生介绍给赵宏本，先生由此加入连环画作者联谊会。

在《文汇报》看见立化出版社征求画稿，应征录取，结识儿童戏剧工作者、编剧董林肯。

董林肯（1918—1982），原在上海同济大学读机电系，抗战全面爆发后随校去内地昆明，办起了昆明儿童剧团，负责编剧以及导演戏剧。抗战胜利回上海后，于1947年10月创办立化出版社，设址于环龙路（今南昌路）529弄，专门出版儿童剧本和图画书籍。公私合营后，立化出版社并入了大众美术出版社。

7月2日，中华全国文学艺术工作者第一次代表大会在北平开幕。出席代表650人，其中美术工作者88人。会议于7月19日闭幕，宣布中华全国文学艺术工作者联合会正式成立，选出郭沫若为主席，茅盾、周扬为副主席。

8月28日，中华全国美术工作者协会上海分会成立大会在绍兴路7号中华学艺社三楼举行。参加大会的会员有330人。刘开渠、庞薰琹、张乐平、陈烟桥、汪声远、贺天健、丰子恺、陈秋草等17人组成大会主席团。之后上海连环画工作者联谊会、上海木刻研究会、上海雕刻工作者联谊会、新国画研究会、彩印图画改进会和上海工商美术工作者联谊会筹委会相继成立。

10月1日，北京天安门广场隆重举行庆祝中华人民共和国中央人民政府成立典礼。

11月26日，中央人民政府文化部（简称"文化部"）颁发了第一个正式文件（文化部1号文件），其中将"充分利用和改造民间艺术形式，使之更好地为工农兵、为政治服务"确立为之后文化工作的重要任务。同时文化部还公布了《关于开展新年画工作的指示》。年画连环画开始成为一种新的形式流行起来，广大城市和农村的家庭几乎都有张贴，对中华人民共和国成立之初的政策宣传、文化教育和普及都起到了非常重要的作用。

1950年 庚寅 三十岁

1月15日，绘《喜缴胜利粮》，题跋云："缴胜利粮，一九五〇年一月十五日，程十发。"

2月，北京《人民美术》创刊号上发表了时任中央美术学院副教授李可染的一篇名为《谈中国画的改造》文章，文中说：

《野猪林》

　　首先必须确认，由于中国封建社会发展滞迟，由于中国哲学思想的影响，尤其是老庄哲学，中国画在很早以前，已经有了表现自然重于表现社会这样的一个弱点。

　　我认为改造中国画首要第一条，就是必须挖掘已经堵塞了六七百年的创作源泉。什么是创作源泉？古人说是"造化"，我们现在应当更进一步地说是"生活"。必须以最大的努力根据新的生活内容，来创造群众需要的新的表现形式，创造新的民族作风。

后先生携妻及三个孩子迁居上海，为了生活，以画连环画为生，取斋名为"步鲸楼"（画上一署"鲸楼"），借明代传神画家曾鲸之名以自勉，意在追随曾波臣画派的写实之风。尽管带有明确素描效果的写实人物画在先生的创作中并不多见，但为了用笔墨语言表现现实生活，他融合中西的意识和勇气在今天看来依然十分可贵。

此后陈巨来为先生刻"鲸楼"印，叶璐渊和王个簃分别为先生刻"步鲸楼"印，先生也曾自刊"鲸楼"印。

明代中叶以后，随着外国传教士的到来，西洋画法逐渐在国内流行，其中肖像一科与中国传统画法迥异，并在造型上展现了一定的优势。当时的画家中以曾鲸（1564—1647，字波臣）为代表，人称"波臣派"，脸部用渲染，烘托出人物五官，完成的肖像画有类似素描的明暗立体效果。曾鲸与陈洪绶亦是好友，《陶庵梦忆》中提到两人初会于张岱主办的一次宴会上。

当时先生在私营的立化出版社上班。出版社在襄阳南路一间弄堂里，先生一天到晚开日光灯埋头创作。在立化担任特约编辑，无薪水，画稿费低，且不能给别的出版社作画稿，限制了个人发展，于是先生在该年秋脱离该社。本年陆续创作《野猪林》108幅、《臧大咬子传》112幅、《金田起义》120幅（与董天野合作）、《唇亡齿寒》等连环画。

开始画人物画时，以自创的将许多西洋名画演绎为线条画的临摹方法，并采用各种表现手段模仿石版画、铜版画和木刻，而不是一般地从素描着手来学习人物画。

《野猪林》（彩色版）

完成的第一本连环画《野猪林》，因初学人物画制作，自认为对画人物下半身掌握不好，画面多为中景和上半身，构图时只把注意力集中在要如何生动地去刻画人物的表情细节，人物往往画得大了，在连环画的横构图中只容得下半个人物。故出版后被人戏称为"半部野猪林"。虽然标题叫"野猪林"，但是整部内容截取的是浓缩了《水浒传》里"林十回"的全部故事，最后以大风雪中林冲上梁山开辟新篇章为尾声。尽管当时先生一家生活状况恶劣，但是有画笔在手，有贤内助在身边，初试啼声的画家对未来满怀着希望。

据先生晚年回忆，在《野猪林》之前，他曾画过一本取材于宋元南戏《琵琶记》的连环画作品，但是造型、构图、线条的问题没有解决，因此这部不成熟的作品没有出版。

5月28日，《人民日报》发表文章，其中提道："把广大儿童和劳动人民所喜爱的连环画这个群众艺术形式，掌握到进步文艺工作者手里，作为提高群众文化生活的有力武器，是当前文艺活动中的一个迫切的工作。"在这种背景下，依托民国时期业已积累的大量连环画出版社及创作者，上海大批画家投入"年、连、宣"的创作中。

8月20日，上海市新闻出版处组织成立了"上海市连环图画出版业联谊会"（简称"连出联"），共有会员90家，大部分是旧连环画出版商。"连出联"成立后，组织了一个编审委员会，并制定了出版连环画的送审规则，规范了连环画的审查制度，改进了民国时期的弊端，使连环画的出版程序逐步走上了正轨。

10月，入许骥良（出资）与张之江创办的十月文艺出版社，任名誉图画编辑（张之江担任总编辑），出版了四本连环画。后因张之江担任《新民晚报》采访部主任后业务繁忙，出版社发展停顿，先生进入自由职业生活状态。由于此时他的连环画在出版界有了名气，教育出版社、群育出版社、北京人民美术出版社都来向他约稿。

由唐海著、张之江改编、先生绘画的《臧大咬子传》出版。

冬天，加入上海美协连环画组，被推为第三组组长。

创作《中苏友好万岁》连环画。

张之江回忆，当时得知先生从文人画走出来开始创作连环画后很支持，建议先生取材中华人民共和国成立前发生在上海的"臧大咬子"事件。于是先生根据新闻报道和相关小册子创作了《臧大咬子传》。臧大咬子（原名臧咬臣）是在上海谋生的三轮车夫，1946年9月22日晚拉英国商轮上的西班牙籍水手赖令奈加到安乐舞官门口。等半夜赖令奈加出来后，臧大咬子追讨车费，被赖的酒友美国军人伍长饶得立克挥拳打伤致死。因美国政府包庇，最终肇事者被判自卫无罪释放。该事件引起了国内民众极大的愤慨，民间报纸连篇累牍地不断报道事件发展情形，但国民政府默不作声。

学习传统绘画出身的先生，在中华人民共和国成立

《农村知识青年的榜样》

后没有继续以国画为业，而是做了连环画画家。一方面，这是由于受到了毛主席"文艺工作者要深入工农兵群众生活中去"（原话为"文艺工作者的思想感情和工农兵大众的思想感情打成一片"）的号召的鼓舞，决定用画笔跟上新时代的步伐。另一方面，在中华人民共和国文艺政策的引导下，连环画与插图的普及性吸引了众多画家参与，这也在一定程度上反映了中华人民共和国成立之初在新的政治环境下中国画家的生存现实。

中华人民共和国成立后，通俗美术得到了国家的弘扬与支持，作为通俗美术中传播效应最广的连环画与插图，更是在政府"普及第一"的美术纲领中担当着重要角色。同时，由于新的艺术体制主要以美协、美术学院、出版社作为组织画家创作的机构，艺术市场几乎完全被冷落。对画家来说，他们已经不能同以前那样靠鬻画为生，要想继续从事艺术创作，必须进入体制。

从1949年到1979年这30年间，大部分后来功成名就的画家都曾或多或少从事过连环画和插图的创作。而先生属于在连环画和国画两个领域均有深入钻研，并且能够打通这两种艺术的界限，使其相互启发并建立独特个人风格的集大成者。

母亲丁织勤突然患病去世，享年53岁。母亲原想等孙女欣荪16岁时传授给她祖传秘方，因突然去世，不及传授任何人，留下一箱医书。当时家中有一老秘书施友昌把它当废纸卖了，家传秘方就此失传。

1951年　辛卯　三十一岁

1月28日，《人民日报》报道："广大群众热爱的通俗读物连环画，中华人民共和国成立后在上海出版已逾七百余种，遍销全国各地，其中的《解放大上海》《百万雄师下江南》等销数达七万份。"

本年，先生为教育出版社画了四本连环画，为群育出版社画了一本。

谈到对连环画的认识，先生说：连环画实际上古代就已经风行了，像有的庙堂里面的壁画、石刻，用以表示主人公的威武、功绩。所以说连环画和宗教关系是很密切的，在它的流传过程中，宗教也起了相当大的作用。中华人民共和国成立以后，欣赏对象改变了，小朋友来看了，就把连环画叫作"小人书"。但是"小人书"里也有大学问。连环画一个是形象性，一个是连续性，少了这两个都不行。前一张和后一张是有时间距离的，时间间隔不一定太长，要恰到好处。抓住故事梗概以及其中最精彩的部分，还要有幽默感。

为配合抗美援朝运动，先生创作连环画《如姬盗符》《风雪东线》《青年人，让你的青春更美丽吧》，其中《风雪东线》画了192幅，稿费260多元捐给国家支援抗美援朝。

4月，国家专门举办了"上海连环画图画展览会"，旨在通过展览研究连环画的发展趋势和改造方法、方向，从而能够创作出符合国家新形势需要和人民大众需求的新连环画。

从中华人民共和国成立之后到1951年4月，短短一年多时间，上海连环画的出版种数就达1139种，内容题材据统计为：战斗事迹23％，农民翻身30％，工人生活6％，历史故事6％，英雄劳模5％，婚姻问题4％，思想改造2.5％，抗美援朝2％等。相比民国时期，中华人民共和国成立之后的新连环画内容以农村中的反对霸权故事最多，其次是参军抗战故事，讲述工人生产生活和宣扬英雄人物事迹的也不少，更是首次出现了破除迷信、军民合作的题材。

5月，改造旧连环画的工作正式启动。5月20日，周扬在政务院第八十一次会议上做报告，在说到美术方面时，提出"发展新连环图画与新年画，改革旧有连环图画与旧年画，这是美术工作方面的重点"。

6月，"连环画出版工作委员会"成立。

6月，教育出版社出版了先生绘图、反映抗美援朝战争的《冬天和春天》。本连环画以丁玲的《读魏巍的朝鲜通讯》作为序言。

7月28日、29日，上海美术界响应抗美援朝分会号召，在上海跑马厅（今人民广场）

20世纪50年代初的程十发

《如姬盗符》封面

土产展览会内举办"捐献'鲁迅号'飞机书画折扇义卖展",共有129位书画家创作国画、书法、木刻等466件作品,筹款1831元。

9月15日,全国第一家中央直属的美术专业出版社——人民美术出版社成立,随后大众图画出版社并入人美社,同年,社长萨空了、总编辑朱丹主持创办了《连环画报》(半月刊)。

12月,立化出版社出版了先生创作的《如姬盗符》。它在人物塑造、透视结构方面与《野猪林》相比有了长足的进步。

12月,上海博物馆正式开馆。

1952年　壬辰　三十二岁

春，应北京人民美术出版社约稿，创作连环画《陈永康》《何细妹》。

在本年的思想改造运动中，先生写思想汇报，进行脱胎换骨的检查。他写道："自己从小就愿望做一个画家。但为了生活，不得不走进银行，做自己不能胜任的工作。为了画画，一定要爬上去，非得要按官僚、地主及商人们的庸俗的爱好，否则我的作品不能变成生

《何细妹》

活的来源。……由于我是小资产阶级知识分子出身，个人主义的作品占据我过去的整个历史，一定在旧社会里染上了恶劣的习气，要做一个人民美术工作者，还有很大的距离。但我已经痛下了决心，我一定服从共产党及毛主席的教导，逐步改造和锻炼自己，为争取这个光荣职务而努力。"

7月，至连联书店任评审员。

8月，华东人民美术出版社（简称"华东人美社"，后改为上海人民美术出版社，简称"上海人美"）正式在上海成立。先生进入华东人民美术出版社连环画创作室，正式参加工作，任美术创作员，和顾炳鑫同桌，组织编辑创作连环画。吕蒙时任华东人美社社长兼总编，他作为老一辈版画家，曾创办新四军第一份画报《抗敌画报》，做过新四军抗大第八分校美术系主任。吕蒙本着"不拘一格降人才"的思想，大胆安排当时没有创作经验的先生加入国家出版

社，这对一个已经失业五年的青年人而言是非常大的肯定与信任，正是这位伯乐，让先生这匹"千里马"有了驰骋的空间。

先生不断深入农村，下山东省广饶县贫苦老区体验生活，与办公室同桌、副主任顾炳鑫合作完成了年画《新来的女拖拉机手》。他根据同名电影故事剧本，绘制《葡萄熟了的时候》连环画，反映农业走合作化道路。

进出版社后，先生放弃午休时间，在图书馆资料室阅读古今

《葡萄熟了的时候》

中外美术资料，进修人物素描，钻研西方古典素描，如丢勒、霍尔拜因、安格尔的线描人物，谋求与中国人物画线描取得和谐统一，并对英国拉斐尔前派作者产生兴趣，企图从中丰富中国人物画的表现方法。他也努力将西方铜版画书籍插图和中国古代木刻插图的画法相结合。

拉斐尔前派（Pre-Raphaelite Brotherhood）是英国维多利亚时期最重要的艺术流派之一，目的在于复兴拉斐尔（Raphael，1483—1520）之前的一些艺术风

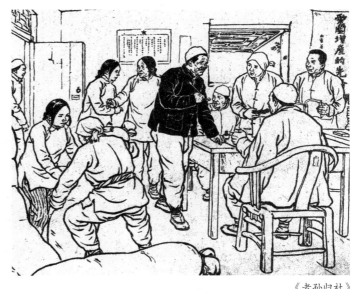

《老孙归社》

格，以此来改革当时陈腐、矫饰的英国绘画。画派以但丁·加百利·罗塞蒂（Dante Gabriel Rossetti）、约翰·艾佛雷特·米莱斯（John Everett Millais）和威廉·霍尔姆·亨特（William Holman Hunt）三人为代表，尤以罗塞蒂最为著名。拉斐尔前派在中国的传播比起稍后在法国崛起的印象派、后期印象派等诸流派的浩大声势，显得低沉了许多。

10月，与华东人美社同事丁浩、文字作者杨兆麟赴山东省广饶县三柳树深入生活，收集了大量素材后，决定创作连环画《老孙归社》，批判单干户，宣传农业集体化。他们在当地讨论确定了编写脚本的内容和框架。回沪后，杨兆麟以七字一句的格式创作诗句唱词，并改编成文本，图画则由先生和丁浩合作。两人画风各有所长，为了能够互补，形成整体统一，两人采取先画小草稿再定正稿的办法。先生勾绘前半部，丁浩绘后半部，小稿完成后两人讨论交流，交换重勾，风格得以统一，正稿画面浑然一体，简直看不出是两个人的手笔。《老孙归社》出版后大受好评，《美术》杂志专门撰文介绍，被当时浙江美术学院（今中国美术学院）人物画系当作线描范本教材，后来还出版了大开本的外文版画册。

丁浩（1917—2011），江苏吴江盛泽人，号皓叟，斋号悟庐。20世纪30年代起从事广告美术设计，50年代初任教于上海美专。1952年在华东人美社任年画、宣传画创作组组长。1959年调上海市文化局，受命筹建上海市美术专科学校。建校后先后任教务主任、工艺美术系主任兼国画系主任。其作品多次参加上海和全国的美术展，在书画界具有广泛的影响。历任中国美术家协会会员、上海市美术家协会理事、上海市书法家协会会员、中国工业设计协会装潢设计学会顾问等。

丁浩回忆当初合作《老孙归社》的情景：

　　1952年10月，《解放日报》上刊登了一篇通讯报道，介绍山东省广饶县三柳树农业生产合作社的情况。当时的华东人民美术出版社总编室研究决定，要将这个材料编绘为连环

画，并决定由丁浩、程十发、杨兆麟三人组成创作组，又叫卢敦良作为见习，跟着小组同去三柳树。

我们四人乘火车到济南，换乘长途汽车到广饶县。在广饶，我们雇了一辆胶皮大车才到了三柳树。三柳树在广饶县北面，是一片盐碱地，是个地瘠民贫的地方。经区里介绍，我们同通讯上所提到的主要人物接触，一面向他们进一步了解情况，一面抓紧画速写。一个星期后，在掌握了一定情况后，我们在住所，开始讨论故事结构、脚本的写法。在有了脚本初稿后，我们就去广北国营农场。那里有我们所需要的人物和场景。在广北农场住了三天，所需要的都得到了解决后，我们就回到了三柳树。

回到上海，我同程十发先研究合作的方法，争取做到两人合作是1+1=2，就是要在画上，体现出两人各自的长处，避免出现1+1=1，要做到每幅画中，你中有我，我中有你。于是我们先画小稿，两人各画半部，完成后加以讨论，然后交换画铅笔正稿。此时，可以将对方小稿上不足之处加以改进，达到每幅画中两人的特长浑然结合在一起。在铅笔正稿完成后，上墨线时，为了求得整体统一，我同十发进行分工，凡是人物部分由我上墨线，凡是背景道具部分全由十发上墨线。最后我们的画稿取得了预期的效果。

在编文方面，杨兆麟细心雕琢，将原来的编文改成七个字一句的顺口溜形式，读起来更朗朗上口。《老孙归社》连环画出版后，受到社会欢迎。《美术》杂志撰文加以推荐。外文出版社选取了54幅出版了外文本。

在合作《老孙归社》连环画的过程中，我深深感到程十发的构图特长，他可以使繁杂的不显得拥塞，空旷的不见其空洞。他常常利用小花、小草为画面增色，用飞禽、小鸟增添生气。可惜的是我们同事时间不长。1956年，上海画院筹备委员会成立，程十发从上海人美调到那里。

10月，北京人民美术出版社出版先生所绘连环画《何细妹》。

《天才发明家保保夫》

新美术出版社出版《天才发明家保保夫》连环画。

11月，新美术出版社出版新一版（原为群育版）《风雪东线》连环画。

本年由华东人民美术出版社供稿、华东文化部幻灯工厂出品幻灯片《王大娘赶会》（共24张），由叶苗和先生合作绘画。

上海解放之后，人民政府对私营工商业的社会主义改造于1952年首先在出版业界进行。以华东人民出版社美术第三科为基础，其吸收一批社会作者，成立了公私合营新美术出版社，先后有20余家私营连环画出版社和书局参加进来，成为专营连环画编辑、出版业务的出版社。同时，华东人民美术出版社（后改为上海人民美术出版社）也设立了连环画编辑科，对上海连环画事业此后的发展起着主导作用。当时出版社专设的连环画创作室，聚集各路画家在此高谈阔论，挥毫泼墨，最多时有100多位。于是，大家照着《水浒传》里梁山好汉的样子，"封"了个上海人美"一百单八将"。其实这是一个概数，人员总是流动的，有时多些，有时少些，但大体上创作队伍一直维持在100多人。

同一时期，华东人民美术出版社的连环画编辑科，根据与新美术出版社的分工要求，主要出版一些带有示范性的连环画，以促进连环画质量的提高。其中较有代表性的包括董子畏改编，丁斌曾、韩和平绘画的《铁道游击队》；董子畏编，刘旦宅绘画的《屈原》；程十发编绘的《画皮》等作品。在此期间，上海连环画作者队伍有显著的变化和发展。除原来从事连环画的专业画家外，其他画种的画家也参加进来。其中有国画家程十发、陆俨少，漫画家米谷、张文元、江有生、乐小英，水粉画家蔡振华、钱大昕，油画家黎冰鸿、徐甫堡，版画家顾炳鑫等人。

华东人美社的社长是吕蒙，副社长是黎鲁，两位领导都将自己的办公室安置在阴暗的朝北房间，将阳光充沛、光线充足的面南房间，腾出来给创作组。黎鲁说，连环画的创作耗费眼力，朝南房间光线好，有利于保护眼睛。在他们的努力下，华东人美社的资料室里更是应有尽有，除了各类图书资料，还包括服装、道具、造型等素材。

据汪观清回忆，"人美的专业业务，实际上由副社长黎鲁负责。他很好地贯彻了吕蒙的管理精神，对我们爱护有加，提供完备的创作条件，创造良好的创作环境。记得也是黎鲁组织的，每周请名家过来给我们讲课。颜文樑先生讲色彩、透视，教我们如何画盘旋而上的长长的楼梯。孙青羊先生也来讲过透视原理。张充仁先生讲雕塑、解剖。陈盛铎先生，已经是同济大学的教授，来讲建筑和结构，讲石膏、素描等知识。中国画院副院长贺天健也来给我们上过课，贺老讲中国传统绘画和历史文化方面的课程。文学编辑室副主任杨兆麟讲古代文学，古代诗词、传统历史、《古文观止》。他说来说去，有个观点，就是连环画画得好，关键是脚本。几十万字的作品浓缩概括成简短的文字，背后要有深厚的积淀和对文字的高度提炼能力。为此，杨先生要求我们每个周六，自觉学习两个小时古典文学。当时，学习气氛浓郁，大家学习热情都很高，午休的时候也会自动组合，轮流当模特，画头像"。

7月15日，郑午昌（1894—1952）在上海病逝，享年58岁。

1953年 癸巳 三十三岁

吕蒙任华东人民美术出版社社长，先生任工会小组长，被评为积极工作者。20世纪50年代，吕蒙同时担任三个出版社的社长，行政级别为九级。他喜爱画画，也会画画，是个懂画爱才的领导。在他的领导下，华东人美社对连环画作者肯培养、愿使用。工作之余，他安排各种学习和写生活动，这对创作团队的培养、成长起了很大作用。

先生根据捷克作家古伯卡原作的《毕加索的和平鸽》绘制的连环画是一部表现二战期间法国风貌的作品，寄寓着强烈的反法西斯精神，传递出人们热爱和平、向往真善美的美好理想。此时程十发并未去过巴黎，仅根据极少的资料照片，以当时居住生活的延庆路法租界老洋房为参照，并结合自己的印象与想象进行创作。先生晚年赴欧洲旅行时惊喜地发现，现实欧洲的风景居然与当初的创作所差无几。

程多多回忆道："这是一部表现二战期间法国风貌的连环画。当时父亲从没去过法国，只能凭印象以及极少的资料照片来创作。直到2000年，我和父亲到巴黎旅游，回忆对照起这部50年前的连环画中描绘的场景，居然没有什么差别！有不少地方甚至同我父亲画出来的一模一样！"

6月，新美术出版社出版《金顺善斗争故事》连环画，由先生和张明曹、陈光宗、刘旦宅联合绘图。

接受外文出版社的约稿，为英文本《儒林外史》作插图，自1953年起至1955年，三年时间画了100幅初稿，最后择其中极优者20幅定稿出版，书前另有彩墨绘制《吴敬梓小像》（98.5cm×53cm，1955年10月所绘）。该作品用的是传统白描手法，作品中可以体现传统明清版画的风格，也可以体现画家当时倾心于拉斐尔前派的画风，同时先生不离传统，图中路上的碎石都不是画石头，而是用前贤的山水画皴法或衣纹方法用笔。本书封面选用的是先生所绘《马二先生游西湖》（31.5cm×46.5cm），该作在2002年嘉德秋拍上释出。

创作期间认识的给《儒林外史》做整理注释的张慧剑，为先生分析书中的人物性格和如何在插图中刻画的问题。

张慧剑（1906—1970），安徽石埭人，原名嘉谷，笔名辰子，著名报人、作家、评论家。与张友鸾、张恨水同在《新民报》共事，他们被称为"《新民报》三张"。

19世纪，在英国，以罗塞蒂（1828—1882）、米莱斯（1829—1896）等人为代表的画派主张从拉斐尔以前的15世纪风格出发来从事创作，故称拉斐尔前派。此派作品富有诗情画意，同时也善于揭示人物的内心世界。先生从中受到不少启发，觉得吸取他们用线的长处，可以弥补传统白描在表现人物性格方面的不足。

从20世纪40年代后期至50年代早期，中国画坛渐渐以延安传来的民间艺术风格和苏联的造型艺术风格为主流，偶尔夹杂着如以珂勒惠支为例的德国表现主义。但在战后百废待兴的废墟中建立新的国家，方方面面都需要建立新的秩序，绘画的秩序也位列其中，只是比起日后的严格规范仍有空隙。先生在这样的历史时间中选择拉斐尔前派作为学习对象，仍然令人有些匪夷所思。拉斐尔前派距离新中国提倡的健康、通俗、易懂的为人民创作的艺术形式相去甚远。拉斐尔前派与差不多同时代的英国唯美主义、法国象征主义和颓废主义有着千丝万缕的关系。先

《林冲》工笔重彩年画

生以自己作为现代画家的现代趣味看到了这个在中国不太为人了解的画派，巧妙地选择了以它作为学习的范本，获取一种非典型的绘画造型手法，既解决了自己的创作问题，又躲过了政治正确的拷问。

响应文化部号召，创作新时代年画《歌颂伟大领袖毛泽东》。

7月，新美术出版社出版《火线春节夜》（抗美援朝故事），由魏巍著，先生绘插图。

7月30日，将所绘《沙鸟残荷图》（56.6cm×36.4cm，嘉德2003年春拍）赠顾炳鑫，题跋云："曾见宋元以来写沙鸟残荷者有数本，黑田家藏有一本，故宫藏者有二轴，一为马兴祖，一为赵松雪，吴兴自题为仿黄要叔。或沙鸟残荷曾是黄家力作，而得盛名哉，古来大家皆摹黄法，亦未可知。今喜得乾隆旧楮，正逢溽暑，汗沈如雨，乃率临马兴祖本，意欲却暑，乞灵于秋风也。十发并记。一九五三年七月卅日，持奉炳鑫道兄一粲。十发又记。"

8月3日，陈毅市长参观了"一九五三年上海国画展览"并题词，指出"新中国建设之发展，使广大人民在生产劳动与工作之余，要求文化补给，我希望我们的文学家、美术家、音乐家、戏剧家等能对人民在极高和最大限度上承担这个文化补给的任务"。

9月，绘《全国人民大团结》。

9月16日至10月10日，中华全国美术工作者协会主办的"第一届全国国画展览会"在北京北海公园漪澜堂举行。上海有40位画家参加了这次展会，展出了他们在新中国文艺政策之下改造和创新国画的成果。

先生在本年个人工作总结中统计自己的创作数目：

《老孙归社》20幅、《刘县长》6幅、《梅芳庭》59幅（合作部分）、《一棵大树》8幅、《列宁和老太太谈话》11幅、《施新民》22幅、修改《孔雀东南飞》、《列宁和炉匠》19幅、《列宁铜像》9幅、《星期六义务劳动日》8幅、漫画封面半幅、《婚姻法》图解1幅、总路线挂图12幅（合作）、总路线插图1幅（铅笔稿）。

《全国人民大团结》

《列宁的故事》

9月26日，徐悲鸿（1895—1953）在北京病逝，享年58岁。

1954年　甲午　三十四岁

2月12日至15日，华东美术家协会筹备委员会召开第一次会议，选举刘开渠为筹备委员会主任，赖少其、丰子恺为副主任，陈烟桥为秘书长。

4月21日，华东美术家协会在上海举行成立大会，刘开渠任主席，赖少其、丰子恺、黄宾虹、米谷任副主席，陈烟桥任秘书长。会员91人，包括先生在内，其中众多中国画名家成为上海中国画院的首批画师。

绘制连环画《列宁的故事》共六则：《一棵大树》《星期六义务劳动日》《列宁和老太太谈话》《列宁和炉匠》《我看见列宁了》《一座铜像》。

4月，华东人民美术出版社出版的连环画《列宁的故事》，是先生与刘继卣所绘故事的合编本（其中选先生所绘四则、刘继卣所绘一则）。

上海人民美术出版社副总编辑黎鲁回忆，当他看到先生新发表的《列宁的故事》连环画纯用线描，便在某个星期天，到江苏路他家里专门拜访，表示敬慕，认为这是连环画可取之路。但黎鲁认为先生当时的国画表现力还不见充分发挥，如和丁浩合作的《老孙归社》里面，丁浩的风格似较多。

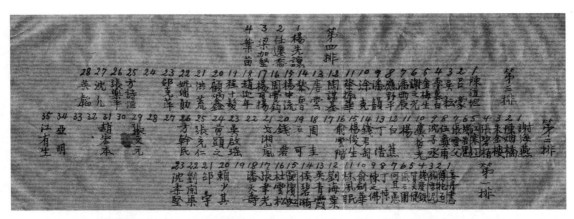

华东美术家协会在上海举行成立大会

8月，北京人民美术出版社出版《东郭先生》连环画，刘继卣绘。

10月，华东人民美术出版社出版先生和顾炳鑫编绘的《农村知识青年的榜样》。

刘继卣《东郭先生》

10月15日，给乡友陶延龄题字寄语云："多学习中外古今的美术作品，吸收其优点。多学习美术业务、基本科学知识。多学习生活，发掘真实生活中的题材。与延龄同志共勉之，十发，一九五四年十月十五日。"

12月，绘《水乡所见》，题跋云："水乡。一九五四年十二月写松江车墩所见，程十发。"

12月，魏金枝编写、先生绘图的《中国古代寓言》由少年儿童出版社出版。

12月12日至20日，"任伯年画展"在上海举办，展品100余件。

南社才子、松江人姚鹓雏（1892—1954）病逝。姚鹓雏原名锡钧，松江县人，家住西门外絮江亭西。曾被誉为南社"四才子"之一，诗词誉满东南，著名报人，著有《江左十年目睹记》。中华人民共和国成立后受聘为上海文史馆馆员，后出任松江县副县长。据郑逸梅回忆，程潼出生后姚鹓雏曾来见之，及鹓雏病逝医院，先生往瞻遗容，称之为生死之交。除了年长29岁的姚鹓雏，年长40岁的松江著名书画家张琢成也对先生的艺术产生过影响。

本年前后，上海人民美术出版社推出国画学习班教学计划方针：培养每个学员对民族绘画有一定认识和爱好，能进一步掌握国画基本技法，并能应用到创作及编辑工作中去，从而提高本社创作干部及美术编辑的美术水平，为发扬民族绘画打下基础。教学分工及课程安排如下。

一、分三个科目：山水、人物、花鸟动物。由学员自行选择科目，但每人不能超过两科。

二、采用个别教授方式，由每个教员负责培养几个学员。

三、教员分工：山水科由刘锡永、林雪岩担任，人物科由汤义方、胡丁文（胡也佛）担任，花鸟动物科由蒋凤白、张明曹担任，理论课由程十发担任。

四、时间：每星期八小时，工作时间四小时，其余业余时间四小时由每科教学员根据情况自行拟定。

11月，成立了国画工作者互助组，吸收国画工作者60人入组，进行土产出口公司工艺品檀香扇、官灯及刺绣品美术加工。

本年，在全国高校调整中，有42年历史的上海美专被合并迁出上海。从那时起到1959年，除上海戏剧学院舞台美术系和私人画室外，上海没有体制内的美术学校，美术家主要被安排在整合后的上海人民美术出版社，那里几乎成为集美术创作、约稿、审查、出版于一身的美术领导中心。那时绘画市场基本上已不存在，除了外贸部门为换取外汇收购少数名家之作外，年画、连环画、宣传画等基于印刷出版的门类成为艺术家能够攒取工资外收入的为数不多的渠道。因此许多艺术家都参与年连宣创作。

1955年　乙未　三十五岁

　　肃反运动时，在学习文件过程中，先生经常看到把暗藏的反革命分子比作《聊斋志异》里的"画皮"，于是联想到可以用连环画来表现"画皮"，受到领导的鼓励。于是先生尝试以中国人物写意画技法绘制连环画《画皮》，将传统文人画与民间画像结合到一起，又汲取"八怪"之一的罗两峰《鬼趣图》笔墨之妙，以泼辣豪放的用笔和设色，画出一套新颖而别致的40幅连环画。

　　将《画皮》这个故事用连环画的形式表达出来并不是难点，难的是要在笔墨之间传达出原著的浪漫气息和深长寓意。于是先生在人物造型方面下了极大的功夫。《画皮》中的人物并不多，其中恶鬼和美女的形象容易处理，比较复杂的是王生。他是一个书生，却并不是器宇轩昂、风度潇洒的才子型的人物，而是一个既好色、又胆小，既令人讨厌、又让人可怜的颇为猥琐的人物。先生塑造的王生形象是十分传神也比较符合原著精神的。先生塑造的道士形象用笔极为简洁，一个框框就是一件道袍，肥胖的身躯似乎过于夸张，却并不显得臃肿，反而令人觉得他确有几分仙风道骨，脸部表情也带着些许诙谐和幽默。这个胖道士在某种程度上是先生后来所创造的钟馗的雏形。

　　先生后来回忆：1955年肃反运动时，学习文件，经常看到把暗藏的反革命分子比作《聊斋志异》里的"画皮"。我想是不是可以用连环画来表现《画皮》这个故事。领导同志知道我的意图后，鼓励我用中国画形式来画。我曾认为用中国画形式来画连环画也是普及和提高的一种方法。这样胆子大了，想试试看。《画皮》中王生是个是非不明的人，而且意志薄弱，容易堕落。但旧社会这样的人也不少，在我的朋友里就可以找到影子，我理解这样的人物，所以描绘起来并不十分困难。在表现形式方面，我喜欢金冬心、罗两峰的作品。罗两峰喜欢画鬼，笔触古拙，我参考他的画法，笔触也比较拙一些，人物形象也较夸张。

　　这部作品，无论是青面獠牙的鬼，还是化装成美女的凶残恶毒鬼，都淋漓尽致地刻画出特点。先生巧妙

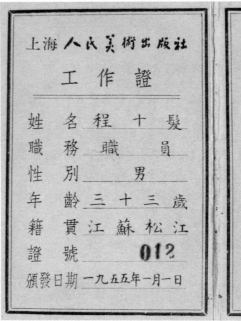

工作证

地将中国传统绘画的情趣和意境融入连环画中，用笔简洁而准确，形象夸张而传神，画面还不时流露出诙谐与幽默，极富艺术感染力。《画皮》的问世不仅拓宽了连环画的表现方法，而且也预示着先生的艺术风格——"程家样"正在逐步形成。《画皮》彩墨连环画（42开本）在1956年3月由上海人民美术出版社出版后，引起了极大的轰动并受到了广泛的欢迎。外文出版社还译制成外文版发行到全世界，使之在国际文化交流中产生了重大影响。

后来著名人物画家戴敦邦接受《新民周刊》采访时

程十发在延庆路的寓所里创作

说，他至今记得《画皮》出版后所引起的轰动："原来连环画也可以画得这样有趣味！"在他看来，原先的连环画，受"跑马书"的影响，往往采用单线勾勒的办法来表现人物，而《画皮》的出现，不仅大大丰富了连环画的技法，更使得国画的意趣巧妙地融入连环画中。十发先生用国画元素表现《聊斋》题材，恰好体现了原著的浪漫气息和深长寓意。无论是懦弱猥琐的书生，还是凶残恶毒的美女，无不形象生动，夸张中不失艺术感染力。"我最欣赏的还是那个宽袍大袖的道士，造型上是那么有趣，用笔简洁，两笔就勾勒了体形，而五官又是如此俏皮可爱，有种说不出的诙谐幽默与悲悯情怀。"著名连环画泰斗贺友直先生在接受采访时，也说自己还记得当年看到该书时的激动："我们几个同事甚至自发组织了一个小团体，专门开了次研讨会，一张一张分析十发先生的这部作品！"

2月26日至3月13日，"一九五五年华东地区美术展览会"在上海文化广场举办，展出华东六省一市选送参展的美术作品481件。陈毅市长亲临开幕式参观并题词。

3月，上海人民出版社出版林平编写的小说《列宁斯大林的故事》，先生为本书绘插图。

为该年出版的英文版《杜甫诗选》作彩墨插图。

为《文汇报》绘《霍去病小传》连环画24幅，构图新奇，线条多变，依稀可见到《胆剑篇》的雏形。1993年先生为画稿自题："匈奴不灭，无以家为。一九五五年前后以文汇报作霍去病小传连环画，一九九三年程十发题。"

5月，上海人民美术出版社出版先生创作的连环画《列宁在1918》，参照苏联电影实景，用传统线条描绘欧洲的人物及战争场景，开创了线描艺术的新天地。

6月，上海美术读物出版社出版新一版（原为立化版）《葡萄熟了的时候》。

连环画《画皮》

在所藏德国 16 世纪名画家荷尔拜因画册上题跋

6月21日，在所藏德国16世纪名画家荷尔拜因画册上题跋云："此德国十六世纪名画家贺尔第所作人像素描，用笔娴雅生动，极似吾国之白描，极有他山之助。一九五五年六月廿一日，程十发藏书。"

当日先生另写道："现在有些人一听抽象派就认为要批判，但要他讲出几个抽象派的名字反而讲不出。应该多了解，多熟悉。东方的艺术概括手法已给西方艺术大师所吸收，如马蒂斯就吸取了用线条来画油画。"

7月1日，在刘继卣所绘英文版《东郭先生》连环画样书上题跋："我国之连环画发行海外，极受国际人士重视和喜爱，目为艺术珍品。鲁迅先生曾云，在连环画中可以产生米开朗琪罗与达·芬奇，良有以也。一九五五年七月一日，程十发记于沪西江苏路宿舍。"该连环画中文版是在1954年8月由北京人民美术出版社出版的。

在《东郭先生》连环画样书上题跋

9月，与陆俨少合作绘制的反映苏联和平建设时期故事的连环画《时间呀前进》由朝花美术出版社出版。

10月，绘《吴敬梓像》，人物背景用潇洒的传统笔墨画出，但脸部用晕染的方式体现立体感。

10月，购老墨自用，并另在旧货肆淘得墨匣，在匣内盖题跋："墨匣购自华山路旧货肆，漱金墨五锭购自荣宝斋，时一九五五年十月，程十发识于法华路。"

10月—12月，为《新民晚报》撰写8篇评台北故宫博物院藏画赏析文章《春灯读画录》：①宋李唐《村医图》，②宋佚名《攒秉图》，③元赵孟頫《鹊华秋色图》，④元陈琳《溪凫图》，⑤宋巨然《秋山问道图》，⑥五代赵幹《江行初雪图》，⑦宋崔白《双喜图》，⑧宋巨然《秋山图》、宋赵匡胤（宋太祖）像。

程十发自用墨匣

黄宾虹 《溪山访友图》

创作年画《郑成功收复台湾》（4幅），大胆采用了西画的技巧并与中国工笔画两相结合。

12月，上海少年儿童出版社出版先生创作的连环画《诚实的列宁》。

《诚实的列宁》讲的是童年时期的列宁在他母亲的启发教育下，自觉认错打碎花瓶的小故事。虽然是一个短篇且情节简单的幼教小故事，程十发依旧收集俄罗斯民族生活背景资料，以求尽量详细而真实地反映出俄国独有的风貌；而全家人也被十发发动，来充当模特。创作《诚实的列宁》过程中，程十发先绘制了黑白线描稿，然后通过印刷打样，按比例缩小至117mm×114mm的尺寸，再进行着色，遂成为彩色连环画的出版定稿。黑白线描稿体现了画家一贯的用笔遒劲流畅与虚实变化，人物描画得精练生动、形神兼备；而彩色稿则体现画家用色的简约明快，充满童趣。

先前先生一家住在兴国路，环境优雅，但房租昂贵。夫人张金锜时患有神经衰弱症，晚上睡眠质量不好，在家养育三个孩子，还用一个保姆相帮，家庭负担繁重。

本年，与美术出版社的同事曹有成租住哥伦比亚路26号甲栋欧式小洋房（今名新华路211弄26号甲"新华别墅"，此弄堂里有甲乙丙三栋）。程家租用底楼，房租每月40元。

本年，华东人民美术出版社及华东人民出版社美术编辑部改名为上海人民美术出版社（简称"上海人美"）。1956年1月和1958年8月，新美术出版社与上海画片出版社相继并入该社，上海人美的规模由此成形，从而成为当时全国最大的连环画编辑出版部门，与北京人民美术出版社遥相呼应。

3月25日，黄宾虹（1865—1955）在杭州病逝，享年90岁。遵其遗嘱，家属将其遗作、手稿及各种收藏品10100件全部捐献给国家。

1956年　丙申　三十六岁

3月3日，绘成国画《第一回胜利》，描绘在南方的冬天，儿童在农闲时打谷场上下象棋，得了第一回胜利的欢乐情景。此画参加全国美术作品展览，并出版单页彩色印刷品。本幅可以说是先生第一件比较成功的单幅国画作品。

3月，绘《孔乙己像》。题跋云："孔乙己。一九五六年三月，十发为作连环画所草造型。""在柜台外站着喝酒的只有孔乙己是个穿长衫的人。他对人说话，总是满口之乎者也，教人半懂不懂的。因为他姓孔，别人便从描红纸上的'上大人孔乙己'这半懂不懂的话里，替他取下这个绰号。十发录原作中一截。"

为外文出版社画《聊斋志异》插画。

为李季的长诗《幸福的钥匙》绘制插图。这是著名诗人李季于1955年在北京担任中国作协创作委员会副主任时写给少年儿童的一首叙事诗，讲述的是祁连山下的一户牧民，孩子离开年老的母亲，冒着风雪，踏着父亲和哥哥前进的足迹，为寻找幸福的钥匙——石油而不畏艰难的故事。受到同行"程某人单线不错，复线可能不行"质疑的激励，故决定用复线来创作。所谓的复线就是指画出明暗光线的钢笔画。先生受到激发，因为一时间找不到小号的钢笔尖，也无法雕刻制版，于是用细小的硬毫毛笔，先在铅画纸上画成有明暗和投影的工笔素描画，继而在画面上根据线条明暗变化的需要画成铜刻模样的所谓复线画。当时画坛流行学习西方的写实画风，铜版画堪称写实画风之极致，以用钢针刻出来的细密线条组成立体感强烈的造型著称。先生在《幸福的钥匙》中将乱真的手绘表现力推向了极致，可以说是在做一件古今中外都没有人做过的高难度绘画技巧尝试。此作在《连环画报》杂志上发表，后由上海少年儿童出版社于4月出版，先生还为本书设计了封面的布局结构、用色、字体等细节，并制作了木刻版画作为封面上的用图。这套作品大获成功，对先生基本功的质疑声就此平息。20世纪90年代，程多多自费印制单行本，并有程十发自作序文。

4月，上海人民出版社出版"学文化补充读物"系列之一《将相和》，本书由周慕白编写，其中包括《完璧归赵》《渑池会》《将相和》三个故事，由先生绘插图。

木刻

《幸福的钥匙》封面

木刻原板

5月，由上海少年儿童出版社出版单行本彩色连环画《姑娘与八哥鸟》。这是先生应《连环画报》之邀所创作的，根据刘肇霖原诗节编。创作过程中先生注重浪漫与夸张，特别在人物的线条、衣纹的表现上，借鉴了陈老莲的许多技法，可谓古为今用。先生通过这本连环画的绘制，构图、设色、运笔已达成熟，从"描线"走向了"写线"阶段。本连环画后还由北京外文出版社出版英文版。

为上海《文汇报》副刊画《红楼梦十二金钗》。

1956—1957年，上海人美的办公室设在铜仁路南京西路交界处（铜仁路257号）。先生与版画家杨可扬相处莫逆，故编制定在上海人美宣传画创作室，而不是连环画创作室，但先生不画宣传画，全力投入连环画的创作。当时先生的同事有俞云阶、丁浩、哈琼文、陶谋基、钱大昕、翁逸之、游龙姑（女）、蔡振华、曹有成、张隆基、杨文秀（女），室主任是杨可扬。

作品《儒林外史》获华东书籍装帧设计一等奖。

北京和上海先后成立中国画院。先生被调到上海中国画院参加筹备工作，后于6月成了画院首批画师，正式开启了他中国画创作的生涯。

6月，绘《张玉田绮罗香词意》，题跋云："漫倚新装，不入洛阳花谱。为回风起舞尊前，尽化作断霞千缕。记阴阴绿遍江南，夜窗听暗雨。右录张玉田绮罗香词半阕，友阿扬同志指教，一九五六年六月，十发。"

8月1日，为庆祝上海中国画院筹备委员会正式成立，王个簃、贺天健、赖少其、吴湖帆、涂克、潘天寿、刘海粟、谢稚柳、唐云、陈秋草以及先生合作《开宗明义第一章》山水册页及《自有春秋》花鸟册页。两册签条皆为章太炎门生汪东题写。

《开宗明义第一章》为水墨山水长卷，虽是长卷，却以蝴蝶裱式合为一册，短小精悍，颇见真趣。卷首由赖少其先生题写"开宗明义第一章——一九五六年八月一日上海中国画院筹备委员会成立纪念"，以示此作诞生之意义，也预示着新中国的国画艺术在上海这座城市即将迎来一个新的开始。随着画面自右向左展开，前段赖少其画远山朝阳，贺天健画柳树平坡，吴湖帆画云山；画面中段依次为王个簃画立帆、潘天寿画松树、刘海粟画山石、涂克画泼墨坡石、十发先生画楼阁屋宇；后段唐云画坡树，陈秋草点景人物；谢稚柳画并最后题记："一九五六年八月一日，谢稚柳写第四节，

《张玉田绮罗香词意》

时年四十七"。整幅画面虽然来自不同画家的手笔，但总体协调，水墨融合，格调清逸雅致，表现出一片秀美的湖山景色。

《自有春秋》设色花鸟册与《开宗明义第一章》山水册的形制相同，同样以蝴蝶裱式合为一册。诸位画家每人一小节，绘以拿手的各色花卉，布置精巧，匠心独运，造型奇昂、各领芬芳。画面自右向左，依次为吴湖帆画荷，潘天寿写蕙兰，王个簃加阔叶，谢稚柳画牡丹，贺天健画白玉兰，陈秋草画鸢尾花，十发先生画车前草，赖少其添小瓢虫，唐云画梅花、水仙、灵芝、竹、鸟，白蕉补兰，刘海粟画松，共12人合作，以水墨淡彩的表现形式，给人以清新悦目的感觉。

两册都在每一段的留白处由绘者分别行款，并署上自己当时的年龄。据款识，当时赖少其42岁，贺天健66岁，吴湖帆63岁，潘天寿60岁，刘海粟61岁，程十发35岁，唐云47岁，陈秋草51岁，谢稚柳47岁，王个簃60岁，白蕉50岁。先生最年轻。

起初每个画家的车马费（不叫工资）都是80元，由市人民委员会直接拨给，当时属于相当不菲的稳定收入，画家们拿到钱后都心怀感激。

8月1日至15日，中百公司四楼举办"上海市青年美术作品展览会"，展品1201件，其中中国画189件。这次展览广受各界关注，参观者近40000人，新闻报道颇多。8月1日的《新民晚报》上刊登的报道《美术创作上可喜的收获》中提到了先生的《歌唱祖国的春天》和陈佩秋的《天目山杜鹃》等作品。

8月30日，自题旧作《仿董其昌山水》云："思翁碎笔山水多出赵文度，即大痴秋山无尽长卷亦为此公伎俩。此图与秋山似同一辙，定为赵笔无疑，虽非真玄宰，亦云间高手，自有新意。一九五六年八月卅日，云间家人寄瓷帽筒一对，其一用此纸裹来，展之乃余旧作，并补记于此，程潼十发。"

同年还创作了大量少儿读物插图，如《义和团》《神笔马良》《不落的太阳》等。

《义和团》由上海人民出版社1956年7月出版，"学文化补充读物"之一，包村编写，先生绘插图。

《神笔马良》由上海少年儿童出版社1956年9月出版，包含神笔马良、牧童三娃等四个小故事，由洪汛涛著，先生绘插图10余帧。

《不落的太阳》由上海少年儿童出版社1956年9月出版，由鲁兵编写寓言故事诗歌，先生绘插图。

9月，北京作家出版社出版《天山牧歌》，是诗人闻捷（1923—1971）的抒情诗诗集，辑入诗人1951—1955年的主要作品，赞美新疆哈萨克族、维吾尔族、蒙古族人民的生活、劳动和爱情。先生为此诗集创作了《舞会结束以后》《志愿》《婚期》《古老的歌》等4幅插图。

10月，开始参加每周组织的政治学习一次（周六下午），业务学习一次（周三上午）。

10月，作书法《民歌》，题云："山歌越唱越大声，歌声传到北京城。毛主席听了永不老，千万松柏万年青。民歌。一九五六年十月，十发书。"

11月，为王文娟绘《追鱼》插图，题跋云："一九五六年十一月，十发。"该作现由龙美术馆收藏。

神话越剧《追鱼》是徐玉兰、王文娟流派的合作名剧，是上海越剧院的保留剧目之一，多次招待国宾演出。该剧在1956年首演，并在1959年8月，由天马电影制片厂摄制成同名彩色戏曲艺术片，仍旧由徐、王两人主演，引起不小轰动。

本年年初，先生举家迁入延庆路141号。此楼原为上海人美的连环画工作室，后辟为家属居住处。这批住房的外墙是米白色，但在20世纪50年代，先生一家入住这里时，外墙是鲜艳夺目的红色的砖墙。作为上海人美宿舍后，一幢楼由七八户人家合住。邻居里，包括三楼的连环画画家罗盘（《草上飞》《战上海》等的作者）、画家王仲青和吴性清夫妇。程家住在二楼大房间，隔壁是连环画画家韩和平。韩未成家时，尚有端木勇、张大劲同住。他们白天在一个单位上班，晚上则比邻而居，过着煤卫合用的生活。另外，延庆路141号对面，是电影明星沙莉的家，后花园窗对窗是

越剧《追鱼》海报

沪剧名家丁是娥的家。家里挂着的一块旧招牌"枫泾世医程思斋子子美儒理男妇大方脉"，是程氏祖父子美公行医时留下来的。

先生家宾朋满座，往往在谈笑风生间，先生手不停挥，创作好了一件作品。家中经济条件较好时，由朋友相赠，程家曾在延庆路的花园里养过芦花鸡、乌骨鸡、白色的莱克亨鸡，甚至孔雀和吐绶鸡（火鸡）。一次张金锜烧了一大锅火鸡肉，整幢楼的画家们都有份。

延庆路，原名格罗希路，位于徐汇区东北部，东起东湖路，与富民路相接，西至常熟路，中与华亭路相交，呈弧形。1943年10月，汪伪政府以北京市郊县名改名为延庆路。延庆路上的135—149号是花园式里弄住宅，3层4坡顶的小洋楼，米黄色水泥拉毛墙面，外表简洁方正。建筑的扶梯很有特点，沿马路的室外楼梯直接进入二楼住宅的入口。

《歌唱祖国的春天》创作于1956年5月，工笔重彩，描绘的是上海郊区的农民在农闲时聚在田间，听一位老妈妈放声歌唱。这幅作品高138厘米，宽82厘米。主要人物错落有致地安排在中景。唱歌的老妈妈头上包裹着江南盛产的蜡染方巾，身着蓝色夹袄，围着灰色围裙，脚踏棉鞋，双眼远眺，自若地歌唱。倾听的观众们在她身边散落着，或坐或站，将视线投向她。其中既有头戴方巾、放声高唱的农村老大妈，手持快板、欢快敲打的农村老大爷，吹笛伴奏的

《歌唱祖国的春天》（局部）

少年，也有典型的身穿蓝色工作制服的工人，头戴鸭舌帽，肩披围巾，手持图纸，完美地体现了当时工人阶级的精神面貌，还有身穿军装、怀抱嬉戏儿童的军人，亲子爱民形象跃然纸上，一幅和谐欢乐的景象，这俨然就是一个工、农、兵相结合的大家庭。中景处还有一棵桃树，满枝芬芳，缀满桃花。远处青峦叠嶂，薄雾笼罩，可谓云山缠绵。近处长满青苔的岩石上翠叶红花点缀，一派春的气象。先生回忆说，当年是先看了浦东老妈妈合唱团的表演，才构思了这幅画，合唱团中的一位老妈妈给他留下的印象尤其深刻，他决定以她为模特创作。这件工笔重彩的作品是先生早年的代表作，也是中华人民共和国成立初期反映社会主义建设的重要作品之一，现由上海中国画院收藏。

据陈佩秋先生回忆，中华人民共和国成立之后画家画人物一度不敢使用石绿等矿物色，缘易被归为封建阶级、地主阶级审美。故应对官方审美的新国画，往往是以水墨黑重见长，素描加水墨的新人物画如此，李可染"为祖国河山树碑立传"的山水，亦是如此……如果要使用石青、石绿等具备传统审美的色彩，则必须使作品具乡土气息，必须向年画之类的民间艺术或者传统工艺品靠拢，政治上方能过关。识此，就不难明白先生《歌唱祖国的春天》《在毛主席周围》之类主题创作在色彩运用上，何以会如此借重年画。

1956年的确是中华人民共和国成立最初10年中重要的一年。这一年5月，毛主席在中共中央政治局扩大会议上，就发展科学技术和繁荣文化事业，正式提出在文艺和学术研究中实行"百花齐放，百家争鸣"的双百方针，要在艺术创作上"百花齐放"，在学术研究中"百家争鸣"。作为青年画家，先生一定感受到了一股宽松的氛围，艺术活动也由此活跃起来。

在中国人民政治协商会议第二届全国委员会第二次全体会议上，叶恭绰、陈半丁共同提出"拟请专设研究中国画机构"的《继承传统，大胆创新，成立中国画院》提案。6月1日，周总理在最高国务会议上提出在北京、上海两地建立画院的设想，此设想获得会议通过，并由文化部具体经办，同时提出了建院方针："画院的建立是为了继承中国古典（包括民间）绘画艺术的优良传统，并且使它进一步发展和提高；画院的具体任务是繁荣国画创作，培养国画专门人才，并对国画做理论的探讨及负责院外国画创作的推动和辅导工作。"

随后文化部下发了三个文件——《文化部关于建立中国画院的意见》《文化部关于建立中国画院的实施方案》和《两个画院的主要负责人跟主要画师的名单》，画院的落实措施更清晰了。7月，中国美协上海分会主办了上海市青年美术作品展览会。8月1日，"上海中国画院筹备委员会"成立，主任赖少其，委员王个簃、白蕉、伍蠡甫、汪东、吴湖帆、涂克、陈秋草、唐云、贺天健、潘天寿、谢稚柳、刘海粟、傅抱石、沈尹默等为委员，皆为一时画坛翘楚。先生也被调遣参加上海中国画院的筹备工作，任秘书。同时，上海美术展览馆也在南京西路456号原康乐酒家改建竣工，正式开馆。9月11日，赖少其主任向全体画师传达了实施方案报告，经民主协商后正式确定了69位入院画师名单。到了11月，当年8月开展的上海市青年美术作品展览会公布获奖名单，先生位列其中。

上海中国画院筹备初期，吴湖帆还是内定画院院长时，曾提报了一份推荐名单，按照甲乙丙丁的标准，提名了95名画家，均是当时笔墨高手，一个不漏，全在其中，各种流派充分体现（最终确定69人）。

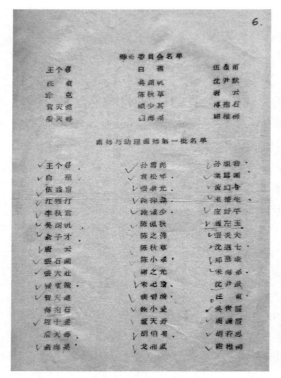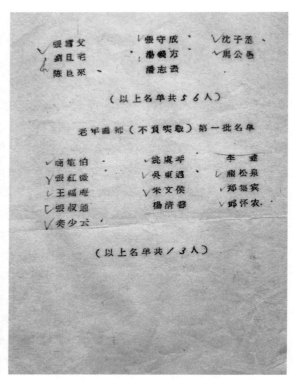

上海中国画院筹备委员会及首批画师、助理画师、老年画师名单

甲字画家25人：

刘海粟、唐云、贺天健、江寒汀、钱瘦铁、王个簃、郑慕康、谢稚柳、陆俨少、俞子才、张守成、陆抑非、朱梅村、应野平、程十发、张大壮、白蕉、胡若思、陈秋草、周炼霞、吴青霞、顾飞、陈小翠、夏伊乔、陈佩秋

年老而尚具特别专长者9人：

黄西爽（中医）、谢之光、沈剑知（博物馆）、陆小曼、叶露园、陈巨来（刻印专家二人）、吴朴堂（文管会）等

乙字画家12人：

戈湘岚、吴少蕴（工画相）、刘伯年、张炎夫、潘志云、丁玉、张星阶（教师）、尤小云（兼工刻）、董天野、汤义方、王仁辅、郁文华

画史资料专门人才3人：

罗未子、孙祖勃、吴诗初

年较青而可进者21人：

徐伯青、王青之、乔木、沈思明、凌虚、曹简楼、田军、孙悟音、汤翠雏、江圣华、郁慕洁、郁慕娟、童月莲、杨绮云、钱悦诗、钱惠翔、陆秀平、陈慧贞、潘贞则、叶尔莹、张雪芝

一般作家25人：

袁松年、朱文侯、黄达聪、熊松泉、沈子丞、张雪父、孙雪泥、李秋君、侯碧漪、方洞、

刘旦宅、庞左玉、俞叔渊、高峻、王吾、沈剑南、郁慕贞、来楚生、顾伯达、王康乐

吴湖帆　提名　一九五六年八月三日

9月11日，上海中国画院筹备委员会主任赖少其向全体画师传达《上海中国画院实施方案》报告。工作要点是：一、国画创作。二、辅导院外国画创作活动。三、建立机构，配备干部，确定院址（高安路）。

画师与助理画师第一批名单：王个簃、孙雪泥、孙祖勃、白蕉、袁松年、叶露园、伍蠡甫、张聿光、黄幻吾、江寒汀、陆抑非、来楚生、李秋君、陆俨少、应野平、吴湖帆、陈佩秋、庞左玉、俞子才、陈之佛、张炎夫、唐云、陈秋草、沈迈士、张石园、陈小翠、郑慕康、张大壮、谢之光、朱梅邨、钱瘦铁、朱屺瞻、沈尹默、贺天健、侯碧漪、汪东、傅抱石、陆小曼、吴青霞、程十发、董天野、周炼霞、潘天寿、胡伯翔、胡若思、刘海粟、戈湘岚、谢稚柳、张雪父、张守成、沈子丞、刘旦宅、汤义方、马公愚、陈巨来、潘志云。

老年画师（不负实职）第一批名单：商笙伯、姚虞琴、李健、张红薇、吴东迈、熊松泉、王福庵、朱文侯、郑集宾、张叔通、杨清磐、邓怀农、樊少云。

（以上即首批69位画师名单）

9月14日，上海中国画院筹备委员会向上海市文化局及中华人民共和国文化部递交《关于筹建"上海中国画院"的报告》，并附有《"上海中国画院"实施方案（草案）》《"上海中国画院"院长、副院长、院务委员会名单（草案）》《画师、助理画师、老年画师（第一批）名单》，并抄送中国美术家协会、中央文化部学校司。

11月21日，上海中国画院发布"国画院专职画师一览表"，如下：

一、全国政协委员：丰子恺、王个簃

二、全国美协理事：贺天健、王个簃、丰子恺

三、上海美协主席：丰子恺

四、上海美协理事：唐云、贺天健

五、上海市人民代表：丰子恺、贺天健、李秋君

六、上海市政协委员：丰子恺、贺天健、吴湖帆、唐云

七、区政协委员：张聿光、张红薇

八、区人民代表：邓怀农

九、农工市委工员：张大壮

十、市妇联执委、妇代：李秋君

十一、全国美协委员：丰子恺、王个簃、唐云、贺天健、吴湖帆、程十发、马公愚、谢之光、陆一飞，共9名。

十二、上海美协会员：张大壮、来楚生、张聿光、俞子才、邵洛羊、孙雪泥、朱梅邨、朱屺瞻、叶露园、张炎夫、朱文侯、李秋君、侯碧漪、吴青霞、周炼霞、陈小翠、陈佩秋、张红薇、庞左玉、姚虞琴、樊少云、邓怀农、商笙伯、熊松泉、陆俨少、白蕉，共26名。

十三、上海文史馆馆员：丰子恺、王个簃、贺天健、吴湖帆、张聿光、朱屺瞻、马公愚、朱文侯、张红薇、姚虞琴、樊少云、邓怀农、张叔通、吴东迈、商笙伯、熊松泉、郑集宾，共

17名。

十四、享受生活照顾的：

丰子恺：市统战部总解决，肉4斤，蛋3斤，水果5斤，糖1斤

贺天健：俱乐部餐券15张，肉3斤，蛋2斤

姚虞琴：肉3斤，蛋1斤，饼干1斤，水果3斤

王个簃：俱乐部票子

张大壮：俱乐部票子

吴湖帆：俱乐部票子

从本年年底开始，上海人美在连创室、连编室的领导黎鲁、赵宏本、顾炳鑫、杨兆麟等的策划下，组织了刘锡永、汪玉山、陈光镒、赵三岛、钱笑呆、徐正平等30多位画家，历时4年多创作60册大型连环画《三国演义》，至1961年6月出完。其中第三册《捉放曹》封面选用的是先生的作品。这张封面并非先生为《三国演义》连环画套书创作的，而是新美术出版社1955年11月出版的"历史故事"《陈宫和曹操》的封面作品。上海人美出版《三国演义》连环画套书时，考虑到此幅作品绘制精到、墨韵十足，因此仍沿用了此封作为分册《捉放曹》的封面。为了满足套书封面长宽要求，出版社对此封面进行了裁切，对部分山石进行了涂抹。

12月24日，李健（1881—1956）在上海逝世，享年75岁。

1957年　丁酉　三十七岁

2月，上海文化出版社出版秦瘦鸥著小说《秋海棠》，由先生绘插图。

2月，少年儿童出版社出版中国传统民间故事《十兄弟》，由洪汛涛著，先生绘插图。本书包含两个故事。其中的《十兄弟》源自中国民间传说，身怀绝技的十兄弟，分别有各种异能——顺风耳、千里眼、大力士、钢头、铁骨、长腿、大头、大足、大嘴、大眼，他们各显本领拯救老爷爷老奶奶、协力抗争恶势力的故事。先生用的是传统白描手法，线条刚劲而飘逸，构图奇特而巧妙，将一个奇幻故事中的人物刻画得栩栩如生。另一个是《问三不问四》，除人物生动传神、建筑刻画严谨之外，先生又借鉴了西方铜版画，在构图上特地增加了装饰性的边框，把看似无关的元素巧妙地联系在了一起。

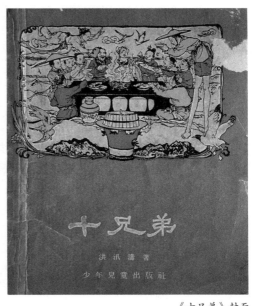

《十兄弟》封面

根据本书后记，《十兄弟》本来是一个电影文学剧本，因摄制技术有困难，没有拍成，由作者改写成童话故事。后来上海美术电影制片厂（简称"上美影"）于1986年原创出品的系列剪纸动画片《葫芦兄弟》的原型故事就是《十兄弟》，上美影因为剪纸动画片的成本最低，为了节省预算资金，只能改动剧本、人设。

《十兄弟》

《问三不问四》

《秋山滴翠图》

春日，绘水墨《秋山滴翠图》（81cm×45cm），题跋云："秋山入帘翠滴滴，埜（野）艇倚槛云依依。丁酉春日，仿大涤草堂，十发。"40多年后的1998年冬日重题云："今重见四十年前旧作，人生何匆匆，余垂垂老矣，奈何奈何。戊寅冬日晴窗，程十发再题于三釜书屋。"

3月15日，绘《点苍山远眺》（51.5cm×51.5cm，嘉德2022年春拍），题跋云："点苍山远眺。一九五七年三月十五日，程十发写生。"

3月17日至4月16日，作品《歌唱祖国的春天》参加在北京劳动人民文化宫举办的"第一届全国青年美术工作者作品展览会"。展会共展出845位青年艺术家的936件作品。

春日，参加由文化部组织的云南写生团，赴云南德宏傣族景颇族自治州瑞丽一带体验生活、写生、创作，达半年之久。

这一年云南各地正在开展互助合作运动，通过建立生产合作社进行土改，同时进行"直接过渡"帮扶当地民众，少数民族群众的生活发生翻天覆地的变化。表现少数民族生活、展现民族团结的创作题材逐渐成为当时美术创作中的重要主题之一，创作不仅展现少数民族的生活风俗与文化传统，也着重表现其生活、社会地位的巨变，构建多元一体国家的图景。这是民族团结国家统一的大政方针所需要，也是在艺术为人民的时代语境中顺势而生的。同时少数民族的风土人情、生活习俗、文化传统令艺术家们倍感新奇，激发了他们观看和创作的热情。

在美术团成员邵宇的启发和帮助下，先生开始关注傣族的人文历史，留意当地居民的生活场景。从德宏到西双版纳，从怒江到澜沧江，在孔雀之乡的傣族聚居地，先生激动地找到了一片艺术创作的新天地。在大榕树下，他现场铺开宣纸，当场就对着少数民族形象彩墨写生。在他之前，从未有人直接在纸上当场彩笔写生，一般都是先有草稿，然后作画。而他在实践中找到了彩墨创作的宝贵灵感。西南边陲少数民族地区美丽的自然风光，富于诗情画意、绚丽多姿的歌舞，流光溢彩、五光十色的服饰，引人神往的民间故事，给先生的艺术以更为宽广豁朗的启示，灵感如泉涌般而来，一部部充盈着民族特色的彩墨连环画不断问世，以思想性和艺术性的完美结合，展现在广大的读者面前。他说："我画连环画、插图，都像对待中国画，尽量运用中国画的方法，试图把我们民族、民间的绘画表现方法应用到连环画、插图中去，增加它们的新的风格和新的艺术形式。"这样的机遇开辟了他国画艺术创作的崭新道路，开启了日后艺术创作中的恢宏篇章。

3月27日，绘《打预防针》，题跋云："打预防针。一九五七年三月廿七日，十发画于德宏风平。"

4月17日，绘《小溪》，题跋云："小溪。一九五七年四月十七日，十发画于瑞丽之姊东。"

5月，绘《鱼水情》，题跋云："一九五七年五月，十发画于云南德宏之瑞丽江畔。"

5月，绘《出席劳模会归来》，题跋云："出席劳模会归来。一九五七年五月曾于云南瑞丽之姊东乡见此景，十发画。"

5月，上海少年儿童出版社出版《柳毅和龙女》，由许杰改写，先生绘图、装帧。

6月，绘《欢乐的泼水节》，题跋云："欢乐的泼水节。一九五七年六月，程十发画云南德宏傣族景颇族自治州边防军与兄弟民族共度佳节之景象。"

6月，绘《葫芦笙合奏》，题跋云："葫芦笙合奏。一九五七年六月，十发写。"

7月，绘《景颇一景》成扇，题跋云："景颇山中一景。率似墨缘先生大雅之正，十发南返后第一幅，用吴平斋所制漆烟墨，时在步鲸楼之雨窗。"

7月，绘《瑞丽江边》，题跋云："披着轻纱的瑞丽江是中缅相接壤之处，风景绚丽，二国居民常用一江之水，最能表现出友谊的边疆。一九五七年七月，程十发。"

7月，上海中国画院举办"程十发赴云南德宏傣族、景颇族自治州写生画展"，展品60件。

回到上海后，先生创作了根据傣族著名民间长诗改编的长篇彩墨连环画《召树屯和喃诺娜》，以斑斓的墨彩塑造出了奔放而热烈的人物形象。本作由先生选择题材，吴兆修编制脚本（剪裁长诗的片段）。

先生发现，赋予传统的笔墨表现方法以新的生活意趣是完全可行的。此连环画于1957年首次刊于《连环画报》，1958年10月北京人民美术出版社一版一印，并于1961年、1965年两度由外文出版社出版。

《召树屯和喃诺娜》是傣族最著名、最优秀且流传最广的爱情赞美诗，历史久远，版本众多，不仅有口头传承的说唱韵文（长诗）和散文体长篇故事，而且被民间画师作为佛寺壁画、经画的创作题材而广泛运用。"召树屯"意为坚强勇敢的王子，"喃诺娜"是孔雀国王最小的女儿。

先生创作的这套连环画手稿共40幅，画风绚烂多彩，画面饱满，人物刻画十分生动。画中重点描绘了王子召树屯出

在云南采风写生

连环画《召树屯》

猎时与孔雀公主喃诺娜相遇、相爱的场景。两人婚后不久，勐板扎国发生战争；召树屯请缨出征后，喃诺娜被诬为不祥之物，一气之下她重新穿上孔雀衣飞返孔雀国。召树屯出征归来，发现妻子已经离开，便历尽艰辛到达孔雀国，夫妻终得团圆。画面以召树屯参加庆功宴、孔雀公主倚偎着栏杆望着远方为结尾，平淡而美好。故事既歌颂了二人忠贞不渝的爱情，同时也反映了傣族人民独特的生活面貌与朴实善良的思想品质。

　　画面虽是民间故事，但是人物形态、故事情节都非常鲜活。孔雀公主的形象即是参考了芒市一位女学生的形象，先生认为这位学生具有傣族少女美的典型特质，故而把她请来为自己创作当模特。在寨子中出没的大象与牛群是傣族一道亮丽的风景线，所以此套连环画特地用了独立篇幅来描绘给先生留下深刻印象的水牛与大象。再比如其中描写孔雀公主在金湖里洗澡的画面，这不是凭空想象得来的，而是由写生而来，因为傣族姑娘穿着长裙在河里洗澡是生活中常见的景象。除此之外，画家还将大量傣族服饰、器物、竹楼、风俗、山川景胜运用到了此次创作中。

　　西画的构图与色彩也丰富了《召树屯和喃诺娜》连环画的艺术形式。连环画让人们看到了不同于中国画的平面构成方式，孔雀公主隐蔽在巨大的花草丛中，具有非常强烈的装饰效果；

王子看到并排于画面之上的孔雀，构图大胆且新颖。在第38幅中，孔雀公主背身侧躺在竹板之上的场景，仿佛使读者看到了安格尔笔下的贵妇形象，这分明受到了新古典主义的影响。先生既感到了中西绘画表达的差异，又把西画构图和国画水墨有机地结合在了一起。

到了1982年，根据《召树屯和喃诺娜》改编成的《孔雀公主》被正式搬上了荧屏。唐国强先生饰演剧中的王子召树屯。那时的唐国强眉清目秀、年轻英俊，一副玉面书生模样，加之平时爱吃奶油，所以在拍这部戏时，演员陈冲戏称其为"奶油小生"。自此，"奶油小生"因《孔雀公主》而广泛传播开来。

在文艺受到限制的时代，先生找到了最适合自己表现的题材与领域，以及相应的艺术手法。此后先生大量地描绘云南少数民族生活的国画应运而生，在继承和发扬国画艺术的创新道路中创造了全新的表现形式。生动的人物形象、流利变化的线条、鲜明的色彩，使其作品受到大江南北、海内外各界群众的喜爱。

与先生同龄的一些著名连环画家在日后转入中国画时，往往会难以克服连环画的叙述性，使得他们的作品难以形成更丰富、更宏阔的审美意象，也会常常不能有效地凸显笔墨，让笔墨成为画面审美的主体。而先生在20世纪60年代前后，已然在连环画中运用中国画的技艺，在用笔技巧与彩墨点染上已展现出画家的中国画艺术特质。

10月，《歌唱祖国的春天》获得了1957年全国第一届青年美术展览一等奖。展览的二等奖获得者乃是后来另一位成为海上大家的陈佩秋（参赛作品为《天目山杜鹃》），另外获奖的还有邱受成和富华。

10月，北京人民文学出版社出版《红楼梦》（一套四册），先生为之创作了30幅彩墨插图，后选取其中12幅出版。

这12幅内容分别为："好生奇怪，倒像在哪里见过的，何等眼熟"；料也躲不及，少不得要使个金蝉脱壳的法子；质本洁来还洁去，不教污淖陷渠沟；忽听丫环来说："老太太来了……"；鸳鸯一面回手打开头发就铰；尤三姐一面泪如雨下，左手将剑并鞘送给湘莲；司棋一把拉住鸳鸯，便双膝跪下……；只见晴雯挽着头发闯进来，"豁啷"一声，将箱子掀开……；又歇了一歇，仍是按捺不住，只得上前揭了……；平儿仓皇来报，已经来人查抄家产；宝玉："……是我害了你了！"；三个人飘然登岸而去。

自20世纪50年代起，先生创作了不少以《红楼梦》为题材的作品，先生自述："我不敢把自己的画称为《红楼梦》插图，因为我画的这些人物和场景肯定与原作者心目中的人物、场景相去甚远。我的这些画只能算是我读了《红楼梦》的一些感受。"

11月，中国青年出版社出版作家白桦的诗集《孔雀》（源自傣族民间赞哈唱本《召树屯》），先生作插图14幅。

11月，上海少年儿童出版社出版缪一之编写的小说版《列宁的故事》，先生绘插图。

11月，上海少年儿童出版社出版彩色连环画《哪吒闹海》，由鲁兵编写，先生绘图。

《哪吒闹海》为先生1956年所作。先生回忆当时连环画的创作过程："由于当时印刷条件的限制，原稿分两次完成，先用毛笔画出黑白稿，再送印刷厂胶印成和连环画书一样大小的胶印稿，然后由画家上色，最后根据上色稿制版印刷成书。所以无论是黑白稿还是上色稿，都应

《红楼梦》插图

是我的作品。"因当时不重视连环画的原稿，不少原稿在印刷后即遭毁坏和丢弃，少数保存下来的也难逃在"文革"中被焚毁的命运，《哪吒闹海》非常难得地留下了完整的黑白墨稿和上色胶印稿。

光荣加入中国共产党。

5月14日，北京中国画院在中央文化部礼堂正式成立，齐白石任名誉院长，叶恭绰担任院长，陈半丁、于非闇、徐燕荪任副院长。9月16日，齐白石（1864—1957）在北京医院逝世，享年93岁，9月22日上午在北京西城嘉兴寺举行公祭。

7月中旬，《美术界反右派分子的作战计划》和《国画院反右派斗争和整风计划》相继出台，上海中国画院"反右"运动和"整风"运动开始。"檀香扇事件"引发画院内部"左"的思潮泛滥，张守成、刘海粟、吴湖帆、陆俨少、白蕉、马公愚、贺天健、陈秋草等一批画师被错划成"右派"。中华人民共和国成立初期，上海国画家有三四百人，基于各种原因，大多数画家既无法从事专业美术工作，又不愿放弃美术而改行，因此经济拮据，生活十分困难。因此上海国画工作者互助组自1954年10月起成立，组织画家在供出口的檀香扇上画写花卉草虫，做些点缀，以提高扇子的价值，这属于画家们生产自救的一个重要手段。但据当时报纸上报道，替檀香扇（包括官扇）的扇面做加工，画一幅画最低代价只有三分钱（当时一个茶叶蛋五分钱），平均每天画30幅也只能拿到九角钱；每幅最高价是六角一分，但这种画每天只能画一二幅。据互助组统计，60%的画师每月工钱是35—40元，20%的人可以拿到55元，20%的人只有18元左右，因此互助组内有一半画师经常负债度日。即便

齐白石《群虾图》

如此，画师们还会碰到拖欠工钱、分配不到任务等困难。水平稍逊的画家还只能画白骨扇。不过上海画家们一画就"手痒"得想要创作，这些被创作的扇子出口后消费者看不懂又退回来，退回来就得赔钱，上海的画家也因此生活越来越困难。像陈巨来，过年时口袋里只有8分钱。所得些微，又大材小用。故在"反右"初期鼓励"鸣放"时，在上海市文委召集的座谈会上，许多著名画家先后发言，抱怨生活困难。（据邢建榕在《始料不及的檀香扇事件》中回忆，檀香扇每把画工费七角，白骨扇三角七分，许是后来调整过工费。）

杨清磐（1895—1957，上海中国画院画师）在上海逝世，享年62岁。

1958年　戊戌　三十八岁

　　1月，绘《傣族婚礼图》。

　　1月，绘《松下停琴图》（121cm×68.5cm），题跋云："丁酉腊月写松下停琴图，十发仿元人。"

　　3月，上海中国画院向全国国画界提出"国画结合工艺美术"倡议，并向北京、江苏省国画院提出友谊竞赛，画家深入生活。3月8日，先生与王个簃、唐云、朱梅邨、叶潞渊、李秋君、周炼霞、侯碧漪、俞子才等画师赴上海久新、益丰搪瓷厂体验生活、驻厂作画，历时一个多月，与工人同吃同住，半天劳动半天创作，设计出了一批精彩的搪瓷花样，总计有62幅。先生设计的图样有"景颇族姑娘""喜得金鲤""孔雀舞"等。后来这些画稿大量地印刷在搪瓷盆上，走进了千家万户。

来楚生为程十发治藏画印

　　20世纪五六十年代，画院的画师们响应国家文艺政策，积极下农村、进基层、进工厂，到劳动的第一线参加"文艺为工农兵服务、为无产阶级服务、为劳动人民服务"的文艺活动。他们画的不再是孤芳自赏的文人墨戏，转而让艺术走进生活、亲近生活，使之成为大众审美的文化艺术。画家们转换了古代文人的趣味，借鉴了民间美术的元素，使得画面丰富，具有群众喜闻乐见的效果，达到雅俗共赏的目的，成功地走出了一条艺术与生活结合的经典道路，先生无疑是积极走在这条道路最前列的艺术家中的一位。

　　3月，绘《云南写生》，题跋云："景颇族象脚鼓舞。景颇族姑娘汲水。此云南写生片段，一九五八年三月程十发画于久新搪瓷厂。"

　　4月，在搪瓷厂锻炼的先生绘《给生活打扮的人们》，题跋云："给生活打扮的人们。一九五八年四月，十发写久新搪瓷厂喷花车间。"先生将现实生活中的所见所闻，以真人真事为题材，做艺术的加工，作品既反映了生活，又反映了特定的时代风貌。

《傣族婚礼图》

　　4月，在所藏改琦绘《陶庵紫藤图》上题跋云："一百四十八年后，十发得之沪西冷摊上。重付装池，戊戌三月记。"

　　画上题识云："陶庵紫藤图。玉壶山人改琦作，时辛未闰三月之望。"辛未系嘉庆十六年（1811年），先生于148年后购得此幅。

4月，与朱梅邨合作绘《万马奔腾图》（86cm×172.5cm，西泠2011年春拍），由沈迈士题跋："一马当先万马奔腾。一九五八年四月，程十发、朱梅邨画，沈迈士题。"

4月，人民美术出版社出版先生所绘反映傣族农民合作化的连环画《菠萝飘香的季节》。

5月8日，陈巨来为先生刻"程十发藏历代肖像画"印。

5月23日，先生回信外文出版社美术编辑、编审吴寿松，感谢《儒林外史》插图获奖事宜。"寿松同志，一年多不见，近见来信倍增亲切。拙作《儒林外史》插图得奖，是您及贵社领导支持和各种帮助的结果，而我还没有很好利用这些优越条件。您向我祝贺，非常感谢，现在应该向您祝贺：这套插图里面包含着您的心血。我也感到只要听党的话准不会错，我们美术工作者要多画我们的社会所需要的美术品。我尚在久新搪瓷厂劳动锻炼，还给搪瓷品设计图样。《儒林外史》国外读者对插图有什么意见及反映，请告诉我，以便改进工作为感，并向编译印及美术组全体同志问好，致以敬礼。程十发。五月廿三日。"

为郭沫若的历史剧本《蔡文姬》作插图12幅。准备材料时，先生认真读了元人高则诚写的《琵琶记》，觉得与现代电影的蒙太奇手法有相通之处，对此后《胆剑篇》的创作也有相当启发。

6月1日，周扬在《红旗》杂志创刊号发表《新民歌开拓了诗歌的新道路》，第一次确认了革命现实主义与革命浪漫主义结合的创作方法。

先生据此创作了《新民歌诗意图》，题跋云："树上喜鹊喳喳地叫，老人咧嘴忍不住地笑。农业发展纲要四十条，好比四十颗太阳当头照。太阳也比不上它温暖，处处地方它都照到。放近耳边听一听，莫不是毛主席的说话声？回头胸上贴一贴，句句话儿暖人心。没闭住嘴巴笑出了声，咱社员们有了指路的大明灯。一九五八年六月写民歌诗意，十发。"

6月，上海少年儿童出版社出版诗歌集《红石》，严阵著，先生绘插图。

6月，中国美协上海分会动员画家热烈宣传党的总路线，组织画家在上海街头绘制壁画200余幅；同时，组织画家与上海皮件厂、上海热水瓶厂取得联系，进行劳动锻炼，并结合生产进行美术辅导。

6月中旬端午前夕，绘《仿陈老莲仕女》，题跋云："此帧老迟本化怪诞为妩媚，笔力意境直追周昉，原为罗振玉旧藏，现流传域外，每见影印，抚卷

《仿陈老莲仕女》

神往。今从复制品中摹其笔意设色，定有出入之处，鉴者可谅之。戊戌端午前夕，程十发记于步鲸楼灯下。"后于次年春日补题云："尚义同志亦为莲子相好者，今将此习作贻之，己亥春日，十发又记。"

6月18日至7月15日，上海中国画院举办了"夏季画展"，展览中七成以上的作品反映了工农生产战线上的全面跃进面貌。画展中的一部分作品被辑集出版画册《歌唱总路线》，后者收录了画院画师29幅作品，册中第一件即先生的作品《把总路线红旗插遍全中国》。

7月，绘《夏日街头》，题跋云："一九五八年七月写上海街头一景，十发。"

《召树屯》封面

7月，上海画片出版社出版《程十发云南边区写生》，画题有3月芒市、4月瑞丽、5月西山、6月德宏，可一窥当年先生的行迹。

7月，陈巨来为先生治"云间程潼"一印，边款云："十发兄正之，巨来，戊戌六月。"

8月1日，绘《钢厂写景》（106cm×55cm），题跋云："一九五八年八月一日，程十发写于上钢一厂新建转炉车间。"该作描绘了上海钢铁一厂新建特高炉车间建设工地沸腾繁忙、热火朝天的场面，画面呈现中华人民共和国成立之初，翻身解放当家做主的工人阶级积极建设国家的真实生活场景。画面虽不大，取景也只是一瞬，但足以展现新中国建设的宏大主题，传递出充满希望的革命乐观主义精神，在社会建设的火红年代里表现着革命浪漫主义热情。

8月，《上海民歌选》由中共上海市委宣传部编、上海文化出版社出版，书中有先生、贺友直、杨可扬、张乐平等诸名家所绘插图。

8月，北京作家出版社出版《召树屯》（民间文学丛书之一），书中收录两首傣族长诗《召树屯》和《嘎龙》（"迷路者和乌鸦"之意），由岩叠、陈贵培、刘绮、王松翻译整理，书中配先生所绘设色插图6幅。

8月，绘《炉前宣誓》，描绘了钢厂工人们在炼钢炉前工作之余，读《人民日报》的报道《炮击金门》，一起宣誓要为解放台湾而奋斗。

8月，绘《傣寨风情》成扇（西泠2011年春拍），题跋云："傣村之井边，写为子鹏同志指正。一九五八年八月，十发于久新搪瓷厂。"另一面为侯碧漪在次年所书毛主席《沁园春·雪》，题："毛主席沁园春，书为子鹏同志雅拂。己亥夏日，侯碧漪。"

响应时代要求，先生在这一时期绘制了一批"新民歌"主题作品。如9月创作的《妈妈读书去》，用的是一首新民歌歌词题跋："月儿当头

《炉前宣誓》

照，虫儿唧唧叫。怀抱小宝宝，摇呀轻轻摇。乖乖快睡觉，老师已来到，妈妈要去上课了。"画中人物造型趋于写实，用色浓烈，雅俗共赏。但是画家仍然在画幅下方画上了一大一小两只羊，在写实层面中增加了浪漫元素。

11月，经过三个月的奋战，先生完成彩墨连环画《欢迎毛主席》共16幅（43.5cm×33cm×16），其中有6幅出现毛主席，栩栩如生地描绘了领袖和群众、孩童在一起的欢快场景。这是先生唯一一部以毛主席为主角而创作的连环画，生动再现了1958年8月毛主席前往河南新乡七里营人民公社视察并参观公社托儿所的情形。次年3月，上海少儿出版社在资金困难的情况下，依然以特大尺幅的开本彩色精印这本连环画，此书受到了读者的欢迎，并多次再版。在2009年嘉德秋拍"新中国美术专场"上，本画稿以300余万元成交。

在上海少年儿童出版社约稿后，在稿费不变、依然每张15元的前提下，先生主动提议抛却清一色的单线白描的老套路，转而采用国画的彩色水墨来表现。这套连环画稿的装裱是先生在自家衣柜大门的背面完成的。他先把画反过来摆在玻璃板上面，涂上很稀的糨糊，然后把没用过的宣纸压在画上，再把宣纸反过来放在衣柜大门上，隔天再用刀片把它取下来。

连环画《欢迎毛主席》

11月，天津美术出版社出版的连环画《双身凤》，根据陈贵培整理的傣族民间故事改编，先生编绘。

12月，绘《仿罗聘牧牛图》，题跋云："曾见罗两峰有牧童横笛图，今用其法，戊戌十一月，十发习作。"

精心绘制彩墨连环画《孔乙己》24幅。作品偏重环境的刻画，以灰青色的水墨基调，营造出孔乙己所处时代的压抑、黑暗与无奈，凸显孔乙己因性格而造成的命运悲剧。该作品现为沈阳鲁迅纪念馆珍藏。

先生回忆：孔乙己式的人物是旧式文人。这种破落户的后代，我年轻时还经常能看到，他们就生活在我的身边。在松江城里我也认识几位，他们认识一些字，家境破落了，生活习惯及个性也很像孔乙己，这从一些动作习气也还能看到，他们都是我画画时的模特。

《双身凤》

该年创作了大量云南写生国画，并出版了《程十发云南边区写生》画页。

创作年画《毛主席的话说到我们心里》、《张良进履》、《金湖边上的情歌》12幅、《红楼梦仕女屏》12幅（四条屏）。

上海市文化局为提高书画征集的质量，成立文物图书收购鉴别委员会，参加者有徐森玉、沈之瑜、沈尹默、谢稚柳、王一平等，其

《斗阎王》

中先生是上海中国画院的代表之一，同院的代表还有吴湖帆、王个簃、唐云等同侪，也一同属于委员会成员。

11月，松江县划归上海市。

1959年　己亥　三十九岁

英文版《儒林外史》插图获莱比锡书籍装帧博览会银质奖。

1月16日，绘《唱红歌》（103cm×79cm），题跋云："程十发于上海，时一九五九年一月十六日。"

年初，为唐云弟子屠传法绘《仿古山水人物花鸟册》，题跋云："无弦琴音。山阴屠生传法常问画于大石斋及余，孜孜不倦，艺事精进。己亥新春来步鲸楼，出素册索余画，余即借半日之暇成此仿古十二帧赠之以嘉好学。然余好古，涉猎浮浅，自为不求甚解，即以无弦琴音楣之。云间十发程潼题记。""传法考取上海画院中等美术学校，又画十二帧以为贺喜，己亥春日，十发又志。"

屠传法（1938年生），浙江山阴人，上海美术家协会会员。1958年拜投大石斋门下，深得大石翁笔墨精髓。长期从事中国画教育和创作。曾任上海交通大学书画艺术研究所所长、日本国长崎造型美术学院教授。屠传法聪敏好学，在唐云先生的教导下画艺精进，其间他也常得十发先生指授。

2月，为《解放日报》"朝花版"绘水墨《万象更新》（46.5cm×34.5cm），题跋云："一九五九年二月，十发画。"后由徐建融题诗堂："万象更新。程十发先生早年漫笔。精妙绝伦，稀有难得。丁亥（2007年），长风堂建融题。"

2月20日，上海中国画院筹拟改组为上海画院，并负责培养国画、油画、工艺美术等美术人才。时有画师程十发、郑慕康、吴湖帆、朱梅邨、贺天健、俞子才、张石园、朱屺瞻、陆小曼等66人。

3月，在新入藏的明代黄应乾所绘《云间沈凤毛先生像》题跋云："黄应乾为明代刻工，属徽派名手。曾于万历三十七年刊《越国太（世）子正脉》传世。今见此沈凤毛先生画像，用笔清健，栩栩生动，为明季画像之典范。己亥二月云间程潼十发记于步鲸楼之晴窗。"先生本年先后藏入明代松江先贤沈凤毛、沈时来（君大）父子官服像。

3月18日，《文汇报》以"国画家座谈创作和学习"为题，报道上海中国画院在16日进行的热烈的座谈讨论，认为画家确需学会认识生活和表现生活两种本领。"整风""反右"前，国画家自命清高、脱离现实的现象很严重，认识都谈不

插图《马二爷游西湖》

上，如何能表现生活呢？现在情况有了很大的改变，但还不够。王个簃、李秋君、张大壮、先生都作了发言。

4月，在吴昌硕凤凰砖拓片裱褙纸上绘《少女牧羊图》，题跋云："偶获吴仓石五十时所拓汉凤凰砖，并有所记，甚为精绝。纸旧已经与裱褙脱离，揭去凤凰砖即得是纸。用墨池余沥涂之，或有小得，戏谓为借汉砖仓石之余润耶。己亥三月，十发率笔并记。"

4月，所绘大幅历史故事挂图《黄巢入长安》由上海教育出版社出版。该作品属于北京历史博物馆主编的《中国历史挂图（古代史部分）》第二辑。

赴舟山写生，体验渔民生活。

4月10日，绘《不服老》（老人补渔网，41.5cm×37.5cm，西泠2016年秋拍），题跋云："不服老。一九五九年四月十日，十发画于舟山蚂蚁人民公社。"

4月12日，绘《补渔网》写生稿，题跋云："一九五九年四月十二日，十发写于舟山蚂蚁人民公社。"

5月，绘《海上大学》，这是先生创作的一幅非常具有时代感的红色题材作品。中华人民共和国成立之初，我国文盲率高达

《小河淌水》

80%，农村的文盲率更高达95%以上，全国各地培养了一批乡村干部和扫盲骨干，组织利用冬歇甚至农忙的间隙，抓紧时间扫盲。船民常年随船在水上流动，学习文化更难，于是有些沿海地区配备专职扫盲教师，趁船在停泊期间，派教师登船送教。先生本幅描绘的正是第三次全国大扫盲期间的某渔港一景。画面中段十几个青年男女在专心听讲，人物神情、动作包括整体氛围的描绘极为到位。为了传达出当时的人们对新生活的憧憬、对新社会的礼赞，画家在作品的下

半部分，用大块面的红色船体来提醒画面，渲染出一派热火朝天的景象。画中渔船是20世纪流行于浙江舟山一带的"绿眉毛船"。这种渔船通常船身涂成黑色，舷墙的前段被漆成绿色，刚好是位于大船眼的上后方，犹似弯弯的月眉。熙攘喧闹的渔港中，人民群众在渔船上、在劳动工作的间歇进行授课学习的画面，记录了蓬勃发展、欣欣向荣的时代剪影，是一件极为精彩的写实又不失浪漫的画作。

中央提倡学习海瑞"刚正不阿，直言敢谏"的精神，报章杂志出现了宣传海瑞热，著名明史专家吴晗写了《海瑞骂皇帝》，以刘勉之的笔名刊登在6月16日的《人民日报》上。

《文汇报》总编辑陈虞孙向先生约稿，请他画海瑞的故事，在报上连载。先生遂为蒋星煜著《海瑞的故事》绘制黑白插图。12月，《海瑞的故事》第一版由上海少年儿童出版社出版，蒋星煜著，程十发绘图，张之凡装帧。书中共有四个故事：斗钦差、买棺谏君、海龙王、大报恩。先生为每个故事绘插图一帧。到了1961年4月，这一版已经第四次印刷，印数12.5万册以上，可见当时受欢迎的程度。

《神圣的一票》

初夏，绘《荷花》，题跋云："半池宿墨一池阴，雨打阑干不可凭。为叫鹣鸰莫归去，画张荷叶盖秋声。己亥初夏，将赴京师并作小句，十发偶写。"

夏日，恰逢国庆10周年，应邀去北京，创作工笔人物大型通景屏《神圣的一票》。该画用金笺工笔重彩，描写的是全国人民代表大会选举国家领导人的庄严时刻。票箱后投票人老妈妈形象，来源于浦东高桥镇的农民形象，该形象也同时运用在《歌唱祖国的春天》一图中。其间，先生安排三个孩子暑假来京参观。

在创作此幅大画之余，某日与时任北京画店经理的许麟庐一起逛古玩市场，得白阳山人陈淳小画《夏花图》一帧。欣喜之余，难抑兴奋之情，在许家对着一只小花盆挥洒水墨小品一幅。

在北京游齐白石纪念馆，后在沪改斋名为"不教一日闲过之斋"，用以敦促自己发奋创作。

夏日，绘《淋浴图》，题跋云："淋浴。己亥夏日忆写云南德宏风光，十发客北京白石老人纪念馆，赠傅钟同志法正。"

夏日，绘《芭蕉仕女》扇面，题跋云："何处合成愁，离人心上秋。纵芭蕉、不雨也飕飕。都道晚凉天气好，有明月、怕登楼。己亥夏月客北京写梦窗词意。十发于白石老人纪念馆。"

夏日，购得诵芬堂旧墨一匣两锭自用，在盒盖内题跋："诵芬堂墨光泽极佳，为墨中佳品，己亥夏日十发记。"

7月，绘《晓风图》（75.5cm×36.5cm，嘉德2002年春拍），题跋云："晓风。己亥六月下浣，十发写傣村风光，时客北京之东城。"

7月25日，绘《滇南小景》，题跋云："己亥夏六月廿日午后正苦热，写滇南彝家风光，十发挥汗画于北京白石老人纪念馆。"

7月29日，绘水墨《仕女图》（57cm×44cm，北京保利2005年秋拍），题跋云："仿郭清狂法。己亥六月廿四日十发戏写。"杨之光题跋："此幅为十发兄用残纸试笔之作，余收藏之，之光补题于京华。一九五九年夏月。"

夏日，绘水墨《纨扇仕女图》小帧，题跋云："休说鲈鱼堪脍，尽西风，季鹰归未。求田问舍，怕应羞见，刘郎才气。可惜流年，忧愁风雨，树犹如此。倩何人唤取，红巾翠袖，揾英雄泪。己亥夏月，客北京写稼轩词意，十发。"

夏日，绘水墨《采药归来》，题跋云："采药归来，独寻茅店沽新酿。暮烟千嶂。处处闻渔唱。醉弄扁舟，不怕黏天浪。江湖上，遮回疏放。作个闲人样。放翁词，十发画于北京。"

此外，还创作了革命历史画《台湾林爽文起义图》。

先生在北京发现四合院用来糊窗户的镜面高丽纸，纸浆面料足，很适合自己的创作。

9月4日，上海中国画院迁入汾阳路150号。

9月10日，绘《母子图》（54cm×27cm），题跋云："一九五九年九月十日。"

9月17日，绘《采药图》（82.5cm×46.5cm，嘉德2012年春拍），题跋云："瑞丽潮声杂鼓声，年年佳节更翻新，美哉花酿清泉水，华月同浇心上人。写傣村泼水节小景，并率成一绝。时己亥中秋佳节，月华初上，忆旧日游踪，草此图样。云间程十发客居北京泉城旅舍。"同日，绘《大青树

诵芬堂旧墨

下》（132.5cm×89cm，西泠2009年春拍），题跋云："大青树下。己亥中秋，忆写云南傣村风光。十发时客北京。"

创作年画《万象更新》。

为郑君里和岑范导演、赵丹主演的影片《林则徐》绘制宣传海报。此影片当时是新中国10年大庆献礼影片之一，也是上海海燕电影制片厂的最重点影片，被电影界广为看好。整部影片阵容强大，代表了当时中国电影界的最高水平。先生在充分解读历史渊源以及对剧情了解的基础上，从构图到人物形象的表情刻画，从画面的色调运用到笔墨技法的确定，都做了独具匠心的考量，最后在数个方案里选择了现在我们看到的林则徐手拿望远镜为主体造型的版本。

在《美术》杂志06期上发表《漫谈中国肖像画》。

《漫谈中国肖像画》

我国传统的肖像画有悠久的历史和精湛的手法，在世界艺术遗产中是一颗瑰丽的宝石。我们在发展中国人物画的同时，不论在研究和教学上都应当重视它，因为肖像画最能体现我国人物画中形神兼备的艺术特点，而且也体现出人物画技巧的发展过程。肖像画古代称之为传神画，这样的名称我觉得非常贴切。

我们学习用传统技法来绘制肖像，在发展过程中的确也有一些问题，有些过急地为了写实先采用了外来技法，这也许是对中国肖像画接触较少，或许与认为中国画的技法较难反映现实有些关系。我认为发展中国肖像画首先应向遗产学习，从晋、唐遗迹一直到任伯年、徐悲鸿的作品，在这一二千年中，有不少杰出肖像画艺术家的经验可资总结，其中也包括了古代艺术家如何正确地学习外来的经验，可使我们在采取外来技法丰富自己的艺术时少走弯路。我对古代的肖像画有一些兴趣，我想就这期《美术》刊出的几幅明代的优秀肖像画发表一些粗浅的感想，请指正。

仇英、崔子忠、曾鲸、陈洪绶所作的肖像画，在风格上各有不同，但都表现出画家对画中人的态度。仇英的《倪瓒像》是摹古人的作品，虽不是创作，但他忠实于原作，真实地描绘出了倪瓒的形象。倪瓒是元代四大画家之一，他性格孤僻，向来人称倪迂。画中人物却和蔼可亲，不是一个怪老头子。画家是

《林则徐》海报

深刻理解了倪瓒的性格的主导方向，对他产生了仰慕敬意以后，才能把他表面上有些怪诞的形态去掉，着重画出他心地纯洁，不屈于权贵、异族压迫，在五湖三泖中过渔隐生涯的一面。这无多而极朴素的笔墨，呈现了使人信服的真实形象。

曾鲸所画的《侯峒曾行乐图》，虽是摹本，看过原作的人都说摹得很好。侯峒曾是明末嘉定民族志士、抗清英雄。画中的主人与其说是行乐，不如说在忧思更确切。清癯的脸上，满腮是胡子，炯炯有神的眼睛流露出忧国之情，双手抱膝，头略有倾侧，面目和全身姿态符合侯峒曾的性格，使人看了非常信服，从而对画中人物产生景仰和共鸣的感情。背景画得较多，是行乐图一般的风格，但也有作者明显的目的性，高高的梧桐和茂盛的莲花都表达出作者烘托人物性格的意图。

陈洪绶和他的学生画的《何天章行乐图》和崔子忠的《张东华行乐图》，各有千秋。他们的肖像画都有高度技巧，是同时齐名的，有"南陈北崔"之称。二人之间有很深的友谊，明朝亡了以后，崔子忠走入土室殉国，陈洪绶到云门山出家做和尚。他们身世相同，艺术风格不尽相同。例如陈洪绶喜欢用夸大和强烈对比的手法，把何天章画得很魁伟而古拙，他的身体结构像一尊陶器制成的造像；把他的爱姬画得非常艳丽，轻盈地坐在一张芭蕉上，手执空青团扇：二人正好是强烈的对比。他运用了古拙和艳丽的对比，使人印象非常深刻。崔子忠是用调和的手法，张东华面部轮廓和山石泉草的用笔有装饰性，取得非常和谐的效果。

看了这些画以后，再联系所有画史上记述有关传神问题，就容易理解了。例如唐代周昉和韩幹同为赵纵画像，郭子仪不能分高下，最后由赵夫人来批评，指出韩的画空得形似，而周的画能传性情言笑之姿，达到神情兼备的境界。元代肖像画大师王绎（曾为杨竹西画像），在他的《写像秘诀》中要求画像者在对象活动谈笑中去观察他的性格，进行研究以后再创作，反对让对象如泥人一样呆坐在那里，画他的外表。关于这种创作方法，任伯年也有相似之处。我最近看到他为沈铜士画像，下面有沈铜士自题小跋介绍创作过程。大意说："与任君伯年煮雪夜谭，伯年兴起为余写照。时漏二鼓，烛已见跋，任君以折纸蘸油燃之，左手执之，右手捉笔，不顷刻而成，见者咸谓神似……"这里除了说明任伯年运用了王绎在谈笑中观察人物性格之外，还看到他有高度的写生技巧；卷纸点了火是很短暂的一瞬间，而把对象能够画得神似，真令人钦佩。

我们还可以在曾鲸的肖像画技法里，看到他善于学习西洋绘画的成就。在曾鲸以前，肖像画颜面是单用线条来表现的，渲染的成分较少。曾鲸画的人物颜面多加渲染，加强了表现力，这与他接触到当时西洋绘画有关。这派肖像画给予后来很大影响，所谓"曾波臣法"。现在看到陈洪绶的《何千章像》的颜面及《香山四乐图》中白居易的颜面，也是用曾波臣法，这是他晚年的风格，与他早期为来鲁直夫妇画像风格不同。根据张岱《陶庵梦忆》中说，陈洪绶和曾鲸是朋友，而且在张岱的家中一同逗留过一个时期，他们之间相互有影响。因为他们的学习方法比较对头，所以没有生硬的地方，不露痕迹，达到水乳交融。我看这主要是他们在民族传统的基础上吸收外来艺术的精华。他们画的人物形象还是经过概括、取舍、集中、夸大的，以达到传神；不过为了艺术效果，他们在一定程度上运用了西洋绘画的技法，这不会和我们的传统产生矛盾和不调和的现象。

我们在画肖像画时，如实描写比较多，运用西洋技法不是推动我们的画传神，而是导向于烦琐表面描写的方面。本来西洋肖像画大师的作品是跟我国肖像画大师的作品有共同的地方，都是要达到神似的境地。这些古代大画家的肖像画作品启发了我们如何正确地吸收外来的技巧。除了曾鲸外，尚有禹之鼎、焦秉贞、徐璋等画家，他们在一定程度上也学习了西洋的绘画技法。近代任伯年在小折子上画铅笔速写，向天主教徒学习西洋技法，但是他画的还是中国画。徐悲鸿先生的肖像画中更体现出这方面的高度成就，这里不多繁言了。

中国肖像画的成就应该归功于民间艺术家的丰富经验的积累。他们在画供养人像、画墓室主的肖像画以及卖太公和揭帛的写真实践中，创造出传神画来，我们必须继承这门丰富的艺术遗产，画出无愧于我们时代的传神画来。

先生在《美术》杂志08期上发表文章《我创作连环画和插图的一些体会》。

《我创作连环画和插图的一些体会》

抗日战争时期，我在上海美专国画系学画。当时学校没有人物画课程，我学的是山水和花鸟画。毕业后，为了生活到银行当雇员，只有在业余画些山水、花卉，人物也画，主要是临摹，不是创作。后来生了病，在松江老家养病数年，看些画论，继续临摹一些古代作品。自从全国解放以后，开始接触到党的文艺政策，感到普及工作很重要，于是尝试画连环画。当时也曾到农村参观土改，在斗争中思想上也有所体会，创作了一幅《反黑田》的年画。拿到上海，受到同志们的鼓励。以后我就开始搞连环画工作。

创作第一部连环画《野猪林》共100多幅，当初真是困难极了。构图和人物形象很难掌握，画出来的人尽是半截人（只有上半身）。创作第二部连环画《金田起义》，在构图上比第一部有些长进。以后又画了几本连环画，但质量都较差。1952年春天画了《葡萄熟了的时候》（根据同名电影剧本编绘），这本连环画在技巧上比以前有一些进步。

1952年秋天，我到华东人民美术出版社工作。到了出版社以后，在党的领导和帮助下，和许多搞创作的同志在一起钻研学习，还看到不少绘画资料，条件比以前大不同了，在创作上提高了不少。为了创作反映农业合作化的连环画《老孙归社》（与丁浩同志合作，由杨兆麟同志创作脚本），曾到山东省农村搜集材料。这本画册也得到社内领导和社会上的鼓励。

1954年，我接受了画《儒林外史》插图的任务。《儒林外史》是杰出的中国古典讽刺小说，人物性格复杂。外文出版社约稿给我三年的创作时间，还组织了几位同志给我审稿。我认识了给《儒林外史》做注解的张慧剑同志。他给我分析书中的人物性格和如何在插图中刻画的问题。我受了许多启发和帮助以后，常常想尽量把人物性格刻画好，并且做了些准备工作，如历史资料的考证等。

虽然《儒林外史》写的时代离现在很远了，但旧社会里那些附庸风雅、趋炎奉承的人物我是见过的，那些不学无术的假名士也认识了一些。我塑造的一些人物的形象，就尽量把他们作为影子。有的就是我的亲戚。如王玉辉,当他的女儿为丈夫殉节以后大笑出门而去,还道"死得好!死得好!",但心中矛盾痛苦到了极点。画这个人物不是很简单。我想到我爱人的祖父就有点像王玉辉。他受封建礼教毒害很深,我就借了他的形象。

王冕穿戴屈原式的衣冠,陪母亲在湖边游玩那幅画,我开始总画不好。后来我回忆起从前在松江泖湖春游的情景,构思了新的意境,画起来就顺手了。起稿时我也应用了模特,但并不受他的限制,我可以把胖子画成瘦子,只要符合我所要描绘的人物性格,

给《儒林外史》画插图,初稿有100多幅,定稿只有20幅,淘汰了好多幅。从这次创作中又学到了不少东西,总结经验,感到从整个插图来说,正面人物没有反面人物画得好。作品还有一个缺点是构图虽然发挥了刻画人物的作用,但比较拘谨,也缺乏中国古代版画描绘人物的大胆夸张和自由发挥的艺术特点。以后我想从古代的版画里及古典的绘画中学习构思方法和表现手法。不久就画了册连环画《画皮》,做了另一种尝试。

那是在1955年肃反运动时,学习文件,经常看到把暗藏反革命分子比作《聊斋志异》里的"画皮",我想是不是可以用连环画来表现画皮的故事。领导同志知道我的意图后,鼓励我用中国画形式来画。我曾认为用中国画形式来画连环画,也是将普及和提高统一的一种方法。这样胆子大了,想试试看。

连环画《孔乙己》

《画皮》中的主角王生是个是非不明的人,而且意志薄弱,容易堕落。旧社会中这样的人也不少,在我的朋友里就可以找到影子。我理解这样的人物,所以描绘起来并不十分困难。在表现形式方面,因为我很喜欢金冬心、罗两峰的作品,罗两峰喜欢画鬼,笔触古拙,我参考他的画法,画笔也比较笨拙一些,人物形象也较夸张。完成《画皮》以后,又画了几本中国画形式的连环画,如《姑娘与八哥鸟》《孔乙己》等。

1957年春,我随美术工作团到云南德宏傣族景颇族自治州写生。邵宇同志鼓励我在当地画傣

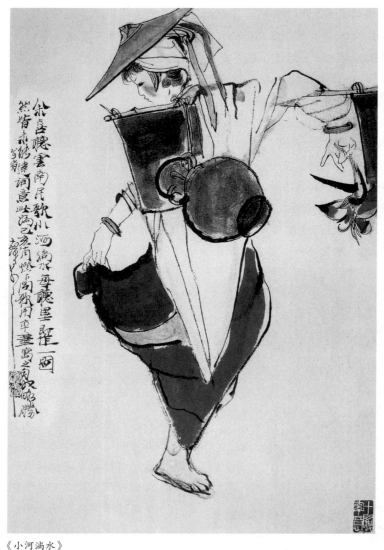

《小河淌水》

族生活连环画，并在当地创作。我受到邵宇同志的启发和帮助，画了傣族民间生活长诗《召树屯》的连环画。

虽然这是民间故事，但也须在生活中去寻找线索加以想象。孔雀公主是傣族人民最美丽的象征和最崇高的理想。在一次晚会上，看见芒市小学一个女学生，她的形象是傣族少女美的典型，我就请她给我当孔雀公主的模特，在这基础上加以想象夸张。画其他人物也一样。因在当地画，方便不少，我尽量吸收傣族的生活，如背景中运用了当地古代建筑。同志们看了我的《召树屯》画稿以后，都认为构图较大胆新鲜。其实这也没有什么秘密，主要是从生活中去吸取养料，只有到生活中去吸收，才能使构图取之不尽，用之不竭，有新的意境。例如有一幅描写七个孔雀公主在金湖里洗澡的画面，不是我凭空想象出来的，傣族姑娘穿着长裙在河里洗澡是生活中常见的景象，而我还不能表现得很完美，但较凭空想象就有些不同了。从创作《召树屯》以后，我在创作方法上又有些体会，我感到中国画和西洋画的构图方法是有所不同的，便不再拘泥于解剖、透视的束缚，而设法表现我从生活中感受到的意境，也注意如何渲染和夸张形象等诸问题。

从云南边区回来后，还画了反映傣族农民合作化的连环画《菠萝飘香的季节》和另一傣族民间长诗的连环画《南亚班和招三路》（人称傣族的"梁祝"），也是运用论述创作方法画成的。由于我技巧和主观上的关系，这些创作都算是尝试，谈不到成熟。而且它们有明显的缺点，主要是功力差，在抓形象时还不够正确和深刻，常常满足于表面上的美感，待在以后实践中逐步来克服和纠正。

我现在在上海中国画院工作，除了画连环画、插图外，主要创作单幅中国画。我现在仅有的一些表现方法，主要是解放10年来在画连环画、插图中锻炼出来的，我10年来画了4000多幅连环画（包括插图），在普及工作中提高了中国画技巧。1957年夏天，我在上海举行云南写生画展时，顾炳鑫同志（过去出版社一同工作过）看了画以后对我说："你有这些写生基础，都亏得画了连环画。"这句话我一直记在脑子里。我画连环画、插图都像对待中国画，尽量运用中国画的创作方法，试图把我们民族、民间的绘画表现方法应用到连环画、插图中去，增加它们的风格和新的艺术形式。最近我有意识地想学习明清版画，尤其是陈老莲和任渭长的表现长处，注意用线，如最近为郭老的《蔡文姬》画了12张插图，在风格上也做了新尝试。

《水仙图》

我所画的连环画，有一些是自编自绘的如《画皮》等，也有别的同志编脚本。我认为编写脚本可以和绘者分工。但作为一个绘制连环画的工作者，去自己的生活中挖掘题材也是必要的，这样在文字和形象的契合上会得到更好的效果。自己编不好，没有关系，再请教编脚本的同志帮助，一样行得通。我绘《召树屯》有这个体会，"召树屯"题材是我选择的，在剪裁长诗片段上由吴兆修同志给我加工，花了不少力气。

回顾10年来创作连环画、插图，获得的经验很少，简单地叙述如上。最后我还想说明一点，创作首先必须遵循党的教导和保持严肃的创作态度，到生活中去研究生活，从战斗中取得感受，再加以勤学苦练，向古今中外遗产学习，并且虚心倾听群众意见（包括向有修养的专家学习）。每一个新的创作任务开始的时候，都应该从头学起，不要太相信自己的一套老办法，这样才有可能随时画、随时有新的面目出现，总结经验，有所提高。

本年绘《仿老莲梅竹图》小帧，题跋云："此十发仿老莲，自觉腕弱不胜，奈何奈何。"并对题行书录吴昌硕诗："墨飞蕊舞现香腮，月月春风去复来。莫道唐人诗句好，红花今日又重开。题近人崔护先生画月季花卷。破荷亭长破荷衣，素苕迎风水榭西。壁上墨华光一室，自生新露洗尘泥。题缶老六十一岁时所作墨荷。己亥岁闲，十发学书。"（此页后集入《逝者如斯夫册页》）

20世纪50年代末60年代初，先生画过不少钟馗像。民间习惯于在端午节挂钟馗像来驱鬼辟邪，所以多数画上钟馗的造型都手持宝剑、形容粗犷。但程十发笔下的钟馗往往都为慈眉善目、与世无争之态，颇像邻居家可敬可爱的老伯伯。在他笔下，钟馗或在忙妹妹的婚事，或者同新添的小外甥逗乐，或者摇着扇子，骑驴骑鹿到处闲逛。他曾说："钟馗就是我，所以我笔下的钟馗没有火气。"

上海人民美术出版社出版《为钢而战——国画新选之三》，收录了"大跃进"时期上海画家对时代号召的积极响应而创作的作品，先生的作品《送礼》《和平28号》《夏天街头》等也收入本画册。

冬月，绘《牧羊老人》（96cm×44cm，嘉德2014年秋拍），题跋云："己亥冬月，十发写。"此作后为曾涛所藏。

曾涛（1914—1997），江苏泰兴人。新华通讯社原社长，第五届全国人民代表大会常务委员会副秘书长，原中国驻阿尔及利亚、南斯拉夫、法国大使。1959年任上海市人民委员会秘书长兼机关党委书记。

12月，《中国古代哲学寓言故事选》由上海人民出版社出版，先生为书中故事配插图30幅。后本书由严北溟扩编内容，于1980年再次出版，仍沿用先生创作的插图。

11月，张石园（1898—1959，上海中国画院画师）在上海逝世，享年61岁。

1960年　庚子　四十岁

1月4日，绘《共读图》，描绘的是牧羊人家大人孩子共同读书的场景，题跋云："共读。一九六〇年一月四日，十发。"

1月，绘《傣族赶摆舞》，题跋云："傣族赶摆舞，一九六〇年一月十发写于上海。"

1月，外文出版社出版《云南少数民族歌曲及故事》（英文版），先生绘插图。

1月上旬，画院画师们自发组织小组深入马桥公社、上钢一厂、好八连等19个地方收集素材。15日，召开深入生活座谈会。

1月12日，绘《傣村之晨》（152cm×83cm，西泠2005年春拍），题跋云："傣村之晨。一九六〇年一月十二日，程十发写于上海。"

1月13日，大小11件作品售予北京宝古斋，稿酬共计232元整。

1月27日，绘《瑞丽小景》（75cm×34cm），题跋云："一九六〇年除夕，十发信笔漫写云南瑞丽江畔小景于海上步鲸楼灯光下。"

春日，合作绘《养猪姑娘》，题跋云："养猪姑娘干劲高，心爱猪儿似宝宝。煮得饲料让猪食，半年长成三百超。一九六〇年春，唐云、姜大中、郁文华、潘志云、程十发合作于上海书画院。"另有合作画《线圈车间新貌》。

春日，绘《向毛主席报喜》。

春日，绘《欢歌》，边疆群众在新建的水坝上欢歌笑语，题跋云："一九六〇年之春，十发。"

春日，上海地区的"反右"斗争已经结束。上海中国画院筹备委员会逐渐恢复元气，在时任中共上海市委宣传部副部长兼上海市文化局局长徐平羽的运筹下，开始部署正式成立上海中国画院的事宜。

3月，上海文艺出版社出版李东山等人搜集的诗集《捻军歌谣》，先生绘插图。

3月，再次绘《小河淌水》。这是先生云南主题创作作品中最为知名的一件，因深受观者喜爱，曾前后创

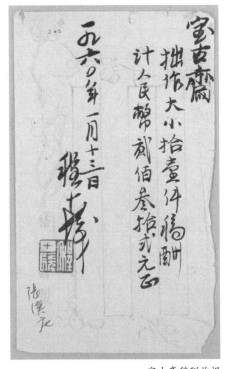

宝古斋稿酬收据

《向毛主席报喜》

作过多幅。画面描绘的是一位头戴斗笠、挑着陶罐的傣族少女提起裙摆正光着脚渡过小河的场景，人物姿态优美、清新恬淡，富有少数民族特色，又洋溢着浓厚的生活气息，以一个极为普通的生活瞬间，反映出创作者对美好生活的热情赞美和无限向往，可谓"小中见大"。

画面为了强调人物渡水时候的优美姿态，特意将表现溪水的笔墨隐去，而先生对于人物动态的演绎，配合留白部分，竟能完美诠释出溪水的平缓和清静，这种高明的取舍与八大山人的境界颇有共通之处。在创作过程中，先生对人物的姿态、造型、构图都有过反复斟酌，可以说，每根线、每块色都是经过了苦心经营，但是最后呈现在观众面前的作品，显得洒脱自然，仿佛一气呵成，这正是千锤百炼之后才有的水到渠成。

程多多回忆说："爸爸去云南，是他画风改变的开始。那时我已10岁，已经有印象。记得他回来后画的第一张画就是《小河淌水》，画面是一位傣族少女，挑着担子，戴着草帽，提着裙子过河。我看他画了一遍又一遍，改了又改，看来总不满意，仅仅为姑娘手提裙子那根下坠的线，他就画了好多张，左画右画都不满意，这根线就是表现不好。他用线条画人物画，从这张原作上，可以看出他以后人物画的路数。他在云南还拍了许多照片，有一张是少数民族打扮，还有一把傣族小刀。"

程多多还回忆到，父亲构思《小河淌水》一画时，数易其稿，还让母亲穿了裙子，撩起裙角做模特，反复比照草稿。程多多和兄姐，也多次给父亲做模特。在作品《第一回胜利》中，两个对弈的孩童，正是取材于程多多和哥哥。哥哥还为此不开心道："为什么多多出正面，我只出背影？"

春日，绘《牧趣图》，题跋云："客问余，何谓书法？余云：初学时，落笔之先搜索法度，熟后信手拈来，不求画法而得法度。此即画法，亦为上法。庚子春日，十发于步鲸楼灯下，翌日将赴羊城。"

春日，赴广州，在广州美术学院（简称"广州美院"）住一周。

3月7日，绘《毛主席广州农讲所办公室》，题跋云："毛泽东同志在广州农民讲习所时的办公室。一九六〇年三月七日，十发写生。"

3月9日，绘《广州六榕塔》。另又绘《红棉花开》，题跋云："红棉花开鹧鸪飞。庚子春，客羊城写印象一瞥，借唐人诗句，十发。"

3月16日，江苏省国画院成立，傅抱石任院长，钱松喦、亚明、陈之佛任副院长，宋文治任画师兼院长秘书。

20世纪60年代初，先生曾为宋文治绘《牧趣图》扇面，绘牧童骑牛渡河，两只鸭子相随。题跋云："文治道兄大教，写于不教一日闲过之斋晨窗。"

3月18日，绘《向自动化进军》，题跋云："向自动化进军。一九六〇年三月十八日上午，程十发画于上海汽轮机厂。"

4月，上海文艺出版社出版由傣族歌手康朗甩创作、陈贵培翻译的长诗《傣家人之歌》（首印10000册），先生为其绘彩色插图8幅、黑白插图24幅，并题写书名。云南人民出版社于3月出版了该书的无插图版本。

4月，绘《窗明如镜》，两个小女孩在热情地擦窗户，题跋云："窗明如镜，一九六〇年四

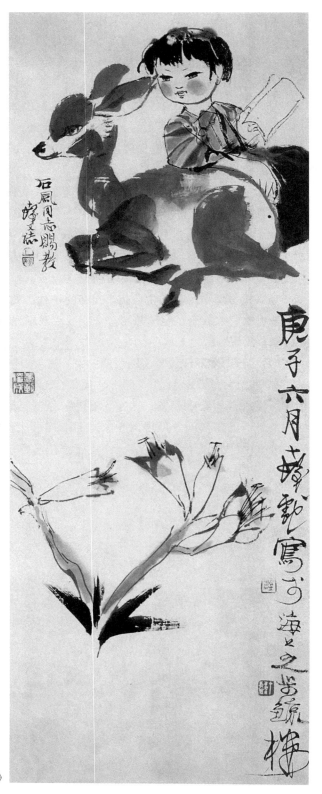

《读书》

月，写生活中小景一瞥，十发于上海之步鲸楼。"

4月5日，先生和贺天健、沈柔坚、应野平、唐云、吴青霞、陈佩秋、林风眠、林曦明一起与北京画家惠孝同、周怀民、屈则成在上海美术展览馆座谈。

4月中旬，赴舟山桃花岛写生。

4月21日，绘白描《尊经阁》，题跋云："尊经阁。一九六〇年四月廿一日，十发写于宁波。"

5月，绘《出诊图》，题跋云："出诊。一九六〇年五月自舟山桃花岛归来后作，十发写。"

5月上旬，市长柯庆施先后签署上海市人民委员会任命书，任命丰子恺为上海中国画院院长、贺天健为副院长。

6月，绘《边区一角》，题跋云："笔如败帚费思量，戴嵩画牛吾画羊。写出边区山一角，墨香渗有野花香。锦培学长正之，庚子六月，十发。"

瑞士出版的《世界版画名人录》介绍程十发小传及《儒林外史》插图作品。

根据历史学家罗尔纲所著传记《忠王李秀成传》绘《太平天国忠王李秀成》插图25幅。

创作年画条屏《蔡文姬》12幅。

观看根据历史记载和传奇故事改编的越剧历史剧《金山战鼓》，该剧演绎民间耳熟能详的南宋韩世忠、梁红玉抗金的故事。观剧后绘戏剧速写册页，将越剧中难得的慷慨激昂、气势恢宏的剧目重现宣纸之上。

6月，绘《瑞丽江边》，题跋云："一九六〇年六月，十发写云南瑞丽江边欢乐景象。"

先生曾深受云南当地具有新时代特征的农家节日热烈气氛的感染，故此作品中军民联欢、敲锣打鼓、载歌载舞、振奋人心的节日气氛溢于纸外。线条则兼工带写，收放自如，粗细线条悬殊的节奏间，展现出画家力图衔接古法和现代感的一片良苦用心。画家在对比色的运用处理上"大雅不避大俗"，产生了强烈的色彩效果，在色彩的交融与对比间提升了画面的质感。

6月6日至7日，先生与张大壮、唐云、吴青霞、陈佩秋等画师深入生活，去巡道街、春光坊"走马看花"。

《金山战鼓》三帧

上海中国画院成立纪念

6月20日，上海中国画院正式成立，出席成立大会的画师近百人。首任上海中国国画院院长是德高望重的老艺术家丰子恺先生，王个簃、贺天健、汤增桐任副院长。陈毅市长亲自为画院题写院名。时任中共上海市委宣传部副部长徐平羽到会祝贺并指出："国画院今后的主要任务是继承传统、创造革新、攀登国画艺术的新高峰，创作出无愧于我们这个伟大时代的作品来。"当天的《新民晚报》刊出张聿光《祝上海中国画院成立》评论及新闻《上海中国画院今天正式成立》。

《我的心愿》一文和"文艺茶座"专栏（闻歌）

画院地址位于汾阳路150号，是一幢法式古典主义的三层洋房，为方形与椭圆形相结合的建筑，白色的墙体和爱奥尼克式的廊柱被包围在一片郁郁葱葱的林荫之下。这里曾是国民党将领白崇禧的寓所，这栋洋房也因此得名"白公馆"。沿着白公馆的大理石螺旋楼梯而上，便是画院的大厅。当年，大厅的四壁悬挂着很多画院前辈名家的画作，包括贺天健的山水中堂，唐云、江寒汀的巨幅花鸟，沈尹默的长匹书法，十发先生描绘傣家生活的名作《边寨节日》，谢之光反映现实主义题材的《万吨水压机》，等等。白公馆虽是一幢欧式建筑，但这些名家的传统中国绘画布置其间，丝毫没有突兀感，相反显得十分大气、协调。当时，画院但凡有重大活动、大型会议、大幅创作等，皆会在此大厅里举行。画院成立后，确立了七个业务组，在原有人物组、山水组、花鸟组、展览保管组、理论研究组之外，另新增工艺美术组、教学辅导组。上海人民美术出版社、朵云轩与画院建立协作关系。

6月21日，《文汇报》刊登报道，介绍上海中国画院正式成立："上海中国画院是一所研究中国民族绘画的专门机构。它的任务是：根据党的文艺方针和毛主席的文艺思想，批判地接受与发扬民族、民间绘画艺术的优良传统，繁荣国画创作，培养国画人才，整理与探讨国画理论，坚决为政治、为生产、为工农兵、为社会主义服务。"

7月，绘《少女与鹿》赠苏石风，题跋云："庚子六月十发戏写于海上之步鲸楼。""石风同志赐教，十发又志。"

苏石风（1921—2010），广东潮安人，一级舞美设计，著名戏曲舞台美术家。1939年考入上海美专西画系，与在国画系的先生是校友，年纪大先生两个月。1955年上海越剧院建立

为苏石风写《行书七言联》

后，他出任该院舞美工场主任，主持全院舞美工作，还为昆剧、晋剧、潮剧等剧种的近20个出国演出剧目担任舞美设计。作为上海越剧院舞台美术班的总负责，他为剧院培养了一大批舞台美术人才。苏石风与先生交谊深厚，因苏出生于1921年的2月6日（农历庚申年腊月廿九），所以尝笑言比先生大上一岁。

7月，绘《牧羊女》（68cm×62.5cm，嘉德2008年春拍），题跋云："瑞丽江澄绿草茵，鲜花遍地起歌声。傣家不唱喃亚碧，都颂人间一片新。为德尊大医师清正。庚子六月，十发。"

7月，绘大幅设色满构图《牧羊图》（130cm×71.5cm，嘉德2010年秋拍），题跋云："庚子六月，十发写。"

7月，先生、朱梅邨、吴青霞、周炼霞等为革命历史纪念馆创作革命历史画5幅，内容是关于太平天国进军上海百年纪念的。

7月，为《神笔马良》（注音儿童读物，故事内文每个字上都标注拼音）绘插图，本书由文字改革出版社（北京）出版。

7月，上海人民出版社出版《中国古代著名战役故事选》，由张秀铫编著，先生绘插图。

7月，文物图书鉴别委员会改组，徐森玉任主任，委员为方行、黎文、车大（三人为文化局代表），沈尹默、沈迈士、谢稚柳、吴静山（四人为文管会代表），吴湖帆、程十发、唐云、王个簃（四人为上海中国画院代表），沈之瑜、马泽傅、李鸿业（三人为博物馆代表），顾廷龙（上海图书馆代表），潘伯鹰（上海市人民政府参事室代表），沙彦楷（上海市人代会代表），周煦良（上海市政协代表），宋心屏（上海人民美术出版社代表），郑文桥（古玩市场代表）。

《春风吹上北京城》

7月—8月，钱瘦铁为先生治"笔墨须随时代"一印，边款云："庚子闰六月为十发兄刻苦瓜和尚语，叔厓"。

8月，上海文艺出版社出版吴琛、王文娟等编著的《则天皇帝》（越剧），先生为本书绘制彩色封面及插图。其内页插图八帧（38cm×25cm），后于2000年嘉德春拍上释出，其中一帧题跋云："一九六〇年五月十发写。"

8月，上海人民出版社出版《中国古代哲学寓言故事选（续编）》，由先生绘插图28幅。

7月下旬至8月上旬，中国文学艺术工作者第三次代表大会在北京召开，会上呼吁"文学艺术工作者到工厂、农村、连队去……熟悉劳动人民的语言，找到丰富多彩的文学艺术素材"。先生因之有感而发，遂以"春风吹上北京城"点题。画上的"程""十发"姓名章是先生自己奏刀所刻的双面印。

8月21日，绘景颇族少年少女牧牛图《春风吹上北京城》，题跋云："高黎贡峻百千寻，景颇人家日月新（山官家前题日月为记）。云里牧童歌一曲，春风吹上北京城。一九六〇年八月廿一日，画数纸不就，最后以此帧赠中一同志大雅之政，十发于上海西隅。"

8月23日，先生正式成为中国共产党党员。

自8月起，上海画院先后在工厂、农村、学校、少年宫选拔五位青年，吸收来院深造，这五位青年即陆一飞、邱陶峰、吴玉梅、毛国伦、汪大文。当年的选拔标准讲究阶级成分。陆一飞和邱陶峰都是工人出身和共产党员；吴玉梅是农村姑娘，毛国伦是中学生，两人都是共青团员；汪大文则是由上海市少年宫推荐的。

9月，绘《东风吹着便成春》，题跋云："东风吹着便成春，一九六〇年听城市人民公社女理发师报告第一次给自己孩子理发作为尝试，余甚为感动。借青藤老人题梅花佳句以壮画幅。是年九月十发并记于上海。"

9月，绘《共读图》（28.5cm×39.6cm），题跋云："共读，庚子八月十发率写于步鲸楼窗下。"

9月，绘《太平天国的故事》水墨画稿一组。

9月，由丁浩领头筹办的上海市美术专科学校正式全面开学上课，填补了上海这座大都市8年（自1952年刘海粟创办的上海美专迁出上海起算）没有美术院校的空白。据丁浩回忆，学校自1959年5月起开始筹办，最初拟定名为上海美术学院，所设立的国画系、油画系、雕塑系、工艺美术系的学制均为五年制，预科和中专为三年制。后改现名，但学制不改，成为少有的五年制的专科学校。学校中专班在1959年先行招生上课，程欣荪成为首届60个同学中的一员。

为上海出版的《支部生活》期刊1960年第18期绘封面《总路线》，该作品根据姜义田的现代诗《总路线》所绘。

秋日，绘《孔雀舞》，题跋云："孔雀舞。庚子秋日，十发忆写滇西傣寨风光于海上之步鲸楼灯下。"

10月5日，上海中国画院宣布成立教学辅导组。13日，第一次教务会议举行，出席者有王个簃、贺天健、汤增桐、邵洛羊、樊少云、吴湖帆、唐云、程十发、张大壮、孙祖勃等。会议宣布了师生分配名单：山水画教师贺天健，学生为邱陶峰和苗重安；山水画教师吴湖帆，学生陆一飞（1961年吴生病，又师从陆俨少）；花鸟画教师王个簃，学生刘保申；花鸟画教师唐云，学生吴玉梅；人物画教师樊少云、程十发，学生毛国伦、汪大文（樊少云1962年3月去世，教学时间相当短；1962年先生生病，曾由谢之光暂代）。教学大纲由教师分别制定。

10月28日（重阳），绘《少女与羊》，题跋云："初展高丽纸一张，画羊不似费思量。宵来曾梦初平子，咲（笑）吾真羊变石羊。庚子重九写羊于步鲸楼灯光下，十发。"同日又绘《傣家歌舞》，题跋云：

《傣家歌舞》

"白彦同志大教，庚子重九忆写傣家歌舞，十发。"又绘《祝寿图》（34.5cm×104.5cm），题跋云："祝寿图。庚子重九日写祝念航老先生七秩双寿。程十发于上海西隅。"

冬月某日，在败旧故纸中捡出一件郑板桥兰竹小品，因敝破不堪，遂用一整天洗涤装潢，让该画重现神采。

冬日，绘《江南农家小景》（72cm×51cm），题跋云："庚子冬日，初寒呵冻写江南农家小景于步鲸楼，十发信手。"画上才学步的幼童站在草编的大围篓里，用果子喂鸡。构图由先生在乡村采风时拍摄到的场景提炼而来。

12月29日，在画院二楼大厅，上海中国画院画师举办新吸收学员收徒仪式，丰子恺院长亲自主持仪式，文化局局长出席，按照传统的拜师仪式进行。在大厅里，老师坐在前面，学生鞠躬，老师也还礼，以示师生平

《江南农家小景》

等。丰院长讲话，勉励学员，要认真学习前辈丰富的绘画技法，努力成长为真正的工人阶级画家。毛国伦、汪大文就此正式拜入程门。与当时其他三位收徒的老师吴湖帆、贺天健、唐云三位前辈相比，先生觉得自己太年轻，于是拜师仪式前对丰子恺先生说希望院里配一位德高望重的老画家，一起压压阵脚。仪式结束后，组织上要求徒弟送师傅回家，这样做既是对师傅表示尊敬，也可以让徒弟认识一下师傅的家，以便日后上门求教。

这是上海中国画院体制内第一次也是唯一一次全日制的教学实践。当年画院的教育培养模式是高举毛泽东思想红旗，遵循党的文艺为工农兵为社会主义建设服务的方向，贯彻"百花齐放，百家争鸣"的文艺方针和教育与生产劳动相结合的教学方针，由各个老师采取传统的师傅带徒弟与共同课相结合的方式，因材施教，有计划、有组织地进行授徒教学，并请来楚生、张大壮、沈迈士、周炼霞等兼任共同课老师。

《新民晚报》为该仪式进行《画苑栽桃李，工农学丹青》专访。汪大文回忆，拜师后学生们平时住在画院里，每天临摹珂罗版古画和老师们开的稿子，老师也都慷慨把自己的藏品借出

《少女与鹿》

来提供临摹。每周日学生们就去老师家里上课，拿作业给老师看。

汪大文在《世间再无程十发》一文中回忆拜师的往事时说道：1960年，我在唐云先生的推荐下，以首批学徒的身份入选上海中国画院。这之前我已经得拜名师，学过山水、花鸟，唐先生让我跟程十发学画人物，他觉得新社会了，画人物画有前途，也认可程先生的书画造诣。能被画院指定为带教老师，足以说明程先生的艺术水准，和另外三位老师——吴湖帆、贺天健、唐云相比，程先生39岁，实在年轻。当时画院平均年龄62岁。程先生很谦虚，拜师前对丰子恺院长说，自己太年轻，希望院里配一位德高望重的老画家，一起压压阵脚。大概他的想法和院里不谋而合，正式拜师那天，我和国伦就有了两位老师，另一位是已经70岁的樊少云先生。我们于1960年8月进画院，试学了三个月，正式拜师是在这年的12月29日。画院举行仪式由院长丰子恺亲自主持。我们五个除了没有磕头，其他都按老传统，桌上铺着红色台布，老师坐上座，接受我们鞠躬。那时程先生是画院的创作部副主任，真是年轻，黑色的平头，浓浓的剑眉，戴一副宽边眼镜，满含笑意的眼睛总是亮闪闪的，目光中一种孩子般的天真神态。

毛国伦在《三代人学画记》中说道：1960年秋，由上海青年报社推荐，并由上海中国画院的老画家专程到大同中学挑选，我幸运地被选入了刚刚正式成立的上海中国画院。上海中国画院招收学员的宗旨就是要发扬民族文化的优秀传统，把老一辈艺术家的技艺传承下去。当年年底，画院为第一批五位学员举行了拜师仪式。我和汪大文同时师从樊少云、程十发两位老师，从此开始了画

程十发指导汪大文画画

院学艺的生涯。画院的教学既有师傅带徒弟的传统授教方式——学生每周两次分别到两位老师家去，看老师作画，学习，同时拿作品请老师指点讲评，又吸取了当时美院的一些教学方法，确定了以"五写"作为我们基础学习的课目，同时结合深入生活进行创作实践。所谓"五写"，即临写、写生、速写、默写和写字。

先生教授人物画，主张取法乎上，从传统造型基础上来表现现代生活。他一面指导学员学习古代优秀传神画技法，一面教授以传统画方法写生，打好现代人物写生基础；反对全盘用外来技法代替传统写生，强调"以形写神"，注重精神状态和思想感情的刻画，甚至每一根线条都要找出与人物性格的内在联系。

南京博物院等单位的考古工作者在南京市西善桥官山北麓，发掘了一座东晋晚期至南朝刘宋时期的帝王陵墓，在其中发现了墓室南北两壁的大型模印拼嵌砖画（画像砖）——《竹林七贤与荣启期》。该砖画分两组，各由近300块砖拼嵌而成。南墓壁描绘嵇康、阮籍、山涛、王戎，北墓壁描绘向秀、刘伶、阮咸、荣启期。先生不久就把砖刻中的衣褶描法和带装饰性的树木表现方法，用到了《胆剑篇》的创作中去了。

3月2日，王福庵（1880—1960，上海中国画院画师）在上海逝世，享年81岁。

1961 年　辛丑　四十一岁

1月，绘大幅白描《胞波友谊图》，题跋云："一九六一年一月，十发。"

所谓"胞波"是缅甸语音译，意思是有血缘关系的亲兄弟手足。先生此后还创作过设色《胞波友谊图》，构图有所不同。

1月，为叶恭绰绘《长春图》（27cm×33.5cm，嘉德2007年春拍）祝寿，题跋云："长春图。庚子涂月，写祝遐翁八秩大寿。十发程潼。"

1月，绘《进士归田图》（钟馗放羊），题跋云："庚子嘉平，又获花之寺僧写钟进士骑驴迎福图，颇有奇趣，自取案头故纸仿其设色法画进士归田，十发并识。"

1月，哈尔滨北方大厦委托上海中国画院创作布置画六幅，其中一幅由先生创作。

1月16日，画院举行全体画师、干部大会，传达"整风"运动从"五反"转入"反贪污、反浪费"阶段的精神，发动群众大鸣大放，贴大字报，揭发检举找漏洞。

《枯木逢春》海报

为电影《枯木逢春》绘制电影海报。《枯木逢春》，是由郑君里导演，钱千里、上官云珠、尤嘉、高重实、仲星火主演的电影，反映与血吸虫病斗争的故事。看了该电影试片后，先生很有感触，想到现在瘟君被消灭了，人民体质强健起来了，再画到钟馗就不必画他驱鬼灭毒虫。

2月，绘《晚霞初起》，题跋云："晚霞初起。一九六一年二月，程十发写于上海西隅之步鲸楼晴窗。"

2月15日至3月1日，上海中国画院在荣宝斋举办"一九六一年春节画展"，除展出先生、唐云、贺天健、朱屺瞻、江寒汀、刘旦宅等画师的100件作品外，还陈列了一批根据画师设计花样生产的搪瓷制品、热水瓶、手帕等日常生活用品，展示了国画与工艺美术结合的新成就。

年初，吴晗写的新编历史剧《海瑞上疏》搬上舞台，由北京京剧团的马连良饰演海瑞。同一时期上海上演的京剧《海瑞上疏》则由陈虞孙撰剧本，周信芳饰演海瑞。

2月，绘《列宁与中国籍红军》，题跋云："写列宁与中国籍红军生活片段。一九六一年二月，十发于上海。"

2月，绘《晚霞初起》（牧归图，85cm×46cm），题跋云："晚霞初起。一九六一年二月程十发写于上海西隅之步鲸楼晴窗。"

3月，绘水墨《二羊图》，满纸温良有情采。题跋云："赵松雪初写二羊图，世为神品。余日日涂鸦，不成半器。乃松雪以察马之法，以察百兽，腕下即有真羊。余胸中只知一羊，不知百兽，如是，腕下无羊矣。辛丑二月，十发又记。"

3月，绘《笑面钟馗出行图》，并两题之："画来进士笑颜开，骑鹿悠然终日闲。鬼魅毒虫消灭尽，轻摇纸扇返家山。辛丑二月，十发。""偶获罗两峰画钟馗乞福图，题诗一绝，只闻凭吊介之推，竞渡还困屈子哀。此外无人同此日，为多禁忌请公来。余技痒亦写笑面钟馗图，并步花之寺僧韵。却笑当年鬼磨推，无奴簇拥岂称哀。终南进士成吟客，洪福如今到处来。辛丑花生日，十发又书补空。"

题跋中所言及《钟馗乞福图》，是先生藏品之一，得之于去年十二月，是扬州八怪之罗聘所绘钟馗骑驴图，颇有"春风得意马蹄疾"的兴味。与钟馗怒目圆睁的传统形象不同，此作中钟馗文雅冲淡，还原为文人形象，面前有红蝠一只，故曰乞福图。画面笔调奇创，超逸不群，别具一格。画面右上方有罗两峰自题七绝诗："只闻凭吊介之推，竞渡还因屈子哀。此外无人同此日，为多禁忌请公来。"该"骑鹿钟馗"主题颇受欢迎，先生在这一时期曾作数幅。

先生另藏一件罗聘所绘的钟馗主题画作《野路登东》，画的是钟进士野外出恭，是一件戏谑时事、讽刺流俗的妙品。罗聘题一首七绝："揭取灵源天宝中，不拘野路便登东。一腔傀儡偏偏消尽，虚耗应须仰剑风。"该画诗堂为吴湖帆题《西江月》一阕。

春，在所藏《胡公寿四条屏》题跋中写道："胡公寿画，吾髫龄时见于家中纱窗棂上临其大略，家人深喜，誉为有为。长而习画，师告我法乎上，如是胡画不甚重视也。中年后探求任伯年之画略广，思伯年师萧山二任外，其犀利活泼法自横云，盍公寿用笔灵动，海派之祭酒也。伯年素膺服，即法书亦类之。蚤岁即命馆曰倚鹤轩，乃胡公以寄鹤为轩也。此四小画屏作于咸丰九年，精神采焕，集张孟皋、吴让之诸家大成。吾以为好古不能专尚姓氏，当以何处可法为贵。今咸谓伯年可法，而伯年以横云为可法，吾于横云亦为可法也。故以十金得归，题诸斋次，尚不改卅年前纱格窗上风韵也。一百零二年后辛丑之春朝，云间程潼十发率记海上步鲸楼之灯下。"

春日，绘《远处传来葫芦笙》，题跋云："远处传来葫芦笙。辛丑春日，十发戏写于上海之步鲸楼灯光下。"

春日，绘《小憩图》（64cm×44.2cm），题跋云："辛丑春日，十发写滇西印象于海上之步鲸楼灯下。"

3月21日，先生向画院借款30元，借款凭证上注明"下月薪金中扣还"。先生鉴画独具只眼，遇到心仪的前贤名迹就不顾手头拮据，往往即便借款也要购入，以免其散失。

《七姬造像图》

3月28日，自刊"程十发审定书画之印"，边款云："辛丑花朝，十发。"

暮春，应吴湖帆邀，为他所藏的明拓原石孤本《七姬权厝志》画《七姬造像图》，题跋云："辛丑暮春为七姬造像，奉湖帆老先生大教，十发。"画面充满了浪漫主义的气氛。七位"神女"，容颜动人，身姿婀娜，裙衫飘逸。她们神情恬淡，或正或侧着脸庞，以流转的目光彼此关照，使得一字排开的人物群像互相呼应。她们腾云驾雾，前方有祥云接引，飞鸟作伴，画面里处处点缀祥瑞符号。画面唯美的浪漫主义手法和吉祥如意的氛围绝非对封建妇德的歌颂，而是对作为书法经典的《七姬权厝志》的致敬，也是先生对吴湖帆邀约美意的答谢。

自20世纪30年代开始，吴湖帆以祖父和自己所用的许多斋室名和著名藏品为题，请了24位画家创作了24幅横构图的画作，前后历时20余年方始完成，最后合裱为两长卷，名之为《二十四斋宝图》。所邀画家皆一时之选，或好友知己，或笔墨技法受到吴湖帆肯定的后进画家。例如其中有吴华源作《双修阁图》、吴待秋作《仿大痴富春山居图》、冯超然作《梅景书屋图》、张大千作《迢迢阁图》、刘海粟作《百宋陶斋图》、陆俨少作《清梦吟巢图》、唐云作《淮海草堂图》、谢稚柳作《昭陵碑八骏之斋图》、应野平作《后村别墅图》等，先生所作《七姬造像图》收尾压阵。

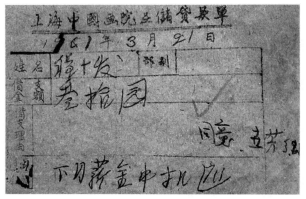

程十发借款凭证

4月，绘《山村晚景》（83cm×44cm），题跋云："山村晚景。辛丑三月，十发试写于上海步鲸楼。"

4月17日（农历上巳，先生生日），绘《金丝竹图》，题跋云："庚子春日客羊城，见金丝竹甚感绮丽，今忆写数株。辛丑上巳，十发于海上步鲸楼之晴窗。"

为上海科学教育电影制片厂（简称"上海科影厂"）编写学教电影《任伯年的画》剧本及解说词。这一时期对任伯年艺术的研究已经获得不小的成果,因此上海科教片厂邀请他作为影片的总顾问。在正式开拍前,审阅电影的分镜头脚本时,先生发现了其中很大的不足,不能充分体现任伯年这位绘画大师的艺术成就。于是程十发用一整晚的时间将电影脚本分镜重新修改一遍,天亮时亲自送到制片厂。改过的剧本获得了导演和摄制组的赞赏。电影中还有许多关于任伯年绘画技巧方面的表现与讲解,都是先生动笔做具体示范来协助拍摄的,自如、逼真地再现任伯年的画艺。

在影片后期制作期间,正逢国家级话剧演员蓝天野和狄辛夫妇随北京人民艺术剧院(简称"北京人艺")来沪演出,带来了《蔡文姬》《伊索》《同志你走错了路》三部戏。上海科影厂请狄辛女士为《任伯年的画》配音。当时为拍摄影片,全国各地公私所藏任伯年精品都调至上海。早年习画的蓝天野因利就便欣赏任氏精品,而先生又是北京人艺的"发烧友",故不辞辛劳将十数件精品逐一分析讲解,巨细靡遗。借由对任伯年作品的欣赏,蓝天野与先生结下了深厚的友谊。

为外文版小说《不怕鬼的故事》画插图九幅,将西画技法与中国工笔画相结合。当时配合反对"苏修",毛主席亲自指导编选了《不怕鬼的故事》,由先生绘制插图。该书当时用几十种外国文字出版,并在机场和宾馆向外宾免费派送。

5月中旬,画院以招收新生工作为重点,决定成立工作组,先生和姜大中任组长,于15日开始进行摸底抽查。他们从去年开始,对市文化宫、区工人俱乐部、文化馆,中学美术教研组,上海人民美术出版社进行了解,发现人才。至月底,初步物色20名具有一定国画基础的青年,决定从中选拔尖子5名,作为画院研究生。

夏日,在程桥疗养院养病。绘《莲塘清趣》,题跋云:"略变洪绶法,写莲塘清趣。辛丑之夏,十发挥汗于程桥疗养院晴窗下。"

丛耀亭于程桥疗养院疗养时与先生结识,二人一见如故,相谈甚欢,在短暂的疗养时光中建立了深厚的友情,前者常送鲜花至病房。故先生在出院后绘《人物花鸟册》(画11帧,书法1帧,37cm×27cm)一套表示感谢,题跋云:

"地上所置乐器为傣家之葫芦笙,音调清雅而华丽,且甚为难吹。十发并记。"

"傣寨之晨。偶见徐青藤画喜用率笔,今亦偶之,十发于程桥。"

"傣家赶摆舞。辛丑五月,十发写。"

"略变洪绶法,写莲塘清趣。辛丑之夏,十发挥汗于程桥疗养院晴窗下。"

"钟馗读骚图。辛丑天中,写钟馗调甥图、钟馗归山图,今又图新意写此,略仿罗两峰意,十发。"

"边塞新月。十发。"

"小法赵松雪。十发。"

"十发写。"

"汤显祖牡丹亭之惊梦。十发写戏。"

"一担菠萝,十发写。"

"辛丑夏日,养疴程桥疗养院,相识耀亭同志,常馈吾鲜花并为我插花,亦姿态生动,疗养生活又增风趣。吾临别即以率笔写此十二帧奉教,信手涂鸦不计工拙,聊为纪念云。十发并记于花荫深处杜宇声中。"

"珠江儿女多朱颜，伏魔打鬼不偷闲。钟馗无处较身手，不如归去终南山。热风拂面换欢颜，鹿背身轻心又闲。临去回眸告娇女，采花须上白云山。广州公孙端先生题拙画笑脸钟馗图步拙韵，今录此奉耀亭同志留念，十发于程桥之晚窗。"

丛耀亭（1920—?），中国共产党党员，中华人民共和国成立前曾任华野13纵队38师113团政治指导员，中华人民共和国成立后历任蓬莱县公安局、上海卢湾分局办公室主任、上海市公安局刑侦处主任、上海市卫生局机关党委书记等职。

5月29日下午，上海中国画院在上海博物馆举行了"中国历代人物画展览"读画会，有53人参加了这次读画会，采取了先读画、后议论的方法，各抒见解，热烈讨论。后在7月，上海中国画院用铅印印发了会议讨论纪要。

　　"中国历代人物画展览"读画会纪要
　　地点：上海博物馆
　　时间：1961年5月29日下午
　　出席人数：53人
　　王个簃：
　　我院曾数次就上博展出举行读画会，每次谈得很热烈。此次历代人物画展内容很丰富，可以看出历史上人物画演变过程。希望大家在这次读画会上，本着学习与研究的精神，畅所欲言，热烈讨论。今天的读画会请沈迈士主持。
　　沈迈士：
　　以前读画会谈的是四高僧画和明四家画，都各就同一时代作家的作品而加以研读。这次是谈历代的人物画，历史长，又是专题性的，展品从晋唐起以至近代，分门别类，有肖像画、风俗画、宗教画、历史画等，做较有系统的研讨，请大家各抒己见，热烈发言。
　　程十发：
　　博物馆举办这样一个展览会，尤其给予画人物画的同志的益处更大。展品自唐迄今很全面，每个时代、每个作家与他们的理论和实践相对照起来，让我们全面地了解。我们可以将学习所得贯彻到创作中去。

　　个老、迈老点名要我发言，我觉得讲人物画，有两点很难：一是展品很多，只能仅仅在海洋中取其一勺，大有局限；二是我个人水平低，一点肤浅的理解，很可能是片面的、粗糙的，甚至是错误的。

　　谈到人物画有两个问题：（一）人物画传统到底是什么？（二）人物画与其他画有没有相同之点？人物画传统到底是什么呢？民间的语谚说"得神""不得神"，已概括地说出了画人物的要点。本人简单理解"得神"的就是好作品，从孙位《高逸图》以至元人无款罗汉，都很"得神"。在理论方面，顾恺之在《魏晋胜流画赞》中就讲到"以形写神"。很明确，中国画的优点就在能够通过形象画出人的精神，并且表达了作者的创作意图。人物画仅画像外表，那就如顾恺之说："空其实对则大失矣。"我认为人物画主要是刻画人的精神状态，

丰子恺院长和先生合影

丰子恺《前程远大》

是"传神"。宋陈郁《话腴》中说："写心最难……盖写其形……君子小人相似何益……"沈芥舟也说过人有先肥后瘦，但神气仍相同，还能使人相识，几十人中有面貌相同的人，而几十人中没有相同的性格（当然也有共性）。历代许多理论家与画家反对不研究人的精神而画外貌，不取其神而取其形。王绎批评不刻画人物精神，画其外表即是"正襟危坐如泥塑人"。古人又讲"手挥五弦易，目送飞鸿难"。手挥五弦是形态，易写；目送飞鸿是传神，就是以形写神，而写神为不易。苏东坡说："作画以形似，见与儿童邻。作诗必此诗，定知非诗人。"晁以道说："画写物外形，要物形不改。诗写画外意，贵有画中态。"苏、晁二家解释了形、神的相互关系。

神与形并不相等，而有第一位和第二位的关系。

人物画与其他画有没有相同点？人物画与其他画也有相同之处，黄休复《益州名画录》云"思与神会"，邓椿《画继》云"曲尽其态，传神而已矣"，此即顾恺之所谓的"迁想妙得"。如何能思与神会？必须使读者能够联想到作者创作的意境，体会其爱憎分明的思想。

要画画外之画，写物外之形，如唐六如画《秋风纨扇图》，是通过这幅画寄托他对世态炎凉的满腹牢骚。又如画罗汉，不仅仅是画罗汉，我不佩服画展中的陈老莲画的观音，而佩服他画的罗汉。那罗汉侧首俯视，好像冷眼静观人世间的百态变幻；观音不过是一普通老妇人形象而已，使人联想不上更多意境。物外之形，在历史画方面也有典型性的作品，像《望贤迎驾图》这幅画不能单纯从人物形态来看，认为只是李隆基、李亨的父子关系，脱离了思想性，意义就不深。这幅画是南宋时代的作品，当时爱国者的口号"迎二圣还朝，收复二京"，这是人民共同的愿望。作者通过历史事件使画作起着教育意义，这也就是画外之意，是画家的目的所在。像钱舜举《蹴鞠图》，作者身在元朝统治之下，以北宋盛世自强不息为题，启发读者爱国思想，如无后面"若非天人革命"等题语，在当时就有杀头的危险。

联系到个人创作，在作画和到生活中去时，由于水平低，学习传统差，往往见啥画啥，没有概括提高，通过思维出现艺术形象。因为作画不是和照相机比赛，而应像毛主席教导我们的那样，艺术比生活更美更提高。民族艺术之所以能迷惑人，是在"传神""思与神会"，有高度思想性，有意境，有画外之画。我们要"思与神会""迁想妙得"。毛主席的诗词就有此种艺术最高境界的妙处和伟大气魄，像《昆仑》词"安得倚天抽宝剑，把汝裁为三截……"，真是革命浪漫主义与革命现实主义相结合的典范。如果叫我写昆仑，就只能在形态上去描写，而不能达到更高的想象，这就是没有艺术的真实而只有现实的真实的缘故。像王实甫《西厢记》中"日近长安远"句，就说明艺术的境界与现实的境界不尽相同，正是"思与神会"，没有人说它不通，反而认为是惊人之句。

一切艺术有其规律性。东方艺术有东方艺术的规律，这就是"笔墨"。所以我们作画不能脱离笔墨，笔墨本身无阶级性，而有其独立性，通过情和趣相结合，就表现出作者的思想情绪和意境，所以笔情墨趣是必要的而且也是非常重要的。吴小仙的奔放、仇十洲的沉静、陈老莲的古拙，就表明了他们的奔放、沉静、古拙的不同个性。

十八描都是很好的传统，是明代画家邹德中对传统人物技法的总结，它的来源不外两种：一、古人对物象的认识；二、古人的思想和情趣。像顾恺之的高古游丝描，如春蚕吐丝，这是他通过对当时麻质衣服的观察，加以他的思想和情趣而创造出来的，现代衣裳的质地就不能与高古游丝描完全匹配，因此不能拿来硬套。我很喜欢高古游丝描，也很想运用它，但是觉得现代衣着不同，而且我的思想也不同于顾恺之，所以我们要从传统中多方面吸取，加以创造、发展和运用。因为古人各有独创的一面，各有笔情，所以传统的描法也不止于十八描。像梁楷有《泼墨仙》，他有了感情，才画出《泼墨仙》。古人画《九歌图》也然，如果画屈原仅得其形貌而没有画出他行吟泽畔的神态，就没有意义。有时青年同学们的创作，往往衣褶线条很好、很像，但是情趣不多，这是只有形而缺少神的缘故。

画展中几幅传神写照，对我很有帮助，像曾鲸一幅施沛然像，画一撮小胡子，看来很奸猾，察看下来，这个人确是有恶势力的封建霸头，或者所谓好管闲事的游侠式的人物，画面上的表现正与人物性格相同，这就表现了人物的内心世界。

目前有些西画基础的青年，往往认为画人物中法不能表现，一定要用西法，这想法要不得。看了这许多人物画，很显然，我们应该在伟大祖国丰富的遗产中吸取，学习描写出各种有思想感情的人物画的传统技法，向有完整系统的写实本领学习，多组织青年学习和开座谈会是很必要的。

沈迈士：

展品中的项子京、倪云林像，描绘出这两个人的不同风貌，如倪云林的清高形态、项子京的官像大地主典型，都画得各如其人，相当传神。

朱梅邨：

这样有系统的人物画展览会是以前没有的，我首先要感谢党的领导，给我们这样好的学习条件。

以前我们常说画不能脱离内容而求形式。事实上，生活、思想内容、艺术形式是画的三个要点。知识分子有三脱离：脱离政治、脱离生活、脱离现实，但是绘画不能脱离政治、生活、现实，看古代画也说明这一点。就是画总有意图，不为这个阶级，定为那个阶级服务，有的是明显的表现，有的是隐晦的表现。像历史画中吴友如画法国人打基隆，布置很好，很突出，能充分表现出反帝反封建的气氛。记得任伯年有一幅题为"戊子春日……点春堂补壁"的画，有人说画上两个人像小偷，我认为正是这一点，两个人手里拿刀，表现了他们在偷运军火，由此可以体味到任伯年是同情和倾向小刀会的，这是隐晦的表现。像钱选《蹴鞠图》是表现北宋时帝王的腐化生活。

接受传统有两方面：一是民间的艺术传统，像杨柳青、桃花坞的年画为广大人民所喜爱；二是历代绘画的优良传统。我们要利用人物画的传统为武器做宣传。

笔情墨趣的"情"，即人的思想感情，什么藤结什么瓜，什么阶级说什么话。

运用传统技法描写对象，应根据不同的对象运用不同的传统方法，而且要加以发展。"曹衣出水，吴带当风"就是根据当时的物质来表现质感的问题，一个是表现绸质，一个是表现麻质。如果以高古游丝描写炼钢工人的石棉衣，如何能适应呢？梁楷创减笔画，以后任伯年发展之，徐悲鸿更发展之。目前的彩墨画，就是从传统中来。十八描笔法与书法同源，中国的用笔有抑扬顿挫，不同于铅笔线条一样粗细。现在有的青年只知用铅笔勾线，或者把毛笔线勾得和铅笔线一样粗细，这是没有很好地学习传统，也影响了对精神面貌的表达。

构图问题，画人物画不能把人物孤立起来，而要和其他各方面做有机的结合，以传统的笔墨和描写的环境相结合。许多展品中的饰景往往是很好的山水。现在有的青年急于求成，只画一个人像而忽略了其他。事实上，在构图方面，我们有很好的传统和内容丰富的创作，如《清明上河图》，远近的人物屋宇舟车，布置周密，布景也是很好的山水画，是很现实而不是自然主义的描绘。现在有的青年画家则不然，画大幅场面时，往往前面葡萄大如鸡卵，后面人物如小鸡小鸭，这是西画"近大远小"的法则，与中国画传统构图"远中取近"的法则不同，因此不能硬搬到中国画的构图上来。

我认为笔情墨趣的表现，不完全在工具，像高其佩用指画，也能充分表现笔情墨趣而得其神。展品中的《刘海戏蟾》，双方的眼神贯注，神态生动。所以不能仅仅从笔墨用具上去分中画西画，一切都要批判接受。我们要以内容为第一，古代画好，但有时代限制，要以马列主义思想武器去批判分析来继承发展传统。

程十发：

刚才谈钱选《蹴鞠图》，我的意见并不把这幅画作为像《水浒传》中描写的一样，属于以暴露北宋宫廷的腐化生活看。我认为这是作者在元人统治之下，表现北宋在赵普为相时全盛时代君臣宣扬自强不息的运动，以激发人民。任伯年画的点春堂补壁画中人物的形象，我认为不是偷运军火的小偷，而是描写了两个青年人的愤慨形象。

民间画，每个时代有每个时代的不同点，古代民间画有"水陆"画。吴道子本身是民间画家，李唐也在市上卖画。现在民间画如吴友如的画就与士大夫的文人画有矛盾，这有社会根源的，但又有相互关系，不能一概分割来看。

《望贤迎驾图》的内容与史传中迎驾的记载不同，但不能以历史记载来肯定一幅画的意义。我们画历史画时，往往参考品一大堆，就实写实，含意不深。现在看这幅画，得到启发，说明画是艺术的真实，可以与历史真实不尽相同而达到高度的典型意义。

书画同源是源同而不是形式同，画通过形象，书法则不然。

唐云：

书画同源之说，是因为文字的起源是象形，画也由此发展，以后逐渐分开，但在笔墨

孙位《高逸图》

线条方面仍有相同之处。

笔情墨趣有两种解释：一是作者通过思想、通过形象，运用笔墨的情趣表现来加强内容的思想性和艺术性；另一种是单纯的笔墨情趣的表现。展品中有形神俱备的，也有单独在笔墨中着眼的，如罗两峰的罗汉，笔墨虽好，却少讲究造型和神趣。

有以画分神品、逸品的，神品以有神为主，逸品是有笔情墨趣，也有以逸品置神品之上的；尚有妙品、能品等。能品虽然"能"，却少神趣；故神、妙、能三品，把能品列在第三。真正好画应当是"形神俱备"。每个时代的大画家，都能在古的基础上创新。像孙位《高逸图》，画当时人物的高逸神态，刻画出来，就是大官僚入山做隐士的人物造型。

艺术风格问题，吴友如的现实性与思想性都很好，但是艺术风格差一些，要二者兼备。我们以前画人像，受时代限制和限于传统，以庄重为好，不苟言笑，生动活泼、意气飞扬的神情就难以表现了。中华人民共和国成立十余年来，人物画上大大提高一步，能刻画出内在的精神状态，表现得神态生动。古代当然也有此种神品，如项子京像，表现了大地主的豪富神态。

吴青霞：

人物画自东晋顾恺之、唐吴道子起，各个时代、各个风格不同，作者的个性不同，通过诗书画的创作，作品的思想性与个人性格都可以看出来。

杜堇的一幅画中有踢球场面，女子长衣缠身，充分表现了当时的生活，以现代和过去相比，运动衣着与踢球形态均大不相同。

一张画要回到纸头外面去，不只是画在纸面上，要有诗意，使其更有意义。

海仑的瓷青纸泥金绘罗汉甚好，画得细而不刻，勾线能虚虚实实，一笔不弱。张灵画的观音，小孩神态好，小人脚与大人脚在一起而不重叠，更为不易。

每幅画要细细研究，研究其何处是弱笔，何处有骨有肉。

十八描在运用时要看适合何种画、何种场面。我们为什么在技法方面反映现代感到困难？原因之一是对传统不够熟悉。我们对古画的神形笔墨，都要加以研究，使之古为今用，并发展传统来为工农兵服务，所以今后要多看多听多学。

谢之光：

小时从师习人物画，老师只叫我勾稿子，学他学派，不许更动，更无从看到古代画，从费晓楼看到改七芗已了不起。现在看到历代的人物画，这是在党的领导下才有这样的福气。后来学习西画，看到有的人学西画之后，完全否定中国画，这是不对的。

我一面学西面，一面仍旧喜欢中国画，研究古画之后，更觉得好，更觉国画之深奥不易学。懂古画尤其不简单。就是用色、纸、绢等等，各有许多知识。像展品中的风格多种多样，我们向遗产学习，真是要啥拿啥。

董天野：

东方画靠线条笔墨，与西方画靠光暗完全不同。

古代描法完全可以和现代事物结合起来，在运用时全因对象不同而定，如以游丝描去画纺织女工的纱就很好。因此，如说古代描法不能反映现代人物，是危险的。西画也讲线条，是木炭和铅笔线条，不像国画线条有轻重、浓淡、粗细。

古代宗教画线条多画得极好，由于作者本人往往是信教的，所以作画时很虔诚，一丝不苟，方能到此境地。

我们能画现代事物，不论炼钢、插秧，但是不耐看，就是因为笔墨技法中没有功夫，像古画历千百年却看不厌。

有时我们对自然界往往有不能描写尽实之苦，但是我认为，如果神态已得，形可以差些。盖叫天演武松打虎，出场走台步配合锣鼓，一举手，一投足，神态英武，令人紧张入神。当然，真武松决不会如此样子去打虎，但是，因为抓得到神，就有味。美国人福开森喜爱我国余杭窑瓷器，以为凭他们的科学技术可以仿制，回到美国后设了窑，虽然梅子青的色仿得很像，但是味道不对，最后失败了，这也是得形而不得神之故。

朱屺瞻：

展品可以分三类：一、宗教画，可作民间艺术；二、历史画；三、艺术画。画法有两种：一种用笔，一种用指。

国画望去很静，不论阔笔细笔，这一点与西画不同，是工具不同的原因。国画好处可以从几幅画中得到引证：如高其佩《刘海戏蟾》，其中蟾大如鸡，但看来并不觉得不舒服；吴小仙泼墨大幅与对面细笔绢本并列，同样墨色，一气派大，一灵秀，以一个人物有两种截然不同的笔法，而且粗细画各有好处（或者这两幅是早晚年不同时期的关系），由此可见国画之妙。

国画有三妙：一、可以放弃透视；二、粗细均好；三、简而静。

周炼霞：

宗教画用笔线条多凝重朴实，用色重而不俗，衣褶如钢丝，用笔如篆书，可见书画一家，老祖宗传下来，一点不错。这些线条都经过千锤百炼，非一朝一夕之功，看起来好像屏住一口气画的。佛的头发大都用石青，林逋诗"晓山浓似佛头青"，这是一种夸张法，说佛是金身，头发青是青春常在的意思。画上佛光有透明、不透明两种方法，或者这是表现佛的道行深浅。石涛画《睡牛图》，神态须发都可以想见石涛的形象。高其佩画《海屋添筹》，用焦墨能显出一半指甲一半肉，真是传神之作。

白描画看起来很突出得神，肖像中有画如刘定之的，用淡墨勾，寥寥几笔，并无阴阳光而能得神，有形神俱备之妙，也即国画之妙处。《流觞曲水》也是淡墨打稿，寥寥几笔，再提几笔。现在打稿子方便了，可以用铅笔，橡皮擦擦。

国画的好处如醇酒，好处不易讲。外国人以为醇酒是经过数十次寒暑变化影响而成的，可以用科学方法，在短时间内加以冷热数十次的反复去制成，但是结果毫无醇酒之妙。

古画除艺术传统之外，还记载了古代的生活、用具等。此次画展中看到了过去仅仅在书本上文字记载的"步障"，以前几次想画想不出，以为如现代出丧中的孝子障围，现在知道它制如桌围，以后不致做错误的描绘了。杜董画的踢球，其中露足的并非小脚，可见缠小脚的恶风，是在宋以后盛起来的。

《望贤迎驾图》中并未画望贤驿建筑，而自然可以联想望贤驿建筑。又画中用一顶红伞、一顶黄伞，表现出李隆基父子关系和身份，这就是画外之画，能启人联想。有如戏剧中的同样手法，手执马鞭，表示骑马，演在苦战中马的几番扑跌，使观众跟着神经紧张，这一点就是艺术的概括。

由"步障"这一点联想到我们作画应当各样多画，目前之"大跃进"、大时代的变化是怎样发展的，可以使后世能够看到，这是画家的责任。

程十发：

董天野同志说有人否定十八描不能用在表现现代……我认为古人创造的线条和描法都有其来历和师承发展的关系，吴道子虽然作莼菜条描，但它是从高古游丝描中来的，他早年画用游丝描，后来发展了，这是根据画的对象不同来创造的。我的意思是不应当以古代的描法来套现代的事物，而是应当吸收传统描法之后，根据需要而有所创造。创造线条，一个是对象真实性，一个是个人的思想和情趣，二者结合起来成就一种画法。

荆浩《笔法记》"度其象，得其真"，并不是度其象，得其象。石涛也讲过古人的肺腑、须眉不能代替今人的肺腑和须眉。罗两峰的笔法古拙，这是他对当时现实的不满，与世有矛盾。他画鬼说自己能见鬼，这是他在骂世，其实是说明他对盐商官僚地主的卑鄙行为的蔑视，把他们当作鬼物，古拙是他含有反抗性的情趣。

屺老说吴小仙两幅画中作风截然不同，我认为两幅的不同是由于作者的情绪不同。总之，笔墨不脱离情绪，情绪必定与笔墨相结合。所谓"怒气写竹，喜气写兰"，一种情绪有时可以说明一个人的思想。郑板桥反之，他说他"怒气写兰，喜气写竹"，证明笔墨有情趣，但这种情趣，也有不属一定阶级范畴，可是每种情绪引申开来，也一定归于各种阶级情趣。

古人的传统可以学习而不能代替，我们不能把艺术与时代相割裂，对古代人创造的优秀遗产，我们应当加以吸收创造，再丰富，来为现代社会服务。

耐看是从内容和从形式方面来看。从内容来看，要画外有画，能耐人寻味。另一方面（从形式方面来看），从笔墨可以欣赏书法金石等艺术，如书法中屋漏痕、折钗股、舞剑器等，但是二者也是结合的，结合得越好作品越成功。形象有局限性，意境是无限广阔，也可以说是无限性。如杜牧诗"停车坐爱枫林晚，霜叶红于二月花"，如果刻舟求剑地创作，一定要画一个人走出车子坐下来看枫叶，那是不够的，应该至少从秋天里也有春天的意境着眼。戏剧演《林冲夜奔》，舞台上加了布景，反使几十里的意境成了几尺，仅仅在破庙周围团团转了，这样无限的意境却被有限的形象所束缚了。

沈迈士：

"停车坐爱枫林晚"的"坐"字作"因为"解。今天谈得很好，有看法，有争论，对接受传统和创新，各抒见解，比上几次更多地接触到实际问题，就读画会本身来说，是又进了一步。我们在学术讨论中要勇于争鸣，今后还要继续举行，今天的读画会就开到这里为止。

《通天犀》（书法团扇）

7月，在观看北昆侯玉山先生演出后，绘戏画团扇《通天犀》中"坐山"一折，题跋云："辛丑且月，十发。"扇上红髯紫袍的"青面虎"许起英听到少年英雄被陷害，气得怒目圆睁，雉尾横飞，一只脚踩上圈椅，挑髯怒斥，立即要点兵下山；其妹许佩珠急忙劝阻。雄武的花脸与清秀的旦角形成鲜明的反衬，青面虎固然神采夺目，豪气勃发，而妹妹娇羞与英气并存，不因此而存在感薄弱。在艺术家笔下，两个人物有侧重，但也能相互呼应并有所映发。团扇成扇背面，先生利用中间扇柄自然形成的分隔，右半题宋人诗："青苔满地初晴后，绿树无人昼梦余。唯有南风旧相识，偷开门户又翻书。刘贡父小句。"左半绘泥人，题跋云："近制摩喝罗，不减宋磁风采，足称吾师，临其像于扇。十发再笔。""摩喝罗"亦称"泥孩儿"，是宋金时期对当时非常流行的泥塑小孩形象土偶的称呼。

《通天犀》一剧是昆剧中保留下来的少数几部花脸戏之一，剧情敷演梁山之后许起英除暴安良的故事。先生对该剧赞赏有加，在该年初秋又画了一幅长方形的册页，构图相似，因形式的关系，人物位置稍有变动。

7月，绘《青风亭》（京剧），题跋云："周信芳同志之青风亭写照。辛丑六月，十发于上海。"

夏，为宋文治绘《牧童图》，题跋云："辛丑之夏程桥归来，写奉文治法家同志大教，十发信笔抹于鲸楼。"

秋初，在皮纸上绘《竹石图》，题跋云："温州皮纸洁白如莹，在宋时已负盛名，称蠲纸，贡至汴京，即为达官所称道，今又恢复旧制，挥笔称快。十发，辛丑秋初。"

8月下旬，为纪念梅兰芳逝世，先生绘一套《梅花喜神谱》12帧，用梅花象征梅兰芳，将梅氏生前常演的京剧、昆剧片段凭记忆一一描绘出来，在《文汇报》上于1961年8月27日、8月29日、9月1日、9月3日、9月5日连载。第一次刊出时，先生写了引言："梅兰芳同志逝世

《坐楼杀惜》

后，苦不能以文字悼念。病中率制梅剧笺谱一册，倩路子同志张以短文，并借宋时华光所订梅花画谱之名，亦眉为梅花喜神谱。梅花为兰芳同志所在之梅花屋，喜神即写照之别称，谱乃笺谱也。"12帧分别绘断桥、霸王别姬、宇宙锋、天女散花、女起解、游园惊梦、生死恨、宝莲灯、花木兰、穆桂英、奇双会和凤还巢。

后该册散落，一位藏家收有《天女散花》等数帧。先生睹画感怀，题跋云："原画十二页小册，为畹华大师逝世而作，发表于当时《文汇报》上，每日一幅，今日见残册尚存，亦造化之赐也，物之不灭也，啊！啊！"

9月，画院"右派"画师摘帽平反。

画院以四种方式解决画师作品出路问题：通过出口公司运往国外推销，上海荣宝斋陈列出售，在举行画展时标价出售，在上海美术设计公司新成立的陈列部标价出售。

从20世纪50年代直到"文革"时期，荣宝斋书画原作的销售大部分为寄售，当代书画名家的作品，一般只售十几元到几十元。据北京荣宝斋米景扬回忆，当时有个不成文的规定：只有吴作人、李可染、王雪涛、傅抱石、潘天寿、程十发、关山月等十几位大师的作品，可以享受拿到荣宝斋（北京）当即付款买断的特殊待遇。其他画家不行，非要等把画卖出去以后才能付款。

9月，题清人徐桐华《画菊》云："徐桐华为解弢馆高弟，下笔纤逸，偶仿乃师，几可乱真。此便面以半金得诸市集，其画菊与新罗早年师法瓯香为一辙，双钩竹有金错战笔之意，此新罗创格也。余好山人画，近未有佳获，得此有求王得羊之意，戏志俚语其下。辛丑八月庭菊待绽、老杞将果之时，十发于海上鲸楼之晚窗下。"

10月，绘《卖炭翁》，题跋云："辛丑九月，写白乐天卖炭翁诗意，十发。"

秋，观看《任伯年的画》影片的拍摄，归来后绘《傣寨之傍晚》，题跋云："傣寨之傍晚。辛丑九秋，观拍任伯年绘画之电影归后，奋笔写滇西小景数幅，十发并记于上海鲸楼。"

秋暮，绘《歌清如泉水》（93cm×43cm），题跋云："歌清如泉水。辛丑秋暮，十发。"

秋暮，绘《少女与鹿》小品（26.5cm×30cm），题跋云："今朝红叶昨宵青。齐白石题红叶诗句，赠保申同志教。辛丑秋暮，十发于上海之西隅。"

先后在《文汇报》上发表了《钟馗嫁妹》《钟馗调甥》《钟馗戏婴》《钟馗还家》等作品。

11月，观《坐楼杀惜》一折，并绘戏画一幅送赠苏石风，题跋云："观坐楼杀媳（教正惜）归后写此，赠石风同志教正。辛丑十月，十发写。"

《坐楼杀惜》是京剧名段之一，改编自《水浒传》里"宋江杀惜"的故事，该剧也是周信

《王仲初山水册》题签

芳先生麒（麒麟童）派代表剧目，甚至还拍过同名的京剧电影。先生则抓住了周信芳在该剧中夸张、强调、对比以及舞台节奏的变化，将"杀惜"这一戏剧冲突达到顶峰的瞬间留在了画面上。

11月，上海少年儿童出版社出版了一套四册的《古代诗歌选》，书中所选插图俱为当时书画大家，先生和贺天健、应野平、赵宏本为其中的第二册绘图。

12月，为所藏《王仲初山水册》（原册无款）题签："王仲初山水册。辛丑嘉平，十发题。"并题跋："研田居士仿宋元山水小景册，辛丑嘉平月，十发鉴题。""庚子冬月，偶于市肆获此无款山水小册，笔精墨妙，定为明末大家数。按图索骥，一时难考为阿谁。迄有道中持东瀛复制王建章山水册示余，其中笔法幅式一如此册，不知何时为好事者一册化为二册，其中有款者被持海外矣。日后或能作延津之合，姑先志岁月以俟来者。辛丑十一月，十发题识于海上不教一日闲过之斋灯下。"四年后的乙巳（1965年）冬日，再题此册云："昔人云金陵画风舶自云间，如是册逼似高蔚生（高岑），有华亭过渡石城之象。考仲初亦为思白门下故也。世传仲初画犷俗非真笔，而此册风华隽秀，惜未署款识，然亦不掩波斯眼也。乙巳冬日，十发展玩又识于砧砚小屋。"

王建章（明末清初），字仲初，号砚墨居士，福建泉州人。与官紫玄、恽道生诸人相友善。善画佛像，自谓不让李公麟。山水宗董源，笔力雄伟，有不可羁勒之概。道生谓其"墨有五采，非世人所知"。又善写生，花卉翎毛，为一时绝艺。然性廉直，不轻落笔。

冬，绘《北昆牛皋下书》速写，题跋云："辛丑之冬观侯喜瑞老先生之牛皋下书时之速写，十发于不教一日闲过之斋。"

冬月，观盖叫天演剧后绘《恶虎村》，题跋云："辛丑之冬月得观盖老演恶虎村，归来忆写此嘱，奈何笔拙不能传万一也，十发并记。"

冬日，为谢海燕绘《大地》（少女与鹿，111cm×108.5cm，嘉德2012年春拍），题跋云："大地。辛丑冬日，十发写于不教一日闲过之斋。"1962年再题："壬寅春日，奉海燕吾师诲正。十发再题。"1994年再题："三十年前景颇山，每思生活表形骸。时间一晃人已老，笔墨无情亦可哀。甲戌二月，再见此作已三十二年矣。重题一绝于上。程十发漫笔。"

谢海燕（1910—2001），原名谢海砚，广东揭阳人。1929年毕业于上海中华艺术大学，后留学日本，在帝国大学研修绘画和美术史。曾任上海美专副校长、南京艺术学院教授兼美术系主任等职。

仲冬，北京人艺又将《胆剑篇》带来上海演出，先生受蓝天野之邀看戏，深深为剧情所触动，艺术灵感迸发。观剧后精心绘《西施》一幅，以剧中西施形象画赠狄辛，题跋云："辛丑仲冬，观胆剑篇后应狄辛同志属写西施，即求教正，十发于上海不教一日闲过之斋"。

为乐秀镐画册题跋云："秀镐同志以学板桥字示余，余曰不可学。板桥之字，一过即生习气，有器式者。当师宋人之行书，兼习汉隶；如是不必板桥而板桥之长得之矣。拙画品不足学，过之亦有习气，积习难返；善学者求诸骊黄之外，不必求形之似。质之秀镐同志，以为如何。十发又记。"

《胆剑篇》上下册

乐秀镐（1930—2003），生于宁波，上海文艺出版社美术编辑、上海文史馆馆员、书画家、金石家，善书法及治砚。早年因病失去听力。1956年，乐秀镐被破格录取为上海文艺出版社美术编辑，与程十发、钱君匋、丰子恺、沈尹默等亦师亦友。

"三年困难时期"中，先生一度患上肝炎，经夫人张金锜悉心照料才恢复健康。

1959年到1961年，我国遭遇严重的经济困难，国民经济比例关系遭到破坏，农业大幅度减产，市场供应紧张，物资奇少，一切实行配给制。为了战胜困难，1961年1月，党的八届九中全会批准了"调整、巩固、充实、提高"的八字方针，适当调整国民经济各方面的比例关系。1962年1月，"七千人大会"召开，初步总结"大跃进"的经验教训。随着经济调整方针的贯彻，我国的经济情况有了新的起色，逐步开始恢复。

应《新民晚报》社长赵超构先生邀请，为了激励群众度过困难，先生创作并连载根据曹禺话剧改编的连环画《胆剑篇》。曹禺的剧本上演之际，我国正处于"三年困难时期"，越王勾践卧薪尝胆、复国雪耻的决心和意志，给观众以很大的触动。但是在欣赏和赞美之余，人们对该历史剧人物塑造和台词太过现代化的倾向提出了批评。

先生也同意这种批评，为了避免重蹈过于"现代化"的覆辙，所以不仅邀请了填词高手陈长明根据每一幅画面内容按元曲曲牌填词一阕，更在创作《胆剑篇》时，在人物造型和场景描绘上有意追求一种高古别致的装饰趣味，巧妙运用和模仿了秦汉时期的画像砖和帛画以及魏晋南北朝时期的壁画等艺术形式，来重现春秋战国时吴越争霸的故事，令画面呈现出了历史沧桑感，同时也显示出古朴、醇厚的浪漫时代气息。

　　从塑造的人物来看，描绘的范蠡、勾践、伍子胥等历史人物，既有区别的外貌，又具有各自传神的个性刻画。勾践卧薪、范蠡进谏、子胥饮剑等这些情节里的人物，作者经过构思巧妙安排，对人物表情动态的设计，用流动酣畅的线条笔墨，细腻地表达了人物的个性和精神，达到了写神传神的效果。连环画画面小、人物小，但这个作品由于很成功地抓住了写神这个特点，使得画面上看来不大的人物形象，能够产生似京剧中亮相那种强烈的振聋发聩的效果。在每个人物上方，先生还特地画上了一个方框，标明人物姓名，让读者一看画面，就仿佛回到了那个"礼崩乐坏"的春秋时代，作品具有强烈的历史感和艺术性。先生曾多次强调苏联电影《战舰波将金号》对这部连环画创作的启发，他更借用苏联早期电影导演爱森斯坦"积累远近法"的提法，让画面的布局可以层层重叠，也可以分隔成块，把不同时间空间的内容组合在一起，为我所用。

　　据女儿程欣苏回忆，当时张金锜正在生病住院，先生每天上午画上两幅送到报馆，晚报一刊登，第二天就去领取稿费，随即赶去医院为妻子付医药费。当时每天排印房打样两份，报刊连载结束后只保存下完整无缺的独一份。

　　先生本年内先后前往上海美术专科学校、上海人民美术出版社等单位，主讲"中国人物画的特点及技法"。

3月11日，姚虞琴（1876—1961，上海中国画院画师）在上海逝世，享年95岁。

8月8日，梅兰芳（1894—1961）在北京病逝，享年67岁。

10月17日，朱文侯（1895—1961，上海中国画院画师）在上海逝世，享年66岁。

熊松泉（1884—1961，上海中国画院画师）在上海逝世，享年77岁。

1962 年　　壬寅　　四十二岁

元旦，绘《观甘肃省歌舞团演出后印象》，题跋云："一九六二年元旦，写甘肃省歌舞团演出印象，十发试笔于不教一日闲过之斋灯下。"

2月2日，上海中国画院举行春节茶话会，与会40多位画师纷纷现场挥毫。

4月20日，喜得罗聘画作，遂在谷雨日即兴刻20字朱文印以记之。印文曰："供养白阳、青藤、老莲、新罗、清湘、吉金、八大、两峰之室。"边款为："偶得两峰画，刊此记趣。壬寅谷雨，十发。"先生所"供养"崇奉者，白阳山人陈淳、青藤老人徐渭、老莲陈洪绶、新罗山人华喦、清湘老人石涛、吉金金农、八大山人朱耷、两峰罗聘等明清高贤。

程十发自治印

5月，上海人民美术出版社出版先生所绘彩墨连环画《娥并与桑洛》（即《亚碧与山罗》），改编自被称作"傣族梁祝"的傣族同名民间叙事长诗，此书为少见的42开本。

《娥并与桑洛》是一部优美生动的叙事诗，一个凄美的爱情悲剧。它广泛流传于云南德宏、西双版纳、耿马等傣族聚居区，在傣族人民中有极深广的影响，特别在德宏傣族中更是家喻户晓。本年年初，经改编的同名傣族剧参加西南区少数民族戏剧观摩演出，引起轰动，被誉为"东南亚的明珠"。

5月，上海文艺出版社出版《彩虹》，傣族作家波玉温撰长篇叙事诗，先生绘书中的设色和黑白插图。

5月8日至12日，先生与画院诸同事共17人出席在中苏友好大厦友谊电影院召开的上海市文学艺术工作者第二次代表大会。16日，大会选举巴金为上海市文联主席，丰子恺、沈尹默、周信芳、赵丹、贺绿汀等17人为副主席。

5月12日，中国美协上海分会在文艺会堂举行第二次会员大会，通过了新的分会章程，选举丰子恺为主席，王个簃、吴湖帆、林风眠等7人为副主席，吕蒙为秘书长。是时中国美协上海分会共有会员337人。

5月，绘《林深时见鹿》，题跋云："林深时见鹿。壬寅梅雨连旬，十发写于不教一日闲过之斋。"

6月，绘京剧《辛安驿》（荀派代表作）扇面，题跋云："璧城老先生属写辛安驿，即以率笔应命，壬寅五月雨窗，十发。"

应《羊城晚报》之约，绘制连环画《阿Q正传一零八图》。先生根据鲁迅原著的精神和

《亚碧与山罗》

自己长期在江南居住的生活感受，描绘了阿Q的生动形象。从构图到人物形体衣纹勾写，他利用笔道的粗细变化，以勾皴、劈斫、点染等多种笔法写成人物，不唯造型已然成熟，更将笔墨表现推向了一个全新境界。

先生用简练的笔墨勾出的这个人物，不仅在外形上忠于原著，画出了阿Q的癞疮疤、阿Q的厚嘴唇、阿Q的伶仃瘦骨和破衣烂衫，而且更主要的是通过人物的表情、神态、动作，画出了他的内心世界，他的性格特征，使人看了感到他确实是个愚昧、麻木、落后的农民。这个农民还有着一种特殊武器——精神胜利法。过去，曾有人用漫画的形式来描绘阿Q，强调了这个人物的可笑的一面。而先生所塑造的这一形象，则强调旧社会、旧制度在这个农民身上造成的精神创伤，他不仅可笑，而且可怜，入木三分地诠释了鲁迅先生"哀其不幸，怒其不争"的精神主旨。

《阿Q正传一零八图》是为纪念鲁迅80周年诞辰而创作出版。在中国近现代美术史上，以《阿Q正传》为题材的美术作品不少，但是像先生这样采用水墨写意画形式，又有108幅的巨大体量的作品，无疑是空前并具有突破性的。因为《羊城晚报》要求每天两幅的连载，所以先生连去绍兴采风的机会都没有，却凭借着深厚的生活积累、高超的艺术技巧、丰沛的创作热情，让百余幅画面气脉贯通而无重复之弊，完成了这部极具感染力的作品。

鲁迅先生的《阿Q正传》的创作背景是绍兴，与松江一样都是江南水乡，生活环境有很多相似之处。先生回忆小时候住的地段附近有个船码头，有很多绍兴的贫民，划船的、卖年糕的、做苦力的、开小酒店的都有。当时绍兴妇女的服装跟别的地方的妇女都不一样，都梳了一个很高的发髻，好像古老的汉代髻的样子。十发先生的创作不仅在人物的外形刻画上忠于原著，而且通过人物的表情、神态、动作，描绘出了未庄上各色人物的内心世界和性格特征。鲁迅之子周海婴在看了这部作品后由衷赞叹："程先生的这套画是我父亲小说最好的图注与解析。"作

《红领巾》

品原稿现藏于黑龙江省博物馆。

6月6日（端午），绘《钟馗听琴图》成扇，题跋云："壬寅天中节，戏写钟进士，用李稀古笔法，似联赓先生正之，十发于不教一日闲过之斋晨窗下。"另面为张权书法。

7月，上海人民美术出版社出版《少数民族生活写生》，共8张小32开画片，其中选先生前一年创作的《高黎贡山姑娘》，原作题跋云："高黎贡山上之崩龙姑娘。辛丑六月，十发忆写于上海。"

仲夏，为陶忠（明廉）绘《傣家小景长乐图》（86.5cm×39.5cm）。题跋云："飞花两岸照船红，百里榆堤半日风。卧看满天云不动，不知云与我俱东。壬寅仲夏，取佳楮写此图。后又读宋人小诗，虽与尽

连环画《阿 Q 正传一零八图》

意不合，亦题于画上。十发。陶忠老兄博笑，十发再识。"

7月，北京外文出版社出版《中国民间故事选》第三集，先生绘插图。

8月，绘《聊斋故事图》册页6开（内容为《画壁》，40cm×28cm，西泠2011年春拍），后由幸福出版社出版于1965年1月15日《幸福》百期纪念特刊第16—17页。

8月，上海文艺出版社出版芦芒的诗集《奔腾的马蹄》，先生绘封面及插图。先生创作插图数帧，书内选入四幅，另有《上海外滩》《红旗奔马》等数幅未收入诗集中。

秋日，绘《墨竹、书法》成扇，画款为："壬寅秋日，为子培老法家画竹，十发于不教一日闲过之斋晴窗。"书款为："远公遁迹庐山岑，开山幽居祇树林。片石孤峰窥色相，清池白石照禅心。指挥如意天花落，坐卧闲房青草深。此外俗尘都不染，惟余玄度得相寻。子培老先生教，十发再书奉。"

9月13日（中秋），时在杭州观看婺剧（金华戏）名家郑兰香演绎的《双阳公主》，并对之写照，题跋云："壬寅中秋写婺剧双阳公主印象，奉晓泉同志大教，十发客西湖定香楼西畔。"可见先生对各种戏剧艺术无所不涉。

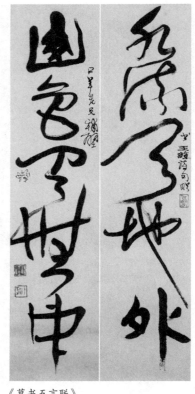

《草书五言联》

9月30日至10月14日，上海山水画展在上海美术展览馆举行，由中国美协上海分会、上海中国画院联合举办，展出贺天健、林风眠、沈柔坚、王个簃、吴湖帆、刘海粟、谢稚柳、唐云、朱屺瞻、程十发等人的佳作百余幅。

应《文汇报》总编辑陈虞孙之约，为讽刺当时空洞冗长的"新八股"而写的评论文章《钟馗捉鬼》画插图。

为木偶片《孔雀公主》设计人物造型，绘设计稿数幅。此稿后散失海外，30余年后的1991年，画家在上海三釜书屋重见其中8帧。

设计《孔雀公主》的草稿

《少女与羊》瓷盘　　　　　　　　　　　　　　　　　《新梅图》瓷盘

在此期间结识了时任影片编剧的尹口羊。后先生为他绘瓷盘画《少女与羊》和《新梅图》。瓷盘画因材质与宣纸差别甚大，其他画家在瓷盘上创作通常保守些，选择简化构图或者略减傅色，先生却在瓷胎上发挥他流畅精到的线条功夫，运笔造境不减平日。

尹口羊（1936年生），师从岭南派黄幻吾先生，并与程十发、唐云、应野平、陆俨少等老一辈著名画家交谊甚笃，后在上海美术电影制片厂任编导。1963年彩色木偶美术片《孔雀公主》由上海美术电影制片厂摄制完成并上映，故事根据傣族叙事诗《召村屯》改编，导演靳夕，编剧靳夕、尹口羊，造型设计程十发、詹同渲、尹口羊等。这部长达90分钟的大型木偶片代表了中国木偶片的一个高峰，技术非常成熟。

11月，在上美影进行造型设计工作的同时，绘《昆曲芦林印象》，题跋云："壬寅小春月，戏写昆曲芦林印象于上海美影厂灯下，十发。"

11月，绘《雪梅图》，题跋云："好诗只在梅花外，寻得梅花诗便无。壬寅小春初寒，晴窗忽起遥思，写梅一本，不能应手，即借青藤先生句以自调之，十发并记于不教一日闲过之斋。壁间张刘世儒、陈继儒二家雪中梅花，耳目所近，乃仿之，十发又记。"

11月，绘《龙爪花开》，题跋云："龙爪花开共读书。壬寅小春下浣，十发戏写于上海不教一日闲过之斋。"

冬日，为刘旦宅绘《少女牧羊》，题跋云："壬寅冬日试磨乾隆墨一池，迄旦宅同志索画来册，乃用此墨写成于步鲸楼晴窗，十发草。"

先生被列入瑞士出版的《世界版画家名人录》。

3月8日，樊少云（1885—1962，上海中国画院画师）在上海逝世，享年77岁。

商笙伯（1869—1962，上海中国画院画师）在上海逝世，享年93岁。

1963年　癸卯　四十三岁

1月，绘设色大幅《胞波友谊图》，题跋云："我住江之头，君住江之尾。彼此情无限，共饮一江水。我吸川上流，君喝川下水，川流水不息，彼此共甘美。一九六三年春节，写胞波友谊图并录陈毅同志赠缅甸友人诗句，十发。"

2月8日（元宵），绘《清池早春并行书录宋人诗》成扇，题跋云："一池春水。为濂先生教我，癸卯元宵，十发于不教一日闲过之斋。""青苔满地初晴后，绿树无人昼梦余。唯有南风旧相识，偷开门户又翻书。录宋诗一首，再请为濂先生正之，十发。"

2月，绘《玄武春色图》（72cm×50cm，西泠2010年秋拍），题跋云："癸卯花朝，客金陵写玄武春色。十发。"后在1972年再题："铁生老同志大教。壬子九月，程十发检题。"上款人胡铁生（1911—1997）是书法篆刻名家，曾任杭州西泠印社顾问、上海市书法家协会顾问、上海大学美术学院教授等职。

游南京归来后绘《钟山春》，题跋云："钟山春。癸卯花朝，客金陵游梅花山，归后忆写于海上步鲸楼，十发。"

绘制革命历史画《东方》。

北京人民美术出版社出版《胆剑篇》连环画单行本。

3月，绘《捻军领袖张乐行造像》（59cm×44cm），题跋云："捻军领袖张乐行造像，一九六三年三月十发敬制。"

3月，全国掀起向雷锋同志学习的活动热潮。

3月，绘竹刻纹样《民族少女》（徐孝穆刻），题跋云："癸卯三月，仿宋人飞白法，孝穆刊，十发写。"

春日，在南艺绘《瑞丽小景》，题跋云："癸卯春日忆写瑞丽小景，十发于南艺。"

1952年全国高校院系调整，上海美专迁离上海，与苏州美术专科学校、山东大学艺术系合并成立华东艺术专科学校，校址设于江苏无锡；1958年3月迁址南京，同年6月更名为南京艺术专科学校；1959年6月升格为本科高校，并定名为南京艺术学院。

4月，绘绢本团扇面《荷花图》，题跋云："癸卯三月，拟静香居瓯香馆二家，十发。"

4月，绘《高原小景》成扇（嘉德2004年秋拍），题跋云："偶师北宋人减笔法写高原小景。癸卯四月，十发墨戏。"

4月，试山马笔，作书法一帧："迎得春风次第开。癸卯四月试山马毫，十发书于不教一日闲过

《共读图》

之斋。"

6月，绘《三羊图》，题跋云："此三羊乃庚子春旧稿，原稿已作为衬纸。今取泾县新制画纸试笔，以纸覆于旧稿上取得，再添一小孩，因见圣母帖以怀圣枯笔法写人物，亦十八描外治法也。时癸卯五月，十发并记于不教一日闲过之斋灯下。"

先生喜欢用日本产的山马笔，这种笔写出的线条生辣锐利，能强化画面的视觉冲击力。利用笔性来突出画面的特征在虚谷的画上已经出现过，先生是强化了这一特点。不同的是，当年虚谷用长锋羊毫。随着画艺日进，先生运笔从心所欲，说："我现在用羊毫也能画出这种效果。"

有时画一幅画，先生要用到四五种不同大小的毛笔。一般来说，在勾勒线条时，他喜爱用"小精工"或"衣纹笔"，拉长线条时则用弹性较强的长锋狼毫笔。另一种"雀舌笔"，头尖腹圆，线条可达到粗细结合、转折多变的效果。

《钟馗嫁妹》

6月，北京外文出版社出版先生绘插图的《中国民间故事选第三集》（法文版）。

6月，为苏渊雷绘《断桥》扇面，题跋云："戏写断桥印象为渊雷同志教正，癸卯五月夏日写于上海，云间程十发。"

6月23日，为文史馆馆员陈谟绘《牧羊图》成扇，题跋云："陈谟先生法家大教，癸卯端午前二日，十发戏写于海上西隅之步鲸楼。"另面为陈谟之子陈祝遐所绘《松寿图》。

6月，题王鉴《桃溪渔隐图》云："此廉州老人《桃溪渔隐图》，不类湘碧家法，鉴为倩门下耕烟代笔。考康熙三年为甲辰岁次，石谷子是年乃卅二岁；款字亦为代字，惜画端截去一字，因此不识所赠何人也。石谷深具工（功）力，早年已达大家，除为湘碧代笔，烟客亦有倩为庖代者，淘求王得羊，可宝可宝。癸卯蒲月，云间后学程潼十发又鉴题于上海不教一日闲过之斋灯下，试新制桐油烟墨。"

夏日，作《双清图》，题跋云："满地苔香朝点雪，一天月色夜催诗。余写人物往往立格让法，而写花卉无格而有法。人好余人物者，每以花卉与之，此不知秘之言也。癸卯夏日，补书巢林先生句。"

仲夏，题任伯年《白藤鸳鸯图》云："任伯年先生此白藤鸳鸯图为五十三岁时力作，斯时颐翁变法，一去妩媚之态，极取青藤、雪个风范，笔图淳朴，神形俱胜，真近世大家也。癸卯岁仲夏月，云间程潼十发读后，记于黄浦之西岸。"

秋日，戏写《俯首马》，题跋云："海天好画马，然余却画羊。相在骊黄外，持去可糊窗。癸卯秋日十发率题。"

秋日，题明赵左《仿古册页》云："云间派能工马、夏法者只文度一人耳，尝见仿马大帧极神似。师董、巨而绝类思翁，无印识几不能辨也。吾乡赵文度仿古册八帧获自庚子春日，癸卯秋雨连旬，把册竟日。题于海上步鲸楼，云间后学程潼十发。"

10月1日，创作完成大幅设色作品《我们的朋友和同志遍于全世界》，题跋云："我们的朋友和同志遍于全世界，一九六三年国庆节，程十发制于上海。"

10月25日至29日，西泠印社在杭州召开社员大会，庆祝成立60周年。

10月27日，《新民晚报》登载先生的文章《色彩也会演戏》以及昆曲《晴雯》速写。《色彩也会演戏》一文是先生观看北方昆曲剧院演出的昆剧《晴雯》之后，对人物服装、道具及舞台布置的色彩所得的体会。

《晴雯》是由王金陵编创的昆曲剧目，由1963年北方昆曲剧院第一届学员班毕业首演，该剧通过《护花》《夜读》《撕扇》《补裘》《抄捡》《探雯》等场景，把《红楼梦》中有关晴雯的章节，集中、简练地串连在一起，谱成了金陵十二钗中的芙蓉诔哀歌。（《中国昆剧大辞典》评）

《色彩也会演戏》

看了北方昆曲剧院演出的《晴雯》之后，我学习到不少东西，尤其是对《红楼梦》原作精神的理解。作为一个观众，想对这个戏的美术设计来讲一些行外话，作为观剧感想。

看了《晴雯》的舞台美术设计，感到美术设计也必须体现原作精神，帮助编剧、导演通过形象而揭示给观众。一切从时代的生活，从人物的性格、剧情的发展出发，再加工提炼成为优美的舞台美术设计，虽然美术设计比起表演来，还是比较次要一些，但运用得当，也能起相得益彰的效果。

昆曲《晴雯》是以奴隶反抗奴隶主斗争为主题的古典戏剧。舞台美术很好地体现了这个主题，试举下面几点为例：

对于怡红院的美术设计，作者不去追求色彩的缤纷、陈设的奢华，而运用沉寂的大块灰檀色。同样是华丽，但使人感到的是惨红凄绿的情调。这种情调，与宝玉及晴雯不满这个万恶的封建社会的反抗精神有所契合。

怡红院的陈设尽管有书桌、凳、椅、多宝橱等等，可谓精致入微，由于作者运用一种灰檀色的大块而统一的调子，达到了虽多而不乱，虽杂而不紊。甚至一个青花的花瓶和插上一枝灰红色的花，都注意到调子的统一，使每一个细节都渗入沉寂而黯淡的气氛之中。

背景色调统一而较为灰暗，又正好突出演员，充分地衬托演员演戏，不使背景道具"吃掉了"演员。布景不在乎多少和有无，而在于能促进演员的艺术的发挥，不使相互之间产生矛盾。

舞台设计亦须以生活为根据，但不等于跟生活中的形象一模一样，而是从生活出发加以提炼，达到适合各种剧种的实际需要。

现在进一步来理解怡红院那灰檀色的生活根据。大观园中的家具，至少是清初和明代的制作样式，设计者多少有专业性的知识，一看便像是《红楼梦》中描写的那种时代风格。因此，灰檀色也不是作者杜撰空想的色彩。我想，最合适放在宝玉怡红院里的家具，不外是用黄花梨、紫檀、黄鹂鹅三种木材制作的，而这三种木材的颜色都是灰檀色。因此，这色彩也来自生活，只要作者深入一步，生活的真实和艺术的真实是统一的。相反，如果作者单凭怡红院的概念出发，设计一套红的或者绿的家具，那么既不尊重生活，又不突出主题，还阻碍了演员的表演，就产生了一种反效果，一切设计就成为多余了。

最后一场晴雯家的设计，也耐人寻味。简陋的竹制家具，铺以青地白花土布，并不像原作上写得那么脏和乱。我想，这也是有意衬出晴雯高傲的性格。必须给"挺身敢向寒霜拒"的主人制造一个合适的环境，整洁有利于豪华，这种竹器、灯、壶等道具，已经构成贫民之家的特征了，再运用大量的青色白花的土布，使舞台上充满了冷和静的情调。

最妙的是这一场里的晴雯也换了暗石青色坎肩，衣裙仍是白色的。作者大胆运用主角服装和背景是同一种色调——青和白，但在鲜明度上有所不同。后来，宝玉出场也穿了银灰色的袍子，一切都是青灰的、冷的，只有宝玉手中拿的那朵象征晴雯性格的芙蓉花是粉色的。原来作者用尽一切的能力和颜色，多少衬托出这朵花鲜艳、美丽、庄重的性格，使我感到作者有深刻的感情流露象外。运用色彩也是为主题服务，我感到好像色彩也会演戏了。

还有两处运用色彩，也达到良好的艺术效果。有一场，有晴雯、宝玉和芳官三人，他

《红楼梦》插图

们的衣裳是粉黄、粉绿、粉蓝三色，非常和谐；后来出场的袭人则穿深红色衣裳，给人以不和谐的感觉。这就帮助观众对角色的不同性格及矛盾有所联想。

还有一场，满台人物穿得姹紫嫣红，设计者使主角晴雯穿以白衣裙、黑色坎肩，反而以无色胜有色，使得晴雯的形象活跃在舞台上和观众的脑子里。

色彩的运用不在于斗艳取胜，而在于活色传神。这也是传统绘画上色彩运用的艺术手法。

11月，绘《当铺》（102cm×45cm，嘉德2006年秋拍），题跋云："一九六三年十一月，十发写。"

11月，绘《三羊图》，题跋云："癸卯小春，晴窗客来，兴趣倍增。取旧纸古墨，手挥信笔，写成三羊同一姿势，欲废此，客云曾见此样而存之。岂求不变亦变之一法也？十发并记。"

11月，题清八大山人《墨戏图》云："世传山人签名早为八大，晚年八字易为八形，而此卷年款为康熙壬午，山人为七十八矣，写来真率苍劲，风韵倍增，为山人晚年力作也，然八字尚写为笑形。古人墨戏，兴起抒怀，笔画长短之说不能泥传也，今检书以质识者。癸卯小春月，云间程十发记于不教一日闲过之斋晴窗下。"

创作年画屏条《武则天》和《黄道婆的故事》。

创作云南小景水墨画，并选编为《十发小品》。

《黄道婆的故事》

《武则天》

冬月，绘《孙大圣图》（88cm×48cm，嘉德2004年秋拍），题跋云："惠然同志属写。癸卯冬月，十发。"潘天寿题："一从大地起风雷，便有精生白骨堆。僧是愚氓犹可训，妖为鬼蜮必成灾。金猴奋起千钧棒，玉宇澄清万里埃。今日欢呼孙大圣，只缘妖雾又重来。一九六四年山茶开候，录毛主席诗。寿。"陈叔亮题："看来逸笔草草，却有妙趣横生。霹雳金猴一棒，白骨无处逃身。四化红旗高举，长征战鼓齐鸣。万众冲天干劲，迎来胜利前程。奉题十发金猴图。一九七九年五月，叔亮于首都。"先生再题："赖有晴空霹雳雷，不教白骨聚成堆。九天四海澄迷雾，八十一番弭大灾。僧受折磨知悔恨，猪期振奋报涓埃。金睛火眼无容赦，那怕妖精亿度来。一九七九年元月，十发再录郭老和毛主席诗一律。"

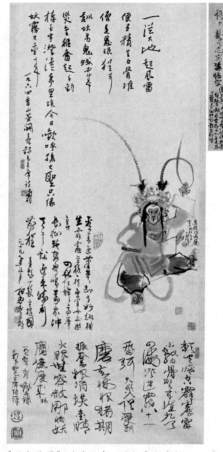

《孙大圣图》（潘天寿、陈叔亮题字）

冬日，绘《墨林小品》，题跋云："墨林小品。癸卯冬日。文冲同志属写滇西小品并须浓黑墨为之，乃磨乾隆制漆烟墨率笔奉教，十发记。"

冬日，为石涛《梅花图》题边跋云："天印山花。清湘老人于康熙乙丑二月所写梅花册中题识云：雪霁乘兴笔杖探梅，独行百里之余，抵青龙天印东山钟陵灵谷诸胜地。一路搜诸岩壑，无论野店荒村人家僧舍，殆尽而返。归来则有候关已久，云：园梅一夜放之八九，即请和尚了此公案。乃随过斋头，开轩正坐，更尽则孤月当悬，冰枝在地，索笔留诗，共得九首。图中所题其中之一名《夜宿天印梅花》，乃证为图名曰《天印山花图》。清湘老人图成后二百七十八年冬日，十发。"

冬日，为重装裱的曾鲸、项圣谟合作《松石高士图》，题签云："曾波臣画像，项圣谟补松石。癸卯冬日重裱步鲸楼藏。"

冬日，题八大山人《花鸟图》云："尝观八大写荷，章法相类，起卷为群菡盛放，卷收处写莲实一柄，已有四五卷矣，然风华各异也。此卷用笔亦殊它本，特以莲蓬极佳，粗中有细，尤以数墨点最现精神。原为咸丰间陈良斋所藏。癸卯残冬，十发又识。"

12月29日，绘《少女与牛》（34cm×62cm，嘉德2014年秋拍），题跋云："迟轲兄岭外来雁，属写小品。即借晨窗率笔并祝年口。一九六三年十二月廿九日，云间程十发。"

2月6日，江寒汀（1903—1963，上海中国画院画师）在上海逝世，享年60岁。

6月13日，汪东（1890—1963，上海中国画院画师）在苏州病逝，享年73岁。

9月23日，吴东迈（1885—1963，上海中国画院画师）在上海逝世，享年78岁。

11月18日，溥心畬（1896—1963）在台北病逝，享年67岁。

1964年　甲辰　四十四岁

元旦，绘《长乐图》（56.5cm×47cm，西泠2006年春拍）。题跋云："长乐图。晓泉同志法家大教，六四年元旦，十发写于海上寓次。"上款人孙晓泉，曾任杭州市文化局局长、西泠印社副社长兼秘书长。

1月，上海市文物图书收购鉴别委员会改组，徐森玉为主任委员，谢稚柳、沈之瑜任副主任委员，委员有马承源、王个簃、沈尹默、吴湖帆、唐云、顾廷龙、潘伯鹰、方行和先生等人。这一届文物图书鉴别会成立后，收购频繁。

1月，绘《牧羊图》小品，题跋云："昌华同志留玩。一九六四年一月，十发戏写。"

2月，北京人民美术出版社出版由鲁少飞选编的《现代人物画选》，先生的《菩提树下》入选。

2月12日（除夕），为谢稚柳、陈佩秋合作《牡丹图》手卷，题引首："赵管遗风"。

除夕夜题清华嵒《美人图》云："偶见山人癸卯时诗稿一册，书体与此图中题字相似，考是年山人为四十二岁。如是此图亦为解弢馆四十以前精作，工雅绝伦，虽有稚拙之处，而风华照人，考为新罗写美人之合作也。此伊人之风貌似为阿谁写照，且题诗香艳，极引人遐想不止也。癸卯除夕夜，十发识。"

春日，绘《边寨之歌》，题跋云："边寨之歌。甲辰春朝大雪，戏写滇西风光于不教一日闲过之斋，以为寒窗练笔，十发并识。"

《少女群鹿》

3月18日，《新民晚报》刊出《国画院二十多位画师陆续下乡分批深入生活参加实际斗争》文："现在已经下去的画师有王个簃、沈迈士、谢之光、程十发、来楚生、胡伯翔、朱梅邨、周炼霞、吴青霞、陈佩秋等人。"

3月，为沈迈士绘《牧牛图》小帧（26cm×32cm），题跋云："甲辰花朝后二日写奉迈老前辈正教。十发于珠街里之南港。"后沈迈士录长篇《南港柳枝词》，并题跋："南港柳枝词。一千九百六十四年四月作于上海。沈迈士时年七十四并书。"

春暮，绘《箕笃谷小影》（竹石图），题跋云："管夫人为吾邑之小蒸人，离珠街里不远。晨窗雨后，仿写箕笃谷小影并以松雪斋石法补之，甲辰春暮，十发。"

春夏间，获曹知白、颜辉合作《古木篠（筱）石图》，喜题边跋云："曹云西颜秋月古木篠（筱）石图合璧神品。""古木篠（筱）石图是元季大家法绘，竹边留有云西一印，柯枝罅间尚存秋月一章，不疑为曹云西颜秋月合作真笔乎？而藏章可识者有陈白沙、夏仲昭、

《水墨少女》

王韠斋、法黄石，尚有明季藏印数家，未及详考。数百年来递藏法家有绪，真希世奇珍也。偶获此，不及呼酒倾倒，速跋于左。甲辰春日尝居珠溪一月，晴窗可望横云山素轩先生故居处。归后旬日即得此帧，岂翰墨有巧缘乎？云间后学十发题。"在次年五月，先生又题《采桑子》一阕："横云故宅烟云灭（甲辰暮春客珠街里，遥望横云山云西故居），梦见云西，竟见云西。翠竹箫箫（萧萧）隐钓矶。柯枝合璧颜秋月，虽乏人题，胜似人题，春寂虚堂宝燕泥。乙巳五月，再制采桑子一阕，十发。"

曹知白（1272—1355），元代画家，藏书家。字又玄、贞素，号云西，人称贞素先生，松江华亭人。好黄老之学，有藏书数千卷，也喜蓄字画。曾被荐为昆山教谕，不久辞去。结交赵孟

颊、邓文原、虞集、王冕等名流，与倪瓒、黄公望交往最密，常以书画相唱和。善山水，多取法李成、郭熙，笔墨疏秀清润，后期作品多干笔皴擦，简淡清旷。

颜辉，字秋月，庐陵（今江西吉安）人，一作浙江江山人。宋末元初时人物画家，擅人物、佛道，亦工鬼怪，兼能画猿。其造型奇特，用笔虽见刻露，却笔法怪异，有生动传神之趣，在画法上喜作水墨粗笔，用笔劲健豪放，笔法粗犷，有梁楷遗法。

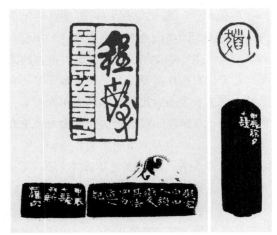

程十发自治印

5月，社会主义教育运动（即"四清"运动）开始，画院的画师、职工都要参与下乡、下厂。先生、孙祖白、沈迈士带着学生毛国伦、汪大文、吴玉梅等一起到青浦朱家角体验生活，一行六人住在南江大队一户农民家中，白天大家同村民一起选稻种、灭钉螺，创作类似宣传消灭血吸虫病的宣传画，晚上熄灯后便开始"聊天会"，一行人其乐融融地生活。先生兴致来时，还会用昆曲哼一段自创的小曲："南江好，云树接天涯。鸭绿人家春水展，到处是人家。"晚上聊天，先生还讲鬼故事逗趣。

自5月中旬开始，中国美协派遣一个调查组到上海，调查上海中国画院及中国美协上海分会的画家们的历史情况和现实表现，有数十人之多，吴湖帆、朱屺瞻、唐云、丰子恺、陆俨少等都在被调查之列。调查组成员有中国美协的蔡若虹、华君武、力群、钟灵、何溶等五人，调查结束后由中国美协和上海分会共同起草一个报告上报中宣部。先生也被调查了涉及出身、工作经历、入党经过、"反右"及"大跃进"时的表现等等。其中最突出的问题，一个是入党后进步慢，觉悟低，只愿画画，不愿做行政工作；另一个是买卖古画。但这只是被调查，并没有带来太大麻烦。

香港《幸福》杂志社1964年第98—99期出版先生绘《胭脂》（聊斋故事）彩墨插图四帧（36cm×24cm）。

5月19日（农历四月初八，浴佛日），题明张子羽（翀）《秋江揽胜图》云："此张子羽（翀）《秋江揽胜图》卷，风格极似米万钟，盖崇祯间不受云间派影响者，面目亦有相似处，然图南尚有极工致一种，或为早年作品。此卷初为荒率匆匆，细味笔墨小中尚见阔大，不愧明末高手。甲辰浴佛日，十发记。"

5月21日，先生参加了上海中国画院俱乐部举行的成立大会。

6月，在所藏文徵明绘《露茄晓竹图》裱边题跋云："文衡山《露茄晓竹图》，为八秩七岁时所作，极得元人风致。后为百谷（王穉登）所得而贻友人者。尝见烟客（王时敏）摹本缘似，此为祖本无疑也。甲辰五月，云间程十发识。"

《露茄晓竹图》上题识为"嘉靖丙辰秋日制，徵明"，另有王穉登题跋。

6月14日（端午），绘《仿文与可偃竹图》，题跋云："甲辰端午前一日，见文湖州偃竹一枝，后有柯九思摹一本，世之瑰宝。翌日晨窗背橅（摹）于扇，十发，与可。"

7月1日，《新民晚报》副刊《繁花》上登载了先生为沈新民创作的新民歌《三唱共产党》所配的同名画作。

7月，创作《东方欲晓》。当时国内政治运动逐渐高涨，此作描写嘉兴南湖中共一大会址，是十分重大的政治题材。他在水墨画中兼用工笔画的重彩渲染，把嘉兴南湖烟雨楼和一叶游船放在晨曦的彩霞中，充分反映了中国共产党的成立给中华大地带来阳光和希望。在当时刻板、机械的政治宣传中，此作品用大胆、巧妙、充满浪漫主义的手法来表现重大政治主题，同时又不落俗套，耐人寻味。

8月，绘反映农家生活的《春雨》（现藏上海中国画院）。先生用工整、细腻的线条勾勒当时农家厨房常见的一景，两个天真淳朴的女孩在灶台前为雨天赶来抢修的工人师傅烘干衣服。作品不直接描写工人抢修电缆的场景，却将画面塑造得如此温暖、美好。

《送肥记》速写

8月，绘《取经图》（137.5cm×68cm，嘉德2006年秋拍），并题毛主席七律诗："一从大地起风雷，便有精生白骨堆。僧是愚氓犹可训，妖为鬼蜮必成灾。金猴奋起千钧棒，玉宇澄清万里埃。今日欢呼孙大圣，只缘妖雾又重来。一九六四年八月敬写主席诗意。程十发。"

8月，绘重彩《采莲少女》（138cm×69cm，嘉德1999年春拍），题跋云："甲辰之新秋，十发于上海西隅。"30年后先生重见此幅，题跋云："此作历今三十年矣，时过境迁而笔墨长存，希藏者重之。此画的第一位藏者以人民币贰拾元购得，至今增值已达几千倍也。"

绘制《红楼梦人物》彩色插图。

北京外文出版社出版《一棵石榴树的国王（中国民间故事选）》（德文版），由先生绘插图。

自刊"十发朱记"一印，边款云："唐宋金元之官印，苦其华而不质，今参汉法，甲辰。"秋日另自刊"鲸楼"印。

女儿程欣荪从上海戏剧学院舞美系毕业，进入上海歌舞团任服装设计。此后相继创作了芭蕾舞剧《白毛女》《草原英雄小姐妹》、民族舞《画皮》《岳飞》《丽人行》及大型舞剧《金舞银饰》等众多优秀服装设计作品。

10月16日，中国自己制造的第一颗原子弹爆炸成功。

3月31日，戈湘岚（1904—1964，上海中国画院画师）在上海逝世，享年60岁。

11月10日，于右任（1879—1964）在台北病逝，享年85岁。

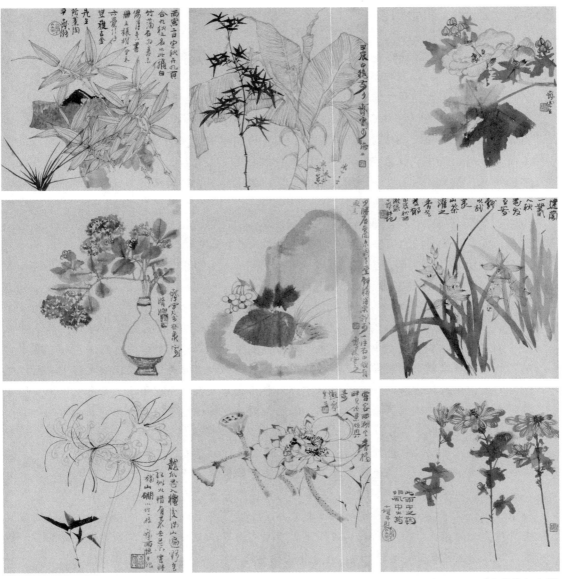

《九秋花卉册页》

1965年　乙巳　四十五岁

1月，先生从崇明农场转到川沙县花木公社的"四清"工作队——新华大队，缘由是"犯了投机倒把的错误"。在工作队中与当时在上海市文管会工作、担任保管部主任的郭若愚（智龛）关系很好，两人人高马大形影不离，不知道的还以为他俩是兄弟。

6月底7月初，工作队在清查阶级队伍过程中，查证了花木镇上有一个"还乡团"头子，成为"四清"运动一个很大的成绩。这时担任宣传工作的周根宝（在上海美专是程欣荪小一届的学弟）提议，并与先生、徐志文、承名世四人合作，先生主笔勾线，将此事画成连环画30幅，用美术的形式广泛宣传社会主义教育运动的成果，由上海博物馆装裱师黄桂芝把画幅裱在展览板上，在川沙县洋泾镇文化馆展出。

深秋，为郭若愚绘《荷塘逸趣图》（45cm×28cm），题跋云："智龛同志能识朱八天心鸥鹭之奇印，即以八大之意用悔公法写之。乙巳九秋，十发于花木。"

先生与吴大羽、颜文樑、唐云、陈佩秋等被正式列入上海市美术专科学校1959—1965年教职员名录。先生在20世纪80年代接受访谈时回忆：

> （上海市美术专科）学校刚开始是在淮海路，实际上同画院是在一起的，后来才搬到华山路。那时我主要教中国美术史。因为班里的学生来自各个方面，有工厂的、有农村的，特别是从农村来的同学不少，他们过去对中国画和中国的传统文化知之甚少，所以我着重向他们传授这方面的知识。绘画方面则由其他老师教。那时开设了美术基础课，像素描、水彩，也有中国画的花鸟、山水、人物。国画人物课无非临摹一些古代的传统作品，如果要画现代人物，那同西洋画也差不多。那时比较提倡民族化和传统的教育，大家也较有兴趣。领导上也比较尊重老师，让老师有比较大的自由发挥的空间。在教学方法上，师傅带徒弟的办法也有一定的道理，因为这个方法对学生学习的深度有比较大的影响；而上大课的办法，对扩大学生的知识面，在学习的广度上有一定的好处。但在教育上当时还只是一个尝试，说老实话还是非常幼稚，没有办学经验，国外的东西看得也很少，都是处在摸索阶段。现在看来，总体的教学效果还算不错，出了不少人才。同学们现在都成熟了，许多人在社会上也有了一定的影响，这是值得欣慰的。
>
> 为什么一开始把这个学校放在画院里来办？主要是当初强调要用传统的带徒弟的方式来培养学生，所以想到了画院里的老画家。至于这样做的效果究竟如何，那时也没有考虑得很周全。有一点是很好的，那时不是采用常规的那种学生报名，经过考试然后录取的招生办法，而是由学校的老师和我们画院的画师、干部深入学校、农村、工厂里去挑选学生。我们通过到学校里了解美术小组开展的情况，从中发现好的美术苗子，有目的地到下面去选拔人才。这些学生有的来自农村，像杨正新、徐志文、吴明耀等人；有的来自工厂，像屠传法、杭英等；也有直接从中学里招来的，像邱瑞敏、任美君等；各个年级、大大小小都有，因此学生的年龄相差很大。那时，可能领导上想改变中国画家的成分，所以特别注重从农村里招收学生、发现人才。在那一批学生中，来自农村的同学占了不小的比例。以后的事实也证明了这一点，在这些同学中，现在有不少人都成了当今的著名画家，

要是没有当时的那个政策,很多农村的同学,可能现在还被埋没在乡下。

正如先生所言,因为班里的学生来自各个方面,有工厂的、有农村的,特别是从农村来的同学不少,对中国画和中国的传统文化知之甚少,是以先生着重向他们传授中国美术史的知识。

中国画简介(讲课稿之一)

今天就简括地介绍中国绘画的情况。

中国画是用笔在各种材料上画成的形象。所以笔的工具的诞生,产生了绘画的技法。这种千变万化的技法却是从一支笔开始的。

回顾原始社会,新石器时代的彩陶上的图纹已经证明有了毛笔,所以毛笔的出现比一般历史说是秦代蒙恬所造的要早得多。

这里彩陶上的一条鱼的图案形象,与17世纪八大山人的一条鱼的形象,再到现代齐白石的鱼的形象,虽有不同,但还是有继承和发展的关系。这历史上下经过了七八千年,但还是那么接近,这是民族性的伟大,我们不得不感叹这神秘的作用。

中国绘画的诞生,也与其他的艺术一样,开始出现于劳动与祭祀的记录。

在楚国的帛画上,有一个妇女向天空中龙凤的形象顶礼。楚国的妇女是风行小腰身,甚至饿着肚子减肥。这个妇女的装扮形象今天看来很苦,但当时是楚国妇女时髦的装束,因此想到今天的时髦就是明天的古装。

这也是楚国的帛画,画中有一个男子佩剑,站在龙头形的船上凌波而行。这可能是墓主人的画像,使我想象这位男士很像屈原,至少这幅画使我们对屈原的想象有了历史的真实的依据。

这里是汉代的壁画,画家们记录了各种各样的生活场景。这里有劳动人物的形象。这是劳动的场面,这是宴会的场面,这是杂技跟马戏的场面,其中有些节目还保留到今天。我国杂技团出国时还把这些资料一起带着出国宣传,这要感谢汉代(即2000年前)无名氏画家给予我们有价值的劳动。因此证明了中国画拥有既珍视生活又寓于理想的创作方法。到了晋代以后,绘画除了无名氏的画家以外,又出现士大夫阶级的画家。他们是文学、哲学,甚至科学都兼备的文人,把绘画从形似提高到神似,因而画家的艺术表现要神和形兼备,还需有丰富的想象力。这位代表性的画家是江苏无锡人顾恺之,他的这种画论影响到现代人。这是他的代表作《女史箴图》。为当时政治服务,张华(茂先)作了一篇教导妇女如何守则的文章叫《女史箴》,顾恺之为他的文章作了连续性的插图,形象地塑造了人物形象。现在这幅作品存放在英国大英博物馆里,并非不列颠贵族妇女想从中学东方文明中的仪态,而是被不文明的英法联军从圆明园中抢劫,远渡重洋到了伦敦。

以后,山水画从人物画的背景中分离而独立成为一种画科,而且把山水画的描绘与给予观者的感染力结合起来,对自然景物的描绘使人产生神游的意境,甚至把孔子的仁者乐山、智者乐水那种自然中的性情涵养具体化。这一幅展子虔的《游春图》,是我国最早的有名款的山水画。他描写一片春光明媚、山花凝发、树木苗芽、湖光水波荡漾,游客步行、骑马、坐船,游乐其中,尽管他画中的形是稚拙的,但表达了神游的意境。

　　山水画到了唐代，大诗人王维兼是大画家，他的山水画后人论它：画中有诗，诗中有画。他提倡水墨画，从此中国画除了工笔彩色绚丽的山水，水墨画成了中国画领域另一发展的方向，一直影响到现代。明代上海书画家董其昌就提倡这种画风，南北宗之说，把王维推为南宗之祖，可惜他的真迹没有流传下来，只有借助王维他自己的诗句来想象他的杰作。

　　这种水墨山水画到了五代、北宋，就有李成、郭熙、荆浩、关仝、董源、巨然六大家，传世作品以董源、巨然为多。这幅《潇湘图》是董源的代表作，他画烟江之间，岸上有人正在迎接一船只。他画的山石并不奇险，一片江南平淡天真景色，用笔不再是单调的勾勒轮廓，而是用水笔墨笔来表现大自然的空间层次。他的徒弟巨然和尚，也一样用长线描绘山的形态，用点簇画出树木，一笔下去，用干湿深浅的墨晕，天衣无缝表现了山的烟云和丛林的水气，而且用道路的深远，创造出人在山林间清新的感受，这是他的代表杰作《层崖丛树图》。

　　五代到北宋，水墨山水画家人才辈出。画江南景色的有董源，他曾经做北苑副使的官，人家称他董北苑。这是他的《潇湘图》，画出烟波江上，平峦起伏，有渔人撒网，有一只船，船上有盛装的族家，有守候在岸边的人物。他的技法不是单纯的线条，而是一笔有轻重节奏画出水晕墨章，这样丰富了技法，恰当地画出了山川树木的真实感。这是他的徒弟巨然和尚的《秋山问道图》，他们都是用点来画树叶，长线条画出山脉以及皴笔结构，山下茅屋门前通一条曲折的道路，水滨蒲草在秋风中起伏，一片秋天的景色。

　　五代还有一位山水画家名赵幹，他也是学董源的风格。这是他仅有的一幅杰作，名为《江行初雪图》，他以十分同情的态度，画出在雪江边上挨冻捕鱼的渔民。

　　北宋皇帝赵佶（徽宗）也是有名的书画家，他也设立画院，用考试的方法选拔绘画人才，而且流传了不少有关于很难的改题和巧妙的改卷的故事。这是他的《瑞鹤图》。在他皇宫的屋顶上飞来一大群白鹤，那些阿谀的臣子就祝贺皇帝，以为这是祥瑞现象，赵佶也很得意，就画了这幅写实的瑞门上的《瑞鹤图》。但没有多久，金兵入侵开封，把他和他的儿子一行几百人掳到五国城，后来他就死在那里。以后宋迁都到临安，就叫作南宋。有一位老画家名李唐，可以说是南北宋之间承上启下的大家。这是他在徽宗皇帝在朝的北宋期间画的一幅杰作《万壑松风图》，稠密的松树，一股清泉在群山万壑中间奔腾而下，非常有气魄，画出了祖国山湖之美。这一幅是他晚年到了南宋，在临安时画的《采薇图》，画的是伯夷、叔齐不食周粟的故事，寄托他的亡国之痛，并讽刺了那些投降派。李唐技法上又创造了斧劈皴，说是继承了李思训的小斧劈皴发展而来的。

　　他有徒弟名叫萧照，也在南宋画院。据说李唐在太行山中，遇一支人民起义军，其中的萧照见李唐的行李中有不少画具，就拜李唐为师，后随李唐到临安来学艺。他们师徒二人还画了不少爱国题材的作品，像李唐有《晋文国复国图》，萧照有《中兴瑞应》等图，鼓励人民抗金复国。

　　这是张择端的《清明上河图》，他描述了清明时节汴梁城内外的景色，是风俗画又兼风景画，有人说它是一本形象的百科全书。张择端另有一幅《金明池争标图》，画京城里赛龙舟的大场面。但这幅画只有一尺多方，而且与《清明上河图》笔法不一样，画有题

张择端 《清明上河图》（局部）

款，后人有考证工作要做。

这是马远的《踏歌图》，这是夏圭的《清运图》，他们都是学李唐而发展。这是刘松年的《四景山水图》之一，谁看了都说像西湖，因为他居住在临安的清波门，出门就是西湖的美景。

山水画已经有了朱芾父子的泼墨，人物画到了南宋也有一位用泼墨法的画家，他是梁楷，这是他的代表作。他用汉化的笔触，大概地用墨塑造一个神秘的仙人，似真似虚地向我们走来。他往往醉后作画，为人放浪不羁，人家称他梁疯子。

另一位大师叫法常，号牧溪，他是和尚，他与梁楷的风格近似，但他的作品国内一幅也没有，都收藏在日本，对日本绘画影响很大。这是他的观音，这种画，日本人称为禅画。

基本功不必重视这种思想也影响了西方现代美术，到了清代就分成两个系统，其中以石涛、八大、渐江、髡残四个画僧为主，他们早年都是董其昌的崇拜者，但他们强调表现画家的个性，反对抄袭古人的外表而忽略了画家对生活感受和个人的独创性。

这是石涛……这是八大……他们都是明代朱氏王朝的子孙，他们作品中潜藏他们的人生的遭遇。这是扬州画派画家之一郑板桥的作品，他自称"青藤门下牛马走"，用画竹来寄托他对社会的关心。

元代以后，中国画上就出现了较长篇的题字，这样更使画家有书法与文学的修养。扬州画派像金农那样，可以说他有时还依靠题字，并不依靠画的本身。

鸦片战争以后，上海地区沦为殖民主义侵略的基地，画派上有了特殊地位，各地区有水平、求太平的画家纷纷到上海来进行艺术活动，但各家各派都有自己的师承和发展。上海地区是现代中国画发展基地之一，像任伯年、虚谷、吴昌硕都来这里活动，使得上海地区在中国绘画史上占有重要的地位。当然在北方也有不少画家，在南方也有岭南派崛起。

这是任伯年为点春堂宾日阁作的所谓的《观刀图》。请注意点春堂在任伯年作画以前曾为小刀会指挥部，画家选择这个题材，当然有他的对小刀会的怀念。

这是吴昌硕的牡丹花。他用书法金石的法则作画，加上他的题字，合成了一幅综合艺术品，亦将中国文人画法推向新阶段。而且他用墨用色彩有创造性，像现代名家齐白石、潘天寿等，都不同程度地受到他的艺术风格的启发。

梁楷《八高僧故事图》（局部）

中国画评论（讲课稿之二）

在古代也有评论一幅画的艺术水平的高低标准。远在南北朝时，画家谢赫提出六条评论的标准，它就是"六法"，一直为评论家所承认。所谓"六法"，就是气韵生动、骨法用笔、应物象形、随类赋彩、经营位置、传移模写。

到了五代，画家荆浩再提出了六个要点——气、韵、思、景、笔、墨，强调了思与景。气即一幅画使人感有生气，即生命力；韵是韵味；思乃是画家的思想性，与画中的景色相结合；笔墨就是一种表现的手段，也体现画家的思想境界和人格及修养。这无疑比"六法"提出了更高的要求。

我想还是借用这种传统的方法来选择一些名画供大家欣赏。笔墨技法基本是用笔，必须先有这种工具。笔的诞生一般说是秦代的将军蒙恬所造的，但实际要早得多，在史前几千年的新石器时代就已经有了毛笔，彩陶上的纹样是用毛笔这一工具描绘的。这是彩陶上的鱼的花纹。这是17世纪康熙年间八大山人朱耷画的鱼，这是近代齐白石老人画的鱼，中间间隔几百年，但有相同的痕迹，而有些艺术趣味又那么相似。这说明用笔和民族性有关，笔法尽管千变万化地演变下去，但总是有继承和发展的关系。

中国绘画也是劳动祭祀的记录。这是一幅帛画，即画在丝绸品上的画，楚墓里发现，是对劳动祭祀的记录，画着一位妇女向天空中龙与凤膜拜。楚国妇女的腰名为楚腰，她们甚至挨饿也要把腰束细，这幅画上也正是当时妇女的时髦装束，细腰而裙子摇曳两边。这是另一幅楚国的帛画。画中有一个男子佩剑，冠带，站在龙形的舟上，下面一条鱼，说他凌波而行。这可能是墓主人的画像。这位男士很像屈原，他正好是这一时代与这一地点的，至少这幅画使我们对屈原的怀念里有了历史的真实的依据。

我们看到了汉代的壁画，这是宴会的场面，不管怎么样，中间的人物的表情不同一般；这是百战的画面，百战即马战与杂技表演；这是汉代的节目，今天还有继承，以前杂技团出国时也用这些宣传资料。

用笔也是用线条来描绘生活，但晋代除了绘画工匠以外，有许多士大夫阶级的人士也参与这一行列。他们是文学家、哲学家，甚至科学家，他们从哲学的角度上不满足绘画的形似，要求画家的作品达到以形写神、神形兼备，还要给人丰富的想象力。其中的代表性人物有江苏无锡的顾恺之，这是他的代表作《女史箴图》。《女史箴》是张华的一篇文章，为的是教导士大夫阶级的妇女，顾恺之根据他的文章画了图画。顾恺之的用笔很特殊，线条画得很细，名叫游丝绘，又叫春蚕吐丝，可以看到士大夫画家在用笔技巧上的丰富与发展。这是一幅有名款的最古老、最珍贵的卷轴画，它现在陈列在伦敦大英博物馆，是被不文明的英法联军从圆明园中抢走的。

以后山水画从人物画的背景中分离出来，而且把作者的思想通过绘画来感染读者。画的自然景物使人产生神游的意境，甚至与孔子的智者乐水、仁者乐山联系起来。这无疑提出了更高的要求。

这是一幅最早的山水画，隋代名画家展子虔的《游春图》。它描写春光明媚、山花凝发、水波氤氲；中间游客步行、书写、坐船，游乐其中。尽管他的形比较稚拙，但整个画面表达了神游的意境。这种青山绿水的画法，传到唐代为李思训所继承，他喜青绿山水。李思训只有一幅《江帆楼阁图》相传为他的作品。唐代大诗人王维又兼大画家，提倡水墨画，从此中国画除了工笔彩色绚丽的山水，水墨画成了中国画领域另一发展的方向。王维的作品，后人评论它：诗中有画，画中有诗。可是他的可信的作品没有流传下来，只有从他的诗句里去想象他的绘画杰作。由于李思训和王维的不同流派，到了明代，上海地区书画家董其昌就以佛家南北之说，把李思训作为北宗始祖，把王维作为南宗始祖，这种论述对清代以后画风起了很大的影响。关于董其昌本人的艺术，我下面再讲。

北宋还有两位山水画家的代表作：一幅是学李成流派的郭熙的《早春图》，他用极粗的笔画山石，极细的笔画树木及各种细节，对比构成一幅早春时节的山水节奏和旋律，在笔墨技法上又有了新的创造。还有一幅范宽的《溪山行旅图》，在崇高（高耸）的山峦下有一批马帮在赶路程，主峰中间有条很远的瀑布，增加了整幅画的气氛。他又用点的笔法画出山石的皴法，与郭熙又有不同。但他们的构图都是用我国的传统透视技法，名之为"三远法"。高远、平远、深远，在一幅画中都有，这样就表达了祖国山河的雄伟气势。

回过头来，再欣赏一下唐代的人物画。这是阎立本的《步辇图》，描写当时重大的政治生活，内容是唐太宗接见吐蕃松赞干布派来迎接文成公主的使臣禄东赞的场面，反映民族的友好关系。他画的不是故事，而是现实生活，每个人的身份、民族、神态、特征都表现得很生动，令人佩服。

另一幅是张萱的《虢国夫人游春图》。画中的这些贵妇人都是杨贵妃的亲属。作者张萱是宫廷画家，这些生活离他并不遥远。但画中到底哪一位是虢国夫人，曾经引起了现代人的不同猜测。这是唐代画马的画家韩幹的作品。这一幅是唐朝人画的牧马图，画中千百匹马的雄伟场面也反映了盛唐时期的军事力量。说起李公麟，他是北宋有名人物画家，这是他的代表作《五马图》。每匹马的神态各不相同，前面还有牧马官的形象，每幅上有当时大书法家黄山谷的说明题跋。但第五幅后来遗失了，请高手补了一幅，但不是写生，而是凭想象画成，尽管画得很好，但缺少生活气息。这证明中国古代绘画的成就与画家熟悉生活有很大的

李公麟《五马图》（局部）

关系。《五马图》的技法特点主要是依靠线条的节奏，加以浓墨渲染而成，这种画法叫作白描。

花鸟画的形成和发展。在唐代花鸟画名家很少，一直到了五代，才有南唐的徐熙、西蜀的黄筌，说徐熙野逸、黄筌富贵，但没有真迹传下来，只有黄筌的《写生珍禽图》，是他留给他儿子的写生稿本。他们不同的风格也影响到后代，花鸟画也沿着这种流派发展。

北宋到南宋，其中有名的有山水画家张择端的《清明上河图》，画中描述了京城汴梁（开封）的景色，包括城里的社会风貌和建筑风光。

还有北宋皇帝赵佶（徽宗）也是有名的书画家。他也设立画院，培养画家，用考试的方法收罗绘画人才。这是他的《瑞鹤图》，他看到瑞门飞来一群白鹤，以为这是祥瑞之兆，写下这幅画。但没多久，金兵入侵，他父子都被赶到五国城，后来他死在那里。但他的书画在历史上是很有影响的。

到了南宋，在偏安的首都临安（即今杭州），画院画家都迁到西湖邻近，所以他们画的山水就没有北宋那么雄伟，而都是山湖小景。他们喜用苍劲简辣的表达笔法，一改北宋人比较柔和的画风，这里是代表画家马远、夏圭。从北宋过渡到南宋的老画家李唐，其《采薇图》描写的是伯夷、叔齐不食周粟的故事，不难看到画家的爱国思想在绘画中的表达。

150多年以后就是蒙古族统治的元朝。由于汉族受到歧视，士大夫阶级都有出走的思想，影响到文艺特别是绘画，到了元代有一种大变。画家们追求荒率的意趣，创造出新的风格。这是倪瓒的《六君子图》。他是典型的不求形似，而追求逸笔画。这是黄公望的《富春山居图》。他们不像以前画的那样水墨淋漓，而是用干涩的笔触画在纸上（以前画家都画在素绢上），所以中国画的风格突变是受当时社会各种影响造成的。另一方面，当时的上海地区是一个书画家特别集中的地方，像倪云林、黄子久等许多画家都在这个地区生活过，包括这幅《富春山居图》的完成，是在松江夏氏的知止堂。而且元明清三代上海地区可以说是中国绘画史上最大的活动地区。

到了明代，形成了学南宋新风格的浙派与学北宋人的一部分的吴派。这是浙派的代表人物戴进的山水，与南宋人放在一起不易分辨。这是唐伯虎的《秋风纨扇图》，他是兼学南宋与北宋的画家。到了明代后期，出现了像徐文长这样多才多艺的艺术家，他兼擅书

黄公望《富春山居图》（局部）

画、文学、戏剧，他的画把文人画的墨戏更发展一步，更具有自己独特的个性，他在奔放不受束缚的笔墨中寄托胸中抱负，对后来的清代扬州画派以及现代上海海派都有极大的影响。这是他的《白石栏图》。这是明末陈洪绶为水浒小说作的画像，他的画风一直影响到清代300多年，任伯年是继承了他的传统的。

明代后期中国画渐趋相互师承模仿而衰落，董其昌试图复兴中国画，提倡"行万里路，读万卷书"，强调佛教的静悟，提倡绘画的文人气息。

陈洪绶《斜倚薰笼图》

陈洪绶号老莲，是浙江诸暨人。他是明末的画家，虽然只活了54年，但他的作品影响极大。他人物、花卉、山水都精工，书法、诗文都有极高造诣。他的爱国爱民的思想，从他的作品中充分体现出来。

例如他为当时的禁书《水浒传》画人物，一直传流至今。他有个好友周亮工投降了清朝，他画了一卷《归去来辞图》，用画来规劝他。他还画了不少苏武辞别李陵的画，表达他对投降主义的痛斥。他不为名利，辞却皇帝召他当供奉。

这幅《斜倚薰笼图》，可能是四幅屏条之一，画的是秋景。图中一仕女斜倚薰笼，另有一仕女观一孩子在用扇子扑蝶，桌上瓶中插有木芙蓉花及枸杞，木架上有鹦鹉，以外就是大量的空间。

这幅画是陈洪绶几十岁（41岁）前后所作。他早年用方笔较多，此时已能入圆笔长线，而且仕女形象并不像他的其他作品中那样怪诞，很有一种古秀之美，也不像他有些作品中有意夸张。画中人物头大身体小，看来他这样画并不是对形体的比例掌握不好，而是他有意识地根据创作情绪的需要来画的。他画侍女，如《吴天章像》中一个妇女持扇坐在芭蕉上（朵云轩特地选取她独立制成水印木刻），还有木刻插图《娇娘传》中的娇娘等，都是形态修秀、风姿绰约。

这是什么缘故呢，同一作者竟画出妍和怪的不同风貌？我想生活给予作者痛苦与快乐。当他表现生活中所遇的美好的时候，他就被唤醒向美的方向走去；当他在忧郁的处境的时候，他又回到古怪而不可思议的境界中，去画他所谓"高古"的作品。

《竹里桃花》

　　特别是那个时代的艺术家，他们的艺术观和艺术风格是充满着矛盾的，今天我们要从这种矛盾的演化中进一步认识他们，特别要记牢他们的长处，也不需要过多地谈他们思想中的复杂性。

　　11月，绘《竹里桃花》，题跋云："乙巳十月，朔天时忽炎如初夏，戏写小图，十发。"

　　11月10日，上海《文汇报》发表了姚文元的文章《评新编历史剧〈海瑞罢官〉》，成为"文化大革命"的导火线。

　　先生看到了《评新编历史剧〈海瑞罢官〉》这篇文章，随手在裱画切下的纸边上画了张头上开花的小幅漫画（19.5cm×7cm），说："杠头开花，我要倒霉了。"周根宝记此事经过甚详："一九六五年十一月，余携程十发老师于川沙龚路参加'四清'。是月中浣工作队组织收听广播，即姚文元评《海瑞罢官》。先生听后大惊，连叹要倒霉了，随即为自己作幅漫画肖像。我坐在身边，有幸睹作画全过程。有趣的是，头顶上十根头发，自诩是他的象征。顶上一朵花为杠头开花。不久先生即遭批斗。又，眼睛旁'牛鬼蛇神'四字为造反派文博乐俊强写。己亥（2019年）春，阿豹宝记。"

　　11月12日，台北故宫博物院在台北近郊外双溪建成揭幕。

　　年底，结束了在川沙花木公社的"四清"运动，辗转到川沙龚路公社，继续参加运动。

　　4月3日，陆小曼（1903—1965，上海中国画院画师）在上海病逝，享年62岁。

　　7月4日，孙雪泥（1889—1965，上海中国画院画师）在上海逝世，享年76岁。

　　8月16日，张宗祥（1882—1965）在杭州病逝，享年83岁。

　　9月29日，傅抱石（1904—1965）在南京病逝，享年61岁。

1966年 丙午 四十六岁

　　元旦，敬绘母亲的妹妹《丁丽明女士遗影》。画幅上丁丽明女士坐在青松朱竹间，端庄典雅，其实却是先生将心目中深爱的母亲形象寄托在了这件作品中。

　　在川沙龚路公社，继续参加"四清"运动。由周根宝带头，先生、郭若愚、徐志文、承名世加上上海博物馆（简称"上博"）裱画师黄桂芝组成了宣传队，用画笔反映"四清"后农村的面貌。同时上美影也成立了文艺宣传队，队长为谢晋和桑弧，队员有刘琼、舒适、秦怡、黄准、强明等著名艺术家。两个队伍住在一个雕花楼里，一起搞文艺创作。先生一组人曾合作绘6米的长卷《龚路之春》，写实性地描绘了龚路老街的全貌，主题是扛着红旗的农民敲锣打鼓，迎接社会主义新农村的到来。

　　1月3日，绘《甲午海战速写四帧》，题跋云："一九六六年一月三日，十发速写于上海。"

　　1月，绘《老贫农讲家史》，题跋云："老贫农讲家史，一九六六年一月程十发画于川沙县龚路公社。"这是先生采风时所得，一群小学生戴着红领巾，围坐在老农民身旁，认真倾听劳动者的故事。画家采用很少见的圆构图形式，线条粗细起伏，略显变化，色彩丰富，既有传统水墨人物技法，也融合了民间艺术的明快视觉效果。

　　1月，绘《一心为集体》，画的是农家悉心养猪的场景，画幅下半为一只硕大的肥猪所占据。

　　1月20日（除夕），先生将仅存的一套《胆剑篇》打样稿装成两册，亲笔题了封面、扉页和后跋，送给了郭若愚。先生在封面题字用的是行草，扉页用的隶书，而长题因郑重起见用的是楷书，在不经意间展露出了他深厚的传统书法功底。册尾长跋云："前岁画越王故事百幅，取材于话剧，曾陆续刊于报刊，当时每日属排印房打样二份，后检点全套无缺者只一份也。此等帝王将相已弃之于败纸故絮中，有负长明兄之谱曲，的是呕血笔也。今扫除岁旧得此，爰赠智龛道长先生，不敢曰请公留贮龛中，乃亦世间孤本耳。闻先生好藏香烟牌子，有罕物，今将此寄之，以它日见之，亦如见童髫时所爱之香烟牌子也，亦表余纸荒唐，能博公一晒乎？乙巳岁

《丁丽明女士遗影》

除，不识后人再识。"

先生落款戏属"不识后人"，按，程不识是汉武帝时名将，别称"不败将军"，曾任雁门太守、长乐卫尉，与李广齐名。

郭若愚（1921—2012），字智龛，我国著名的文博专家、古文字学者。早年师从郭沫若、邓散木、阮性山等大师名家，学习古文字、文物、考古、书画、金石篆刻等多方面专业，在甲骨文研究方面取得了可观的成绩，并在钱币、紫砂、文房、《红楼梦》研究等方面取得了非常卓越的研究成果。

20世纪二三十年代，南洋兄弟烟草公司推出过全套145张的《三国演义》人物画片（香烟牌子），作为宣传噱头吸引人来收集，号称集全即可换金条云云，这是商家的惯用伎俩，其中一两张关键人物通常印得极少。郭若愚先生却收藏到了整套，十发先生曾作有观后题识。经过"四清"工作队同为"队友"的交谊，赠送《胆剑篇》时，先生因知道郭氏好藏香烟牌子，所以后跋里提到希望郭氏看到这两本袖珍可爱的小册子后会如同见到香烟牌子一样喜欢。

1月21日至2月6日，上海美术展览馆举办"一九六六年上海中国画院迎春画展"，展品117件。展品中包括先生及他所在宣传队之前创作的反映"四清"运动后农村的作品。

3月24日（农历上巳，先生生日），自刊鸟虫篆印"发"，边跋云："丙午上巳，十发自寿。"

春月，绘《鼓乐图》小帧（22cm×33cm），题跋云："一九六六年春月写于云南瑞丽印象于上海。十发。"

春暮，题《刘邦倨见郦食其故事图长卷》云："此写刘邦倨见郦食其故事，故用笔全法虎头，宗高古游丝描，而元人一洗南宋人法吴生习气，故此画为元人，自明后也无此法矣。窃或为雪溪翁手笔，边题记亦肖松雪斋当日故事图长卷。每图一事，必缀一题，款识藏记写在卷末，今犹龙之未见首尾，只能以风格造诣绢素而忖度之，不知中鹄的否，题此以质识者。丙午春暮，十发。"

因受调查，5月先生提前离开了龚路公社。

5月16日，历时十载的"文化大革命"在全国全面展开。画院业务活动停止，开始写大字报、大批判、大串联等活动。

6月，上海中国画院出现第一张批判丰子恺的大字报，内容是针对丰子恺应约在1962年8月号《上海文学》发表的随笔《阿咪》。

下半年，先生的许多作品受到批判，受到极大冲击和迫害。此后的若干年中，他和许多

程十发自造小像

艺术家一样，被迫处于"冬眠"状态，停止了创作活动。正常的工资被扣发，每月只有70元生活费，除去40元付房租外，剩下的要维持全家四五口人的生计，非常艰苦。

先生被批判为"牛鬼蛇神"，接受隔离审查，持续两年多时间。曾在静安寺百乐门的一个电影院里挨批斗，脖子上被挂"罪该万死"的牌子。先生虽然身处逆境，在精神上受到大冲击，饱尝过大悲哀，但心中依然保持着强烈的创作欲望，艺术之花埋在荒芜废墟中，等待着怒放的那一天。

在"牛棚"里常思考"牛鬼蛇神"的出典，曾想到李白是天才，李贺是鬼才，比天才特殊，所以李贺是诗人中的"牛鬼蛇神"。

先生和上海的一些知名画家一度被关押在上海博物馆河南路旧馆地下室中，进行隔离审查。其间被迫画漫画五幅，批判周扬、夏衍、阳翰笙、田汉所谓"四条汉子"的文艺黑线，被造反派贴在金陵路上的大批判专栏上。一个月后专栏内容改换之际，时在上博工作的周根宝到半夜里偷偷揭下，藏在浦东老家的阁楼上，后又随身带至美国。

周根宝，笔名阿豹，字夏商，1945年生于上海，祖籍浙江镇海。师承谢之光、郑慕康。先后毕业于上海美专、上海大学美术学院中国画系。曾长期任职于上海博物馆，从事中国古代书画临摹、复制工作。20世纪80年代中期任教于上海大学美术学院。20世纪90年代初定居美国纽约。为上海市美术家协会会员。

五幅漫画内容分别为：第一幅左半部分绘巨大的红色《鲁迅全集》，象征"无产阶级革命文学"，右下角是被革命文学吓破胆的"四条汉子"（被诬陷的周扬、夏衍、田汉和阳翰笙）。人物特征无不惟妙惟肖。第二幅画的是"四条汉子"向国民政府作乞求状。第三幅画的是前国家主席刘少奇成了"四条汉子"的"黑后台"。第四幅点出"国防文学"的"反动实质"就是抹杀文艺创作的阶级性，"四条汉子"以及代表着文艺界所有赞同"国防文学"观点者的一条黄犬，卖力地递送着"炮弹"。第五幅用拟人化手法，将所有宣扬"反动主张"的人

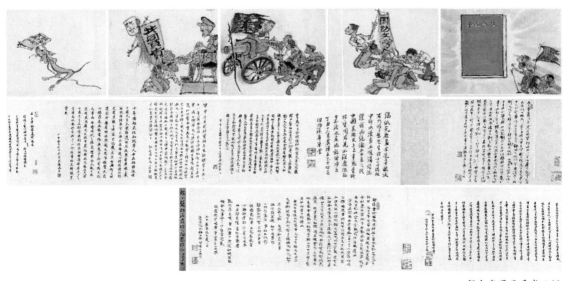

程十发漫画手卷五幅

物、言行，统统集中于一条高举"文学是属于全人类的"口号的黄犬身上。

1990年，在珍藏20余年之后，周根宝第一次回国探亲，将这五幅漫画装裱成手卷，后来又陆续请上海博物馆当时的见证人承名世、马承源、郭若愚、单国霖等名家在拖尾题跋，追忆当时的非常情景。

马承源题跋道：1966年为"文革"全面夺权之前夕，知识界已失去自由，上海文化系统人士全被禁囿于今上海博物馆河南路旧馆中，程先生亦在其内。一日忽见金陵路大批判墙栏上贴有批判所谓文艺黑线之漫画数帧，这在彼时为寻常事，每位著名画家都要被迫表示对"文化大革命"的态度，非十发一人而已。但其画被保存而传世者极稀见。画艺之精妙，足以显其本色，以此亦在劫难逃。余观之顿觉有历史回旋之瞬间真实感，令人叹息。

郭若愚题跋道：甲申三月间，周根宝同志来访。根宝是为38年前余同在上海博物馆工作的老同事，精工绘事，为人热情可亲，"文革"后赴美深造，此次会面，实为意外，欢乐之情可知也。根宝兄又出示程十发先生所作漫画五幅，似曾相识，忆此画乃十发先生在"文革"时批文艺黑线所作，当时张贴在金陵路大批判专栏内，余曾目见。根宝兄收而珍藏，真奇迹也。十发先生之绘画艺术超人一等，为余所钦佩者，此等作品，非特殊情况不能作也。忆余与十发先生"文革"时同系牛棚，今见此作，不能不感慨万千也。爰书此数语记之。

王己千题跋道：满纸荒唐画，全是辛酸泪。右乃程十发先生于十年浩劫中所作画五帧，滑稽倜傥，精妙绝伦，当为近代中国美术史上之罕见资料。根宝周君见示，深庆眼福之不浅也。

从下半年开始到20世纪70年代中期，画院的画师在淮海中路、汾阳路、复兴中路画了大量的宣传壁画。

2月23日，袁松年（1895—1966，上海中国画院画师）在上海逝世，享年71岁。

8月18日，"庆祝无产阶级文化大革命群众大会"召开，毛主席第一次接见红卫兵。

1967年　丁未　四十七岁

画院进入大联合时期，工宣队入驻画院，开始清理阶级队伍。

"文革"中，不便与亲友往来，仅三外婆有来往，也是约在静安公园碰面。三外婆即是张均的妹妹张芝薰。当时程家和张家不成文的规矩，年初一早上大家给家族里的老长辈三外婆拜年，初二到二外婆盛藕卿家拜年。

每天做不少劳动，即使生病也要上班。胸前挂了白底黑字的牌子，上面写了名字和所谓"反动头衔"。先生坦然挂着牌子坐公交车，接受群众们的白眼、点头招呼或者同情的眼神。

张金锜与三外婆在静安公园合影

8月，上海中国画院红旗革命造反队编印的《砸烂黑画院第五集》"毒画毒文毒诗毒章批判专辑"上登载了名为《砸烂反革命修正主义鬼画家程十发》的文章。文章的开头这样写道："反革命黑画家程十发，是一个彻头彻尾的反革命修正主义分子，是一度混进党里的阶级异己分子，是进行书画投机倒把盗窃国家文物的黑老虎。在解放（中华人民共和国成立）前程十发拜过老头子，解放（中华人民共和国成立）以来，一贯打着'红旗'反红旗，炮制了大量反毛泽东思想的毒画、黑文、黑诗，是美术界贩卖封资修文艺黑货的急先锋……他混入了党内，并窃取了上海中国画院业务室副主任、上海美协分会理事、上海市文联委员、上海市文物鉴定收购委员等重要职务。"

在上海美术界大批判资料编辑部编印的《大批判》期刊的"附毒文"中，登载了先生的《画钟馗》（按内容约写于1961年年初）一文，以示批判。

《画钟馗》

钟馗题材的画，在古时候是春节的应景画，张挂壁间，据说是祛除不祥的。后来不知如何成了端午节不可缺少的装饰品，大概端午节的气候正是百虫孳生的时候，请他老人家劳驾比较合时也未可知。其实端午节是纪念屈原的日子，后来端午节不挂屈原画像，而挂钟馗画幅，好像不大通，但是细细一想也有他的道理，我在一幅罗两峰的《钟馗骑驴图》上的题诗得到领会，他的诗是这样：只闻凭吊介之推，竞渡还因屈子哀。此外无人同此日，为多禁忌请公来。

过去人们纪念屈原，对付吃掉屈原的"妖魔鬼怪"需要办法，因此想到请降魔除妖大师钟馗下凡，使不吉的日子变成大吉大利。

马克思说："任何神话都是用想象和借助想象以征服自然力，支配自然力，把自然力加以形象化；因而，随着这些自然力之实际上被支配，神话也就消失了。"今天把不吉利的旧社会制度推翻了，推广爱国卫生运动把毒虫也消灭了，生活也过得好了，体质也健康了，今天钟馗的职务也消灭了。我们今天看看画中的钟馗，正像我们看《西游记》《山海经》一样，这种以钟馗为题材的画，也觉得很有趣，不过和古人的心境是大不相同了。我趁在端午节除了纪念屈原以外，再读以钟馗为题材的画，也觉得很有趣，因此我从许多古人名作中得到启发。

就拿清代扬州八怪之一画鬼名手的罗两峰画的钟馗来谈，我见到的就有各种。有醉钟馗图，有的画成钟馗醉后被小鬼揶揄的情景，明明是作者受尽世态炎凉，借题发挥的；有的画钟馗醉后闭目入睡，亦影射世上鬼魅横行、奈何奈何之感；有题诗钟馗图，小鬼磨墨，钟馗吟诗，将下笔之状，其实是作者借钟馗之形以纪念屈原的；有乞福钟馗图，钟馗头上飞来一蝙蝠，象征画家祈求幸福……不能一一举例了，总之钟馗可以成为千变万化的钟馗，只要画家对他要求，他可以成为仙人、酒徒、侠客和诗人等等。

尚有不少画的《钟馗》，图中钟馗大都二目圆睁，虬髯如刷，手执宝剑向画外怒目而耽视，非但面目可憎，歪曲进士风度，而且仅知钟馗以外，一无回味。我对这种钟馗不感兴趣。

我现在再提一幅无款古画《钟馗》，真是太有意思了，看了真使人绝倒：画中钟馗只穿短衣，有数处补绽，一足有靴，一靴落地上，手执一卷，似在苦读《离骚》，桌上瓶中插粉梅一枝，正是春寒天气，旁有牙笏一支，正待上朝时刻，地上前方斜放宝剑一柄，此顷之前钟馗曾闻鸡而起舞，点出黎明时分，旁有小妹端坐一旁为补缀朝服上的破洞。此画每一细节，都为刻画画中人性格、情调。与其说这是钟馗，还不如说是封建王朝那些不得权贵重视、过着清苦生活的小官僚的生活写照。

精美的以钟馗为题材的画实在太多了，只能明年再介绍吧！现在，我给自己出一个题目，尽管时代不同了，不再请求他老人家给我们除妖捉鬼了，但是以钟馗作为题材的画还是想画，我想向我们前辈画家学习，不单是画钟馗，而还想画我自己的感情和意境。前年端午我画了一幅《笑脸钟馗图》，上面题了一绝俚句：迩来进士笑颜开，骑鹿悠悠终日闲；鬼魅毒虫消灭尽，轻摇纸扇返家山。

今年我又想画钟馗，刚好看了电影《枯木逢春》试片，略有感触。想到我看见不少人都画钟馗嫁妹，我也画了不少，现在瘟君被消灭了，人民体质强健起来了，就想到钟馗妹妹嫁了这么久，应该使钟馗添个外甥抱抱了，因此画了一幅《钟馗调甥图》。

女儿程欣荪从上海戏校毕业后，成为芭蕾舞《白毛女》等剧目的服装设计师。该年由三外婆做媒，与马元浩成婚。筹备结婚时，马元浩用碱水将家里的老家具洗了洗，再油漆了一遍。睡觉的棕绷是当时在杭州剧团工作的欣荪的大弟程助请人穿了一个，再送到上海。

结婚那天，新婚夫妇二人只有9元钱。先生因为是"专政"对象，在淮海路扫马路，收工后在晚上很晚才来看望这对新人。

6月4日，张叔通（1877—1967，上海中国画院画师）在上海逝世，享年90岁。

12月18日，钱瘦铁（1897—1967）在上海辞世，享年70岁。

1968 年　戊申　四十八岁

先生在接受批判期间，被下放到上海久新搪瓷厂及热水瓶厂劳动。先生经常思考，为了生计今后要转向从事建筑设计、室内设计、热水瓶设计及照相机设计。从留下来的各式设计草图来看，先生不仅跨界多元，并且独具巧思。如热水瓶外形设计成竹节形、葫芦形等。

7月1日，"两报一刊"刊出北京院校同学集体创作、刘春华执笔油画《毛主席去安源》。

7月起，画院、油雕院、设计公司、上海博物馆等在工宣队的带领下，组织抗大式学习班进行思想改造，斗、批、改。

初秋，先生翻检出空白旧纸，自装订成册，并题跋云："岁在戊申初秋，检得故纸自装成一册，为惜物。鲸楼题，时暑热如蒸、汗出如浆。白页共四十二页。"

11月6日，先生与人谈画。

问：如何理解中国画的绘画传统？

程：中国画的绘画传统不是孤立的绘画传统，是整个民族文化综合性在绘画上的表现。应研究诗词文学、戏曲诗歌、音乐，找出共同东西。

画得和真的一样，就不做艺术家而做科学家了。

学石涛的石头，会把石头笔法用到衣纹上去，主题感强，生动、丰富，笔调变化丰富。

喜欢唱花脸，喜欢画神话和戏剧，浪漫主义的色彩容易与绘画风格相符合。

居住环境设计草图

热水瓶设计草图

什么叫中国画？最能表现爱国主义精神的绘画叫中国画。

问：您怎么会画上中国画？

程：我自小一看到祖先的文化遗产就会激动，会产生强烈的感情。我曾祖父和父亲是世代中医，是知识分子，都接触文人，喜欢养盆景。平时任伯年作品的印刷品都挂在墙上。

我小时候看到的东西一直影响到现在。为什么地方上的流派，如金陵派、吴门派，特点都与当地当时接触到美术特色和水平有关，我觉得自己只有画了国画才表达了自己的感情。在小时候数学0分，还好读上海美专不用学数学，这也是我能上学的一个因素。

艺术如能写成公式，成条文，则不能为艺术。要从含蓄中去领会，去思考。画物要像物，但它看上去又不要像。

要经常参阅国外各种油画流派、民间年画、剪纸、泥塑等，从中汲取营养。国外的摄影作品需汲取其色调、光线和构图上各种新的构思。

12月22日，《人民日报》发表毛主席"知识青年到农村去，接受贫下中农再教育，很有必要"的指示。从此，全国城镇出现知识青年上山下乡的高潮，程多多赴苏北大丰农场务农。

4月9日，张聿光（1885—1968，上海中国画院画师）在上海病逝，享年83岁。

6月14日，董天野（1910—1968，上海中国画院画师）在上海逝世，享年68岁。

7月1日，陈小翠（1907—1968，上海中国画院画师）在上海辞世，享年61岁。

7月7日，吴湖帆（1894—1968）在上海病逝，享年74岁。

8月16日，叶恭绰（1880—1968）在北京辞世，享年88岁。

1969年　己酉　四十九岁

"文革"中，积极参加学习班，在学习班上担任记录员。

在创作、抄录什么都可能被怪责的岁月里，先生私下里找到了一种最安全的书法练习题材：抄药方。曾录山阴李含章本《丸散膏丹集要》，内容为各种丸散的中药配方。先生曾评论："明末清初书法家当以傅青主为第一，余爱其书法，亦读其傅氏女科医书，其脉案亦具哲理，故书画之至法不在书画也。"

程十发的工作手册

5月6日，先生与人谈画。

问：古雅和鲜艳如何统一？

程：色彩讲究古雅，不讲究鲜艳。去云南写生时，受自然界的熏陶，色彩大变。

画画要追求偶然性，必然性在偶然性中。要做有心人，偶然性出现时，就被有心人抓住，偶然性引出必然性，为别创一格带来好处。

从大理石的花纹启发到黑白空间，从花纹变幻中体会用笔和结构，从大海的海涛声中体会到字的节奏。

构图用笔第一印象，前人谓"平中见奇""静中见动"，我追求"奇中见平""动中见静"，第一印象追求奇特，奇得稳。画面飞动有刺激性，有震荡感觉，是使传统画有了根本性的变化。画山水画画家有情，山水画可会含情脉脉。色彩是帮助作者传达感情的工具。

9月27日，中国美协停止工作，全体干部和职工下放农村"五七"干校劳动。

工人阶级和解放军毛泽东思想宣传队进驻中国美协上海分会、上海中国画院等美术单位，"占领上层建筑"。

7月20日，美国"阿波罗十一号"飞船登月成功。

2月3日，白蕉（1907—1969，上海中国画院画师）在上海病逝，享年62岁。

2月19日，郑集宾（1890—1965，上海中国画院画师）在上海逝世，享年75岁。

2月21日，马公愚（1894—1969，上海中国画院画师）在上海病逝，享年75岁。

10月20日，庞左玉（1915—1969，上海中国画院画师）在上海辞世，享年54岁。

《延边扇舞》

信札

1970年　庚戌　五十岁

1月2日，先生与人谈画。

问：您的画感觉经常有偶然性。

程：艺术是追求偶然性，偶然从必然来。

画有没有味道，靠追求原始天真，追求装饰无味，脱离了社会多种影响才会有味。人与人的感情，有文明的一面、原始的一面。原始的一面现不容易表现，如原始彩陶、壁画，当时不追求什么技法，但有味道。

有时用旧的山马笔，又秃又硬。

画手勾线有时用衣纹笔，粗线用山马笔，一支大笔、一支小笔交叉使用。

一般先用墨画大线条，细线条后画，然后涂色，不够的地方再加墨。大的色彩面也当作线条。

问：中国画颜料有什么不同？

程：我读中国画颜料，都来源于矿物和大自然的原生态材料。

我画写意画笔往往不洗净，调色也不调匀，尽量利用色彩相互关系，把色彩分离开，不要并起来，颜色对比强烈。

颜色本身没有几种，画要鲜，如色彩放在一起是灰色，分开了利用人们眼中特殊的感觉使其鲜艳。如我画红梅，红蕊总加点绿色。齐白石的画很强烈，暗部有石绿、黄、红色，反比单纯红色要鲜，吴昌硕的画也有特殊道理，似都是灰色，并不调和，什么颜色都有一点，但感到很亮。

问：您学中国画似没有从学素描写生入手？

程：一个人的创作道路从基本功开始，但不完全相同。素描本身是具独立性的艺术，各具风格，因而开始学素描会影响以后的艺术道路。

我开始画人物画时没有画过素描，我是从临古画、学画连环画着手的。所以我第一本《野猪林》连环画，由于人物比例掌握不好，人物都为半身。

在技法中，中国画的线条提得最重要，是最根本问题，用笔不是单线条，还包括涂色节奏。

花鸟习作是作练习的。

问：程老师，为什么您的风格形成早，比较成熟？

程：我小时候学老师学不像，结果画成自己那样，变成自己的风格。

学习总是开始学流派。我一开始学陈老莲、任伯年，能画得很细，也能画得很粗。工笔、写意最好两者都会，古代人就泼墨和工笔都能画。我们往往有一种绝对的看法，画了工笔不画写意，画了写意不画工笔。我有时上午画工笔，下午画写意，创作写意画时也会带点工笔，画工笔画时带点写意。

如果没有工笔画作基础而画写意，会很空。现代

当年使用的政治学习记录本

大家的作品无宋代大家作品好，就是这个原因。

1月4日，先生与人谈画。

问：如何才能达到传神？

程：画人物画，最重要的还是概括生活中的形象，表达自己丰富的感情，从而创造出艺术的形象。为传神，用减笔法，如梁楷。用线条表现物体的质感和动态，在画画时，还常常掺入书法，也就是用书法的节奏来绘制图画。

在表达线条时，也同时用笔法表达我的思想感情。

技法如果没有思想、没有意境、没有感情，就很难办。技法如果没有和感情结合起来，技法是没有用的。

梁楷用减笔法，古代陶俑是用的减塑法。罗丹雕塑外形轮廓具备正确性，然细部没有完成，简练反而动人。一种稚气（编者按：意指罗丹雕塑），"拙"的美，原始的美，动人的美。

从"牛鬼蛇神"的指控中解放出来，去干校数月。在奉贤"五七"干校劳动时，先生与指挥家黄贻钧睡上下铺。

当时上海中国画院全体人员在郊区曹行公社劳动改造，即"改造思想，接受再教育"。

自20世纪70年代起，先生热衷于编写关于画家的剧本，并给当时拍摄画家纪录片提供构想，相继创作了《任伯年与虚谷》、李唐《采薇图》、郑板桥《墨竹》等剧本草稿。

　　　　《任伯年与虚谷》剧本第一页文字
　　　　1862年的冬天　咸丰十一年
　　　　一个二十来岁的绍兴青年，不知从什么神秘的地方，来到对外通商的新兴古城上海。他需要谋生。他坐在上海城隍的台阶上休息，穿一身不相称的褂子，而且正患着咳嗽，好像他肺部有一些病，而且从他疲惫的神气中，可以看出他有过不平静的经历，而且也很有神秘感。他不再回想起前一段时间的经过，他想起他爸爸的遇难，一家人的散失，他参加了太平军。他训练勇敢，他的长官就叫他迎着风吹过的军旗，走在队伍最前面，而且他和战友们相处很和谐。但是这次太平军战士都是两个人，还常常露宿，这样使人身体受到损害。他几次差一点被清兵和外国洋枪队的子弹打中，他冲在前面，子弹呼呼地从他头顶和身边穿过，战友们有的中弹，有的牺牲了，他想着如何乔装老百姓而逃到上海。

《任伯年与虚谷》剧本手册

真像一场不平静的噩

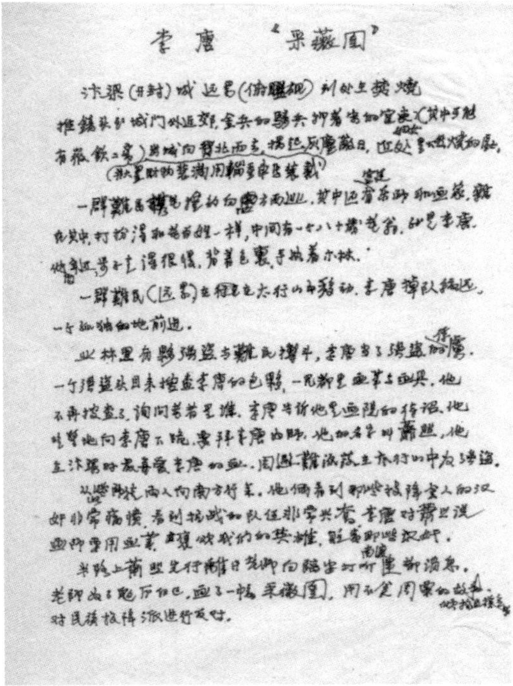

李唐《采薇图》剧本手册

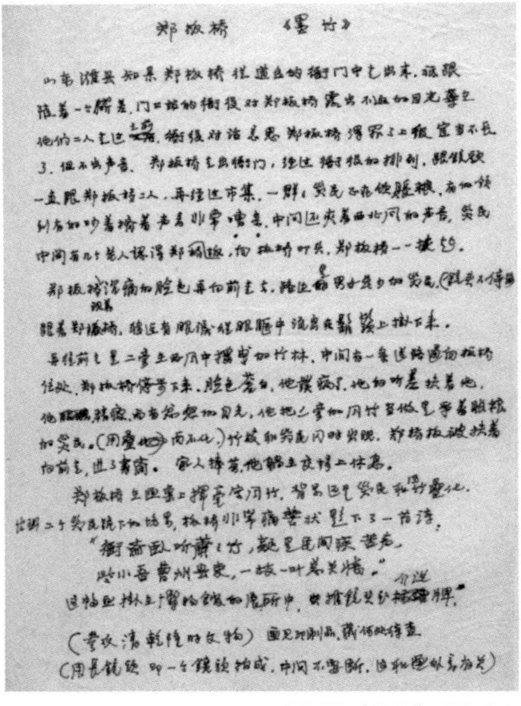

郑板桥《墨竹》剧本手册

梦，他在疲劳中在台阶上靠着柱子睡着了。在梦中，有人叫醒他，原来有一个老者推醒他说："天黑了，又要下雨了，应该回家了。"但这个青年望着老者说："我没有家，我是逃难来……"

李唐《采薇图》剧本文字

汴梁（开封）城远景（俯视）到处在焚烧。推镜头到城门外近郊，金兵的骑兵押着宋的官吏、妇女（其中可能有徽、钦二帝），并用车马装载大量的财物，出城向北而去，扬起灰尘蔽日。近处是燃烧的屋子。一群难民借机向四方逃，其中还有宫女、乐师和画家混在其中，打扮得和平常老百姓一样。中间有一人，就是李唐，他年迈，步子走得很慢，背着包裹，手执手杖。

一群难民（远景）在太行山中移动，李唐掉队较远，一个人孤独地前进。

丛林里有伙强盗与难民搏斗，李唐当了强盗的俘虏。一个强盗头目来搜查李唐的包裹，一看都是画笔与画具，就不再搜查了，询问是谁，李唐告诉他是画院的待诏，他立马向李唐下跪，要拜李唐为师。他的名字叫萧照，他在汴梁时很喜爱李唐的画，在避难中游荡在太行山中为盗。

从此师徒两人向南方行来，他俩看到那些投降金人的汉奸非常痛愤，看到抗战的队伍非常兴奋。李唐对萧照说，画师要用画笔褒颂我们的英雄，贬责那些汉奸。

半路上萧照先行离开老师向临安打听南渡建都消息，老师为了鼓励自己，画了一幅《采薇图》，用不食周粟的故事，颂扬民族气魄。对民族投降派进行反击。

郑板桥《墨竹》剧本文字

山东潍县知县郑板桥从道台的衙门中走

出来，只跟随着一个衙差，门口站的衙役对郑板桥露出不逊的目光。在他们二人走过之前，衙役对话，意思郑板桥得罪了上级，官当不长了，但不出声音。郑板桥走出衙门，经过衙役的排列。镜头一直跟着郑板桥二人，再经过市集，一群群灾民正在领赈粮。有的领到，有的吵着挤着声音非常嘈杂。中间还夹着西北风的声音，灾民中间有几个老人认识郑板桥，向（郑）板桥叩头，郑板桥一一扶起。

郑板桥现（带）着沉痛的脸色再向前走去，路边是男女老少的灾民。（镜头不停留）跟着郑板桥，移近有眼泪从眼眶中流出在胡须上掉下来。再往前走是两旁在西风中摇曳的竹林，中间有一条道路通向板桥住处。郑板桥停步下来，脸色苍白，他生病了。他的听差扶着他，他精疲，而有忿（愤）怒的目光，他把两旁的风竹当作争着赈粮的灾民。（用叠而不化）竹枝和灾民同时出现。郑板桥被扶着向前走，进了书斋，家人捧茶，他躺在交椅上休息。

郑板桥在画桌上挥毫写风竹，背景还是灾民和风竹叠化。出现两个灾民跪下的场景，板桥非常痛苦状题下了一首诗：

　　"衙斋卧听萧萧竹，疑是民间疾苦声。

　　些小吾曹州县吏，一枝一叶总关情。"

这幅画挂在博物馆的展厅中，推镜头移到解说牌。

（参考清乾隆时文物）画见印刷品，藏何处待查。

（用长镜头即一个镜头拍成，中间不要断，这和画外音有关。）

郑燮《双清图》

中国美协上海分会、上海中国画院等美术单位被改编为军队编制的团、营、连、排的组织形式，合并成上海文化系统团部所属的三营四连。

4月24日，中国在酒泉卫星发射中心成功发射我国第一颗人造地球卫星"东方红一号"。

5月13日，倪贻德（1901—1970）在杭州逝世，享年69岁。

张红薇（1878—1970，上海中国画院画师）在上海逝世，享年92岁。

1971年　辛亥　五十一岁

1月25日（庚戌十二月廿九），外孙女马晴出生。

周总理为保护中国民族文化和老画家，亲自过问外贸的出口画，并且发出指示，搞好宾馆布置，要朴素大方，要体现我国悠久的历史和独特的民族文化，要挂中国画。

2月8日，先生与人谈画。

问：画人物画，您更重视速写？

程：学习中国人物画，如何练习基本功？我不是从素描着手，而是觉得速写是基本功中之基本功。怕画速写，开始时就要硬着头皮去画，画多了就会产生兴趣，以至兴趣无穷。在画时出笔一定要快捷，所以我经常画戏曲速写，学习快捷、精练，笔写意到，慢慢就上路了。如果用毛笔和颜色画速写，更会产生一种特殊的效果。

学习中国画胆子一定要大，一笔发现不理想，就重新画，有时线条要果断、明快、色彩鲜明并简练。千万不可照照片画，照片只是参考，画一定要比照片夸张，这样才会生动。

我学中国画时，开始从画山水入门，打了基础后，为了生活开始学画连环画，画人物画成了一大特色。画花鸟是在这基础上开始的。画花鸟如何能画得生动又逼真，并不落俗套？我汲取了之前画山水和人物画中构图的均匀、平衡的规律，在处理画面的宾主疏密、轻重、虚实和呼应的关系时，要恰到好处，要有特点，犹如一部交响乐，形成完整统一的旋律。

在处理有大群人物的画面时，关键要洋溢一种热烈的感觉和愉快的气氛，除了靠人物的姿态，不仅要优美又自然，神态上栩栩如生，还要有精神上的呼应。构图上要奇思巧构，变幻合宜，在传统上有密不容针、宽可走马的手法，突出重点，不但绘出了形，而且画出了神，给读者带来空灵、幽静的感觉。

3月8日，绘《春暖图》（梅花，35.2cm×49.2cm，嘉德2005年秋拍），题跋云："春暖。今朝偶有寻梅兴，春色争来挂杖前。龟堂题梅诗佳句极多，尚有'花气袭人知骤暖''花气袭山浑欲醉'。余曾过梅下，确有醉暖之感。辛亥花朝，十发并题记。"

3月15日，绘《杨子荣》，题跋云："程十发画。一九七一年三月十五日。"

3—4月，画院画师在上海郊区野营拉练约15天，在结束一天的步行后，立即投入画壁画、刻印宣传品等工作中。

为程助治印

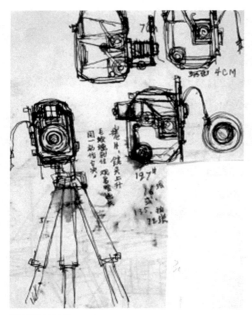

摄影器材设计

先生对摄影日渐专精，对各种相机颇有研究，尤其是相机的外形设计。因为在"文革"期间觉得无法以画画为生，就研究近10年外国器材的发展，设计了不少款式，准备改行，在这方面找职业。

当时上海船厂在条件比较差的情况下造出了一条大船，这一事迹非常感人，有关方面也进行了报道。画院支部书记沈柔坚亲自督促、确定就此事创作一套组画。于是先生和张桂铭、严国基、徐志文几次到沪东造船厂、江南造船厂、上海船厂深入生活，回来后画师们一起讨论构图、开观摩会，最后讨论定稿。画师们与工人同吃、同住、同劳动，收集素材时间长达三个月。最后除主要执笔的先生四人外，还有谢之光，另请陈秋草、应野平和姚有信等创作烘托气氛的背景，最终创作组画六幅，总题目为"上海造船工人大打翻身仗"。后该组画入选全国美术展览会。

为了记录上海工业化建设的脚步、描绘上海工业现代化建设的进程，画院多次派画师前往工厂体验生活，进行工业题材的创作。画师们深入生活、深入工农群众，为创作收集素材。他们多次赴造船厂、钢铁厂及港口机械制造厂。"当时'抓革命、促生产'的口号刚提出来，有关方面进行了报道，画院也决定组织一批画师创作相关题材的作品，这是当时画院里比较重要的一个业务活动。"画院画师张桂铭曾经回忆说："我们下厂也不止一次，有时候回来以后再去。我们边劳动边收集素材，基本上是同吃、同住、同劳动，我们和工人一起搬东西、做电焊切割。有时间就画头像速写，有时候我们也相互做模特。我们画了很多速写，因为当时一般都是根据速写稿创作，极少数参考照片资料。那时条件虽然差，大家却都热情高涨，并不觉得苦。"

7月1日，绘《南湖船》（60.5cm×48.5cm，嘉德2005年春拍），题跋云："公纪一九七〇年七月一日，程十发敬制。"

7月9日至11日，美国总统国家安全事务助理基辛格秘密访华。

初秋，绘《牧趣图》，题跋云："程十发写于芦子城西隅，时辛亥初秋。越一年，赠伟达同志，十发又记。"

东晋时吴国内史虞谭为防海寇入侵，率兵在吴淞口修沪渎垒。后在此基础上建东西二城，因周围有大片芦浦，故俗称芦子城。"芦子城"遂作为上海古称之一。

10月25日，第26届联合国大会上，通过了关于恢复中华人民共和国在联合国的一切合法权利和立即把台湾国民党集团的代表从联合国及其所属一切机构中驱逐出去的提案。11月15日，中国政府代表团正式出席联合国大会第26届会议的全体会议。

《南湖船》

11月2日，先生与人谈画。

问：当我看到您在20世纪60年代创作的少数民族作品时，感觉面目一新，与众不同，令人十分喜爱。一般中国画画人物都以中锋为主，您用优美的中锋线条画手和脸（尤其是侧面），其他衣饰及动物总用偏锋、侧锋来陪衬。

程：这是关系到"经营位置"。在组织线条、调配色彩时，都贯穿着一种装饰美的要求，但不等同于图案画。这个装饰美是对生活真实的提炼和加工，实际上包含着美的法则。这是特殊的艺术表现形式，它与现实是统一的，相辅相成，又真又美，其性质与传统戏曲中的程式相似。

写生稿一

写生稿二

　　20世纪60年代画的少数民族题材，因为少数民族服饰的多姿多彩，容易画出形式美的效果，其中装饰性的内涵是关键。

　　当我在强调装饰性时，为有更广阔的视野，采用了传统绘画中卓越的创造——散点透视法；在用色的装饰上，金碧青绿，丹朱铅白。在强烈对照中求调和，这是一种大胆的方法。在水墨画中，多采用墨色浓、淡、干、湿的调配，构成装饰的情趣。

　　为强调中国画的装饰性，反对了自然主义和形式主义，更多采用了浪漫主义，实际上也是中国绘画的优秀传统。

　　在画连环画的人物画时，就是把世界上一些有名的油画，都画成了线条画作为练习。

　　5月19日，徐森玉（1881—1971）在上海病逝，享年90岁。

　　6月1日，沈尹默（1883—1971，上海中国画院画师）在上海逝世，享年88岁。

　　9月5日，潘天寿（1897—1971）在杭州病逝，享年74岁。

1972年　壬子　五十二岁

元旦，绘《藏女牧归图》，题跋云："公纪一九七二年之元旦，程十发写。"

1月6日，陈毅（1901—1972）在北京逝世，毛主席出席追悼大会。

这一时期，许多艺术家相对开始有一定的自由，可以在家创作书画作品了。

1月16日，绘《牧羊图》，题跋云："介宇同志属写，十发，时一九七二年一月十六日晴窗。"

3月，为尚业煌绘《边区童心》小手卷，题跋云："壬子花朝下一夕为业煌法家制小卷，云间程十发同客黄歇浦。"

尚业煌（1919—2002），曾任上海博物馆研究员，长期从事文物鉴定工作。

4月16日（农历上巳，先生生日），绘兼工带写之《少女与长尾鸡》，题跋云："壬子三月三日，云间程十发写于上海。"

4月19日，绘《采梅图》，题跋云："清泉冷浸疏梅蕊，共饮人间第一香。壬子上巳后三日，获旧缣写此饯春，借老学庵诗二句题空，十发于上海。悬腕中锋画人物法自马钦山父子。"

4月22日，绘《鲁迅先生像》，题跋云："横眉冷对千夫指，俯首甘为孺子牛。时正列宁诞生一百零二岁寿，张之晴窗，程十发敬造鲁迅先生像。"

暮春，绘《草原赞歌图》，题跋云："客见石子专人物影本，询吾如何从中发微，余不及答。归舍灯下率意成一幅，代答客问。时壬子暮春三月，云间十发并于黄浦江滨。""聊写驼峰误远峰，马头琴韵伴春风。草原处处丰年乐，一曲赞歌悟儿童。画竟兴发，口占俚句，十发又题。"

6月，绘《芭蕉双雉》。芭蕉在风中飞舞着，充满了动感，线条如风趋电掣，充满了激情，本来活泼的雉鸡

《少女图》

《芭蕉双雉》

却略带惊愕，呆立其下。题跋云："壬子之皋月，云间程潼十发于黄浦西岸。"

6月15日（端午），绘《少女与小羊》，题跋云："壬子蒲节之午刻，云间程潼十发率写于黄歇浦畔。"

夏，绘《少女卧鹿》，题跋云："儿时于故乡佛字桥堍有一石碑，上刻十鹿，每见辄停步徘徊其下。此四十年前事。近年余喜鹿也曾思及之，今写小幅，有空处题数十字。壬子夏日十发于黄浦江西畔。"

夏，绘《长春图》（少女与鹿）扇面（西泠2005年秋拍），题跋云："长春图。近年余喜鹿也，曾思及之，今写小幅。壬子夏日十发于黄浦西畔。"

夏，将所作《牦牛少女》（45.5cm×69.5cm，嘉德2007年春拍）赠徐伟达，题跋云："程十发写于东海之滨芦子城郊。此习作已入故纸堆，为伟达同志检出，即以此持赠。壬子夏日，十发再记。"

夏，为缪廷杰绘《采芝图》，题跋云："壬子之夏晚窗有凉意，即兴写采芝图于东海之滨，十发。""廷杰同志迁新居，检奉补壁，十发又记。"

缪廷杰（1924—2016），江苏张家港人，1951年毕业于上海同德医学院，曾任上海医科学教授，《国外医学》编委，我国著名泌尿科专家。兼好丹青，与上海画家唐云、程十发、谢稚柳、陆抑非等都是莫逆之交。2002年，他出版了个人作品集《从野画集》，程十发为画集题字。

《饲鸡图》

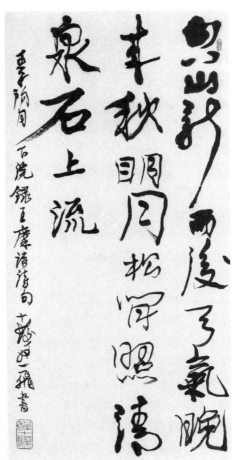

《王维诗句》

　　7月，绘《少女与大角羚羊》（81.3cm×76.2cm，嘉德2008年春拍），题跋云："壬子之且月，云间程十发写于东海之滨。画中大角羚羊并非国产，原自非洲之名种。十发检记。"

　　7月，绘《驯鹿图》（72.5cm×54.5cm，北京保利2005年秋拍），题跋云："壬子六月之晚窗，借熏风之凉意，用古人画壁法写驯鹿图。十发时居东海之滨。"

　　夏日，与王个簃合作《游戏图·草书七言诗成扇》，题跋云："壬子夏日写奉钟洛同志大教。程十发于黄浦西岸。"王个老款："鲁迅先生七律一首，一九七二年夏，钟洛同志嘱书。王个簃。"

　　秋日，为邵宇精心绘《竹林少女》，题跋云："邵宇同志大教，壬子秋日十发制于沪上。"

　　邵宇（1919—1992），1955年起先后任《人民画报》总编辑，《人民日报》美术组组长，人民美术出版社社长、总编辑，中国美术家协会常务理事、书记处书记。当日指引先生以少数民族题材入手开拓绘画新途，洵为"明灯"。

　　8月，绘《李时珍采药图》，题跋云："李时珍采药图。壬子之相月应良天医师命写，十发于黄浦西畔。"后于冬日在此幅上补长题云："溯余之旧籍，本世居云间枫溪之太平坊，曾祖业医，祖父业医，父亦业医。故余髫龄居然亦知有蕲州之李东璧先生其人。家曝书时每喜翻阅本草纲目之插图，并取其有趣者摹写之。余之学缋事，与此不无其因。五十岁后尝试绘李时珍先生问药图，共得二帧，其一已至海外，今家存初稿奉良天医师供养。念物之初生其形必丑，并记始末于嵩（端），乞良公教。壬子冬日，程十发记于灯下。"

9月12日，绘《彝族小朋友与小熊猫》，题跋云："壬子八月初五之夜，程十发写于东海之滨。"

9月20日，绘《仿青藤墨笔葡萄》，题跋云："问道羌葡萄，家家用醅酒。老夫画笔渴，此时饮一斗。前数日写小品人物，戏用青藤书意。后数日得见青藤写墨笔葡萄一幅，今仿其意并录其小诗。时正壬子中秋前二日也，云间程潼十发于黄浦西畔，画兴正浓时。"

仲秋，为家乡松江醉白池题"醉白池"匾。原匾额为王时敏

程十发夫妇在松江醉白池合影

所题，在"文革"初期被砸。后来批"黑画"时，"四人帮"在沪余党王少庸去松江看到后命令取下，被公园负责人暗中藏了起来。"四人帮"打倒后又重新挂好。

醉白池原系明代董其昌之旧园，荒废后历经清代多次整修才形成后来的规模与格局。该园以一泓池水为中心，池北筑堂，四面贯通，堂前植香樟、蟠槐，堂后栽黄杨、紫藤等花木。堂西筑水阁跨于池上。池周建廊、亭、舫；沿水环列山石，池东又有宝成楼等建筑，是文人园林的佳构。

9月25日至30日，日本内阁总理大臣田中角荣应周总理邀请访华。27日，毛主席在接见田中角荣时，谈起书法，说"要学一点书法"。随之《文汇报》发表了郭绍虞的文章《要学一点书法》。于是在当时其他协会都在抓革命搞大批判的时候，独有书法领域恢复了业务，这也是"文革"中艺术创作的一个特殊情况。

10月，绘《雨窗远眺》，题跋云："雨窗远眺。一九七二年十月写于洞庭东山。"

10月，绘《牧羊女》（75.5cm×59.5cm，北京保利2005年秋拍），题跋云："明祥同志补

壁，壬子九月初，十发于上海西隅。"后自题诗堂："牧羊女。乙酉（2005年）夏日程十发题旧作。"

10月17日，绘《屈子行吟图》，题跋云："屈子行吟图。壬子重阳后二日，云间程潼十发造于黄歇浦畔。"

10月18日，为汪大文藏明代澄泥砚砚盖绘《朝鲜族少女》纹样，由徐素白刊刻，题款云："壬子九月重阳后三日，为大文藏砚画小品，十发题，素白刻，大文之砚。"

10月20日，为郁重今绘《朝鲜长鼓舞》，题跋云："壬子九月十四日晚窗初霁，委邮奉重今先生法家大教，云间程潼十发氏写于黄歇浦西畔。"

10月21日，为宋玉麟绘《牧牛图》，题跋云："壬子九月之望，写奉玉麟同志大教，程十发草草。"

10月25日，绘《边寨节日》（197.5cm×120cm），题跋云："边寨之节日。一九七二年十月廿五日上海中国画院制。程十发。"画的是一群充满朝气的傣族少女骑着自行车赶集，朴实的民风、丰硕的果实，反映着新中国边疆物质生活的繁荣富足。因当时作画画家不能落款，故款识只写"上海中国画院制"，"程十发"三字为后来补题。在次年春所绘同一题材作品时就能落名款了，题跋云："边寨节日。一九七三年春，程十发写于上海。""傣村（边寨）节日"这一题材当时颇受欢迎，因为作品具有强烈的时代感，显示出厚重的现实主义情结和浓郁的生活气息，画面以崭新的视角、贴近生活的内容、亲切而朴素的语言，将画家真挚的情感与艺术的精妙完美结合，故先

《边寨节日》

生曾以之为母题绘数幅。

11月23日，与马国权去信云：
"国权吾兄如握：连续拜读大札两
封，告我请刻印章已经告竣，不胜感
谢。又以厚购食用托伟达兄带沪，只
有愧领。日后再报，一并谢谢！又蒙
再为贱躯奔走，求医问药，更使人感
腑铭心。弟前因心脏不好，约十年前
在乡间几度晕倒，经医验查，有冠状
动脉硬化之可疑。今年又验查，诊断
为冠心高血压，常半休在家。半月前
曾至苏州小游，精神较好，看来除药
物主治之外，还须休息。贵地医生所
开之药物如六九一一。弟可以买到，
定遵所教试用。希常来书赐教，现待
徐兄返沪，以尊篆先用为快耳。匆
匆，即颂大安。弟十发。一九七二年
十一月廿三日下午。"

12月1日，先生与人谈画。

问：来楚生老师的画用的线条带
有偏锋，总有种拙而耐看的特色。

程：来楚生的运笔线条，常显
露出"屋漏痕"的笔意，是种讲含
蓄、讲"留有余地"的笔法。笔虽尽
了而气意未断，给人给吃橄榄一样的
回味。

问：齐白石和吴昌硕的篆刻十分
有个性，用笔上可以学到什么？

程：将金石篆刻的特有韵味入
画，齐白石和吴昌硕有出色的成就。

为苏石风绘竹编盘二只

现代人多有效仿，但往往强调了老、
硬、断韵，失去了一个"糯"字。当"糯"性消失了，在线条的运用上，就出现了躁气，产生
干枯相，所以就减弱了笔气墨韵，画面的生命力趋向颓滞。

问：现代篆刻家有成就的很多，也有的似在告诉读者："你看厉害吧！"急转弯和夸张的
线条表露了一种表现欲。

程：现在是百花齐放。线条本身具有表现和装饰两种功能。线条长短粗细、轻重强弱有

规律地运用，又巧妙地适应了宣纸渗水的性能，就能以变化多端的线条来刻画形象，其立体感和质感耐人寻味，构成了画面的装饰美，产生了节奏感。山水画中应用了各种皴法，是线的合奏；篆刻也是同样的道理。

问：潘天寿的画总让人感到自辟捷径，超越了古代大师的法度。作品富有吸引力，耐人寻味。

程：潘天寿画的荷塘一角，清新古艳，有种高亢爽朗的秋气，沁人心脾，有董源之骨，牧溪之神，石涛、八大的意境，就像画黄山之松，表现出古厚浓郁的意味。潘天寿的用线有明显的个人特性，线条是中国绘画特有的表现手段，线的运用是中国绘画的优秀传统。

问：感到在中国画中，线条有种传统观念，线条的方向、节奏都会让人产生许多联想。应该如何来对待才是好的方法？

程：线条是为了表现、描述一个物体的形状而产生的。垂直线条代表生命和尊严，水平线表示安定和寂静，斜线表示行动和不平静，圆线和曲线象征优雅和成长。多种线条交替使用就更构成要表达的结构，线条的位置和方向只是一种象征。

我学习中国画的线条是从山水入手，增加装饰内容及书法哲学含义。

用线条描绘物体时，要特别重视物体的边缘线，要富有美感。往往用中线结合侧笔、粗笔、枯笔，画出物体的光斑和阴影，可增加深度感和立体感。有时表现得时隐时现，增加了想象力，并造成一种意境。

有时候在画作中，会用粗线条突出某结构，使画面不趋平淡，其他用淡墨或细微线条来陪衬和呼应，这样整个线条结构才能显示出来，才能显得丰满。

线条是由点、线、面组成的。点延长成线，点的扩大成为面。在绘画中如单单用中锋线条，往往为工笔画。我往往在细线条中用上很粗的一笔，成了笔触，是个面，加上干湿浓淡这

创作造船厂题材作品

种立体的线条表现，来构成中国画的基本韵味，达到生动的画面效果。

12月22日，绘《鹤寿图》，题跋云："鹤寿不知其纪也。壬子岁长，至夜客去后弄笔墨成数帧，有自得之乐，俟赠识者，十发。"

时年曾被邀请参加"第36届国际威尼斯双年会"的美术展览，但未成行。

虽然还顶着"反动学术权威"的帽子，先生仍慨然为陌生的晚辈俞汝捷联系配急救用药。

俞汝捷，1966年毕业于复旦大学中文系，曾担任姚雪垠助手，与马元浩是初中同学，后受邀为《程十发书画》（九本）每一册写序言。

画册《中国画》由中国轻工业品进出口公司、上海工艺品分公司编辑出版，画册中有山水、花鸟、人物及仿古画37帧。后该画册被批为"黑画册"。

《中国画》画册

1973年 癸丑 五十三岁

元旦，绘《红梅》小品遣兴，喜迎新年，题跋云："春晴又喜一花新。一九七三年元旦。"这幅是画面只有19cm×16cm的小品，体现了先生炉火纯青、轻重自如的画技。

当日先生还创作了大幅《春晴又喜一花新》（120cm×120cm），题跋云："春晴又喜一花新。一九七三年元旦写花圃嫁接新苗。"十年后补题："此十年前所作，不许署名字。一九八三年元旦，历十年后补题，程十发。"

1月，先生与张桂铭、严国基、徐志文、谢之光合作描写造船厂造船情景的国画《火树银花不夜天》由人民美术出版社出版。

1月，与汪大文、吴玉梅合绘《友谊情深》，题跋云："万古长流，友谊情深。一九七三年一月，大文、玉梅、十发合写于上海中国画院。"

2月2日（除夕），绘《春牛图》，题跋云："壬子岁除，写春牛图迎癸丑年，赠晓贤同志博哂（笑），十发草率之笔同客沪城西隅。"

2月3日（春节），为宋文治绘《牧趣图》，题跋云："癸丑春节，写奉文治同志法家郢教，十发习作。"

春，为苏国超绘《吉祥图》，题跋云："癸丑春节，正逢国超老棣大喜，因

《红梅》

遥在蓉城，不及亲趋造贺，特制吉祥之图祝贺之，程十发于浦江之畔。"

春，为曹漫之绘《欢乐的节日》，题跋云："欢乐的节日。一九七三年春天程十发写。是岁夏日，奉漫之同志法教，十发记。"

曹漫之（1913—1991），原名曹元鹏，山东荣成人。中华人民共和国成立后曾任上海市军事管制委员会政务接管委员会副主任，之后又任中共上海市人民政府党组成员、第一副秘书长兼民政局局长、市人民政府区政指导处处长。此后在华东政法学院教授法学27年，培养了大批

法学人才和政法干部。

3月，与徐伯清合作《牧羊图并行书诗成扇》（嘉德2011年春拍），先生题跋云："癸丑二月，云间程十发写赠维钧同志补壁。"另一面书法题跋："宋之问《题大庾岭北驿》诗一首。徐伯清书于上海。"

4月，为曹大澂绘《少女与鹿》（111cm×44cm），题跋云："癸丑暮春三月，云间程十发写于沪江。白山茶花参陈白阳法，十发又记。大澂同志法教，十发。"

4月25日，为黄新波绘《牧羊图》（85cm×40cm，西泠2009年秋拍），题跋云："癸丑三月廿三日，检奉新波同志法家大教，程十发于上海。""十发漫笔。"

黄新波（1916—1980），原名裕祥，笔名一工，广东台山人。1933年赴上海参加左联，并发起上海木刻工作者协会，中华人民共和国成立后，历任中国美协广东分会主席、广东文联副主席、广东画院院长等。多次举办个展，出版有《新波木刻选集》等。

5月，与夫人旅杭州作短期偷闲，住在杭州东坡剧院后楼的陋室内。此时周昌谷因肝病需要静养并躲避政治斗争，全家暂住浙江美术学院内僻处待拆建之破败食堂里。食堂空旷，门窗俱无，用砖瓦草率堵塞。先生虽然与周昌谷并非老友，亦不曾在浙江美术学院同事，仅在画坛上互相知名，并不相熟，但仍然托人联系，前去拜访周氏。先生见彼处四面漏水，便戏称这是"水帘洞""四照阁"为周昌谷解嘲。数日后，周素子代表哥哥回访先生，先生遂当场在所藏旧宣上绘《三阳开泰》相赠，题跋云："素子同志法家大教，癸丑初夏，云间程十发率写。"

后周昌谷介绍弟子韩国籍画家闵庚灿向先生讨教。闵氏大有侠气，曾出手为昌谷师打抱不平。

初夏，在杭州绘《水墨花鸟》，题跋云："癸丑初夏客武林，晓泉同志书斋雨窗弄墨，写水墨花卉禽鸟，师王澹轩参陈章侯旧法，求主人教我，十发并记。"

夏日，为尹口羊绘《雪中送炭》（彝族舞蹈人物），题跋云："舞蹈雪中送炭，十发速写赠口羊同志法家大教，时尹公自良山归来。癸丑夏日。"

开始创作《边寨节日》。因多年未正式动笔，笔法比较生疏，改变以前作画不打草稿的习惯，创作前开始打草稿。

7月，绘《驼群少女》。

初秋，为乐秀镐绘《荷塘牧牛图》（71cm×49cm，西泠2011年春拍），题跋云："秀镐兄近日画法大有进步，乃得运笔之道，晨窗读画欢喜，即将此帧设色后赠之。癸丑初秋暑热未退。十发。"

8月，绘《少女牧牛图》小品（28cm×35cm），题跋云："癸丑岁七月上浣，十发写小品。"十年后再题："此十年前所作，今检赠丽芬同志留念。癸亥暮春，十发再记。"

8月25日，为郁重今绘《少女小鸡》册页一帧（26.5cm×36.5cm），题跋云："癸丑七月廿七日，写赠重今老兄法家正画。云间程潼十发客浦江西岸。"

同日，绘《减笔孔雀舞》，题跋云："癸丑七月廿七日之晴窗，为一步楼主人写孔雀舞，十发信笔。"

9月，绘《花鸟册页》十二开，题引首云："涤砚。癸丑八月装成。十发题于浦江西岸。"

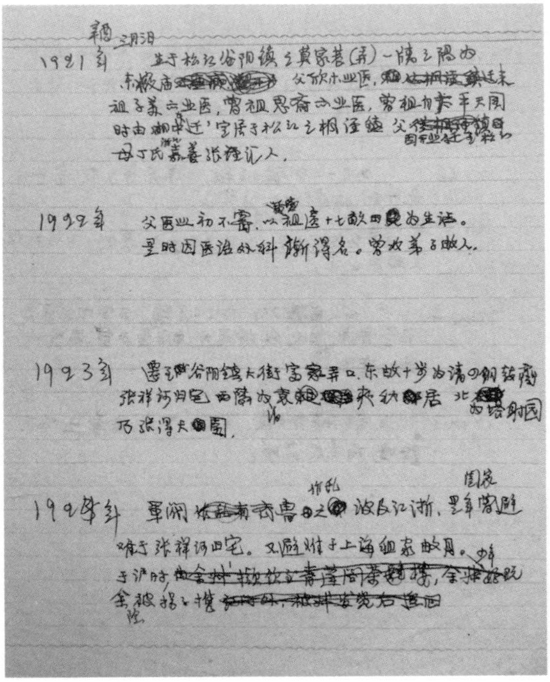

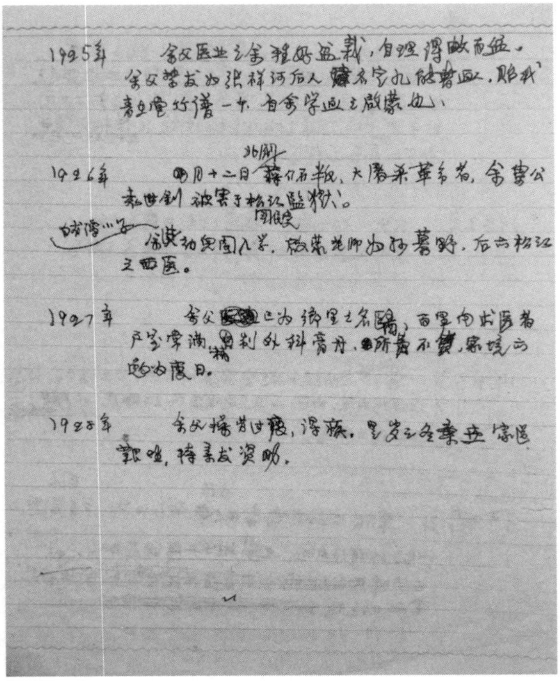

程十发自编年谱（1921—1928）

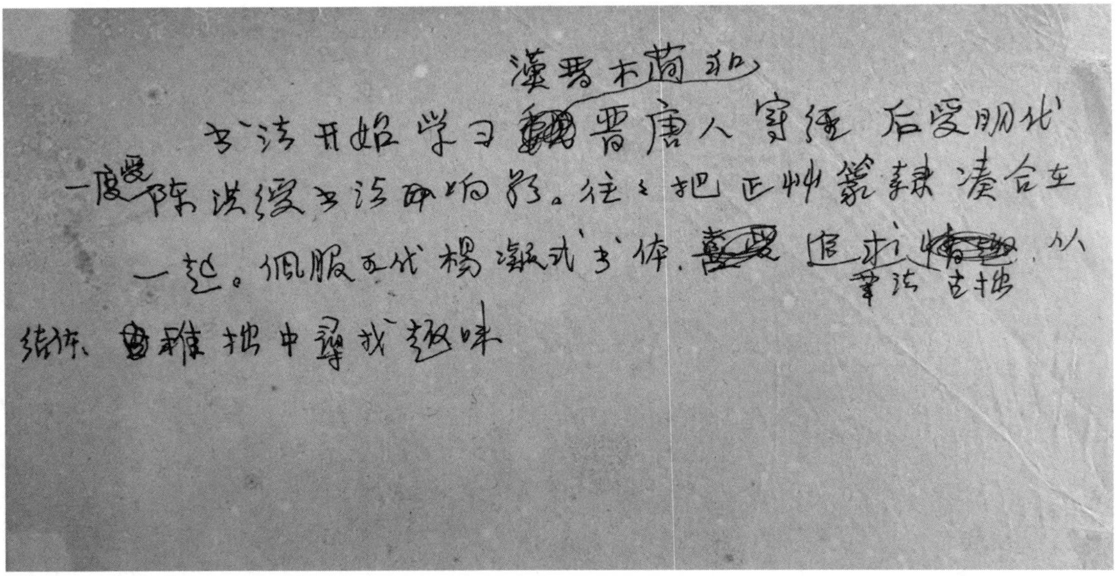

《我学书法的方法》手稿文字

题跋云:

"补之法所无,十发有之。"

"十发。"

"十发。"

"新竹出林时解箨,此亦放翁诗句,十发写于秋日晴窗。"

"十发。"

"鸢尾日称燕子花,亦名花菖浦,颇得命名真率之趣。十发写记。"

"十发写于黄歇浦。"

"此纸极生涩,颇难下笔,乃以坚率之法为之,反有生拙,抑为纸为我所用乎?十发并记。"

"十发写。"

"十发写墨兰。"

"十发。"

"朝颜,十发题日本名。"

国庆前夕,绘《草原新歌》(92cm×47cm,西泠2010年秋拍),题跋云:"草原新歌。一九七三年国庆前夕奉辰夫同志雅教。十发。"

林辰夫(1924—2006),山东烟台人。1947年加入中国共产党,从事政治宣传工作。历任山东省文教厅创作组组长、浙江省文联副秘书长、曾任浙江电视台台长、广播局副局长、中国电视艺术家协会首届副主席、中国电视戏曲艺术研究会会长等职。

《牧牛图》

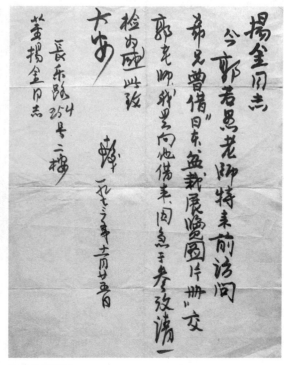

给董扬金写信

韩天衡为先生治印

《富贵安居》

10月，日本书法家代表团访问上海并造访画院。代表团成员有青山杉雨、香川风云、村上三岛、梅舒适等，都是日本第一流的书家。自此，日本书法界来访不断。

11月，绘《灵古寺茶梅》，题跋云："癸丑小春月，客金陵于灵谷寺，道中见茶梅盛开，十发写意。"

12月，收到友人自成都送来的一匣柑橘，兴来在外包裹纸上书屈原《橘颂》前半阕为回礼。题跋云："癸丑嘉平月之吉，国超老棣自蓉城倩友人贶余柑橘一匣，未及品味，即取包裹之纸率写屈原《橘颂》前阕以为酬，十发。"

12月，为郑重绘金笺设色《古瓶梅花》（72.6cm×41.5cm，嘉德2006年迎春拍），题跋云："郑重同志补壁。癸丑岁嘉平月，十发写于上海。"

本年韩天衡为先生治青田石姓名章"程十发"，刻边跋"十发先生指正，天衡刻于癸丑年"，并在印侧刻仿画像砖《驭马射箭图》。

继1972年尼克松访华后，本年包括中国绘画史专家高居翰在内的十人艺术和考古代表团访华，进行了为期一个月的考察活动。高居翰一到中国就向人打听一位叫程十发的画家，几经周折，终于见到了先生，两人很快成为好朋友。在来中国之前，高居翰已经在纽约拜访著名华人画家、藏家C.C.王（王己千）时得知了先生之名，王己千请高居翰欣赏了他收购的、先生创作于1962年的一本册页，共有12张画。王己千提醒高居翰，这位画家值得关注。

潘志云（1913—1973，上海中国画院画师）在上海逝世，享年60岁。
李秋君（1899—1973，上海中国画院画师）在上海病逝，享年74岁。

1974年 甲寅 五十四岁

2月15日至4月5日，"内部批判画展"（又称"黑画展览"）先后在中国美术馆和人民大会堂举办，展出18位画家的215件"黑画"。其中有黄永玉的《猫头鹰》、黄胄的《任重道远》、李苦禅的《荷花》等。

3月20日，上海《文汇报》刊出《一本地地道道的"复礼"翻案的画册——评〈中国画〉》一文。

4月15日至5月4日，上海仿效北京开始批"黑画"。《中国画》画册中的作品都被歪批、污蔑成了"黑画"，其中包括先生的《秋》（牧牛图）、来楚生的《桂与鸡》、唐云的《竹林麻雀》、林风眠的《山区》、应野平的《朝晖》、王个簃的《茶花》、陈大羽的《迎春》、周昌谷的《荔枝熟了》等等。"四人帮"余党两次到上海画院煽风点火，对先生进行人身攻击，

《秋》

说《秋》是"抽象派的笔触加上士大夫的感情"，"画上的五头牛，是地、富、反、坏、右的化身，落款'写于黄浦西岸'，画家在丑化浦西的落后"。多次开大小批斗会，强迫先生进行检讨，要他自认是美术界复辟的典型。

《中国画》的主编徐伟达后自述这本画册的出版缘起以及与先生的关系：1971年，上海文物商店拆散后，我进入上海市工艺品进出口公司工作，负责中国画的出口业务，经常参加广交会。1972年下半年，公司为了扩大出口业务，纷纷印制出口商品的样本，工艺品公司也制定了一套印刷出口商品样本计划，其中由我负责编制现代中国画的广告样本。我在编印这本广告画册中，根据国外客户的需要，以及当时的形势（如谢稚柳、陆俨少等画家所谓的政治问题没

有解决，所以不能编入），逐级上报批准才决定画家的名单。程十发先生的画作在海外以及港澳地区很受欢迎，而且出口价位也较高，广告画册中占有一页。我和十发商量后，他很认真，他认为：虽然是一本广告画册，却是"文革"中第一本中国画画册，他自己选了一页《少女与牛》，并亲自定名为《秋》，意思丰收之日，牛与人休息之意趣。画面是傣族少女牧牛群，有老牛又有小牛，生生不息，国泰民安。这本名为《中国画》的外贸广告样本印成后，还没有对外发送，即遭到批判。他们在批判时，把十发先生的题款也曲解了。十发先生的题款是"程十发写于黄歇浦西畔"（十发先生住在浦西延庆路），批判时有意把"程十发写于"几个字漏去，批判文章称之把"大好的黄浦江西岸遍地红海洋"画成"仕女、老牛的闲情逸趣，封资修的景象"，成为上海头牌"黑画家"，我也受到批判。可见这些人文理不通。

上海市革命委员会副主任等指令上海美术作品展览筹备组在南京路上的上海美术展览馆举办声讨性质的"黑画展"。批"黑画"时从家里取走画去展出，共有林风眠、丰子恺、程十发、唐云、刘海粟、刘旦宅等画家180余件作品，并在上海天蟾舞台组织批判大会。当时先生的作品最多，其中一幅工写结合的《芭蕉双雉》尤为精彩。当时的《文汇报》《解放日报》刊登整版的批判文章，进行攻击和毁谤，先生是四个重点之一。展览虽谓"黑画展"，参观者甚多，但观者欣赏沉默的多，批判的少。

5月左右，为韩天衡绘《芭蕉双雉》，题跋云："豆庐主人曾见予写山鸡芭蕉图，喜其飞白与五彩相杂，略具真趣。今再用前法写此以奉，于海上寓次，十发并识。"

据韩天衡回忆：1974年，在南京路上的美术馆举办声讨"黑画"的展览，其中数发老的"黑画"最多，至少40张。说实话，当时我去看"黑画"，是带着欣赏的心去学习、领悟绘画之道的。展品中有发老一张用工笔却以写意笔墨表现的《芭蕉双雉》，此作气势之宏大、格局之壮伟、笔墨之炫幻，令我越看越喜，暗暗赞叹不已。走出"黑画展"，顶着酷日，我便

《报春》

《芭蕉双雉》

去了发老家，开门见山说："发老，我今天去看'黑画展'了，您的那张《芭蕉双雉》让我感动，真是神来之笔！我在这张画前足足享受了10分钟。"发老听后，惊愕不已，说："人家都在批判我，你还这样讲，不怕惹祸啊。"然后会心一笑。

一个星期后，发老来封短信，让我有空去他家里。隔日，我去了。发老借租的一栋三层小楼里，住了好几户人家，都是美术系统的"革命群众"，只有发老一人是墨墨黑的"黑画家"。夏天，因为要通风，门窗都开着，发老十分谨慎，踱到这扇门外张一张，又去那扇门外望一望，确定没人，便迅疾地从床席子下面拿出一封信，说："这里面就是你那天'黑画展'上看到的，按那意思画的。你回去再打开看。"回到家里，我便迫不及待地打开观赏。画得真好，但总是没有"黑画展"上那张画彰显得肆无忌惮、目空一切的雄浑奇气。过了几天，我到发老家去："发老，谢谢您啊，那张画画得非常好，但我总感觉'黑画展'里的那张更好。"发老说："这张你先拿着，将来如果有一天，云开日出，那张画能发还给我的话，我还送给你。"

5月29日，先生给苏国超长信中说道："关于我目前情况，我参加了全市性大型批判会两次，第一次是由上海市美术创作办公室举办的，会上批判了黑画册《中国画》的出笼前后，点名批判了刘旦宅和我二人，发言稿已于5月28日的《解放日报》上发表，请你检读。最近一次全市大会是由市总工会、团市委、妇联、文化局、出版社（局）等六个单位主办，共批判了五个美术界复辟代表人物——刘海粟、刘旦宅、丰子恺、我、张自尊，工农兵发言批判，对我教育很大，发言稿可能要见报，请注意《文汇报》及《解放日报》二报，我相信你读了以后一定有收获，我的情况根据市领导同志意见放到社会上去批判肃清流毒。""我总不想在运动中做反面教员，因此我感到这种旧画没有再制作的必要。""我已几个月连毛笔也没有接触过，这样比较安静。"

苏国超是20世纪50年代初期与先生通信结识的忘年交，当时还是在四川念书的小学生，两人通过通信交流学画心得和作品，直到1975年夏天才在上海第一次会面。

"批黑画"运动中，先生的《海瑞的故事》《太平天国的故事》等插图，还有他根据周恩来指示画的宾馆布置画，都成了批判对象。"文革"初期的冲击，主要针对老画家，先生当时资历尚浅，批斗时属于排在后面"陪衬"的。但到了"批黑画"时，许多老画家都被迫害死了，先生便首当其冲，压力之大，前所未有。

数年后先生特绘《朱竹》并题跋谈及当年"批黑画"的往事："黑白水墨乃艺事之形式也，用黑白概括色彩系中外古今共通之手段，不审有人诬为黑画。君不见老子知黑守白、和光同尘之哲理，千古共鉴其科学性。而以朱写画并非红画，缘起于苏东坡游戏三昧。余写朱竹一页，聊当万年笑话，以示子孙恐笑掉牙齿。十发并记。"

1975 年　乙卯　五十五岁

2月，画院组织画家为上海新建的万人体育馆作画。

先生因患高血压，初春赴苏州邓尉观梅花，在无边无际的花海中心情豁然开朗，感到这1000株梅花就是1000个希望之神，送来1000个温暖的希望，鼓励他去战胜风雪，自此后特别爱画梅花。后在某帧画梅习作上，先生在题跋里写下了他的心得："梅花有单瓣如杏梅，有复瓣如骨里红，皆有奇香。古人写梅蕊极刻画用笔，如老干疏枝以飞白法，画花蕊以金错刀法，其中千变万化，识者自能辨之。扬无咎四梅花卷看似平易，而梅花之神态尽得其笔也。"

某日"四人帮"上海余党"文教书记"去龙华苗圃，看到君子兰说："花草也叫君子，难道还有叫小人的花草吗？"先生听后更爱画那"不起林而独秀，必固本而丛生"的兰花。

先生多次画涉江的屈原以及荷花，热情赞赏荷花"出淤泥而不染，濯清涟而不妖"的品质。

4月14日（农历上巳，先生生日），绘《先棉图》（黄道婆），题跋云："先棉图。乙卯岁上巳檠下里人程十发拟稿。"

5月，中国登山队成功登顶珠穆朗玛峰。此后先生以"攀登珠峰"为喻鼓励汪大文"取法乎上"。他说："登山登到最高峰，登上喜马拉雅山，即使掉下来也高于其他山峰。记住，传统笔墨是老祖宗。"

6月14日（端午），写金陵十二钗水墨刍稿。后先生将之赠魏绍昌，画曲引一页，因奇数又补顽石一方。除先生自题跋外，另有吴世昌在1978年后对题诗句。

册上题跋云：

"余为《石头记》拟写十二金钗草稿赠绍昌兄留念后又属画曲引一页，因奇数又补顽石一方。十发记。"

"无才可去补苍天，枉入红尘若干年，此系身前身后事，倩谁记去作奇传。十发刍稿。"

"顽石难悟

三生石畔忆同游，水到灵河带恨流，生公纵有粲花舌，顽石何尝解点头。世昌合十。"

《墨笔花鸟》

"开辟鸿蒙谁为情种，都只为风月情浓奈何天，伤怀日寂寥时，试遣愚衷，因此上演出这悲金悼玉的红楼梦。十发刍稿。"

"警幻司情

难补娲皇有恨天，飘零那不染尘缘，可怜煅（锻）炼通灵后，忙煞多情警幻仙。吴世昌题。"

"兼美惊梦

仙姑有妹正当年，绝代佳人绝妙缘，不道迷津惊噩梦，芝田洛浦俱茫然。吴世昌。"

"群艳射谜

世态纷纭类转蓬，谁将隐语启愚蒙，他年往事成追忆，尽在今宵一梦中。子臧。"

"画梁春尽落香尘。十发刍稿。"

"可卿失足

雾阁云窗手共携，春池吹绉阿谁迷，天香楼静无人到，底事空梁落燕泥。海宁吴世昌。"

"须要退步抽身早。十发刍稿。"

"元春托梦

富贵从来梦一场，抽身退步计宜长，他时梦断人安在，寂寞昭阳到夕阳。吴世昌题。"

"侯门艳质今蒲柳。十发刍稿。"

"迎春误嫁

道书一卷便消忧，莫怪人呼二木头，一自娇花栽粪土，怨魂空吊紫菱洲。吴世昌题。"

"一帆风顺路三千。十发刍稿。"

"探春远别

一日风波十二时，海天寥廓动深思，元妃内殿深于海，岂待浮槎始泪垂。吴世昌题。"

"春荣秋谢花折磨。程十发写红楼梦十二金钗刍稿。"

"惜春出家

绘就名园敌花工，香闺误了绣芙蓉，只因写尽三春景，顿悟丹青色是空。世昌和南。"

"古来将相可远存，也只是虚名儿与后人钦敬。十发刍稿。"

"李纨教子

孤帏寂寞度残春，赖有佳儿慰寡亲，若使无才真是德，怎教培养接班人。吴世昌。"

"一场欢喜忽悲辛。十发刍稿。"

"熙凤贪贿

算尽机关只为财，乃知凡鸟本庸才，阴司地狱卿无惧，哭向金陵究可哀。吴世昌。"

"纵然是举案齐眉，到底意难平。十发刍稿。"

"宝钗扑蝶

窃粉偷香到处飞，随风逐影舞杨妃，惊心滴翠亭中语，嫁祸无人识暗机。吴世昌。"

"霁月光风耀玉堂。十发刍稿。"

"湘云拾麟

造化阴阳数不齐，侍儿痴语亦天倪，麒麟却是无情物，一个东抛一个西。吴世昌。"

"想眼中能有多少泪珠儿，怎经得秋流到冬，春流到夏。乙卯蒲节云州程十发为金陵十二

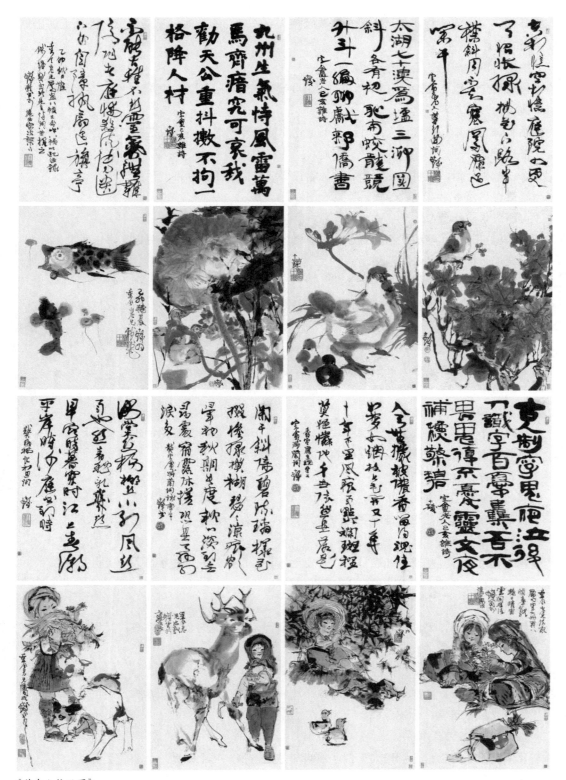

《花鸟人物册页》

钗造像刍稿。"

"黛玉焚稿

天生人间雨渺茫，花笺枉费泪千行，任教心血成灰烬，莫使痴情更断肠。吴世昌题。"

"太高人愈妒，过洁世同嫌。十发刍稿。"

"妙玉赠梅

居近温柔富贵乡，莺歌燕舞恼人肠，华严净土徒虚语，怎比红楼雪里香。世昌并篆。"

"留余庆。十发。"

"巧姐归农

逃出烟花巷里身，稚牛背上见天真，程高不解曹公意，错把巧儿嫁富绅。吴世昌七十以后作。"

"红楼梦人物图咏。吴世昌题咏，程十发制图，魏绍昌珍藏。"

魏绍昌（1922—2000），浙江上虞驿亭人，著名红学家。1943年毕业于上海光华文学院历史系。上海红学界元老，与邓云乡、徐恭时、徐扶明并称"上海红学四

《红楼梦》十二金钗·探春

老"。1976年魏绍昌萌发约请中国当代诗人、画家、书法家及红学同好为《红楼梦》题诗作画的想法。1976—1980年，魏绍昌奔走于京沪之间，叩开吴世昌、俞平伯、周汝昌、启功、程十发、戴敦邦、谢稚柳、茅盾、叶圣陶、沈从文、俞振飞、施蛰存等70多位大家的门扉，成就了汇集诗书画印的红楼雅集。

"四人帮"粉碎后，赵丹曾画兴大发，据《红楼梦》第三十八回咏菊的故事情节，画了12幅菊花诗意图赠给魏绍昌，魏氏请白杨将书内的12首咏菊诗抄写上，并请茅盾、叶圣陶、夏衍、冰心、俞平伯、臧克家、钱锺书、启功等许多前辈友好为册页题字赋诗。这可能对先生创作《咏菊》组画（后未完成全部12帧）产生了影响。

吴世昌（1908—1986），字子臧，浙江海宁人。著名汉学家、红学家。历任国立北平研究院史学研究所编辑，《史学集刊》编委，西北联大、西北大学国文系讲师。著有《红楼梦探源》《红楼梦探源外编》等。

8月13日，绘《芹溪先生著书图》，题跋云："芹溪先生著书图，乙卯七夕云间后学程十发刍稿于上海西隅。"

秋，韩天衡为先生治"鲈乡人"印。

《霜叶红于二月花》

9月中下旬，中秋节前后，作《乙卯秋日写花鸟八种》册页，不知是否出于谨慎，8幅画上均无题诗，而在跋中则说明是"为大文写花鸟八种"。8幅画上的鸟儿都成对，其中数幅明显画出雌雄不同，并将花鸟名称一一列出，其中或许还含有教学示范的意味。《鸳鸯》一帧题跋云："乙卯中秋后二日，十发戏写小品。"

蓝天野因工作来沪，抽空几乎每天都来拜访先生。先生绘《橘颂》赠之，纪念15年前因电影《任伯年的画》而开始的两人交谊。画上录《橘颂》全文并题跋云："屈子《九章》之一《橘颂》，写其大略，奉十五年未晤一旦重逢之，天野兄大政，乙卯仲秋十发于海上西隅。"

秋日，在旧绘山水扇面的另面书录柳宗元《小石城山记》全文及柳宗元《冉溪》诗一首，并题跋云："检得旧时画扇一页，其景物偶合柳子诗文意景，补录奉善基同志留念，乙卯秋日程十发书。"

10月，为在华生活、创作的韩国仁川籍画家闵庚灿（1935—2022）赠砚台一方，背铭："针砭贬良医，绳墨付大匠，吾以片石奉闵子，闵子铮铮，订为石交。乙卯重阳前数日以砚奉德卫兄文玩。十发铭。"先生赠人以画很多，但赠砚者少。

11月8日，绘《田间速写》，题跋云："田间速写。一九七五年十一月八日，于白遗桥，十发。"

冬，绘彩墨大写意山水《霜叶红于二月花》。后此幅藏家将之展现在陆俨少面前，陆老倾倒之余，当场挥就一幅类似大小的同题作品配成一对。

2月5日，来楚生（1903—1975，上海中国画院画师）在上海逝世，享年72岁。
9月15日，丰子恺（1898—1975）在上海病逝，享年77岁。

《报春图》

1976年　丙辰　五十六岁

元旦，绘《报春图》（89cm×65cm，嘉德2005年春拍），图中一群女邮递员骑着自行车穿过红梅林送报，题跋云："报春图。一九七六年元旦程十发制。"

元旦并书《行书录毛主席词》（78cm×43cm）："毛主席词：水调歌头·重上井冈山。久有凌云志，重上井冈山。千里来寻故地，旧貌变新颜。到处莺歌燕舞，更有潺潺流水，高路入云端。过了黄洋界，险处不须看。风雷动，旌旗奋，是人寰。三十八年过去，弹指一挥间。可上九天揽月，可下五洋捉鳖，谈笑凯歌还。世上无难事，只要肯登攀。一九七六年元旦应晓贤同志属，程十发敬书。"

上款人张晓贤，字帆波，浙江杭州人。张氏原在上海市卢湾区瑞金街道任职，曾供职上海友谊商店，后赴美。工作之余雅好书画，与谢稚柳、陆俨少、唐云等皆友善。

1月8日，周恩来总理（1898—1976）在北京逝世，享年78岁。

为寄托哀思，先生创作《伟躯静卧花叶中》及《参天古柏》等作品。

1月（画题乙卯冬日）所绘的《参天古柏》，古木饱经风霜而劲节不屈，浸润着画家对总理的深深爱戴和怀念。9个月后，"四人帮"被粉碎，画家怀着胜利的喜悦，又在柏树周围添上了野杜鹃。

此外还与汪大文合绘《周总理像》。

元月，行书录曹操《观沧海》诗，题跋云："丙辰元月试日本仿茅龙笔。"茅龙笔传为明代大儒陈白沙采用新会圭峰山上的茅草制作而成，其茅锋修长而富有弹性，作书法时笔画硬朗、苍涩，牵丝与飞白相得益彰，且还带有阳刚之气。

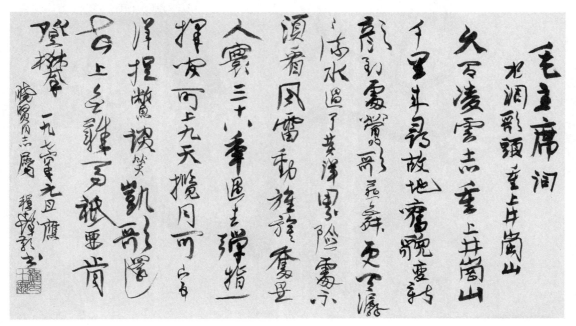

《行书录毛主席词》

《橘颂》

《观沧海诗》

《花卉》手卷

1月30日（除夕），题清八大山人《墨荷图》云："世人珍视八大之迹，定是重其笔也，亦重其气节耳。八大之画，若非八大之作，即请效其笔墨，仅为刍狗，无足称贵也。余见八大写墨荷有数十本，读画之时，只见八大而不见笔墨，虽本本相似，然拜瞻八大其人虽同又不同也。乙卯除夕，又展卷，略有所思，谨跋于卷后，十发题。"

2月，绘《真知》，画上一年轻女子在农忙之余，还在伏案学习毛主席的《实践论》，题跋云："真知。一九七六年二月，十发拟草图。"

3月12日花朝节（农历二月十二），以气势磅礴的行草录徐渭长诗《女芙馆十咏》，并绘花卉十种以和诗意，用笔来倾诉、抒发奔腾的情感。卷首题跋云："徐青藤女芙馆十咏，十发偶用茅龙笔书录，时正百花生日，十发识。"卷尾题跋云："右十咏，一为芙蓉、次芭蕉、玉簪、萱、藜、鸡冠、山楂、野葡萄、土菩提，原文脱菊花二字，丙辰花朝临晨窗书天池山人诗，并佐以拙画十种。云间程潼十发遣兴。丙辰秋日付多多卅初度纪念，十发记。"

《女芙馆十咏》可谓徐青藤书法巨迹，现藏于上海博物馆。此卷徐渭录其咏花草诗十首，其中第二首实为氏咏菊花诗，但在卷尾自题"右十咏，一为芙蓉，次芭蕉、玉簪、谖（萱）、藜、鸡冠、山查（楂）、野葡萄、土菩提"之时，漏注"菊花"两字。十发先生此卷录其全文，全篇行草纵肆激越，得天池山人书法之气韵三昧。诗卷正文释文如下：

一花流采著书边，五寸芙蓉二月迁。侧水羞生初试镜，啼红娇杀未笄年。丛藜恶棘穿根切，大柳深江浸瘦眠。戏取世间闺阁事，旌题霜色屋梁悬。[芙蓉]

曾是将军蒔菊余，尚遗秋雪一藤瘤。篱香伴酒经三主，钱树涂银散五铢。往往抱霜冰夜蝶，亭亭插帽朗晴莫。落英又道堪餐甚，坐看柴桑一事驱。[菊花]

萧然长袖绿衫翁，听雨勾风事事中。大叶尽胜摩诘雪，高花那堪美人红。即陪霜露秋墙萎，亦伴椒脂粉壁空。一样连宵明月影，今朝先缺两三从。[芭蕉]

玉簪抽影暗差差，半占荒阶无尽期。小姁将花曾抱粉，饥人望叶拟挑鸥。红芙晕脸双俱映，绿鬓搔头一不施。定作蛴螬根叶想，化为蝴蝶等儿嬉。[玉簪]

吴刀断水水难分，借景忘忧忧转频。丹棘空长辞草鹿，白头犹见倚门人。渐邻恶雪屠冬候，别字黄花扰馔辛。叶上有虫秋唧唧，汝南伤别北堂辰。[萱]

笑将一干尝妻儿，病骨饥肠两责之。多事去燃天禄字，安鸠来过老人眉。山林猛兽今谁是，早晚繁霜正尔持。他日短长凭杖者，人间数尺紫玻璃。[藜]

百叶秋皋尽一飞，霜天孤尔伴鹑衣。锦缨未斗知谁绝，绛帻初笼听漏归。同腐怜侬终草木，高颠学凤自仪威。少翁枉有弹尘物，半向南山额上巍。[鸡冠]

如闻海鸟不宜牲，亦似山查便野生。红后满村量雀卵，秋来偏此只风声。对苹犬马伤孤抱，种豆迂谈少一甥。奇来往细腰争窣，蜜莫须移浸与东陵。[山查（楂）]

旧栏东畔野葡桃，亦是张骞大宛苗。既取夏阴飞作霰，讵嫌秋蒂累如椒。月蠕墙影霜蛇去，风引藤香瓦兽飘。付与荒阶随意系，犹胜恶棘坏兰梢。[野葡萄]

菩提五树百颗悬，但策西功最尔先。点检小魔空黑豆，糊涂大事有青天。雀饤晴向珠边结，舍利难飞死后燃。相伴荒涂行不久，维摩示病已连年。[土菩提]

2月下旬，游苏州。26日，游香雪海并绘写生稿。27日，绘光福塔写生稿。

3月底，先生生日前数日，为王伯敏绘《李青莲像》（38cm×31cm，西泠2019秋拍），题跋云："秋来相顾尚飘蓬，未就丹砂愧葛洪。痛饮狂歌空度日，飞扬跋扈为谁雄。伯敏先生属制青莲造象（像）并录杜诗一首，云间程十发，丙辰上巳前数日雨窗。"

王伯敏（1924—2013），别名柏闻，笔名田宿薲，斋号半唐斋，浙江台州人。1947年毕业于上海美专，入北平国立艺术专科学校，受业于黄宾虹，又求学于北京文学院，专攻美术史，兼习国画。工书画、诗词。曾任中国美术学院教授、博士生导师、浙江美术家协会理事、西泠印社理事、黄宾虹研究会副会长。

4月5日，在北京天安门广场，大批党员、工人、学生、干部甚至士兵和农民，为了悼念周总理，也为反对当时还当权的"四人帮"，举行自发集会活动。

4月7日，俞汝捷从武汉到上海拜访先生，两人讨论《红楼梦》中的若干话题。

《红楼梦》既是小说，主要人物和情节当然是虚构出来的，所以过去的索隐派将书中人物、情节简单地等同为现实中的某人某事，显然站不住脚。

春，绘《湖上春岚图》横幅小卷（17cm×105cm），题跋云："丙辰之春，十发为一飞同志试制湖上春岚图。"

陆一飞（1931—2005），别名瑞云，又名挹斐，浙江余姚人。上海中国画院一级美术师、中国美术家协会会员、上海市文史研究馆馆员。擅长山水画，师承国画大师吴湖帆、陆俨少。1960年毕业于浙江美术学院中国画系，师从潘天寿、邓白、宋中元等名家学习人物画。曾担任余姚市人民政府高级文化顾问、三北书画院名誉院长、余姚市画院名誉院长等职。

6月18日（农历五月二十一日），外孙马亮出生。

6月中下旬，由画院组织，在先生的带领下，毛国伦、吴玉梅、汪大文、徐元清、张迪平等一同到黄山茶林场深入生活、体验写生。当时条件简陋，山上生活很艰苦。先生和大家一起住在集体宿舍里，背着几十斤的画具和行李一起爬山，留下了一批生动的黄山写生画稿，从画稿上的题识可见先生写生足迹遍布黄山胜景，无处不可拿来笔下，计有散花坞、蓬莱

《瓶中牡丹》

《黄山茶林场》速写

《黄山茶林场》

《少女与鹿》

《双柿图》瓷盘

三岛、狮子峰、始信峰、玉屏峰、逍遥溪、莲花峰、天都峰、曙光亭、百丈泉、天门坎、立雪台、百步云梯、万松林、清凉台、黄山宾馆等等。从中可以看到先生高妙的速写能力和构图功力，同时不因素描而舍墨一味求笔，行笔果断苍劲有力，线条却又婉约多姿，富于节奏感。先生还与同行人一起在太白楼前合影留念。

据汪大文回忆，"平常我们见程先生画画时总是健笔如飞、挥洒自如，竟没想到，他对景写生却是如此投入，观察对象也如此细致入微，考虑布局又如此缜密严谨。他对我们说，写生的时候一定要观察仔细，这样收集来的素材才可以用于创作。他时常要求我们画画该用线条的时候就都用线条，不可线面混杂，对我启发很深"。

夏日，绘花鸟画《山雨鸣泉》，题跋云："丙辰夏日客黄山散花坞听雨，平凡同志大教，程潼十发写于上海。"

《外孙女马晴写照》

夏日，绘《李白像》，题跋云："丙辰初夏经歙县太白楼，归写青莲画像奉业煌老弟法政，十发。乍展垢公画，又寻老衲坟。古楼名太白，重读清溪吟。老衲即渐江。十发并题过歙诗一首。"

7月6日，朱德委员长（1886—1976）在北京逝世，享年90岁。

7月28日凌晨，河北唐山、丰南一带发生7.8级地震，波及北京、天津等地。地震中累计遇难24.28万余人，重伤16.49万余人。

7月30日，为外孙女马晴画了一幅在花丛边小憩的画像，题跋云："丙辰七月初四，为外孙女马晴写照，十发。"

8月，先生到枫泾，在镇文化站为美术爱好者示范作画。

夏日，为郭鹰绘《弹筝图》，题跋云："郭鹰老兄弹筝图，丙辰夏日程十发写真。"先生并将春日所绘《早春图》（墨梅）横幅赠给郭鹰。《早春图》上凡三题："早梅发高树，迥映楚天碧。朔吹飘夜香，繁霜滋晓白。欲为万里赠，杳杳山水隔。寒英坐销落，何用慰远客。春

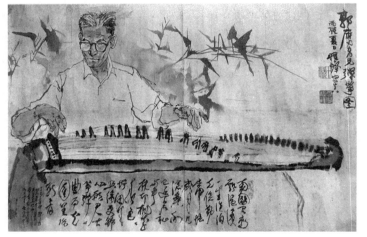

《弹筝图》

日画梅一本并录介甫先生诗于上，十发。""子厚名诗识题误书介甫，唐宋之法家，不为罪吾乎？十发检误。""郭鹰老兄为吾弹筝曲名报春，即检拙笔献丑，十发并识。"

　　当日郭鹰为先生弹筝一曲名为《报春》，先生遂找出春日所绘墨梅图一幅相赠，盖因原先题诗为唐柳宗元《早梅》诗一首，但先生误书为宋王安石所写诗，故又补题改正，加上赠言，于是有三段题跋于其上。

　　国乐名家郭鹰（1914—2000），广东潮阳人。潮州筝派著名筝家，上海筝会首任会长。"八一三"抗战期间参加上海潮州人组织的岭东丝竹会和新潮丝竹会。1941年在上海兰心大戏院第一次向上海观众公开演奏潮乐《寒鸦戏水》《过江龙》等乐曲。1950年创办上海潮州国乐团。1951年录制了潮筝曲《寒鸦戏水》唱片。1952年任上海民族乐团古筝独奏演员。1960年应聘于上海音乐学院、南京艺术学院等院校，传授和指导了一批古筝演奏家。

　　9月上旬，中秋节前后，作《鲈乡杂缋册》（十二开），绘写意花卉、双鹿、山水、黄道婆、延边姑娘等多种题材。

　　9月9日，毛泽东主席（1893—1976）在北京病逝，享年83岁。

　　先生之后接受任务创作大幅《红太阳——"她在丛中笑"》（237cm×173cm，约37平尺，保利2011年春拍），花费数周时间才创作完成，当时基于种种原因未落款。直到晚年，先生重见此幅激动非常，欣然写下了"她在丛中笑"五个大字，还专门用朱砂写了"毛主席永远活在我们心中"的款识。

　　10月6日，"四人帮"被粉碎。为庆祝粉碎"四人帮"，纪念这个象征祖国春天来临的时节，先生创作了一幅《猎归图》，描绘草原上两个少年消灭了害人的四条豺狼，骑马胜利归来的欢乐情景。此画曾参加展览，后制作成多种印刷品广为流

《红太阳——"她在丛中笑"》

传。且先生在家中和夫人吃四只大闸蟹为贺。先生在自己所画的一幅《螃蟹图》上题道："余素不画蟹，自一九七六年十月以后世人皆画蟹，故余亦试画之。"

在10月"文革"接近尾声时，当时谷牧副总理派了曹大澂，以中国轻工业总公司出差名义来上海了解"四人帮"情况，副市长王一平安排市委秘书处处长李庸夫负责和曹联系。为避人耳目，两人天天

生活照

来先生家茶谈，李庸夫将上海市委会议记录交给曹大澂，整理成简报，上报给谷牧，再转报中央。中央工作组请先生创作50多张画，用作工作组在沪活动掩护之用。其间先生给曹大澂画了一套精品《红楼梦》十二金钗人物画，后来出版成月历。

曹大澂，1930年生，河北保定人。中共党员。曾在铁道部、物资部、国务院、国家计委等单位工作，后任国家建委综合局副局长。曾为李可染艺术基金会名誉理事、中国作家权益保障委员会委员。曹大澂雅好收藏，与黄胄、李可染、程十发等画家时相往来，过从甚密，所蓄名家书画既精且多。

先生另为曹大澂绘《橘生南国图》，题跋云："大澂同志大教，暮秋之月，云间程潼十发写于沪西寓次。"后于立群在1977年12月9日题："橘生南国布满江潭，秉德无私与天地参。曹大澂同志嘱题。"赵朴初在1978年立秋日题："经冬始见岁寒心。"

10月31日（重阳），绘《易安漱玉图》。

先生也为曹大澂绘过《漱玉图》（140.3cm×69.7cm，嘉德2011年春拍），题跋云："漱玉。十发写照。大澂同志雅教。"于立群在1977年12月10日题："窗前谁种芭蕉树，阴满中庭。阴满中庭。叶叶心心，舒卷有余情。李清照词句。曹大澂同志嘱题。一九七七年十二月十日，于立群。"

先生与黄胄还曾为曹大澂合作《蔡琰造像》（69cm×137cm），先生题跋云："大澂同志属制，并乞大教。黄胄、程十发合写。"

据曹大澂本人回忆，事先并未命题，全凭画家自由发挥。黄胄先于北京写骆驼，阔笔纵横，酣畅淋漓，可是占去了近三分之二的画幅，可谓出了一道"难题"。曹大澂携此卷赴上海，先生于空白处绘以最擅长的古装人物，又于上部补缀南归大雁，巧妙完成蔡文姬归汉这一历史题材的创作。全幅最妙处，乃先生所绘蔡文姬手中引导骆驼的牵绳，细劲绵长，极见功力，更将南北两位大师的笔墨有机地联系在一起，形成统一画面。

"四人帮"粉碎后，十年动乱结束了，尤其是党的十一届三中全会后，国家实行改革开放

政策，使中国的文艺事业蓬勃发展。先生重获新生，开始了他绘画创作的新起飞。

为王庄霄绘《少数民族少女》，题跋云："庄霄同志大教，十发。"

王庄霄（1919—2011），著名作家，诗人，画家芦芒的夫人，也是著名作家、诗人王小鹰的母亲。新四军老战士。1937年10月加入流动宣传队，并参与了著名的"九江保卫战"。1939年5月加入中国共产党。历任淮安市委书记，苏南军区宣传部总编辑，上海市长宁区委副书记、区长，上海市司法局党委副书记、常务副局长。

冬日，为米景扬绘《喜气扬》（少女与羊），题跋云："丙辰之冬日，应景扬老友同志属制并题俚句廿八字。莫笑迂翁又写羊，只为揪出'四人帮'。拼摇画笔扶羊角，同庆寰尘喜气扬。十发率笔写于黄浦西岸寓斋中。"

《少数民族少女》

12月8日，作《行书录毛主席蝶恋花词》（107cm×65.5cm），书云："我失骄杨君失柳，杨柳轻飏直上重霄九。问讯吴刚何所有，吴刚捧出桂花酒。寂寞嫦娥舒广袖，万里长空且为忠魂舞。忽报人间曾伏虎，泪飞顿作倾盆雨。纪念杨开慧烈士英勇就义四十六周年，敬录毛主席词《蝶恋花·答李淑一》，公纪一九七六年十二月八日，云间程十发书于上海，付赠助助。"同日，绘《蝶恋花词意图》，题跋云："一九七六年十二月八日，程十发试制毛主席蝶恋花答李淑一词意图赠张萌、征帆同志留念。"

上款人征帆、张萌夫妇为谢稚柳亲家。江征帆（1921—2004），原名姜庆炎，曾用名肖江，解放战争时期任新四军第一纵队民运调研科科长，上海市委市郊工作部秘书长、宣传部长等职。中华人民共和国成立后历任全国总工会华东办事处秘书长，华东局企业管理委员会秘书长，上海国棉二厂党委书记，上海第二工业大学副校长、党委书记，上海市科学技术协会党组副书记、常务副主席。

12月18日，为叶剑英绘制屈原《九章》之一《涉江》图，题跋云："余幼好此奇服兮，年

《涉江》

既老而不衰。带长铗之陆离兮，冠切云之崔嵬。……阴阳易位，时不当兮。怀信侘傺，忽乎吾将行兮！剑英同志赐正，云间程潼十发制屈灵均像并录涉江一章。时一九七六年十二月十八日于上海。"

之后先生曾多次绘制屈原，基本上均为《涉江》中的那个形象，佩着长剑，戴着高冠，或行吟于江畔，或漫步于橘林，高傲、忧郁、痛苦、悲愤，种种复杂的表情，都通过那深邃的眼神、飘拂的胡须、舒展的长袖表达出来。屈原《九章》中的《橘颂》亦是他多次绘制的主题。画面上常常是屈原和他忠诚的女弟子婵娟在一起，欣赏、惊叹、赞美着橘的优秀品质，通过描绘其漂亮的外形赞颂其内在的美，也是先生一种深情的自勉和自许。

屈原是先生热衷描摹的历史人物，他高洁的人格、坎坷的命运成为先生托古喻今的最佳题材，表达了画家对古代忠烈之士的仰慕之情。他曾说："委屈，委屈，在我的画中便是'委托屈原'的意思，对受屈的知识分子表述同情。"

冬日，绘《君子兰》，题跋云："有某公显赫时游花圃，见有兰名君子而不悦，云兰名君子，岂亦花名小人乎。足见此公不学。兰素负君子之美，荆棘素获小人之恶。此公疑为近小人而恶君子，是彼性之所陶，无可疗治矣。余即以君子兰写卷首，十发并记。丙辰冬日。"

冬日，书《龚定庵诗》扇面，题跋云："二王只合为奴仆，何况唐碑八百通。欲与此铭分浩逸，北朝差许郑文公。龚定庵题瘗鹤铭拓本诗二首之一，画竹石一本，晚贤老友出示此箧，见背空白，即率书留念，笔意在篆草隶楷之间，不审尚有二王习积乎？十发并识。时正丙辰冬日，足见主人义具秋扇见捐之谊，十发再识。"这首龚自珍的七言诗正合先生的书法主张——

《周勃仗剑图》

"谁不学二王，我就投他一票"，故曾多次书写。

冬日，绘《节日》（捧花少女与鹿，99cm×68cm），题跋云："节日。丙辰冬日之吉檠下，程十发遣兴。"

冬日，绘《屈原像》（98cm×69cm），题跋云："丙辰冬月之吉，十发应胡易同志属写。屈灵均造像时同客上海。"并由钱君匋题诗堂。

这一时期曾绘制多幅《周勃仗剑图》，常题跋云："绛侯周勃，重厚少文。歼除诸吕，汉室中兴。敬造画像，悬之斋门。魑魅魍魉，无法逃遁。万家祐福，玉宇澄清。"

动乱结束后，上海友谊商店开始可以收购当代的名人字画，小幅5元一张，较大幅15元一张。先生依靠创作所得的画稿酬款帮助夫人治病。国画收购价格要到20世纪80年代和90年代，价格才有明显上涨。

另外，20世纪70年代上海的青年工人工资参考：学徒期三年，第一年每月17.84元，第二年每月19.84元，第三年每月21.84元。满师后每个月36元，奖金5元。因一直不加工资，民间有"36元万岁"一说。

9月12日，谢之光（1900—1976，上海中国画院画师）在上海病逝，享年76岁。

1977年 丁巳 五十七岁

1月8日，绘《天地同寿图》（松柏合抱），题跋"天地同寿，日月齐光。一九七七年一月八日，程十发敬制"，纪念敬爱的周恩来总理逝世一周年。先生还与汪大文、金光瑜夫妇合绘《鞠躬尽瘁为人民》（180cm×126cm），题跋云："鞠躬尽瘁为人民。一九七七年一月八日，纪念敬爱的周恩来总理逝世一周年。程十发、汪大文、金光瑜悼写于上海。"

1977年先生在北京天安门广场留影

1月，绘《相马图》，题跋云："此马非凡马，房星本是星。向前敲瘦骨，犹自带铜声。一九七七年一月，十发写。"

1月，为任鹤鸣绘设色《花草闲情册页》八开。

任鹤鸣，1944年生，上海人。1965年在上海植物园工作，对迎宾花草设计摆花有独到的创意，后受园林局委托，多年在上海各大公园组织、策划、布置、举办各类大型花展，由此也有幸认识了许多上海中国画院老前辈及其他一些画家朋友。20世纪80年代，曾参加过上海工艺美校举办的山水画进修班，尔后又在上海中国画院程十发美术班学习，与先生在师友之间。曾为上海市植物学会会员、上海市风景园林学会会员。

2月17日（除夕），绘《岁朝图》（柑橘牡丹），题跋云："岁朝图。柑橘果中秀，牡丹花之王。此调久不作，因慑'四人帮'。魔棒当头舞，黑画罪难抗。感谢华主席，一举歼饿狼。大地回春产，抒怀展笔忙。努力求马列，斗志更弥强。丙辰岁除，十发并题。"

除夕，另绘《橘颂图》，录《橘颂》全文，并题跋云："初梨、刘钧同志法教，丙辰岁除，十发于上海。"

上款人李初梨（1900—1994），重庆江津人。原名李祚利，曾用名李初黎。曾任八路军驻陕办事处中共中央代表林伯渠的秘书、《新中华报》主编等职，从事党的抗日民族统一战线的宣传工作。1948年8月至11月任中共吉林省委常委、宣传部部长。后任中共中央东北局宣传部副部长、国家华侨事务委员会办公厅主任。1964年因病经组织批准离职休养。离休后从事文物收藏工作。

暮春，绘《蔡文姬图》，题跋云："我生之初尚无为，生之后汉祚衰。天不仁兮降乱离，地不仁兮使我逢此时。干戈日寻兮道路危，民卒流亡兮共哀悲。烟尘蔽野兮胡虏盛，志意乖兮节义亏。对殊俗兮非我宜，遭忍辱兮当告谁？笳一会兮琴一拍，心愤怨兮无人知。蔡文姬胡笳十八拍首拍，程十发并书。""丁巳暮春写古诗人词宗四轴赠光渝、大文补壁，是岁孟冬十发识于上海。"

获得平反，并恢复党籍。

4月，绘水墨《庆祝〈毛泽东选集〉第五卷发表》。

5月2日，北京宝古斋举办"近现代国画展"（以内部展销名义举行），这是打倒"四人帮"后开国内领风气之先的一次画展。展览上有李苦禅、黄胄、吴作人、蒋兆和、黄永玉、胡爽庵、白雪石、叶浅予、王雪涛及先生等人的作品，在当时极为受欢迎，观者如潮。

5月14日，绘《肇庆七星岩》，题跋云："借得西湖水一圜，更移阳朔七堆山。堤边添上丝丝柳，画幅长留天地间。一九七七年五月十四日，写叶副主席游七星岩诗意，程十发。"后于1978年夏赠张庆重，题跋云："庆重先生大教。戊午首夏，程十发于上海。"

5月19日，绘《马上周秀英像》，题跋云："十发为玉梅同志拟制周秀英画像，时一九七七年五月十九日上午于上海画院。"周秀英为清末上海小刀会起义军女首领。

《肇庆七星岩》

5月，为著名钢琴家刘诗昆之父刘啸东绘《大吉图》（67cm×138cm），题跋云："丁巳首夏，写赠啸东老兄法教。程十发同客沪上。"

5月，绘《大吉祥图》（荷塘双雉，136.5cm×67cm，西泠2019年春拍），题跋云："大吉祥图。丁巳首夏，程十发写于上海。"

5月，题八大山人手卷云："气韵生动乃艺事必求标尺。气为作者之质，韵为作者之文，文质相辅，气韵生动矣。有笔墨必有气韵，近世艺人虽知有气韵与笔墨，然不知从何处搜获，而观八大山人之作亦可微文质相辅之旨。人皆言八大善简笔写意，余偏从其不先形似为先，其不同别家之面目乃其质之不同，非物之不似也。善学八大应事其哲理而师之，不当从其表象也。丁巳首夏晨窗，十发展卷又题。"

6月13日，先生写信给北京宝古斋陈岩："陈岩同志大鉴：顷接大札，知贵店举办画展情况，十分感谢！对我过誉，使我极为不安，贵店日后需我作画，一定欣然应命。关于谈及稿酬，请不必考虑，我作为一个文艺工作者，是党和人民培养的，特别在华主席英明领导之下，只要有机会给予我参加这份工作，已经是最大的报酬和荣誉，首先要考虑国家的积累，关于个人，等国民经济搞上去以后，生活一定和大家过得更好，其他我一点也没有要求。……我最近将给'四人帮'批为'黑画'的40幅作品上交给本单位，说明支援外贸之用，现领导上已接受这一要求，

《瓶花图》（与汪大文合作）

程十发与汪大文、魏景山等在茫茫草原上旅行写生

我说明一下近况，请您放心，并请你们多批评，使我改进今后工作。我祝贺您及您店同志们作出更大的贡献，向李孟冬、刘书言及其他同志问好，致以敬礼。十发草。六月十三日。"

6月21日夏至，用半日绘成《风尘三侠》图。题跋云："张伯起以一月之工写成红拂记传奇，丁巳长至日余，竟半日之闲为红拂记绣像，十发并识。"

仲夏，在客人所赠北魏佛像拓本阙漏处补绘成画，题跋云："丁巳仲夏，客贶我北魏造像拓本，阙处十发补笔。"

仲夏，赴内蒙古前绘《清簟图并行书录唐人诗》扇面，题跋云："张萌同志属写，丁巳仲夏十发制清簟图，将赴内蒙倚装之笔墨匆率，望勿责。""丁巳仲夏录唐人三绝句，十发。"

7月7日，为孙其峰绘《少女与羊》（69cm×45.5cm），题跋云："其峰同志属教，一九七七年七月七日将赴内蒙时客北京丁氏寓斋。"

7月29日，为庆祝内蒙古自治区成立30周年，清晨6时从北京出发飞往内蒙古呼和浩特体验生活。同行者有陈逸飞、魏景山、吴玉梅、汪大文等。一行人在呼和浩特参加那达慕大会，看赛马和摔跤，并留下了很多速写。陈逸飞还拍了一张先生、汪大文、魏景山坐在马拉车上写生的照片。返途游览承德小布达拉宫、北京雍和宫，而300年前的所谓康乾盛世皇家行猎的盛大排场，如今早已如梦如幻，化为飞尘泡影。至8月，众人从卡车换成大巴士，又一路颠簸回到北京。

8月，与汪大文合绘《瓶花图》（68cm×46cm），题跋云："一九七七年八月，大文、十发合写，赠程熙同志正教。"

上款人程熙（1939—2020），又名程博熙，甘肃天水人。系著名爱国将领、全国人大原副委员长程潜之女。著名画家，中央文史馆馆员，第九、十届政协委员，1988年调外交部钓鱼台国宾馆任艺术顾问，1998年被聘为中央文史研究馆馆员。曾师从唐云、颜地、赖少其、许麟庐，并有幸得到李可染、程十发、吴湖帆等名师指点，逐步在学习中形成自己的风格。

8月15日（传说中的嫦娥奔月之日），绘制《嫦娥奔月》。后又创作多幅同一题材作品，均绘制成身在天上、心念人间的仙女形象，那眼神、手势配上在天空中飘舞的衣裙，都表现出对人世间的关心。

8月12日至18日，中共第十一次全国代表大会在北京召开，华国锋在大会上宣布，历时十年的"文化大革命"以粉碎"四人帮"为标志宣告结束。

9月，作《松柏长青图》，绘三棵顶天立地、苍郁盘勃的松柏以纪念伟人。

9月底，先生留京继续工作，其他人先行返沪。先生留京是因为受文化部邀请，与谢稚柳、朱屺瞻、唐云、陈佩秋等在北京为包括北京饭店在内的宾馆创作布置画。

《湘夫人》

在北京期间，曾应宋文治之请，在他找来的一张旧高丽纸上绘《钟馗拍曲图》。画上钟馗与小妹一起拍曲子唱昆曲，是先生绝无仅有的钟馗题材构图。题跋云："文治老兄命制，十发。"装裱后的次年，宋文治请启功题签条："程十发钟馗小妹图。启功题签。"并请赵朴初题诗堂："吹箫神喜舞，拍板鬼悲歌。好凭风雅荡群魔，争看千画烂漫，满山河。一九七八年八月，文治同志属题，朴初。"该阕《南歌子》表达了人们在粉碎"四人帮"之后的喜悦心情。此外先生还为宋玉麟绘《孺子牛图》，题跋云："玉麟兄属教，十发写孺子牛图，丁巳夏日。"

20世纪70年代晚期，先生曾为宋文治绘过多幅别致佳作。如《瓶花图》绘红白梅在冰裂纹古瓶中相互映发，此作后由宋文治转赠给宋玉麟珍藏。另一次宋文治向先生求画，本不愿多占用时间，便请绘金丝竹一幅，没想到先生双勾细笔工写兼备绘《金玉满堂》一帧，竹叶前后穿插繁复，费事远超一般绘人物的时间，宋文治直呼不好意思，下次再也不敢请先生画金丝竹了。

秋日，绘《湘夫人》并长文节录《九歌·湘夫人》一节画赠汪大文，题跋云："帝子降兮北渚，目眇眇兮愁予。袅袅兮秋风，洞庭波兮木叶下。……丁巳秋日友人索画湘夫人，留有稿本，再制一幅与大文送别并录《九歌》一章，十发于首都北海东畔。"

9月27日（中秋），绘《红藕香残玉簟秋》（104.5cm×37cm，西泠2011年春拍），题跋云："漱玉词人红藕香残玉簟秋画意。丁巳中秋，程十发客北京。"

中秋节当晚，先生在陈洪绶《墨竹图》裱边上题跋云："老莲三十二岁时师文湖州偃竹图，自称为第一义。余亦好写竹，以老莲为第二义。第二义岂多得哉。丁巳中秋，文冲兄招饮，天野兄出示悔翁杰作，读此筼筜清影，余惊呼曰三百年来月明在此，程十发亦醉后题。"

中秋节时，蓝天野和同事舞美设计师王文冲一同请先生饮酒过节，席中蓝天野取出所藏陈洪绶《墨竹图》请先生赏鉴。之前此画真伪仍未有定论，先生当即确认此为真迹，遂在手边的香烟壳子上拟定题跋初稿，并在画轴左首裱边用行书题跋。因画上有题"洪绶画竹，以与可为第二义。然第二义亦不可多得。时己巳暮冬，醉后写于清泉草亭"，故先生有"程十发亦醉后题"之语。回沪后先生对此画挂念不已，数月后再次进京，托王文冲传话，希望以所藏古迹以画易画，不料蓝天野豁达仗义，慷慨将《墨竹图》赠予先生。

秋，为顾炳鑫所藏清初刻版陈洪绶绘《水浒页子》题跋云："陈章侯制水浒页子，岂仅为借糊孔嘉

明　陈老莲《墨竹图》　上海中国画院藏

《藏女》

八口之家邪？彼造梁山水泊造像，以泄胸中郁垒之气，犹如屈子吟骚、芹圃著石头，如一辙也。人物之神态而谋人物之性格，此洪绶之精髓所在，识者当能从中发微也。我友炳鑫顾公素重章侯版画，天藉（借）其缘，得此古本，为清初翻刻本之最先者，并有张中子一跋，它本皆无，极为可贵，宜顾公宝藏于箧。丁巳秋九月篱菊初绽，云间后学程潼十发氏敬识于黄浦西岸之寓室。"

秋，为王大山绘《李清照词意》（139cm×69cm），题跋云："红藕香残玉簟秋，轻解罗裳，独上兰舟。云中谁寄锦书来，雁字回时，月满西楼。花自飘零水自流，一种相思，两处闲愁。此情无计可消除，才下眉头，却上心头。十发漫录漱玉词。""丁巳秋日擎下，大山兄命制。十发客北京，居景山北海之间。"

王大山（1933—1993），河北省衡水县人。幼年时便喜绘画，刻苦学习。及至少年，便随父在"醉经堂"经营书画。1956年，开始在文物局所属墨缘阁工作，曾任宝古斋副主任。1960年赴广州，在广东省博物馆从事文物征集和鉴定的工作。1962年调至荣宝斋，先后任营业部副主任、科长、业务顾问和香港分公司执行董事等职。李可染、黄胄、程十发、李苦禅都与之过往甚密，并多有书画相赠。

秋，绘《梅溪春晓图》（101.5cm×56cm，西泠2007年秋拍），题跋云："东岚同志俪教。时丁巳秋日，十发笔赠。"

9月29日，国庆前夕，先生看了故宫博物院展示的宋元明清古画珍品后，给汪大文写信说："看了新陈列的唐宋元明清的代表作品后，我和谢稚柳先生的见解是一致的，就是民族绘画的结晶是笔法，用笔来传神。有了笔法就有了最根本技法，反之没有笔法，构图、色彩再好也没有用。所以我希望你千万不要丢掉笔法，多写字。那些像月份牌的'擦笔画'涂得好像西方广告牌的庸俗色彩，包括那些丢掉笔法东涂西抹的'革新家'，一定不会受到历史的重视。当然，为了一时的风尚画几幅参加某些画展还是可以画些，但还不是根本，你相信吗？我今天更相信了。我看到了楚国帛画，展子虔、阎立本、韩滉、马远等有名和佚名大师的作品。使我醉心的是他们迷人而又生动的笔力，是一个历史见证。元以后笔力好的画家不多了，所以就衰败了。我们现代的绘画从生活题材来说，比古人丰富多了，但是不少同道丢去了这些主要的东西，而去追求自己不需要的东西。""这些话好像是参观时当面给你说，但是参观的时候，旁边没有自己的人。"

在京工作时先生随身带的书不多，只有《宋词选》可以看，后来又去借了《老残游记》和罗丹雕塑画册。客途中他一有闲暇就埋头创作，陆续绘成《宋词诗意图》十二帧，画在乾隆皮纸上。十二帧题跋分别为：

"叶下斜阳照水。卷轻浪、沉沉千里。桥上酸风射眸子。立多时，看黄昏，灯火市。古屋寒窗底。听几片、井桐飞坠。不恋单衾再三起。有谁知，为萧娘，书一纸。周美成《夜游宫》，十发作于首都机场，丁巳季秋九月深夜。"（绘花鸟）

"红藕香残玉簟秋，轻解罗裳，独上兰舟。云中谁寄锦书来，雁字回时，月满西楼。花自飘零水自流。一种相思，两处闲愁。此情无计可消除，才下眉头，却上心头。丁巳秋日至承德见离宫池中有红莲一朵，合《漱玉词》《一剪梅》意，归写于北京北海东邻，十发并记。"（绘红莲）

"今日俄重九，莫负菊花开。试寻高处，携手蹑屐上崔嵬。放目苍岩千仞。云护晓霜成阵。知我与君来。古寺倚修竹，飞槛绝纤埃。韩无咎《水调歌头》半阕，十发并书于长安朝市。"（绘丛菊）

"东园岑寂。渐蒙笼暗碧。静绕珍丛底，成叹息。长条故惹行客。似牵衣待话，别情无极。残英小、强簪巾帻。终不似一朵，钗头颤袅，向人欹侧。漂流处、莫趁潮汐。恐断红、尚有相思字，何由见得。清真词半阕，十发写于北海东畔三座门晨窗。"（绘蔷薇）

"春未老，风细柳斜斜。试上超然台上望，半壕春水一城花。烟雨暗千家。寒食后，酒醒却咨嗟。休对故人思故国，且将新火试新茶。诗酒趁年华。东坡《望江南·超然台作》。丁巳暮秋十发于首都机场倚装漫笔，即日南归试茶。"（绘山水）

"丁巳中秋前三日，十发写张孝祥《水调歌头·泛湘江词意》。"（绘仕女）

"明月几时有？把酒问青天。不知天上宫阙，今夕是何年。我欲乘风归去，又恐琼楼玉宇，高处不胜寒。起舞弄清影，何似在人间。转朱阁，低绮户，照无眠。不应有恨，何事长向别时圆？人有悲欢离合，月有阴晴圆缺，此事古难全。但愿人长久，千里共婵娟。东坡《水调歌头》。丁巳八月十一夜，登楼望月有感写此，十发于北京东长安街并记。"（绘仙子）

"香冷金猊，被翻红浪，起来人未梳头。任宝奁闲掩，日上帘钩。生怕闲愁暗恨，多少事、欲说还休。今年瘦，非干病酒，不是悲秋。明朝，这回去也，千万遍阳关，也即难留。念武陵春晚，云锁重楼，记取楼前绿水，应念我、终日凝眸。凝眸处，从今又添，一段新愁。丁巳秋日应友人之命写漱玉词《凤凰台上忆吹箫》意境，客去后十发自留此缩本。"（绘李清照题诗）

"春归何处？寂寞无行路。若有人知春去处，唤取归来同住。春无踪迹谁知？除非问取黄鹂。百啭无人能解，因风飞过蔷薇。山谷《清平乐》一阕。丁巳中秋客中见罗丹雕塑，改画成此习作。偶阅山谷词，天衣无缝，借以增采（彩）。十发游戏。"（绘背篓女子）

"霜降碧天静，秋事促西风。寒声隐地，初听中夜入梧桐。起瞰高城回望，寥落关河千里，一醉与君同。叠鼓闹清晓，飞骑引雕弓。岁将晚，客争笑，问衰翁。平生豪气安在，沈领为谁雄。何似当筵虎士，挥手弦声响处，双雁落遥空。老矣真堪愧，回首望云中。丁巳仲秋戏写叶石林《水调歌头·九月望日》词意。十发于京中朝市闹处楼头。"（绘射雁图）

"丁巳秋仲，十发写稼轩《丑奴儿近·博山道中效李易安体》词意。"（绘山水）

"恨君不似江楼月，南北东西。南北东西，只有相随无别离。恨君却似江楼月，暂满还亏。暂满还亏，待得团团是几时？吕紫微《采桑子》一阕，丁巳秋日，程十发写于客旅。丁巳秋日客中携宋词选一本，取其隽永者写成十二纸，后为光渝大文伉俪见索，即奉留念，重九日十发归沪后记。"（绘江亭月景）

后先生将此作携回上海，给弟子赏鉴。汪大文回忆："那时我住在武康路109号，他兴冲冲跑来，穿了一件厚棉布外套，像变戏法一般，从宽大的袖笼里掏出一小捆画卷，还得意地告诉我，用来作画的纸，是从清朝官中的账本里揭下来的，因此有些还能隐约看到满文。"

客居北海时，先生为叶选基绘《太白诗仙图》（139.5cm×68.5cm，西泠2019年春拍），题跋云："选基同志正画，十发拟稿，时客北海三座门。"画幅上方由叶选宁题跋："云想衣裳花想容，春风拂槛露华浓。若非群玉山头见，会向瑶台月下逢……可怜飞燕倚新装。遵程老师嘱，写太白《清平调》二首。斗胆斗胆，一笑一笑，选宁。"另由徐建融题签："程十发先生献花图精品，长风堂建融题端。"

叶选基（1940—2015），广东梅县人，叶剑英元帅侄子。曾任香港国业集团主席、中信香港集团总经理、正天科技集团控股公司董事长。

叶选宁（1938—2016），广东梅县人。叶剑英元帅之子。毕业于北京工业学院（今北京理工大学），曾任国务院副总理康世恩秘书。擅左笔。

秋日，作行书题跋，词云："有人吾之相无，花即着其身。谁作须菩提，幻中见真形。一切有为法，梦幻如泡影。静露加闪电，百劫又重生。披图见幻境，天花着我身。心无维摩诘，笔墨是长春。劫灰何足惧，万物皆飞尘。"

10月19日，林风眠被准许离开上海出国探亲，26日由广州抵达香港，暂住中侨国货公司。林风眠行前将个人佳作100件留交上海中国画院保存，后来信表示愿意捐赠国家，交由上海中国画院永久收藏。

11月，绘《李白行吟图》，题跋云："本勉老兄属教，丁巳小春月，程十发试制李白行吟图，时居黄浦西岸。"

《灵均造象（像）》

先生曾绘制多幅《李白行吟图》，李白多持一把酒壶、一卷诗稿，衣冠不整，席地而坐，或在一群宫女的簇拥中，以昂首天外、旁若无人的形象出现。表现李白在昂首天外时，脖子画得特别长。原来先生某次在一位音乐学院教授家里，翻阅肖邦画册时，从波兰画家普特碎斯基根据葛惠考斯基的石印画临摹的肖邦临终遗容得到启发：普氏所临的遗像，对肖邦的脖子做了弓形的夸张，使加长后的脖子产生一种特殊的美感。根据由此得到的灵感，先生把李白那狂放、高傲的性格，昂首天外、神游八极的形象通过加长的脖子更生动传神地体现出来。用医学眼光去看，这是不合情理的；但是用艺术眼光去看，经此夸张，确实让李白的形象更为突出，给人留下深刻的印象。此外，这种手法也受到福建民间艺术木偶人的影响，这种木偶人头的造型也是把颈部延长作为一种美的表现手段。

11月，绘《李贺〈湘妃〉诗意图》，题跋云："筠竹千年老不死，长伴秦娥盖湘水。蛮娘吟弄满寒空，九山静绿泪花红。离鸾别凤烟梧中，巫云蜀雨遥相通。幽愁秋气上青枫，凉夜波间吟古龙。丁巳十月，十发并藉李长吉《湘妃》诗。"

先生一直深深地热爱着自己的家乡，也时刻关心着家乡年轻一代的成长。11月，为躲避繁杂的事务安心创作，先生到枫泾小住，利用此前内蒙古采风累积的素材创作连环画《马头琴的传说》。他选择枫泾文化站后楼的一间空房作临时的居所兼画室，用门板搭成画桌埋头创作。其间先生热情带教故乡的一批青年美术爱好者，并与他们结下了深厚的友谊。一次，一位青年大胆问："程先生，我们学得好画画吗？"先生意味深长地说："聪明人，一学就会，一学就放，学不好画画；只有不聪明，但坚持画下去的，才学得好。"先生的话，鼓励了当地美术爱好者，其中不少人后来在绘画创作上颇有建树。

《马头琴的传说》是《连环画报》美术编辑关景宇约稿，也是应乌兰夫邀请为庆祝内蒙古自治区成立30周年而创作的，这一部16幅的彩墨连环画是反映内蒙古人民反抗封建压迫的作品，次年在《连环画报》2月号上发表。这是先生最后一次深入少数民族地区体验生活创作的连环画，这以后即专攻中国画。遗憾的是这部彩墨连环画原稿在出版社内遗失。

在一张《马头琴的传说》草稿上，先生在空白处记录下了工作进度和完成情况。

11月9日　下午抵枫泾

11月10日　画一幅，服药五帖

11月11日　至西塘，画二幅

11月12日　画三幅

11月13日　画二幅（画四幅，二幅废品）

11月14日　画二幅

11月15日　画二幅

11月16日　画三幅

11月19日　计划回沪

在枫泾时，绘《鹿苑长春图》，题跋云："鹿苑长春。景荣同志补壁，丁巳十月，十发于清风泾。"

冬日，绘《种葵花人家》，题跋云："种葵花人家。一九七五年稿，一九七七年冬日设色，十发制于上海。"

冬，为尚业煌绘《二湘图》（114.5cm×55.8cm，西泠2006年秋拍、嘉德2011年春拍），题跋云："丁巳孟冬之吉，似业煌老兄漫设二湘图。云间十发制。"次年由谢稚柳题签条："程十发二湘图。业煌同志属题。戊午暮春，稚柳。"

冬，为贺亦然绘《兰香神女图》（105.5cm×67.5cm），录李贺《兰香神女庙》诗全文，并题跋云："古春年年在，闲绿摇暖云。松香飞晚华，柳渚含日昏。沙砌落红满，石泉生水芹。幽篁满（画）新粉，蛾绿横晓门。弱蕙不胜露，山秀愁空春。舞佩剪鸾翼，帐带涂轻银。兰桂吹浓香，菱藕长莘莘。看雨逢瑶姬，乘船值江君。吹箫饮酒醉，结绶金丝裙。走天呵白鹿，游水鞭锦鳞。密发虚鬟飞，腻颊凝花匀。团鬟分蛛巢，秾眉笼小唇。弄蝶和轻妍，风光怯腰身。深帏金鸭冷，奁镜幽凤尘。踏雾乘同归，撼玉山上闻。程十发制兰香神女图乃写李长吉诗意，故录其诗，时丁巳岁嘉平月之雨窗微有寒意。""亦然同志大教，戊午仲夏十发再识。"本幅商承祚再题："此舞只应天上有，人间那得几回看。亦然兄两正。一九八一年，商承祚于南宁。"

贺亦然（1917—2006），直隶（今河北）满城人。中华人民共和国成立后，历任中共宜山、玉林、柳州地委第一书记，中共广西壮族自治区区委常委、宣传部部长。政务之余尚风雅，嗜书画。

12月28日，为陈登科绘《少女与鹿》（83cm×39.5cm），题跋云："登科同志大教，一九七七年十二月廿八日程十发检奉，时居上海。"

陈登科（1919—1998），江苏涟水人，曾任安徽省文联副主席，中国作家协会安徽分会主席，《清明》主编，中国作家协会第三、四届理事，中国文联第四届委员。

4月2日，贺天健（1891—1977）在上海病逝，享年86岁。当月，贺天健亲属根据其遗愿将遗作305件全部捐献给上海中国画院。

1978年　戊午　五十八岁

元旦，绘《有余图》（34cm×33cm），题跋云："一九七八年元旦试笔写赠莲云同志补壁。十发。"

1月，为汪振华绘《钟馗镇妖图》（70.5cm×46.5cm，嘉德2018年春拍），题跋云："振华同志属教。一九七八年一月，十发。"

汪振华（1916—1987），江苏泗洪人。酷爱诗、书、画，是上海市书法家协会会员，曾任民航上海管理局书画影协会主席、中国民航书画影协会理事。

1月中旬，收到周哲文寄赠漳州水仙六枚，先生去信致谢。

周哲文（1916—2001），著名书法篆刻家、社会活动家，生于福州。曾任福州市书法篆刻研究会副会长、西泠印社理事、福州画院副院长等职。为黄胄治印多方。

1月，与毛国伦、汪大文合绘前贤人物，如黄道婆、祖冲之、张衡等数幅。

1月27日，即农历丁巳的十二月十九日，逢苏东坡诞辰。当天晚上下雪，先生绘《东坡笠屐图》，题跋云："携手江村，梅雪飘裙。情何限、处处消魂。故人不见，旧曲重闻。向望湖楼，孤山寺，涌金门。寻常行处，题诗千首，绣罗衫、与拂红尘。别来相忆，知是何人。有湖中月，江边柳，陇头云。丁巳岁十二月十九日逢坡公诞日，是夕风雪，萧斋客稀，为制坡公画像。正汝捷兄夜访，写此奉教，程十发并记，上录坡公《行香子》词一阕。"

据前人考证，东坡笠屐主题最早见载于南宋文学家周紫芝《太仓稊米集》，其中提道："东坡居儋耳，尝独游城北，过溪，观闵客草舍，偶得一箬笠，戴归。妇女小儿皆笑，邑犬皆吠，吠所怪也。"北宋绍圣四年（1097年），苏轼以"琼州别驾"的虚衔谪居儋州。"时从其父老游，亦无间也"，颇能享"幽野之趣"，显现出身处困境中的顽强和达观。故南宋时东坡笠屐开始出现，后逐渐流行，成为苏轼的一个经典形象。

《琴声悠扬》

2月6日（除夕），绘成《猎归钟馗》，题跋云："吴强同志大教，丁巳岁除晴窗，十发仿古格戏写寒林钟馗。"

画上钟馗骑马从莽林中经过，马后面绑了不少猎获的野兽。这幅画绘制时花了较长的时间，而且画有背景的钟馗是第一次。经过十年的人生体验，一个新的打鬼英雄形象在画家笔下出现了。当时作家吴强刚获解放，来到先生画室，先生心中十分高兴，为了庆贺吴强解除"四人帮"强加在他身上的桎梏，就将这幅画送给了吴强留作纪念。

又为王庄霄绘《接喜图》（牧羊少女），题跋云："接喜图。庄霄同志大教，丁巳除夕，十发戏笔。"

又绘《迎春》，画中先开的玉兰与晚梅同画，源自画家对生活的细心观察，才能写出这一少见的花卉组合。另制石刻图样《飞天》（冯国文刻），题跋云："文海吾兄雅玩，十发制图，倩国文兄铁笔，丁巳除夕。"

2月，绘《瑶村牧羊图》（61cm×169cm），题跋云："震宇先生法教。一九七八年二月写瑶村印象。十发并识于上海寓所。"

早春，绘《丽人行》。题跋云："戊午早春，写丽人行诗意于黄浦西岸，十发。"这是先生古典人物画题材的代表作品之一。此画据唐代大诗人杜甫同名诗而作，取"三月三日气象新，长安水边多丽人"句意，塑造了几位青年女子游春、惜春、恋春的爱美之心和天清气爽的舒朗心境。先生通过对人物裙摆的率笔构图，形成稳固的正三角结构，衬托出人物的高贵雍容。先生并不着意于人物的具象描绘，而是用极富抒情性的简笔线条勾勒人物形体，确定位置，人物发髻、配饰以及衣裙则用不同墨色逐层放笔过，细处再以或浓或淡的干笔皴擦，人物颜面不作轮廓勾勒，而只在鼻底、领下的暗面点两笔，即表现出头部的立体，用笔极为简约。

早春，绘《钟馗嫁妹图》（140cm×84cm，北京保利2010年第10期精品拍），题跋云："戊午早春写钟馗图，云间程十发漫笔于黄浦西岸。伟华到访，坐谈颇欢，检箧中旧稿贻之，自视笔墨未能尽意，幸识者教我，程十发补记。"

《秋思》

早春，绘《弹箜篌图》，题跋云："读古乐府孔雀东南飞后迁想写弹箜篌图，时戊午早春，十发于深巷小楼中。"

春，绘《西林春早》，题跋云："西林春早。戊午春日忆写儿时故乡印象。十发。"

春，参陈老莲法绘《龙女补衮图》扇面赠张庆重，题跋云："戊午春朝，写龙女补衮图赠庆重先生法教，十发于黄浦西岸。"

春，为张庆重绘《散花天女图》（140cm×69cm，嘉德2000年秋拍张氏珍藏书画专场），题跋云："庆重先生法教。戊午春孟程十发。丙辰夏日，登黄山观北海散华坞中之天女花，戊午春朝偶忆此景，顿发遐思，写散花天女图。十发并识。"

为《小朋友》期刊作封面

　　仲春，绘《蔡文姬像》，题跋云："程十发制蔡琰画像，时戊午仲春。"后本幅还用为1979年上海昆剧团庆祝中华人民共和国成立30周年献礼演出《蔡文姬》一剧（根据郭沫若同名话剧改编）时的节目单封面。

　　仲春，为丙辰（1976年）所作《散花天女图》题跋云："丙辰夏日，登黄岳至散花坞观天女峰，归后写散花天女图，戊午仲春，程十发再识于黄浦西岸。"

　　仲春，绘《姜白石词意》，题跋云："戊午仲春梅花初谢，为白石词人造像，空处题暗香一阕，十发。"画中老者蹙眉吹箫，与红衣女子对坐相望，旁边有瓶梅清雅脱俗，似有暗香袭来之韵致。南宋词人姜夔向以清冷、幽怨著称，先生借词中之意，以箫、梅入画，笔法豪迈中寓精致，婉约中富洒脱。环绕人物的四周空白处，先生又录姜白石《暗香》全词，书、画、词合一，韵味无穷。

　　3月5日，作《纪念总理诗一首》书法，题云："大江歌罢掉头东，邃密群科济世穷。面壁十年图破壁，难酬蹈海亦英雄。一九七八年三月五日，敬重的周恩来总理八秩寿辰，敬书总理十九岁时所（作）诗一首，十发。"

　　3月，绘《灵均女媭图》（136.5cm×67cm，嘉德2002年春拍），题跋云："灵均女媭图。晓泉同志大教。戊午二月春寒雨窗，十发漫笔于黄浦西岸。"媭，一为古女子人名用字，二为古代楚人对姐姐的称谓。

　　3月20日（花朝日），绘《李时珍问药图》，后该作获上海科普画展荣誉奖。

　　3月22日，绘《霓裳羽衣舞》，题跋云："霓裳羽衣曲前数折无拍，自中序后始有拍。此起

《九如图》

舞第一拍，十发见唐俑后想象。老萧兄补壁，戊午花朝后二日，十发再记。"

4月，文化部举行揭批"四人帮"万人大会，为一大批受到迫害的文艺工作者平反。在"文革"中受冲击的38位上海画院画师经复查，全部得到平反。

4月，绘京剧《钟馗嫁妹》，题跋云："天下乐。明张大复传奇天下乐中有钟馗嫁妹一折，为曲家常演节目。曩日余亦屡写之。然十余年慑于魑魅魍魉之淫威，余亦不敢展笔。今'四害'已除，再客武林，会晓泉同志酒后索画钟馗，欣然写此赠为补壁镇邪。戊午三月，程十发写于西子湖畔灯下。"

《钟馗嫁妹》源自明代张大复所作的传奇剧本《天下乐》，现在只保存下来《嫁妹》一折，讲述钟馗死后，为践前约，率领鬼卒，笙箫鼓乐将妹妹送去完婚。剧中的钟馗兼有文武，表演身段繁复，为当今舞台上昆曲净角的代表剧目之一，后来也被其他剧目借鉴演绎。剧中钟馗的扮相为油花脸，俗称毛净，多用垫胸、假臀等塑形扎扮（叫作"扎判"），以形象奇特笨重、舞蹈身段粗犷而妩媚多姿为特点，有时还会在舞台上用到喷火、耍牙等特技。

5月，为旧作《蕉阴运瓜图》（106cm×71cm，嘉德2000年秋拍张氏珍藏书画专场）设色并题跋云："此余甲辰（1964年）旧稿，写于高丽镜面笺上，因笺滑不易设色，故置笥箧中有十余年矣。有客持余蕉阴运瓜图相片，念及为此幅同时期习作，故检出补行辅色以赠之。戊午首夏，十发记于海上。庆重先生大教，十发。"

同月又为张庆重绘《橘颂》（138.3cm×66.8cm，嘉德2001年秋拍），题跋云："……戊午首夏，写屈原橘颂赠庆重先生大教，程十发于上海。"

5月，为米景扬绘《童趣图》（少女与鸡），题跋云："景扬同志大教，戊午首夏，十发写。"

5月，为王顾明（林乎加夫人）绘《少女群鹿图》（95cm×68.5cm，嘉德2019年春拍），题跋云："顾明同志属教。一九七八年五月，程十发写。"

上款人林乎加（1916—2018），山东长岛人。1938年加入中国共产党。1950年起先后任浙江省委副书记，省委常委、书记处书记，中共上海市委书记（1977年1月至1978年），上海市革委会副主任，中共天津市委第一书记，天津市革委会主任，中共北京市委第一书记，北京市革委会主任，北京市市长，其间曾兼任北京卫戍区第一政委、党委第一书记。1981年起历任农业

《迎佳宾》

部党组书记、部长，农牧渔业部党组书记、部长，兼任国务院"三西"地区农业建设领导小组组长等。

6月，绘巨幅作品《迎佳宾》，题跋云："迎佳宾，一九七八年六月，程十发。"

6月，绘《蒲觞读骚图》（189cm×304cm），题跋云："戊午天中节前数日，戏写钟馗饮蒲觞读离骚图，程十发。"

6月10日（端午），绘《屈灵均像》，题跋云："戊午天中节，十发写屈灵均像。"画中屈原形容瘦削，束发高冠长剑，仰首望天。婵娟则面容姣好，充满青春气息，唯神情肃穆，手托盛有橘子的果盘，侍立于旁。画家以较为精细的线条勾绘人物颜面，身体部分则以古代石刻造像般的大轮廓线和提按折转多变的笔法塑形，不追求细节描绘的逼真，而追求整体浑然的气韵，笔减而意不减，人物形象达到了形神兼备的效果。先生意犹未尽，在右下留白处又长题录《橘颂》一章。

同日还为林乎加绘《钟馗燕乐图》（94.5cm×47.5cm，嘉德2019年春拍），题跋云："戊午蒲节，戏写钟馗燕乐图，赠乎加同志大教。程十发。"

初夏，绘《黟山八景图》册页，绘黄山石笋矼、石佃峰、百丈泉、慈光阁、西海群峰、百步云梯、青鸾桥、蓬花峰八景，用丙辰（1976年）游黄山所得写生稿为基础绘就。

初夏，绘《易安词意图》（132.5cm×68cm，西泠2011年春拍），题跋云："常记溪亭日暮，沉醉不知归路。兴尽晚回舟，误入藕花深处。争渡，争渡，惊起一滩鸥鹭。戊午初夏，写易安词意，十发。"

夏，为红学家魏绍昌绘《红楼梦十二金钗》组图，其中黛玉一帧一度构思绘"黛玉焚稿"

而不是常见的"葬花"，构图参考了拉斐尔前派画家米莱斯所绘奥菲利亚自沉的油画。

先生曾说：我对画黛玉其实没有什么兴趣。首先是我对乾隆以来出现的病态美人的形象十分厌恶。我画女性形象也从来不画那种削肩膀、站都站不稳的"病西施"。可是画黛玉，如果不这么画又能怎么画呢？于是我就想到了焚稿，这是原著中十分感人的一个悲剧场面。我总记得拉斐尔前派画家米莱斯在画《哈姆雷特》油画时，画了一个宰相女

《芹溪著书图》

儿奥菲利亚在池塘里一面吟诗一面自沉而死的场面，给人留下深刻的印象。因此，我想：画黛玉之死无疑也会比画别的场景更能震撼读者的心灵吧！

7月，绘《芹溪著书图》，题跋云："文冲老友属写芹溪著书图。戊午六月大热，十发挥汗之作。"

先生对《红楼梦》极有研究和独到的见解。他曾在《自录读〈红楼梦〉札记》中写道："庚辰定本脂砚斋重评石头记第二十三回黛玉葬花情节时，眉间朱批二条。其一云：'此图欲画久矣，誓不过（遇）仙笔不写，恐袭（亵）颦卿故也，己卯冬。'其二云：'丁亥春间，偶识一浙省发其，白描美人真神品物，甚合余意。奈彼宦缘所缠无暇，且不能久留都下，未几南行矣。余至今耿耿，怅然之至。恨与阿颦结一笔墨缘之难，叹叹。丁亥夏，畸笏叟。'考'浙省发其'四字乃'浙省余集'之讹字。余集仁和人，乾隆进士，工美女，又曾官浙越。十发自录读《红楼梦》札记。"

20世纪70年代，先生又曾尝试按《红楼梦》第三十八回的《林潇湘魁夺菊花诗 薛蘅芜讽和螃蟹咏》中的12首菊花诗"忆、访、种、对、供、咏、画、问、簪、菊影、菊梦、残菊"为主题创作，但只完成了其中《忆菊》《访菊》《种菊》《画菊》《菊梦》《菊影》等数幅。

先生说：我画这些画时，有一个想法，就是不要让人物形象在画中出现。所以我画《种菊》，就画一把锄头；画《画菊》，就画几支毛笔；画《菊梦》，就画一个枕头；画《访菊》就画一处村庄。

先生自言小时候对《红楼梦》完全不感兴趣，因为大观园内的生活同自己的生活太不相

干。对于《红楼梦》的兴趣是20世纪70年代才产生
的。"那时我不能画画，也不敢随便读书。只有《红
楼梦》，因为毛主席说过要读五遍，这样就成了可以
合法阅读的书。那时又很空闲，就把各种版本的《红
楼梦》都弄来对照阅读了好几遍。"

夏日，绘《兰香神女图》，录李贺《兰香神女
庙》诗全文并题跋云："戊午夏日，读李昌谷兰香神
女庙诗为造神女之像，十发并书于海上。"

夏日，绘《清音》，茂密的竹林深处有一仕女
临溪读书，题跋云："清音。戊午夏日，程十发漫写
却暑。"

夏天起，为给弟子创作上的困惑提供思路，与
汪大文合作数幅，让弟子画主体人物，先生当配角画
背景，以实际创作来演示如何处理画中人物与背景的
协调等问题。之后半年内师徒合作数件大幅创作。

合绘《汪伦送李白》，题跋云："李白乘舟将
欲行，忽闻岸上踏歌声。桃花潭水深千尺，不及汪伦
送我情。戊午仲夏，大文写桃溪赠别图，十发补景并
题太白诗。"

合绘《李贺兰香神女诗意图》，题跋云："戊午
夏日，汪大文程十发合写李昌谷兰香神女诗意图。"

合绘《杜子美观舞剑诗意》，题跋云："大文十

《清音》

发合写。昔有佳人公孙氏，一舞剑器动四方。观者如山色沮丧，天地为之久低昂。爧如羿射九日
落，矫如群帝骖龙翔。来如雷霆收震怒，罢如江海凝清光。绛唇珠袖两寂寞，晚有弟子传芬芳。
临颍美人在白帝，妙舞此曲神扬扬。与余问答既有以，感时抚事增惋伤。先帝侍女八千人，公孙
剑器初第一。五十年间似反掌，风尘澒洞昏王室。梨园子弟散如烟，女乐余姿映寒日。金粟堆前
木已拱，瞿唐石城草萧瑟。玳筵急管曲复终，乐极哀来月东出。老夫不知其所往，足茧荒山转愁
疾。戊午仲夏，程十发题杜诗补空。"

合绘《春江花月夜》，题跋云："戊午年秋，大文写春江花月夜图意，十发补成并录张若
虚诗半首。"

合绘《渔父图》，题跋云："戊午之孟冬月，大文写渔父图，程十发补水波芦荻并录楚辞
渔父全章于黄浦江畔。"

应浙江人民出版社之邀，先生为杭州市文化局编撰的《西湖民间故事》绘制插图。《西
湖民间故事》初版有34篇关于西湖的民间故事传说，先生从中精心选择了10个左右的故事绘制
插图，作品充满了浪漫主义，完美呼应了民间故事中饱含的理想主义。插图原稿包括《钱王射
潮》《初阳台》《康熙题匾》《白娘子》《飞来峰》《凤凰山》《虎跑泉》《宋嫂鱼》8幅。为

连环画《西湖民间故事》

画其中一则《虎跑泉》的故事，先生到动物园写生，受到茶叶店一位退休工人翁隆盛的画虎要诀指点。

但是，第一版的《西湖民间故事》中并没有用上《虎跑泉》《宋嫂鱼》这两幅，而是让画家补充了《蚕花娘子》《画扇判案》两幅。原来书中的目次编排是依照故事在西湖及西湖周围所处的位置，或者它们的不同性质来排布前后，以便于读者阅读和依此确定游览西湖的路线，所以才出现了画稿和成书上并不一一对应的情况。

1978年《西湖民间故事》出版后，得到了广大读者的支持和关注。此书当时在西湖边上出售纪念品的旅游点甚至卖茶叶蛋的摊子上都有出售。成书发行量极大，1978年5月第一版第一次印刷20万册，当年10月第二次印刷15万册，11月第三次印刷15万册。1983年9月，该书改版增补了15个新故事，将《虎跑泉》《宋嫂鱼》补入，但插图还是沿用了原版。改版后，《西湖民间故事》每次都有十几万以上的印刷量。随着不停重印，此书影响至今不衰，成为无数人在传统艺术和文化上的启蒙。

仲夏，绘《驯鹿图》，题跋云："偶见秦砖汉瓦有骑鹿仙人图，今仿其章法写驯鹿小品，戊午仲夏，十发挥汗。"

仲夏，为陈松乔绘《少女与鹿》（69.5cm×49cm，嘉德2017年春拍），题跋云："松乔先生法教。戊午夏仲，程十发于上海。"后该幅先后用于招商局轮船股份有限公司1979年挂历和新中华国贸公司、泰新（远东）有限公司1980年挂历中。

陈松乔（1918—1995），浙江杭州人。1948年赴港参与《文汇报》创刊工作，负责排印任务。与先生、靡耕云、单柏钦、费新我、汪大文、金光瑜、房介复、张石培等书画家交往甚密。

仲夏，绘《琴箫清风斜》（89cm×69cm，北京保利2010年秋拍），题跋云："弹琴娇娇倚修竹，箫管轻轻吹春情。清风斜阳忆远游，佩环归来犹幽独。戊午仲夏写成，题红楼梦诗之一，程十发漫笔于上海西隅。"

8月2日，在刘旦宅所绘《濒湖采药图》上补绘小鸟并题跋云："濒湖采药图。此老友旦宅兄佳制，赠其震同志，命余补笔，乃加小鸟并记之灯下。十发于一九七八

《濒湖采药图》（与刘旦宅合作）

年八月二日。"

8月11日，绘《水流花开》，题跋云："戊午七夕后一日，写水流花开之图，十发。"

8月18日，绘昆剧题材《游园惊梦》，题跋云："一九七八年八月十八日，程十发写游园惊梦印象于上海画院。"

初秋，绘《二湘图》（68cm×47cm）赠张庆重，题跋云："二湘图。戊午初秋，程十发写于海上。赠庆重先生大教。"

秋，绘《香山采风图》（180cm×96cm），题跋云："香山采风图。庆重先生大教，戊午秋，十发写于上海。"后本幅于1999年香港佳士得张庆重藏品专场释出。

上款人"庆重"，即张庆重（1910—1992），字希川，祖籍福建南靖。新加坡著名爱国侨商、收藏家。20世纪30年代客居南洋，创建实业，成功发达，在华侨社会中颇负众望。历任香港中华总商会名誉会长、新加坡漳属总会主席等职。20世纪70年代末往来大陆，走访李可染、黄胄、刘海粟、黄永玉、程十发、宋文治、亚明等著名书画艺术家，广结书画缘，入藏名家书画颇丰。

《泽畔行吟》

秋，绘《牧羊图》（56.5cm×48.5cm），题跋云："维桢同志属正，戊午秋日，十发。"

上款人官维桢，山东莱阳人。历任中共苏州地委、无锡市委书记，江苏省工业厅厅长，中共江苏省委统战部部长，吉林大学、南京师范学院党委书记，江苏省副省长，省第一至五届政协副主席，第二、三届全国人大代表。

仲秋，又将之前所作《巾帼英雄图（梁红玉）》（179cm×69cm，嘉德2001年秋拍）赠张庆重，题跋云："庆重先生法家大教，戊午仲秋，程十发记于芦子城西畔。"

仲秋，绘《晚香图》（81.2cm×61.8cm，嘉德2007年秋拍），题跋云："晚香图。戊午仲秋，程十发得佳楮，雨窗对花写照。"

秋，与朱屺瞻、王个簃、黄幻吾、刘海粟合作《吹箫少女》，刘海粟题跋："戊午秋，程十发画人物，朱屺瞻补石头，王个簃写修竹，黄幻吾写小鸟。刘海粟紫藤并题，年方八十三。"

秋日，为魏文伯自用云蝠纹老坑端砚绘盒盖《琴竹仕女图》纹样，由沈觉初刊刻。题跋云："文伯同志属教，觉初刻，戊午之秋日雨窗，十发漫写。雪散因和气，冰开得暖光。十发又笔。"

魏文伯（1905—1987），湖北黄冈人。历任中央人民政府司法部副部长、中共上海市书记处书记、中共中央华东局书记、华东政法学院第一任院长等职。

沈觉初（1915—2008），初名巖（岩），以字行，斋名容膝斋，浙江德清人。居寓上海从

《飞天》

事刻印、刻竹。为吴待秋弟子。擅刻竹扇骨、臂搁，体现书画用笔，保持书画原貌。与唐云、来楚生过往甚密，擅山水，宗"四王"。刻紫砂壶，独创一格，为近世名手，名播海内外。

9月末，绘《绛侯周勃图》（90cm×83cm，嘉德1996年秋拍），题跋云："绛侯周勃，重厚少文，歼除诸吕，玉宇澄清。敬造一躯，高悬斋门。魑魅魍魉，望之逃遁。万家生福，汉室中兴。潘非同志大教。一九七八年国庆前夕，十发谨造。"

10月，画院举行追悼大会，为吴湖帆平反昭雪，恢复名誉。

10月6日，绘《嫦娥奔月图》，题跋云："嫦娥制衣厂留念补壁。云间程十发写于浦江西岸之寓所晴窗。一九七八年十月六日。"

10月7日，绘《李长吉诗意图》（79cm×48cm，嘉德2017年春拍），题跋云："莲枝未长秦蘅老，走马驮金羁春草。水灌香泥却月盘，一夜绿房迎白晓。美人醉语园中烟，晚华已散蝶又阑。梁王老去罗衣在，拂袖风吹蜀国弦。归霞帔拖蜀帐昏，嫣红落粉罢承恩。檀郎谢女眠何处？楼台月明燕夜语。戊午重九前三日，十发录李长吉诗。"

10月10日（重阳），绘《灭鼠钟馗》，题跋云："戊午重阳节，程十发戏写。"

深秋，绘《赶集图》（少女与牛，90cm×48.5cm，嘉德2015年秋拍），只落篆书款"十发"两字。因遭到友人异议，认为署名有问题，以之为赝鼎，故特补书长题云："王羲之尺牍每通署名变化不同，而余有时喜用秦篆签名，竟遭友人之异议，可见书画鉴别之道难哉。十发补署款字并略记数语以释人之异议，时在戊午九秋。"

深秋，为张庆重绘《李长吉诗意图》（76.5cm×52cm），题跋云："吴丝蜀桐张高秋，空山凝云颓不流。江娥啼竹素女愁，李凭中国弹箜篌。昆山玉碎凤凰叫，芙蓉泣露香兰笑。十二门前融冷光，二十三丝动紫皇。女娲炼石补天处，石破天惊逗秋雨。梦入神山教神妪，老鱼跳波瘦蛟舞。吴质不眠倚桂树，露脚斜飞湿寒兔。十发漫写，借李长吉诗题之。时戊午九秋雨窗，赠庆重先生法教。"

11月4日，因夫人在医院开刀，在家中枯坐绘《仙鹤图》，并题跋云："戊午十月初四日，山荆住医院割肿瘤，余家中枯坐不安，乃写禽鸟数种自慰，不堪问病如何也，十发。"

11月，上海少年儿童出版社出版《陆游的故事》，曹济平著，先生绘制封面并负责装帧。

11月，绘《龙女牧羊图》，题跋云："读唐人小说《柳毅传》后漫制龙女牧羊图，戊午孟冬微寒，十发并识。"

11月，绘《神女图》（128cm×75.5cm，嘉德2019年春拍），画《九歌》中三神女的形象并录《九歌·少司命》一章，题跋云："秋兰兮麋芜，罗生兮堂下。绿叶兮素华，芳菲菲兮袭予。夫人自有兮美子，荪何以兮愁苦。秋兰兮青青，绿叶兮紫茎。满堂兮美人，忽独与余兮目成。入不言兮出不辞，乘回风兮载云旗。悲莫悲兮生别离，乐莫乐兮新相知。荷衣兮蕙带，儵而来兮忽而逝。夕宿兮帝郊，君谁须兮云之际。与女游兮九河，冲风起兮水扬波。与女沐兮咸池，晞女发兮阳之阿。望美人兮未来，临风怳兮浩歌。孔盖兮翠旌，登九天兮抚彗星。竦长剑兮拥幼艾，荪独宜兮为民正。戊午小春月，写神女图并录《九歌》一章赠乎加同志郢政，程十发于黄浦西岸之画室中。"

11月，绘《飞天仙女》（68cm×142cm，嘉德1998年春拍），题跋云："承志、普椿同志大教。一九七八年十一月，程十发写于上海。"

11月，绘《按剑待妖钟馗》扇面，题跋云："画中有钟馗传自吴道玄、黄要叔辈，未见其笑，唯见龚圣予《中山出游图》印本，其中小妹两颊用墨染代胭脂，极为怪诞。自张大复《天下乐》行世，曲家常演其嫁妹一折，故余写钟馗亦常伴有小妹。今戏写钟馗按剑待妖之状，示审有新意乎？博知吾者一粲耳。戊午小春，十发记于黄浦西岸。"

龚开（1222—约1307），字圣予，号翠岩，淮阴（今江苏淮安）人，宋末元初画家。山水画师法米芾、米友仁，人物、鞍马则学曹霸，亦能画梅、菊等花卉。喜欢用水墨画鬼魅

《神女图》

及钟馗，"怪怪奇奇，自成一家"，开明清写意画之先河。用笔粗重、墨色淋漓，造型夸张。

11月，绘《诛妖钟馗》，题跋云："颐颐草堂有钟馗诛妖狐图传世，今漫笔邯步，博识者一哂，戊午小春，十发。"

11月，绘《屈原卜居图》扇面，留白处先生录屈原《卜居》全文并题跋云："戊午小春，十发写卜居并录全章。"

孟冬，为田熊利忠绘《橘颂》（69.5cm×45.5cm，嘉德2005年春拍），题跋云："屈原《橘颂》，十发。（《橘颂》文略）戊午孟冬，赠田熊利忠先生大教。程十发再记。"

中日邦交恢复前，在北京设立高崎事务所，东京设立廖承志办事处，代行有关事宜。田熊利忠为高崎事务所代表，后历任日本驻上海总领事馆代理总领事、日本国驻广州领事等职。在中国工作期间，他收藏中国书画家作品颇多。

12月，上海市组织代表团参加广西壮族自治区成立20周年庆祝活动，先生与儿子程助赴广西，从桂林到阳朔、兴坪；又去龙胜县壮族、瑶族自治州的村寨，采集当地的风土人情，为保留旧物，还收购了两套红瑶的新嫁衣，回沪后，又一批名作问世。在观看桂林彩调《三探亲》后，绘观剧印象图《三探亲》，题跋云："一九七八年十二月，余观桂林彩调，剧情谐趣横生，今忆写印象图。助助同观见索，

程十发在广西龙胜县红瑶山寨采风

程十发、程助在广西龙胜县红瑶山寨

付之以为广西之行留念，十发并题于柳江之滨。"

先生认为阳朔风景如画。这些山并不是很小的山，都是奇峰突起，而且高高低低；漓江的水也很好，清澈见底。接着又去龙胜、三江、融水、柳州和南宁，在龙胜住了四个晚上，参观了壮族寨子、瑶族寨子，在三江侗族自治县参观了侗族著名建筑程阳桥及鼓楼。当地的壮族文艺工作者即兴创作了"美酒献给老画家"的节目。

程十发、吕蒙摄于深圳美术馆

12月20日，绘《胡笳十八拍》，长题云："东汉末，蔡琰博学多才妙解音律，初适河东卫仲道，夫亡归宁。兴平初大乱，琰遭南匈奴左贤王所掠，居匈奴十二年。建安十年（205年），曹操痛蔡邕无嗣，乃遣使者以金璧赎之归汉，再嫁陈留董祀，见《后汉书·董祀妻传》。明人有《胡笳十八拍》图卷描绘其事，现藏南京博物院。戊午冬至前二日，程十发写于黄浦西岸。"

为香港《文汇报》创刊30周年作《争艳图》。

与艺坛好友雅集，会上画家吴长邺、诗人芦芒、古筝演奏家郭鹰合作绘《葫芦小鸡图》，先生为之题跋云："吴家大瓢能饮酒，诗人居然学牵牛。老鹰今朝太客气，小鸡听歌乐悠悠。十发打油。"

西泠印社手拓出版藏品集《西湖胜景印集》出版，其中收入先生篆刻作品。

英籍华裔女作家韩素音来访。她发觉先生的绘画与拉斐尔前派颇有渊源，在访谈中聊到，在20世纪40年代后期到50年代初期，先生曾潜心研究和临摹拉斐尔前派的画作。

韩素音（1917—2012），本名周光瑚，祖籍广东五华，女作家，毕业于燕京大学。

据单据，本年北京文物商店收购先生作品18件，收购款1080元。

在曹漫之的建议和热心联络下，原南京军区下属的上海延安饭店邀请接待国内名画家如先生、谢稚柳、陈佩秋、唐云、乔木、宋文治、魏紫熙、陆俨少、周慧珺、吴青霞等住酒店创作。那时物资匮乏，许多生活必需品都要凭票供应，部队给画家提供良好的生活条件，受了十年苦难的画家们无不欢欣鼓舞。

12月16日，中美两国政府分别宣布，两国自1979年1月1日起建立外交关系。

12月18日至22日，党的第十一届中央委员会第三次全体会议在北京举行，会议决定把全党工作重点转移到社会主义现代化建设上来。

1月27日，孙祖勃（1919—1978，上海中国画院画师）在上海逝世，享年59岁。

1979年　己未　五十九岁

　　1月8日，为纪念周总理逝世3周年，先生借用《楚辞》中《礼魂》的篇名，精心创作了《礼忠魂》。图中屈原手持巨尊，目露深情，遥望中天，敬献忠魂。身后的婵娟手捧鲜花，俯首低眉，面容悲戚。整幅画的线条极为苍劲泼辣。题跋云："礼忠魂。为纪念丙辰清明节而作，一九七九年一月八日于上海。"所说的"纪念丙辰清明节"，即指1976年4月清明节前后纪念周总理逝世的集会活动。《礼魂》为屈原《九歌》中的最后一节，也是"九歌之舞"的最后一个歌舞场面，前人评之为"送神总曲"，本意歌颂"身既死兮神以灵，子魂魄兮为鬼雄"的国殇英雄。当天先生还创作了同样是"纪念丙辰清明节"的画作，画上两个飞天的仙女合捧大簇鲜花，飞临在奔腾汹涌的海浪之上。

　　1月，赴北京参加全国政协会议。

　　1月27日（除夕），绘《钟馗嫁妹》（68cm×47.5cm，嘉德2019年秋拍），题跋云："林檎道长善写戏曲人物，极为生动，余邯步亦画此昆曲《天下乐》中嫁妹一折奉教。世写戏曲者有太真或太假之病，余以真假之间笔法为之。时戊午岁除，以此为春帖，遥奉不嫌雷门布鼓，祈乞教。十发并记于上海。"

　　林檎，香港资深传媒人，20世纪30年代创作漫画、编演话剧，1938年赴港投身电影事业。20世纪80年代，他全情投入书画创作，多次举办展览，与诸多书画名家相交甚笃。

　　除夕日另绘《泽畔行吟图》，题跋云："泽畔行吟。玉维先生属教，戊午岁除，十发写。"

　　上款人杨玉维，香港制衣商，与夫人陈薇女士热爱书画及古董收藏，因此与不少画家结缘，屡获画家们即席挥毫作画相赠。

　　1月，上海人民美术出版社编辑出版《上海画院中国画专集》，集中收入先生作品《女孩与鹿》。

　　2月，与画家吕蒙、关良同赴深圳，参加在深圳展览馆举办的江苏省上海市美术展览会。先生参展作品《周勃》在展览一开幕即被香港博雅艺术公司预定。在深圳期间，一次与关良先生一起赴宴。席间关良先生吃了不少沙井出产的生蚝，引起消化不良，程先生亦食不少，但安然无事，原来席前曾饮一杯浓茶，先生喜言此

《泽畔行吟图》

乃"祖传秘方"。

转赴广州，与广州美院的欧初、黄笃维等相叙，并参观了黄永玉画展，印象很好。黄永玉对先生一行一抵广州即参加自己的展览十分高兴。

关良《马上大圣》

在广州时，巧遇当年上海美专的校友简庆福，畅叙别后之情，两人又同好书画、摄影，交谈甚欢。先生当场为简庆福绘《钟馗行看子》，题跋云："浩荡离愁白日斜，吟鞭东指即天涯。落红不是无情物，化作春泥更护花。己未春日客羊城珠岛，戏写钟馗行看子赠庆福老学长博粲，程十发借定盦诗题之。此诗原与画意无关，然与兴意吻合，真不合之合也。""行看子"即行乐图之意。

另赠简庆福《三女赏花图》，题跋云："己未二月杏花开候，以五代人写佛章法画赏花仕女，十发。""庆福学长四秩年未晤，余己未春日客穗把见，同机返沪，可称胜会。持赠拙画博教，程十发并识于海上蘖光下。"

程十发夫妇与关良

简庆福与先生同庚，1921年出生于香港商人家庭，原籍广东中山。年幼移居上海，入学就读。1942年入上海美术专科学校西画系学习，先后师从于刘海粟、张充仁大师。在张充仁画室结识热心摄影的同学刘旭沧，受刘的影响开始摄影创作。与比自己年长近30岁的摄影界前辈郎静山交往密切。1948年回香港、澳门，参加当地摄影活动，并成为香港摄影学会高级会员，年仅30岁时获得美国摄影家协会基石级会员荣誉。1959年和刘怀广、张汝钊等联合举办香港首次彩色摄影展览；1979—1981年在广州、上海和北京等地巡回举办个人影展。早期拍摄社会纪实摄影，后热衷于艺术风光创作，佳作众多，并热心支持各种摄影公益活动。

2月13日，与上海人美社张纫慈谈话时先生说道：

中国花鸟画从前没有独立，它包括在人物画内，在五代前后才有独立的花鸟画。

本来我是画人物画的，也是最近几年画人物画画到有兴趣时，把这点兴趣再用到花鸟

《舞女》瓷盘 　　　　　　　　　　　　《飞天》瓷盘

画里，作为人物画的补充，只能作习作。

中国花鸟画中追求什么画，画论都知道。在明朝，批评花鸟画家一个（陈白阳）是真而不妙，另一个画家（陆包山）妙而不真。古时花鸟画中追求的，又要似又要真。现在追求真和似的统一，想尽办法在技法上追求又真又似，达到这种艺术境界的较高技巧。"真"要画出客观对象和作者对对象的理解和思想感情。"真"是客观对象和作者思想感情相结合，是本质的东西；"似"是客观对象，是外在的科学的东西。要追求两者统一。

我现在这风格以后还要变化。不能作定稿，只能算习作，有的失败的，有的还像"似"画。

花鸟画如何继承和发扬？

古人花鸟画要极度予以重视。宋元花鸟画从生活中来，描写的花鸟对象生动又科学。继承和生活不能脱节，要将生活与继承在创作实践中结合。

2月，与夫人合绘《大丽菊》，题跋云："己未二月，程十发写大丽菊，张金锜补枝叶于黄浦西畔。"

2月，绘《执扇仕女》，题跋云："银烛秋光冷画屏，轻罗小扇扑流萤。天阶夜色凉如水，坐看牵牛织女星。己未二月，十发写小杜诗意。"

2月，《上海花鸟画选》出版，收录了包括先生所绘《金丝竹》在内的画院16位画师共18件作品。人民美术出版社出版的《现代中国画选（第三辑）》，收录了先生新作《双鸡图》。

3月，为夫人绘仕女图瓷盘（口径：24cm，西泠2011年春拍）。因为小妻子三岁，先生常对称吾姊。故瓷盘上题跋云："金锜吾姊属制，己未二月十发。"

初春，题自作画云："人物画一门，以减速笔为最难，五代石子专、姜道隐以简率之笔写吴生，故别倡一体；考其法度，虚实处虽奇诞，而不失物之真形。有宋马钦山亦运其故称巨匠。后世一味粗野而失形理，主大夫斥为野狐之禅，不为世重。今余心追六朝古壁，师其简率

《瑶山春》

《红梅阁》

真趣，写屈子橘颂一章，此中有无得失以质。"

春，汪大文绘《梅花仕女》，先生录长诗题跋："己未春，大文制图，十发录白石词暗香题奉。"

春，绘《九歌山鬼》，题跋云："己未春朝，瑞雪映窗，程十发写九歌山鬼一章。"

春，绘《瑶山春》（150cm×94.5cm，嘉德2011年秋拍），题跋云："一九七九年春，十发。"1996年重题云："丙子立夏，程十发重见再题于三釜书屋。此画中姑娘为广西龙胜红瑶族。昔年常写，近年不画矣。十发再记。"

春，为马国权之子马博为及新婚妻子绘《长乐图》（69cm×46cm），题跋云："长乐。博为、慧銮同志新婚嘉礼。己未春日，程十发写贺。"

3月9日，上海市文化局任命上海画院领导班子。吕蒙任院长，汤增桐任支部书记兼副院长，王个簃、唐云、吴大羽任副院长。

3月，绘《桃花双鸭》，题跋云："己未三月，程十发写于上海。"

3月，绘《红梅阁》，题跋云："红梅阁。一九七九年三月，观剧后写印象，程十发速记。"

3月，绘《富贵平安图》（80cm×52cm），题跋云："余藏有任伯年及吴缶庐岁朝图，皆为牡丹与橘实，似乎巧合。余学写一本以为添趣云。亦然同志属教。己未二月，程十发漫笔于修竹远山楼。"

3月30日（农历上巳，先生生日），为女儿绘昆剧《挡马》团扇面，题跋云："挡马。己未上巳，程十发为欣苏制。"

当日还为张瑞林绘《富贵双吉》，题跋云："瑞林同志属正，己未上巳，程十发写。"

张瑞林，1935年生，江苏常熟辛庄杨园人，毕生致力于书画艺术品的征集、收藏、鉴赏和交流出版工作。历任苏州市中国书画收藏家协会会长、集宝堂堂主，1979年创办古吴轩，任总经理。20世纪90年代曾主编出版《当代名家中国画全集》系列画集50卷（五年出齐），全面展示了当代中国画整体风貌，其中一卷即是先生的作品专辑。

　　暮春，绘《钟馗踏雪探梅图》，题跋云："钟进士行乐图。古时春节张（挂），不知何时易为端午节，今以古制写钟馗踏雪探梅图。己未暮春，十发并记。"

　　暮春，绘《薛涛制笺图》，题跋云："此纸生涩不易下笔，写数幅皆败，无奈再写制笺图，倩薛涛之灵助吾，似有胜前者。如是非纸之故，是吾不识其性也。天下之造物皆有其性，而在识性之人操之，可化腐朽为神奇。己未暮春，十发并记。"

　　暮春，与夫人合绘《葫芦大吉图》，题跋云："己未暮春，金锜写葫芦，十发画鸡。"

　　4月1日，为褚雷绘《橘颂》（128cm×65.5cm，嘉德2006年秋拍），题跋云："（《橘颂》文略）己未上巳后二日，写屈子《橘颂》，赠褚雷同志补壁，程潼十发并书。"

　　4月，上海人民美术出版社出版《大人国》连环画，该作改编自《格列佛游记》，由先生和程多多合作绘画。

　　4月13日，在画院讲课时讲道："我也喜欢画具有战斗性题材的，但有时受到一种批评，说是歪曲了形象，这是很难掌握的。这也是我喜欢经常画古代题材和儿童题材的原因。技法如果没有思想，没有意，没有感情，就很难办。技法如果没有和感情结合起来，技法则是没有用的；我的作品的母亲是我们伟大的生活，我们有了生活，创造了比生活更美善的作品，其目的还是献给生活——我们伟大的母亲。"

　　4月18日，"上海大阪友好城市书法交流展览会"在上海美术展览馆举行，先生作品入展。王个簃、顾廷龙、谢稚柳、村上三岛、梅舒适等中日书法家出席开幕式。5月10日续展移至大阪。

　　夏初，绘《蔡文姬像》，题跋云："前数年曾写魏武观海图赠研吾、菊珍同志补壁。今岁在己未首夏，老李从津门来寒舍欢叙，余又率写蔡琰画像以赠。此先有魏公，后有文姬之归汉，不悖物之理也，博识者一笑，程十发并记于黄歇浦西岸之寓所。"

　　李研吾（1916—1987），原名李树田，研朴堂主人，山东莱西人。方菊珍为李研吾之妻。1933年加入中国共产党，长期在上海工作，关心文博事业，热衷明清书画收藏。20世纪60年代初，他根据唐云的建议，主持恢复朵云轩，并大力支持协助唐云举办中华人民共和国成立后首次林风眠个展。"文革"中，李研吾深受"四人帮"迫害，在身处逆境，特别是1974年"四人帮"掀起批"黑画"恶浪时，依然关心爱护沪上诸多书画名家，与唐云、来楚生、谢稚柳、关良、陆俨少、林风眠、程十发、徐孝穆、陈佩秋等大家结下了深厚的友谊。

　　李研吾自藏一方大西洞端石平板砚，砚上梅花图、砚盖仕女图皆是先生所绘稿，由徐孝穆镌刻。

　　夏初，为所藏元代画家马文璧（琬）所绘《紫芝泉高士图》题裱边云："十余年前客持此山水图贶我，云是文衡山蚤（早）年笔也。余审其所以，乃为马琬真迹，款题文璧乃马琬之字，非文衡山蚤岁之名。紫芝泉主人为钱塘俞和高士，己酉是洪武二年（1369年），朱明定鼎之初，俞和隐居于紫芝泉，此泉位在西湖之西南隅，一如画中所写，近有幽壑，远枕之江，或即高士结茅之风景。惟（唯）有明张孝思一方藏章，至今日已有六百年矣，然纸墨犹新，神采焕然，岂物中之极者乎？己未首夏，自武林归，于灯下记，云间程十发。"丁卯（1987年）二月，先生又补题裱边云："马文璧原为秦溪人，至正十年（1350年）前后迁居云间胥浦，故又为松江人。曾从黄大痴游，为一峰高足，与名士杨维桢、杨竹西、陶九成辈交往甚洽。此帧紫芝泉图为其传世最晚年笔，时洪武二年。翌年又官金陵，四年前即至正廿六年丙午（1366年）曾写春山清霁卷，笔墨与此图近似，师法大痴而上溯北苑。鉴为马文璧传世珍品，丁卯二月，十发又题。"

马琬（？—1378），元末明初画家，字文璧，号鲁钝生、灌园人，秦淮（今江苏南京）人，长期寓居松江。有志节，工诗善画，诗工古歌行，画长山水，官至抚州郡守。善画山水人物，工诗能书。诗书画时号"三绝"。元末隐居，洪武三年（1370年）出知抚州。早年从杨维桢学《春秋》，诗亦受其影响。杨极推重他的画，因此名望甚高，"三吴人以重金购之"。瓣香黄公望，多作浅绛，笔墨清润细密。

紫芝泉主人为俞和（1307—1382），字子中，号紫芝，浙江桐庐人，元代文人、书画家。此图为马琬至正五年（1345年）画赠俞和。

5月6日，为所藏任伯年《骑驴钟馗》题边跋云："细雨骑驴过六桥，山阴画笔认前朝。嗟君鬼忌庸才尽，何必先生诵楚骚。己未立夏日，客西湖雨窗题任伯年自制钟馗图，云间程十发。"

5月6日，与赵丹谈画时，赵丹问道："程老，在艺术上，抽象艺术与中国画艺术如何结合才算成功？我近画画时一直在思考。"先生回答："我喜欢中国古代明清木版画，但总感觉表现力不够，就用西方画家拉斐尔的手法来进行补充，来改造中国画。将西方素描技术与中国画相结合，会有新效果。古代中国画色彩会感觉陈旧，就结合西方印象派凡·高的用色，色彩亮，可改变原来画面光线感觉的不够。"

赵丹（1915—1980），原名赵凤翱，出生于江苏省扬州市，在1931年考入上海美专，可以说是先生的学长。在上海美专求学期间他参加了美专剧团、新地剧社和拓声剧社，并积极参与"左翼剧联"的活动，后改名"赵丹"，深入工厂、市井、学校，演出抗日救亡剧目，并在1932年参演个人首部电影无声片《琵琶春怨》，从而开始了电影生涯。

5月30日（端午），绘《花草四帧》，分别为锦葵、萱草、紫薇花虎耳草、枇杷。题跋云："己未蒲节，程十发写午日即景四帧。"

6月，写昆曲《天下乐·嫁妹》一折舞台速写。

先生的戏曲绘画都是在演出的舞台前凭速写来记忆。舞台上演员的表演瞬息万变，要抓获演出时出现精彩场景的一瞬间，就全靠画家惊人的速记和概括能力。画家不光要尽可能正确处理好形体和动作的关联，更要表现出生动的笔触和线条来。

6月，与俞汝捷谈画。

俞：画中国画的人物画应该画模特吗？

程：中国画的观点，客观的存在影响到主观上的感性。在古代，可能一些人物画家也画过模特，如一些人物画的衣纹、一些雕塑的结构，与实际人物十分相似，在衣服里还感到有肌肉、有透视关系。在中国古代，医学上也讲穴道，都对中国人体十分有研究。在唐宋名画中也有体现，如手臂转弯处是凸的，说明了当时画家对人物十分有研究，所以才会达到这样的效果。

《天下乐·嫁妹》

俞：现在学中国画人物画应如何学习？

程：过去美术学院多数都共同学素描，学契斯恰科夫的素描。他是美术教育家，善于非常正确地训练人的眼睛，强调科学性。后来学生习作往往变成和照片一样，变成机械性。在学画时要有想象，没有想象就无艺术性。

俞：美国的恩格尔谈到笔触，笔触能不能代表画？

程：恩格尔最讲究笔触，最讲究线条画，总认为线条最能代表丰富的感情。画要用笔触，但不应仅仅看出是笔触，还应看到所表达的感情。画国画不要只被人看到笔墨，笔墨是融在整体中，融在你要表达的物体中的。看不出是技法在迷惑你、征服你，说明你看不见一个拳头在你面前。

国画也好，书法也好，只看见笔法，看不见艺术家的感情，只见节奏，也就完了。艺术只迷惑人，征服人，而不使人看到是什么征服人，无痕迹，但要通过笔触表达，而又看不出笔触。

画画和写字一样，写字不会记得这笔用的是什么法，那笔是什么法，等要表达对象时，会忘记了什么法。和恩格尔讲的一样，是不择手段去表达，如想到什么法是不行的，技法是融合在整个创作过程中的，实际上种种技法表达出来也不知是什么法，而是要看画出来的效果。

如打拳一样，一拳打出来是什么拳，对方过来是什么，应还什么，想了才去打肯定要吃败仗的。

技法非常重要，看时却不被人看出。

恩格尔是古典艺术大师，他的学生开始浪漫主义。他的画十分细致，素描线条十分漂亮。

俞：拉斐尔前派是什么？

程：拉斐尔前派是19世纪中期，英国贵族对当时崇尚复古主义、想恢复到拉斐尔之前的画派的称呼。这些画的作者中有诗人，他们将文学与绘画结合，画了大量插图。对比之下，我画的插图有不够的地方。

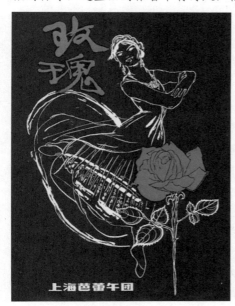

《玫瑰》（与程欣荪合作）

我受到拉斐尔前派的影响，重视绘画插图艺术中的素描。它们是英国式的，作画有铜版画线条，中国是用木刻。

我画连环画最早是《野猪林》，1949到1950年间画的。构图时，人画得较大，画人物只画上半身，因脚画不好，成半本《野猪林》。我对连环画的看法，认为其形式和画种是两回事，连环画只能说是一种形式，油画、国画、铜刻画都可变连环画，无一种特殊画叫连环画。有人看不起连环画。要用高贵技法画连环画。

连环画是培养画家画人物画的最好方法。如画了三本连环画并得到社会认可，等于美术学院毕业。

初夏，绘《牧归图》，题跋云："己未初夏，西泠印社同人集武林，程十发即席挥写。"

为7月首演的上海芭蕾舞团舞剧《玫瑰》的说明书

绘封面（与程欣荪合作），黑底白线的人物，鲜红色的玫瑰花。

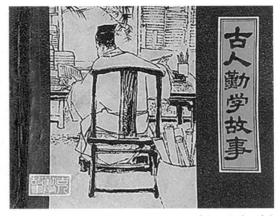

《古人勤学故事》

这部是根据电影《傲蕾·一兰》改编的大型芭蕾舞剧，表现了中华民族反抗沙俄侵略者的英勇斗争，获上海市文化局优秀创作演出奖。该剧的服装设计是程欣荪。先生后来回忆，当时该剧在一个坐满有10000多人的剧场里演出，进场的大客厅里有五六个摊子在卖说明书。在开演前他站在最后一排，看到前面的观众们手里的说明书黑、白、红三色占据了巨大的剧场空间，给人强烈的视觉冲击。先生觉得："……鼓励我如何使自己的艺术为多数人需要和少数人需要，看得同样重要，当然在戏剧场里，说明书人家不保留，而当废纸拿去包了茶叶蛋，我觉得这和一幅画能够放在全世界有名的艺术博物馆里一样使我鼓舞。作画不是仅为自己的需要，我了解到有无数的看不见的观众支持我，我的劳动才产生社会的价值，美才有价值，人与人才有交换感情的价值。"

7月，上海人民美术出版社出版《古人勤学故事》连环画，其中《二王练字篇》由先生与程多多合作所绘。该作画稿（14开，19.5cm×13.5cm）在2010年西泠印社春拍上释出。

7月，林风眠致信王一平、沈柔坚、吕蒙，将留在上海中国画院的105件作品捐给国家。吕蒙院长为林风眠赴海外，且为画院留下一大批林氏精品画作出力尤多。

7月8日，绘《遏云图》，题跋云："此纸为宣纸之包装纸，以此试笔，墨色浑重，有胜内装之纸，出乎意外。十发并识，时己未小暑。"

7月，重裱所藏黄慎绘《汪璞庄画像册》，并题签条："黄瘿瓢为汪璞庄画像册。"册后题跋云："黄瘿瓢功力深湛，平时笔墨游戏放浪形骸之外，一旦写真，亦得心应手，游刃有余。其人物传世大帧小幅极夥，然传神写照，乃我初见。尚后有题识二十五家，冬心、板桥、萝村与矣。余好搜前人肖像，此亦珍秘也。己未六月重装后，云间程十发题于鲸楼檠下。"

夏，绘《美人猎骑图》，题跋云："己未之夏某夕，友人出示唐美人猎骑土俑，归后想象图之，十发并记。"

夏，绘《绝代佳人图》，题跋云："绝代有佳人，幽居在空谷。……天寒翠袖薄，日暮倚修竹。己未夏日雨窗读杜子美诗，率笔写此，十发。"

《长春》

夏，绘昆剧《刺梁》，题跋云："昆曲渔家乐中有刺梁冀，余屡画之矣。昨宵观归即写印象，十发并记，己未夏日。"

夏，为江寒汀未完成的《竹石八哥图》（177.5cm×93.3cm，嘉德2006年春拍）补绘竹，并题："十发补竹。"唐云题："寒汀遗作，受成属十发补竹。一九七九年长夏，杭人唐云记。"

仲夏，绘《箜篌引图》，题跋云："吴丝蜀桐张高秋，空山凝云颓不流。江娥啼竹素女愁，李凭中国弹箜篌。昆山玉碎凤凰叫，芙蓉泣露香兰笑。十二门前融冷光，二十三丝动紫皇。女娲炼石补天处，石破天惊逗秋雨。梦入神山教神妪，老鱼跳波瘦蛟舞。吴质不眠倚桂树，露脚斜飞湿寒兔。己未仲夏，并录李长吉诗，十发。"先生曾创作过多幅根据李贺诗意而成的《箜篌引图》，画中弹奏箜篌的主人公俱画成了妩媚的女子形象，而不是原诗中的李凭。

仲夏，绘《晚艳图》，题跋云："花娇半面。记蜜烛夜阑，同醉深院。夜袖粉香，犹未经年如年远。玉颜不趁秋容换。但换却、春游同伴。梦回前度，邮亭倦客，又拈笺管。慵按。梁州旧曲，怕离柱断弦，惊破金雁。霜被睡浓，不比花前良宵短。秋娘羞占东离畔。待说与、深宫幽怨。恨他情淡陶郎，旧缘较浅。己未仲夏，写此率录宋人《绛都春》词一阕补空，十发。"

仲夏，为张瑞林绘《少女与鹿》成扇一面，题跋云："瑞林同志属教，己未仲夏，程十发写。"时张瑞林初创古吴轩不久。丙戌（2006年）夏陈佩秋于另一面作行书："寒雨连江夜入吴，平明送客楚山孤。洛阳亲友如相问，一片冰心在玉壶。王昌龄《芙蓉楼送辛渐》，书奉瑞林先生正腕，健碧，丙戌夏。"

《饲鹿少女》

7—8月，绘《饲鹿图》，题跋云："众芳花（春）竞发，寒菊露偏滋。受气何曾异，开花独自迟。晚成犹有分，欲采未过时。勿弃东篱下，看随秋草衰。己未闰六月，程十发写唐人诗意于海上小楼中。"

夏秋之交，法国著名的汉学家戴千里（Patrick Deatenay）访问上海中国画院，拿出一份先生作品目录，列举了先生所有的连环画和书籍插图，那是至今为止最详细的一份目录。戴千里先生在艾克斯–马赛大学任中文系主任，当时正在写的国家博士（法国最高学位）论文，主要内容就是介绍中国的连环画和插图艺术，同时介绍两位在这一领域中卓有成就的画家，一位是张光宇，一位是先生。

初秋，绘《李白造像》，题跋云："借五代减笔法为大诗人李青莲造像。己未初秋晚窗，十发漫写。"

初秋，绘《莲塘图》（65.5cm×43.5cm），

《屈子行吟图》（原稿）

《屈子行吟图》（拓片）

题跋云："久不写花鸟画，今墨池尚有余渖（沈），率画此莲塘小品涉趣。己未初秋十发漫笔。"

初秋，绘《西湖女神图》并记缘起："己未初夏客武林，西泠印社同人集会，即席挥笔以郭沫老诗西湖的女神为题写一本。归后重制此帧并记缘起，是岁之初秋，程十发于上海寓所。"

初秋，绘《荷花仙子图》（83.5cm×48.5cm，西泠2010年春拍、嘉德2013年秋拍），题跋云："青盖亭亭，情人不见，争忍凌波去。只恐舞衣寒易落，愁入西风南浦。高柳垂荫，老鱼吹浪，留我花间住。田田多少，几回沙际归路。己未新秋，十发。"

秋日，制石刻图样《屈子行吟图》（97cm×62cm，西泠2010年秋拍），题跋云："己未秋日程十发写屈子行吟图，倩黄怀觉刻石。"此件水墨原稿由荣宝斋收藏。黄怀觉所刻并非简单地计白当黑，而是有所取舍，如屈原与仕女的脸部留白，服饰反黑，将十发原作的人物笔墨、神形生动地移植到了石刻上。

黄怀觉（1904—1988），近代著名碑刻大家，清光绪三十年（1904年）出生在无锡薛典乡（今硕放镇），14岁到苏州当学徒，学习刻碑、拓碑、裱帖等传统技艺。经过多年的精益求精，其技艺已臻于圆熟境地，创作了大量的碑刻精品，曾为寒山寺刻国史馆主持张继（溥泉）重录的《枫桥夜泊》诗碑。

8月，上海人民美术出版社出版《程十发花鸟习作选》画册。

《程十发花鸟习作选》序言

中国的花鸟画作为独立的画科出现，是在人物画之后。我画花鸟起初只是作为人物画创作的补充，后来才从人物画中脱离出来，可说是人物画之余兴吧。

我们时代的生活是如此丰富多彩，它使人们对生活产生了强烈的情感，无论是画人、画山水还是画花鸟，都是描写我们的生活，都是作者用不同的艺术处理来表达自己对生活的感受，通过笔墨把生活的境界升华到艺术的境界。

我们画花鸟追求什么呢？记得明代有人评论两位花鸟画家说，一位是"妙而不真"，一位是"真而不妙"。他所讲的"妙"指的是作者倾注了自己的情感，表现出对象内在本质的神韵；而他所讲的"真"则是指客观对象的外在的形象。把"真"与"妙"统一起来，这是我追求的目标。花鸟画可以画得像标本挂图那样准确而精致，这是科学的真实。但艺术创作并不以科学的真实为目的，它更要追求艺术的真实。在艺术中，明明是一个人会变成一枝花，水仙是洛神，石林是阿诗玛变的……一草一石在艺术家的笔底被赋予了新的生命。我画花鸟，也是从不同的角度描写人。

在文艺的百花园里，应该吸收更多更新的营养，继承和发扬我国绘画的优秀传统，应予以极度的重视。我国历代绘画和民间艺术中，有着无数的珍宝值得我们去学习借鉴。宋元的绘画注重生活，趋向写实，花鸟画得既真实又生动。近百年来，花鸟画有了很大的发展，由于生宣纸的应用，产生了新的技法，干湿浓淡的艺术技巧更为完美与丰富。西方绘画中光与色的层次变化，也给中国画艺术技巧的发展以新的启示。总之，中国画在向前发展，这种发展是建立在继承传统和对生活一往情深的基础上的。

这40幅花鸟画，是我近年来的部分作品，在艺术实践的过程中做了一些尝试，不能说已经定型，在艺术的道路上，将有更多更新的艺术课题有待我们去探索。因此，这些作品只能称之为习作。（1979年2月）

8月10日，绘《采菊图》（64.8cm×42.8cm，嘉德2002年秋拍），题跋云："众芳花（春）竞发，寒菊露偏滋。受气何曾英（异），开花独自迟。晚成犹有分，欲采未过时。忍（勿）弃东篱下，看随秋草衰。十发漫笔并录唐人诗，己未立秋后二日，赠慧行同志补壁。"

8月中旬，绘《张九龄诗意》（美人丹橘图），题跋云："江南有丹橘，经冬犹绿林。岂伊地气暖？自有岁寒心。可以荐嘉客，奈何阻重深。运命唯所遇，循环不可寻。徒言树桃李，此木岂无阴？考题画诗有切与不切，此为不切之切，以题橘树之诗题美人图，乃借美人诵张九龄之诗，有何不可，呵呵。十发。己未闰六月下浣，略有凉意。"

秋，试日本山马毫画笔作《花卉册十二开》。

秋，绘《倚枕图》，题跋云："十发。此题材解弢馆常写之，余见数本，摹写者亦多。今余用吾法画之，时己未之秋日晴窗补记，赠大文、光瑜补壁。"

9月，《上海中国画选集》出版，收入的105幅作品中，绝大多数是画院画师的作品，涵盖了老中青三代人，先生作品收入其中。

新秋，为罗桂祥博士绘大幅《少女与鹿》（120cm×178cm），题跋云："十发。己未新秋。"

该作后于香港佳士得2013年秋拍释出，以172万港元高价成交。

罗桂祥（1910—1995），广东梅州人，维他奶品牌的创始人。毕业于香港大学，获经济学学士学位。曾任香港豆品有限公司董事局主席，东亚银行董事，香港市政局及立法会原议员，香港消费者委员会主席，香港管理专业协会主席，第六、七届全国政协委员等职，获得香港太平绅士、英廷颁赐CBE勋爵、香港大学法学名誉博士、梅州市首批"荣誉市民"等殊荣。

10月1日，周少麟继承父亲周信芳遗志，重排《海瑞上疏》。周信芳于1959年中华人民共和国成立10周年时上演此剧，前后正好20年。

是日国庆之时，阳光和煦，桂香菊绽，先生画了一幅《海刚峰画像》，参照的是周少麟海瑞的扮相造型，半日而成，并亲自送到周信芳先生的墓前，给少麟留念。画上题跋云："海刚峰造像。一九七九年新中国成立卅周年大庆，少麟兄上演尊翁信芳同志杰作《海瑞上疏》，令我怀忻鼓舞，百感云集。借晨窗阳光和煦、岩桂飘香之佳节，奋笔敬造海翁造像一帧，以表颂仰海瑞精神。廿年前信芳同志以扬海瑞精神，上演是剧，后为'林彪、四人帮'所害，蒙造残酷打击，少麟亦受株连，今五贼已除，沉冤已获昭雪。溯五九年暮春，余画海瑞，故与周公同场批斗，会场一面竟成永别，今日少麟兄承父志重演海瑞，余亦能重画海瑞，同为宇内因歌颂刚峰而蒙不白之冤，同志纪念。余敬将此海瑞造像奠于信芳同志之灵前。一九七九年十月一日，程十发并记于海上寓楼。"

早先因为同属"海瑞"一案，在批斗会上先生总是与周信芳站在一起，挂着黑牌，低着头接受"批判"。两位艺术家本来并不相识，这番反而增进了对彼此的了解。先生很想看看有名的麒麟童的模样，但他全程低着头，只能看到对方的脚，还想到周信芳舞台上走圆场气度不凡、大步流星，谁知本人的脚却那么小。所以后来先生曾开玩笑对别人说："如果要我画周信芳的脚，我可以分毫不差地默画下来。"

后先生还写过《关于画"海瑞"的补充》：

　　1979年秋，周少麟同志嘱我，以其先翁周信芳同志舞台艺术为题画一帧画，问我画什么，我率然说画《海瑞上疏》。因关于海瑞问题现已澄清，想到周信芳同志就是为演《海瑞上疏》而遭迫害，所以我要画《海瑞上疏》。

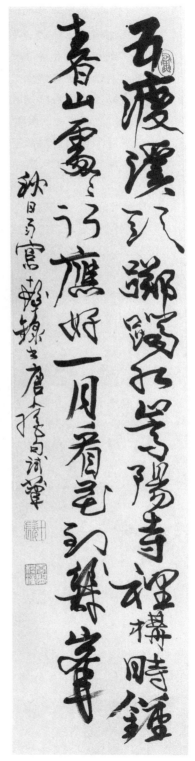

行书《唐人绝句》

　　1979年的国庆节，因少麟同志继承父志，重排《海瑞上疏》正式上演，前后20年（周信芳同志演出正是1959年国庆）。是日（国庆节）之晨，正阳光和煦、桂香菊绽，我正奋笔，看到该海报非常激动，重演海瑞，我当重画海瑞。我突然想到有关海瑞而受连株者有彭总、吴晗，还有不少上海、北京等地之史学家，一时难以胜数。如是我决定重倡海瑞精神。我画了一张海瑞钢笔画像，半日而成。我亲自将画送到周信芳同志的灵前，给少麟同志留念，我答应关于麟派名剧，我当一一抽暇完成。

　　关于我画"海瑞故事"连环画的动机补充：有海瑞清正的故事，就发生在我的故乡松江，所以后来松江人民对海瑞也特别亲切。流传"白雀寺"就在松江东门外。

　　10月9日，将上半年所绘《小孔雀》赠江绍淹，原题跋云："绍淹先生大教，己未三月，十发。"另附便笺云："向绍淹先生问候并请正画，程十发，一九七九年十月九日。"该作后在香港佳士得2011年春拍上释出。

《小孔雀》

便笺

　　江绍淹，香港收藏家，生于民国三年（1914年），承父业经营维安祥金山庄，并任华大贸易公司董事长。江绍淹热心香港社会，长期担任香港中华总商会常务会董、香港崇正总会常务理事，兼任崇正义学校监和义务校长。性嗜书画，早年经商之余已开始收藏，故其"淮阳梦笔斋"画藏颇丰。20世纪50年代始，他积极支持家乡建设，被选为第一、二届宝安县政协委员，1990年还担任"深宝政协之友联谊会"名誉副会长。

　　10月，中国青年出版社重版《孔雀》一书，这是作家白桦根据傣族民间赞哈唱本《召树屯》创作的现代抒情长诗。第一版与《召树屯和喃诺娜》同时创作发表于1957年，当时也是先生绘书中插图。1979年，中国青年出版社欲重新排印出版，但这本书初版之后原稿已失散，于是先生采故事之精要，又重新为该长诗作了插图五幅。

　　暮秋，绘昆曲《思凡》，题跋云："昆曲《思凡》中之色空，己未暮秋十发观剧后写。"

11月,绘昆曲《〈玉簪记〉琴挑速写》,这是一件应演员要求"量身定制"、特地绘赠画中人的作品。剧中两位主角,岳美缇扮演的潘必正形象俊朗聪敏、至情至性,而华文漪扮演的陈妙常则双颊羞红,抬手若迎若拒。先生把青年女子对爱情的热烈向往和畏怯害羞的心理充分表现出来。两人眼角眉梢,含情脉脉,人物服饰以大面积的粉青、藤黄为主基调,稍稍点缀鬓边红花、扇上朱荷,全幅笼罩在清新可人、如有春信的氛围中,仿佛婉转低回的曲调从画中飘扬而出。

昆曲《玉簪记》是传统的爱情喜剧,曲词典雅、华美,有"着意填词"之称。剧情大致为南宋初年大家闺秀陈娇莲为避难,流落入金陵城外女贞观皈依法门为尼,法名妙常。青年书生潘必正应试落第,寄寓观内。潘必正见陈妙常,惊其艳丽而生情,经茶叙、琴挑、偷诗等情节,最终陈妙常冲破礼教和佛法的束缚与潘必正相爱并结为连理。

剧照

11月,上海书画出版社出版《扇面画选》(20开彩印散页),选入先生所绘工笔《玫瑰双鸡》。

孟冬,绘《寿星图》(67.3cm×32.8cm,嘉德2010年秋拍),题跋云:"曾见苏东坡画寿星石刻,今仿其大略,写祝寿新先生六六华诞。己未孟冬,程十发。"

12月8日,杭州举办西泠印社成立75周年大会,先生与王个簃、谢稚柳、朱屺瞻、沙孟海等欢聚一堂。会上选举赵朴初为名誉社长,沙孟海为社长,王个簃、方介堪、启功、诸乐三、钱君匋、程十发为副社长。会后先生以及数位与会名家合作巨幅《东风浩荡图》。

仲冬,在所藏曾鲸、张翀合绘的《陈玉璞像》手卷卷尾题跋云:"曾见波臣写照,子羽置景者尚有嘉定侯峒曾像轴,亦桐荫莲池环境,一如此卷,疑为同一时间作品乎?己未仲冬雨窗展卷,云间程十发记。"经考证补题云:"后秩十一家题跋,诸家有陈斑、杨龙友、董其昌、李綮隆、陆晋锡、施其政、张明熙、陈继儒、吴麟瑞、张尔唯、葛人龙。十发考识。"

12月,上海书画出版社出版《程十发花鸟册》(画册单片八页),集先生近一年间所绘花鸟。

12月22日,"香港摄影家简庆福摄影作品展"在上海展览馆东厅举行,先生题写了展览名,并参加了开幕式。当天刘海粟也同来看展,三人并合影留念。

冬,绘《晚香图》,题跋云:"老圃秋容淡,黄花晚节香。己未嘉平,程十发漫写晚香图于黄歇浦西岸之

《〈玉簪记〉琴挑速写》

《晚香图》

画室中。"

冬，绘《探梅图》，题跋云："己未嘉平，窗外雪意正浓，戏写探梅图。云间程潼十发并记于沪西楼中。"后该幅作品用作"程十发作品展"日本展海报。

嘉平月，绘《女娲炼石图》，题跋云："己未嘉平晴日，煎苦茗写炼石女娲图于海上西隅小楼中，十发。"

先生创作的《西湖民间故事》插图获全国书籍装帧展览会荣誉奖。

深圳展览馆举行"江苏省、上海市艺术展"，展览期间，先生与苏、沪两地的名家关良、宋文治、亚明、吕蒙、吴俊发等南下参观画展，并与港澳文艺界会面及座谈。

约在本年，绘《种子散在人间》，题跋云："种子散在人间。试写周恩来总理诗意，程十发为林同端教授英译本作。"

林同端，翻译家，1942年毕业于西南联大外语系，译有多部外国文学著作。曾受邓颖超之托，翻译了英文版《周恩来诗选》；后来又翻译了英文版《毛泽东诗词》。两部译作颇受业内人士好评。她是美国华人协会主席李耀滋博士的夫人，著名学者、科学家林同济、林同炎、林同骥的妹妹。1979年香港出版的林译《周恩来诗选》另有标题叫《追索》（In Quest），将周恩来青年时期所作的11首诗歌翻译成英文。本作《种子散在人间》出自周恩来1922年所作的新诗《生别死离》。

本年先生还写了《学习传统与练习基本功——中国画人物线描水墨技法经验随笔》。

什么是传统？什么是传统的精华和糟粕？我很难说得具体。

历史是有延续性的。在我国绘画史里，有许多杰出的画家、杰出的作品，当时是很了不起的，但从现在的眼光来看，它们还是有一定的局限性的。我觉得在一个优秀民族的传统遗产中，有很多的精华，我们要恢复和继承这些好的东西。但还不够，还要进行补充，这就是继承和发扬的关系。具体地说我国的人物画吧，从鸦片战争起一百多年来，杰出的画家是不多的，只有任伯年比较突出。另外早一些时期，如费晓楼、改七芗等，当时也是名家，他们画的仕女和唐代相比，前者比较结实，具有壮健美，后者比较瘦弱，似乎是病态美，可能与美学观点上不同有关。因此，我们要发展人物画，只从古人的技法上学习，

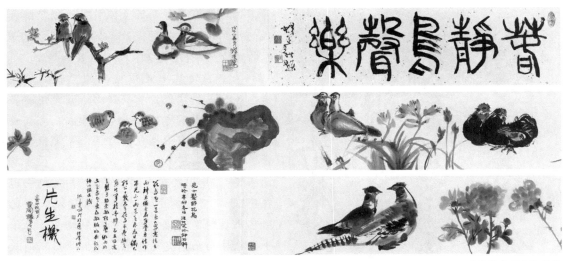

《春静鸟声乐》手卷

我觉得局限性比较大。除了十八描之外，是否可以还有其他描法？我常常看到古代的一些绘画，它们用的笔触、造型，有着强烈的感染力。随便举北宋石恪的《二仙调心图》（此画现藏日本），我感到他的用笔有的很粗犷，有的很细致，这种描法是在十八描之外的。还有五代贯休的画，造型非常强烈，用笔非常强劲，那些强烈的笔触，大幅度地夸张，很有艺术效果，比单独用一种线条勾勒的作品有较大的变化。以后，南宋梁楷也常常运用这种方法，到了明代早期还有延续，如吴小仙、张平山等，可没有过去成功。我感到在传统里也有经验教训。好的创作方法，作者的意境和笔墨都很强烈、明确，意境、技法、形象三者结合得很好。如梁楷的《泼墨仙人》《六祖图》《出山释迦》等，形、意、法三者是统一的。但到明代只学笔法，没有前人高度的意和形，在形体上放松了。因此，我觉得学中国画的人，也要学人体解剖，也要画素描，这很重要。问题在于如何画。如果有了意和法，要表达一个形象，它还不能完全成为一个完整的艺术品的，它必须有一定的形的高度概括。这个我认为是传统中主要的方面。

学习传统，我的经验是从传统中找出几个自己喜爱的画家来学习。有时我用大笔触画面，是受了石恪等人的启示，我也受了吴小仙他们流派的影响。我感到吴小仙他们的不足之处，就是对形的掌握不是很完美。现在的人物画，比过去的好，主要在外在的形的掌握，比明清以来的作者要高明，但缺点也正是只具备了外在的形的真实性，而缺少了古人的那种夸张和概括的能力。画人物画最重要的还是概括生活中的形象，表达自己丰富的感情，从而创造出艺术的形象来。所以，要看到古人不足之处。就任伯年来说，他是了不起的画家，他给予我们描写我们时代的技法，但也有他的局限性。这些局限性的东西，要由我们来扬弃和补充，而我们今天不足的地方，也要由我们下一代来扬弃和补充，这样才能不断发展我们的民族艺术。

现在大家都想在学习传统上用功，我认为很好。但传统的内容那么丰富，如何去寻找适合自己的东西呢？只能根据各人的喜爱去找自己最崇拜、最佩服的流派作品，揣摩学

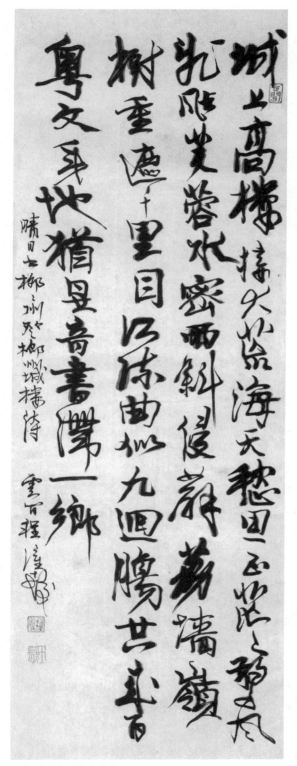

行书《登榔州城楼诗》

习。但这要有条件和因素，首先必须了解古代的绘画情况、各种流派风格，熟悉古代画家的生活，要善于鉴别他们的长处和短处。

笔法在传统中是很重要的。我讲的笔法，不单是指线条，从技法上讲就是用笔。没有笔法，绝不能画出生动的作品。尤其是中国画，笔法当中也包括线条，不能说线描就是唯一的表现方法，要百花齐放。但我总觉得用线条来表现是最好的方法。我们现在用线描，而在远古时候的原始人，早已用它来表现了。他们画了劳动的场面，画了牛、象等动物。直至现在，我们要概括地表现一件东西，如画一幅漫画，还是用线条来表现的多。有时候，就是画风景建筑，用线条来表现，也会获得丰富的效果。在画速写的时候，线条能表现物体的动态。当然，用块面的画法去表现物体的形态，也可以画得生动，但效果没有线描那么好。所以，我在画画的时候，常常掺入书法，也就是用书法的节奏来绘制图画。外国人看我们的书法，内容不一定看得懂，但对书法的线条、节奏感，他们还是可以理解的。所以，我在表达线条时，也就是同时用笔法表达我的思想感情。这个技法，如果没有思想，没有意义，没有感情，就很难办。你的技法如果没有和感情结合起来，技法是没有用的。

意、形、法三者是不能分开的。意在笔先，接着就是形。形不是自然的翻版，要有艺术的创造，还要有法，没有法度是不行的，要有民族的法度，也要吸收外来其他民族优良的技法。

在课堂里，有些东西老师可以教，有些不可以教，这就是感情的问题。一个艺术家的感情是最重要的。去年12月，我到广西参加自治区成立20周年，到一个山区小城参观，深受感动。当地文工团创作了一个小节目，是从来没有看过的。这个节目是演唱

《美酒献给老画家》，歌词大意是说，过去有许多老画家到他们那里去画画，画风景和人物。但"四人帮"不给他们挂，他们受气，画家受压。现在华主席为首的党中央一举粉碎"四人帮"，画家再来山区，再来画。他们还给我们表演了。过去，人家问我为啥要画少数民族？现在我找到了答案，不仅我自己热爱他们，少数民族也欢迎画他们的生活。而"四人帮"对我画少数民族，横加莫须有的罪名。还有前年我去内蒙古，他们也是用最好的东西——马奶酒招待我们。我曾想过，我画的作品是酒还是水，这里边是有很大的启发。艺术的问题就是感情的问题。而我们往往把生活里的一些表面现象，在自己脑子里还没有深刻感受的时候，只能表面地反映一下，特别是受了极"左"思潮的影响，把这个水加加工，最多里边加点颜色进去，或觉得不像酒，加点酒精进去，就送给人家喝，这不是真正的酒。生活是非常丰富的，作为艺术家，就要有感情，就好像少数民族一样将真挚的感情注进酒里，你给人家喝了以后，要使人感动和使人陶醉。因此，我感觉到一件艺术品，虽从生活中来，但不应和生活一样，要酿成美酒而后敬还给人民。这个任务是很不简单的。

基本功，什么是基本功，这在我脑子里也觉得很模糊。基本功就等于写小说的作者所使用的语言、语法一样，是基本功。现在我说的基本功，不是常说的基本技法、手段，而是培养一个作者的思想感情和技法的两者结合。这是很不容易办到的，但却是基本功的重要方面。比如画杜鹃花，就是通过杜鹃花来表达你的感情，而不是画图解，也不是画科学挂图。古人画过很多杜鹃花。今天，我们画映山红，也是借映山红寄托我们的革命豪情。因此，基本功里便产生这样一个问题：从国画方面说，是否都要分科？如今天我要借人物来表达我的感情时，人物便在我的画面上表现；明天我觉得用风景山水来表达我的感情较合适时，我就画风景山水。这和作诗一样，所不同的是，绘画只不过借形象来抒发感情罢了。所以，是否一定要分工？当然，我不反对分工。有不少艺术是可以分工的。但在学基本功时也要百花齐放，不要强求统一。假如以素描作为基本功，素描流派很多，方法也很多。为什么我觉得一开始时基本功不应统一？作为语言，基本的语言结构是共同的；但作为一种艺术手段来表达，我觉得也有流派，这可能跟其他技艺不一样。画家一生，他的发展跟一开始学画素描的流派和风格很有关系。基本功的技巧锻炼，往往影响到作者以后的创作道路和方法。我是很晚才开始画人物的。原不会画，便拼命学。我的素描学不好，还是学古典的多。我画《儒林外史》的插图，老是画不好，只用明清小说版画插图方法，总觉得不够。后来吸收一些外国的东西，特别是英国拉斐尔前派作家的铜版插图，给予我很大的启发和帮助，但仍然不放弃传统原有的风格。

深入对象很重要，但概括对象更为重要。画一个人好办，画很多人就不大好办了。因此，外在形体和动作，在开始时往往比细节还重要。我常做这样的练习，先画外在的形，就像在一个空间里放一个雕塑一样，将一个东西填在空间里，即画在纸上。塑造一个人物，我们传统的雕塑和外国优秀的雕塑一样，都是通过外在的形象表达内在的东西。但同一模特，有些人画得好，有些人画不好，因为所选的姿态和角度起着很大的作用。因此，我觉得概括是我们传统绘画中很重要的。概括要逐步进行，一下子概括是不可能的。开头要画一些很细致的东西，然后逐步地抽掉一些东西，加强一些东西，最后才能形成一些最概括的技法。

有些同志往往在画得很好的素描上面蒙一张宣纸，翻成国画。结果一看，还是那一张素描好，而这张国画差，很有距离。这是什么道理？我觉得很简单，就是他在画素描时没有考虑到下一步要用概括的国画笔法去表现形体，仍是复杂的素描，因此，形体组织就发生了问题。所以，不用素描去翻，而用一幅国画的草稿去翻，也会比原来这样做好。我往往采取一种特殊方法，先画一张铅笔的素描，这是一种练习，使自己熟悉对象；以后就脱离这张素描，又大胆地在宣纸上不断地画，画一张，再画一张，使自己再进一步熟悉对象。这样，打稿子时就要考虑到将来画国画时的笔墨处理。

敷颜色问题。从颜色看，我们的传统是了不起的，但还是不够。在创作实践中，山水、人物用色也差不多。在重彩中常用的是三种颜色：朱红、石青（偏蓝的那种）、石绿。这三种颜色在我们国画里是最亮的颜色。这三种颜色为什么画在画里很亮，很华丽？因它们是色光里的三原色。而我们用黄、蓝、红三原色素复制色光的三原色，所以在画国画时，若感到颜色画得很浅，不够亮，再加一遍，加到最后，颜色还是不亮。而宣纸也往往会和你开玩笑，颜色常常加到纸的背面去了。我们加上去的不是光线，而是粉末的颜色，要靠光线的照射才产生效果的。故愈加愈不亮，反而愈暗，这是有道理的。所以，我们要掌握宣纸的透明度，注意颜色的浓淡和水分问题。一次加上去的颜色，比较亮，如连续加上去，到后来反而会变得灰暗。

吴昌硕的画，他画的花卉的颜色很复杂，他没有把笔洗得很干净，而不觉其灰暗，反而觉得很丰富。我认为他的重彩跟凡·高的很相似，色彩不是调和的，而是分裂的。他画的灰色不是灰色，而是红和绿并列在一起。所以，在色彩方面，我们不必完全跟古人学。过去曾有人照着真花涂颜色，实践证明这是不行的。红色的杜鹃花，也往往要配上些其他颜色来衬托，才使红色显得鲜艳。

还有一点，基本功中什么是最基本的东西。传统中意境很重要，而基本功有两个方面：一个是写实，通过你的眼睛和手，正确地把物象描写出来。还有另一面，就是把你想象的东西，通过你的手充分地描写出来。把这两者结合起来，才是中国画的基础课。我建议画人物的同志，要抽时间画连环画和插图，这会帮助你构思、构图，帮助你提高想象能力。开始时要找些参考书，画多了，画熟了，以后就可以根据自己的想象把人物画出来。这也是基本功。速写也可以帮助你一边看，一边把一瞬间过去了的东西背出来。用毛笔宣纸画速写，往往搞得手忙脚乱，但有好处，会创造出新的技法来。速写、默写都是基本功，书法和其他文学艺术的修养，也属于中国画的基本功的方面。

以上，拉杂写来，仅供同志们参考。

上海文物商店出版《海上名画》画册，画册中所收包括近代及现代海上名家画作，是"文革"后国内少见的8开大开本全彩精印画册，由谢稚柳题名并作序，当时画家无疑皆以入选为荣，画册中收入先生4幅人物画作品。

20世纪70年代，西泠印社出版社的编辑郁重今到上海，和先生商量，为先生编一套丛书，宋连祁、宋珏和一虹遂用两年时间，编成了《程十发书画》丛书，这套丛书可谓是当时关于先生资料最全的丛书。

《程十发书画》

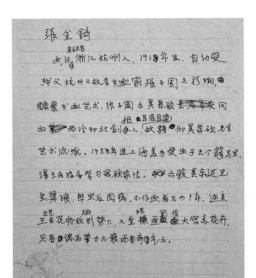

程十发手写张金锜简历

本年起，西泠印社出版社陆续出版《程十发书画》丛书1—9册（1979至1981年出完），各分册为：一、《山水树石》；二、《翎毛花卉》；三、《走兽鳞介》；四、《滇南塞北》；五、《历史人物》；六、《书籍插图》；七、《舞台艺术》；八、《书法篆刻》；九、《红楼故事》。因发行原因，第十册《砚边拾遗》未出版。

40年后，西泠印社出版社为了纪念先生100周年诞辰，决定再版这套丛书，并增加3册原尚未出版的内容，成为一套12册的《程十发书画》，并最终于2021年6月出版。12册的目录为：一、《山水树石》；二、《翎毛花卉》；三、《走兽鳞介》；四、《滇南塞北》；五、《历史人物》；六、《书籍插图》；七、《舞台艺术》；八、《书法篆刻》；九、《红楼故事》；十、《砚边拾遗》；十一、《云间论画》；十二、《影像年谱》。

先生为夫人张金锜手书简介：张金锜，女，汉族，年62岁，浙江杭州人，1918年生。自幼受叔父——杭州已故名书画家张子固之影响，酷爱书画艺术。张子固与吴昌硕同为西泠印社创始人，耳濡目染，故仰吴昌硕先生艺术流派。1938年进上海美专，受业于王个簃先生，得王氏指导学习昌硕家法。亦获吴东迈先生奖掖。毕业后因病，不作画者几十年，迩来在文艺百花齐放大好形势下，又重拾画笔作大写意花卉，见者认为笔力不衰而有奇气云。

前线一位谭政训,

昨天大会情况谅已见报,邓小平同志报告明确了今后文艺方向,行政不干预作家自由创造,并且也有欣赏性和美的享受包写了进去。

今天讨论一天,明天下午国均同志报告,继续讨论,以后就不会全开会了。

十五日一定回来,会议十九日结束。

铁路也来过电话,小涪也找到欣涪,我今天打电话给欣涪,说到服务台陈,没有接通。

我这几天没有什么空职,晚上又要看戏,我身体很好,差不离,天气还很暖和,带的衣服足够了。

元涪有否去苏州,我在会场上碰到不少人,包括香港委员。

香港会议要安定团结,上面做了不少工作,不会家里像中间舆论起什么事呢。

回济大店还很有秩序住,联系不时他们汇上海。

我和翁院泉同志专房住林乎加同志(他和塞上康同志)房间里,窟里都全了长,没有地方住,所以地住在新华

每一插徐昕的浙江相字信沪长子西西同志送了林画两套新书其中一套特订束的《西湖民间故事》——一批5的张掉图印,刚一装订好,每特制残立已85万份了。

我和映泉同志到世夜物商店,陈家涪窟到机场没有碰到,已和欣炳庥家人到动物园玩了一下,其它地方都去不住。今天晚有什么戏明天才决定。

昨天晚上看了《望乡通雨》蓝涪有那么精彩,听说服装花化了三十八百元。内容百听,艺术性古朴,听欣涪电话说他们不给人家寄现,陈炳每付镶十一。

追封你里好休息时间窟加,脉械细心苦近来,

窟那多做的事情,不要忘记。

时时,你每天去看一次,有些东西沒泐洗,享加没有了,

有情况那等,

祖全家好!

十发 10.31.

要身休保全,不要太操心,多牢服休息。

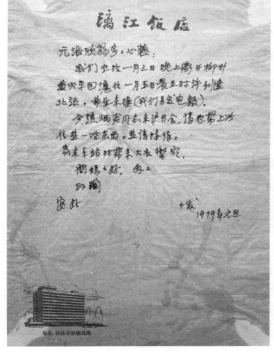
漓江饭店
地址:桂林市杉湖北路

元涪欣菊多:心葵:

我们定於一月三日晚上离开柳州,再次车回沪,托一月五日晨五时许到达北站,弟要来接(我们另发电报)。

今道炳实同志来来沪开会,请也帮上些作要一些东西,并请接续。

你来车站时帮来大衣等窟。

润妈好,妈,

妈妈

窟北

十发
1979年元旦。

我对旅游事业有二点意见。

①各地恢复古代名胜古迹事见成绩称,来示中华文化,对全世寄有所影响,但也有些所谓"宋一条街""明清一条街",店员及主人都窟所谓古代"服装实陪里地方戏曲服饰,吸引国外寄。追种要讲经济效益,不讲文化影响。以后要出古代一条街之类要讲求效果,窟请史馨家专来。

②旅游到各地名胜,有的讲解员水平很高,有历史唱,趣味性,但也有不少信口开河,胡说八道,影响电十分不好,希望讲解员的讲解稿要请专家审定,不要乱说。

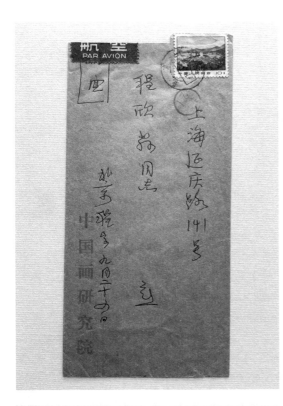

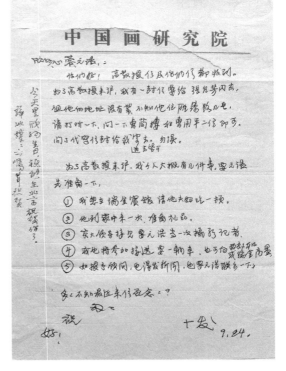

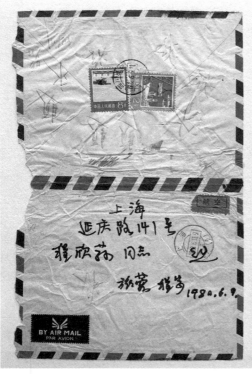

1980年　庚申　六十岁

1月，绘《瑶山少女》，题跋云："一九八〇年一月，程十发写广西龙腾瑶山小景于上海延安饭店之晴窗。"

1月，给书画爱好者回信，谈到画花鸟画的问题。

　　××同志：

　　　　您问我近来为何也画花鸟画，这是什么缘故？是什么使我对花鸟画有那么大的兴趣？

　　　　我首先这么想：画人、画风景、画花卉都是描绘我们的生活，这丰富的生活使我产生了强烈的感情，花卉它本身只有形象，不产生感情，而我可以借它们来传播我的感情，传播手段之一就是我寄情于我的笔墨，用绘画或者诗词来表达。

　　　　花和鸟可以用科学来解释，但我不是从事科学工作的。当然人们可以描绘得像"百科全书"上插画那样精致和真实，我认为这是科学的客观的真实，而我所追求的是艺术形象的真实。这是两种思维，尽管二者有相互依赖的地方，但是出发点和目的都不同。

　　　　我就将您看到的与其所描绘的本质内容来一起解释，或能使您对我的创作意图有所了解。

　　　　抗日战争年代里，我回到故乡，我的家中也被日本鬼子捣得东倒西歪，家中东西被洗劫一空，我们大家都对日本帝国主义和国民党的投降派满怀仇恨。那时我正是17岁的少年，对以后如何重返家园，心中十分彷徨。当时我低头坐在门槛上思索的时候，突然什么东西让我眼睛一亮，那是生长在瓦砾堆中的一株秋海棠，那种娇艳的秋色，给予我的生活一种启示，我也应该像它那样生活。我们一定会冲破黑暗，看到光明的来临，这一印象已经在我的脑海里快几十年了。当时我想画秋海棠，在调这花的颜色的时候，我思想里从来没有受到古人对这种花的赞赏的影响，我只觉得它给予我一种生命力，让我在十分困难的时刻懂得应该更好地活下去，多做一些有益的工作，这是一株生长在断垣破壁底下一堆瓦砾中的秋海棠。

　　　　梅花是从古以来大家爱画的题材，就是题画上梅花的诗，已经多得难以计数了。我过去是很少画梅花的，特别在"四人帮"统治的年代里。我有两年连续到苏州光福寺观看梅花，因为这里也是梅花的故乡。

1980年1月

1月起，陆续为凌力的长篇历史小说《星星草》（关于太平天国后期捻军革命活动与僧格林沁、曾国藩等人的故事）绘制插图八幅以及封面。该书由北京出版社在1981年4月出版。

2月15日（除夕），书四言联"揉春为酒，剪雪成诗"。题跋云："己未岁除，雪后孤山探梅，见独开一朵，归来略改姜白石《玉梅令》中佳句，获四字楹联。程十发漫书。"当日又绘成水墨《花鸟手卷》（30cm×328cm，嘉德2010年春拍），题跋云："己未岁除，赠婷棣留念。程十发写。"

年初，上海举办俞振飞舞台生活60周年纪念活动。在为俞振飞拍摄的电视节目中，先生与俞振飞合画《蝶恋花》，俞振飞画兰花，先生画蝴蝶。先生曰："昆曲是戏剧中的兰花，我喜

《智者法师造象（像）》 　　　　　　　　　　　　　　　　《少女与鹿》

人物书法手卷（程多多题签条）

欢昆曲，正像这只蝴蝶喜欢兰花一样。"

2月28日（春节期间），法籍华人女画家高醇芳登门拜访先生，两人合作《牡丹双鸡图》，题跋云："八十年代第一春。高醇芳画牡丹，程十发写双鸡，时在上海西隅。"

春，绘《李贺诗意》，题跋云："雍州二月梅池春，御水鸰鹎暖白蘋（苹）。试问酒旗歌板地，今朝谁是拗花人。庚申春朝，程十发并录李昌谷诗意。"

3月1日（元宵），书录唐代诗人常建《江上琴兴》一首："江上调玉琴，一弦清一心。泠泠七弦遍，万木澄幽阴。能使江月白，又令江水深。始知梧桐枝，可以徽黄金。庚申元宵，书常建江上琴兴，十发。"此作为三行式条幅，整体布局规整平衡，书写流畅，张弛有序，一气呵成，结体自由，笔势方正，笔法自然，多有汉代木简质朴古拙之趣。

3月2日，绘《花间仕女图》。

3月，为刘少旅绘《游春图》（81.5cm×49.4cm，嘉德1998年春拍），题跋云："少旅先生属教，庚申二月，程十发写于上海西隅。"

3月，《杭州的传说》由上海文艺出版社出版。该书由杭州市文化局编撰，汇集了历代关于杭州的传说故事近50篇，先生为本书绘彩墨插图十余幅。

3月，《海瑞的故事》再版，著者蒋星煜在原版四个故事——斗钦差、买棺谏君、海龙王、大报恩的基础上，又增加了爱护长官的名声、不识抬举、私访上新河、长留清白在人间四则，"补充了海瑞晚年的一些活动，大体上把海瑞一生的主要活动勾画了出来"，依旧由（上海）少年儿童出版社出版。先生于是为新的四个故事创作了插图，而旧的故事，画家则根据第一版印刷书籍的原稿，不改变原先的构图，重画了四张，补充了细节内容，也让整本书内的插图风格达到统一。先生这次不仅画了八帧插图，并且还为封面特意创作了彩墨国画海瑞像（第一版封面只是用了旧传的海瑞文官像），题写了书名，以及编辑手画样稿，全程参与到设计当中，所以书末的版权页写的是"插图·装帧 程十发"。

《竹林仕女》

孟春，为吕蒙夫人黄准绘《花鸟四帧》，题跋云："庚申岁孟春，林花过后水仙盛发，写海棠小鸟于沪西小楼中，程十发漫笔。""庚申孟春，程十发漫写花鸟四种赠黄准同志补壁。"

暮春，先生同夫人至福建访问，受到军区杨成武司令员等领导的热情欢迎和接待，下榻在梅峰宾馆，并赴厦门、泉州等地参观了1958年8月23日炮击金门的前沿阵地和英雄三岛。其间至鼓山涌泉寺拜访了住持普雨法师，不仅当场挥毫，回沪后还另绘《达摩》一幅寄赠普雨法师。先生还拜访了在梅峰宾馆左近的老友壁寿翁郑乃珖，两人在"砚云山馆"欢聚半日。

4月4日（清明），为坂仓芳明绘《竹林仕女》，题跋云："庚申清明，程十发漫笔赠坂仓芳明先生大教。"

坂仓芳明（1921—2014），日本实业家，曾任西武百货公司和三越百货公司主席，日本百货店协会会长。

4月4日（清明），为潘天寿所绘《竹石双禽图手卷》题跋云："画笔由来能扛鼎，书几勒木入三分。中兴画学唯在笔，霸悍豪茫夺古人。庚申清明，读寿先生佳制，晨窗题俚句廿八字。云间程潼十发。"本手卷为米景扬所藏，由李可染题引首，卷后题跋者除先生外还有吴作人、启功、蒋兆和、宋文治、陆俨少、范曾诸名家。

4月15日，在"俞振飞演剧生活60年纪念活动"开幕式上，俞振飞演出昆剧《太白醉写》。观剧后，先生特绘描写俞氏舞台形象的《惊鸿记传奇之太白醉写》（66cm×45cm，嘉德2002年春拍）为贺，题跋云："惊鸿记传奇之太白醉写，一九八〇年四月为纪念俞振飞同志舞台生活六秩周年，云间程十发试稿。"

《画皮》

俞振飞原籍松江，生于苏州，程俞两家有两代人的交谊，俞振飞一直称先生为"乡兄"。振飞之父俞粟庐（1847—1930），名宗海，江苏娄县（今松江）人，师从韩华卿习曲（韩华卿是《纳书楹曲谱》的编著者、乾嘉间昆曲名家叶堂的再传弟子）。俞粟庐学习的是叶派唱法，后来他随着对昆曲认识的加深，技艺不断精进，继承与发扬叶派唱法，开创了俞派唱法，在昆曲流派发展史上涂抹了厚重一笔，被昆曲界公认为一代宗师，有"江南曲圣"之称。

4月，为上海歌舞团舞剧《画皮》绘制说明书、封面图。

4月，《程十发画辑》由人民美术出版社出版。

4月18日至30日，由荣宝斋和西武百货主办、日本国际贸易促进会和日本中国文化交流协会协办，于日本东京西武百货池袋店画廊举行"程十发作品展"。先生成了"文革"后第一位出国办展览的画家。

1979年夏，日本西武百货公司派专员专程至北京荣宝斋访问，并邀请荣宝斋赴日举办"中国荣宝斋展览"。日本虽然有很多美术馆，但只展出自己的藏品，不作对外商业性展览，故只有百货公司才会在其场地中举办商业性展览。西武百货最大的店面即在东京池袋地区的"西武池袋店"，有号称亚洲营业面积最大的12层营业大楼，设有大型展览场所。经过谈判，荣宝斋与西武百货店达成协议，于1979年11月在其东京池袋店6楼画廊举办"中国荣宝斋展览会"，最终各类展品达近30000件之巨，日本文化界反响强烈，评价极高。以此展览为起点，西武百货店正式提出，通过荣宝斋，邀请中国当代著名书画家从1980年5月起，每年在东京池袋店举办个人书画展览，并指定头一个邀请日方眼中当时最好的画家——程十发一同去日本参展。在荣宝斋代表米景扬和上海中国美术家协会沈柔坚的积极支持下，经文化部批准，先生得以成行。此后陆续举办的画家有董寿平、范曾、白雪石、宋文治、启功、费新我、亚明、吴冠中等名家，总计达30多次，至20世纪80年代末，此活动才渐趋沉寂。

先生本人参加日本东京举办画展的开幕式。在日期间，他与日本著名画家东山魁夷、宫川寅雄相识，另与日本美术学院老院长米泽嘉圃先生会晤。他在日本与当地数十位业余美术家及美术爱好者进行座谈。6月，展览移至大阪续展。

在改革开放新时期，上海友谊商店首次推出海派十大家绘画联展，引起了美术界的广泛关注。

日本西武百货公司出版的《程十发作品展》封面

展中所列的十大家分别为朱屺瞻、王个簃、谢稚柳、应野平、唐云、吴青霞、陆俨少、黄幻吾、刘旦宅以及先生。

5月，为旧作《水墨芭蕉》补题跋云："有底春风能好事，解持刀尺翦青天。知君新得草书法，旋卷碧云供小笺。此旧作学青藤画法并书山谷诗，庚申四月，十发补题。"

5月，绘巨幅水墨通景屏《九州翠巘图》，参考的是苏州光福司徒庙中四棵"清奇古怪"千年古柏。题跋云"九州翠巘。北联峰宾馆留念，一九八〇年五月，程十发漫笔。"

5月5日，给荣宝斋米景扬、王大山去信，信中说："北京一别已有数日，回家甚好，望勿念。不过觉得有些疲惫，休息数日已恢复。此番东渡，多亏宝斋及各位鼎力，十分感谢。大米一同前行，极为照顾，事先事后辛苦安排，心中感激，不能言辞所可尽也。"

5月6日，接受科恩夫人的采访。

科：你去日本展览你可得多少钱？荣宝斋和日本西武得多少？

程：我与西武无经济关系，我得到是25元一尺，但国家得到外汇，我的收入不能与人民生活水平相距太远。

科：在艺术中主要使命和艺术中的目的。

程：通过美术的本身功能去感动人们，使之有所感受，使生命旺盛，向前看，不是开药方这么简单，用美术去使人受到感动。

科：不像开药方这么简单，说明一下。

程：教育人很微妙，说不是开药方这么简单，是对比而讲。

科：来源传统民间艺术外，其他来源是什么？什么来源能给予（你）灵感？

程：我感到对中国文人画的含义有各种不同认识，文人画与民间画相对，包括士大夫知识分子作品与民间相对，两者结合，文人画可发展。陈老莲画花鸟画像民间派系，徐青藤用的如民间瓷器上画的笔触。实际上，唐代壁画、敦煌壁画都是民间艺术创作，古代许多名画家都是向民间艺术家学习的。

科：从你风格上看是个先锋，看到许多人学你风格，你形成风格的时间？

程：风格是20年来形成的，下一步可能要变化。年轻人都学我的形式，并不了解我。正因为我不学人家而形成自己的风格，别人在学我，实际并不在学我。

科：你模仿者的画无精神，故不能讲很成功。讲述一下你"文革"的"经历"。

程："文革"一开始就变"牛鬼蛇神"。老先生关在牛棚里书生气十足，还在研究这"牛鬼蛇神"名字到底是好还是不好，认为李贺才气与李白才气相对，鬼才仙才相对，故认为"牛鬼蛇神"是很有才气的称号。

1966—1968年两年多隔离审查，后来不隔离但接受批评。

1966年后几年批"刘少奇文艺黑线"。

1970年去干校几个月。1974年批"黑画"。批"黑画"时画从家里取走去展出，我24张，最多。我去看时有点慌惜，但看到大家用欣赏眼光而不是批判眼光观看，知道人民群众同"四人帮"不一样，受到启发。看的人特别多。序言中有一句"有人支持这些画"是在讲周总理。当时批我是怪里野乱、士大夫思想感情、抽象派笔触。

科："文革"中是否有画政治意义强的画。

程：当时实际画了也不会展出，也画不成功，等于没有画。常常复制青年人展览会的画、农民的画，复制好的去公共场所展示，作为改造世界观、艺术观的最好途径，画上不准题名。

美国艺术史学者、摄影家科恩夫人（Joan Lebold Cohen，柯珠恩）是最早向世界推介改革开放后中国新艺术的推广人和策展人。1979年至1981年间，她在短短的几年中走访了各地艺术学院和单位，结识和采访了各地重要的艺术家，搜集了大量的第一手资料。在这段时间里，她又多次在美国《艺术新闻》杂志和《华尔街报》的亚洲版面上报道发生在中国的艺术活动和事件，可以说是在第一时间见证了中国20世纪70年代以后艺术界所有最重要的事情，同时也是从艺术方面深入艺术家之中、拍照片、报道艺术家创作情况的第一人。

5月，为张瑞林绘《竹林仕女》，题跋云："瑞林吾兄近获寒汀画师遗作，属余背面写仕女，今应命乞教，程十发，庚申首夏。"另一面有陈佩秋于丙戌（2006年）夏书行书："山光物态弄春晖，莫为轻阴便拟归。纵使晴明无雨色，入云深处亦沾衣。张旭《山中留客》，书为瑞林先生方家正腕，丙戌小暑书于春城，健碧。"

5月，绘《吉羊图》，题跋云："吉羊。庚申首夏。程十发漫笔赠根林医师法教。"

5月，与周昌谷合绘《摘樱桃》（138cm×68cm），题跋云："昌谷画小孩布局甚奇。密处极密，下幅留有大段空白，余补小鹿其下，有续貂之嫌。庚申首夏，程十发并识于上海。"

初夏，与夫人张金锜、次子程多多去四川乐山、峨眉山，为美术动画片《鹿铃》设计人物造型体验生活。

夏，绘《花鸟册页》（十二开，49.7cm×69.7cm×12，嘉德2010年春拍），自题签："不管春夏与秋冬。程十发写花卉册并自题。"题跋云：

"竹深树密虫鸣处，时有微凉不是风。十发率写于黄浦西岸。"

"迎春。十发戏写于黄浦西岸。"

"程十发漫笔于晴窗。"

"十发。"

"最喜晚凉风月好，紫荷香里听泉声。程十发写于灯下。"

"数花摇翠藤。程十发漫笔。"

"程十发于上海。"

"程十发写于浦江之滨。"

"何似此花荣艳足，四时长放浅深红。十发写。"

"庚申夏月，程十发漫笔于上海寓次。"

"十发画于黄浦西岸。"

"庚申四月望后，程十发漫笔得十二页于上海。"

5月28日，绘《黄水村词意图》，题跋云："游丝落花满院。料当时、错怪杏梁归燕。记得栩栩多情，似蝴蝶飞来，扑翻轻扇。偷眼帘帏，早不见、画眉人面。但凝红生半脸，枕痕一线。黄水村词半阕，庚申四月望日，程十发试鹤岸彩仁笔并写。"

6月，绘《钟馗嫁妹图》（67.8cm×47cm，嘉德2006年秋拍），在钟馗所持折扇上题跋云：

"不遭人忌是庸才。庚申午月，程十发。"

6月，夫人张金锜接受采访，谈她眼中所见的先生。

　　我们一认识，第二天就去看戏。知道他喜欢看戏，还一起去学过唱戏。

　　他看了东西就能吸收，特别聪明。有的画虽然未临摹过，但一看过就吸收在自己的画里。

　　"文革"之后，虽然多年未画，刚开始复笔时有些生疏，慢慢就感到十分成熟，画得比以前好了，成为自己的流派。为什么？因为"文革"后期不能画，就只画花卉，越画越奔放，色彩更为强烈，魅力与以前不同。这时期的花卉画，为之后人物画自成流派打下了基础。

　　他学画石涛石头时，会把画石头的笔法用到衣纹上去，特别生动，主体感强。他坚持以朴为美，以拙为美，很拙的笔反而画得很美。

　　强调对比，拙与美的对比。钟馗嫁妹，拙的脸画得富丽，善良妹画得很细巧，形成对比。

　　他有深厚的工笔画基础，可以画得很工细，有时粗笔后来几笔工笔。构图很险，往往用险的构图来取得平衡。

　　"文革"后比较重视素描，之前不大重视素描。

　　人物画在中华人民共和国成立前已经开始。他十分注意山东孔庙的雕刻。

　　1943年，他23岁，在南京路大新公司开个人画展，很少人买他的画，展览亏本。

　　他提倡最古的笔法与最新的现实结合，来创造中国画道路，反映现实民俗，色彩又浓厚。

　　盖叫天谈戏，从早到夜；他谈画也是从早到夜，不知疲倦。

　　喜欢创造性，吴昌硕的画他非常喜欢，喜其用墨，其他字、诗也觉得好。觉得齐白石也有创造性，色彩强烈，同法国马蒂斯不谋而合。

　　他对一切物质的描写，不是表面描摹，而是写其精神。如《儒林外史》插图，路上碎石都不是画石头，而是以古代画家山水画皴法或衣纹方法用笔。

　　他用色很新，讲究色调。

　　汲取山水画的趣味，喜欢运用笔锋，笔法有传统基础。墨色对比处理灵巧、醒目。

　　在美专读书时他穿长衫，人很瘦，呈现出艺术气息。他在进美专前基本功已很好，当时爱好倪云林画的山水，花卉喜欢徐青藤。到上海时，在震旦学校读书，学过法文。去银行上过班，去几天就不去了，没有兴趣。

　　色彩从前讲究古雅，颜色不讲究鲜，去云南后受自然界熏陶，色彩大变。

　　画笔从头到尾一笔下来，别人不敢画。

　　生活上有些事糊里糊涂，不精明，但在画上面十分清楚。

6月29日，回复艺友的信，谈到"修、破、离——论绘画的继承与创新"。

　　××艺友：

　　今年4月下旬，我在日本东京举行个人画展。在展出期间，曾与数十位日本业余美术家和美术爱好者进行座谈，除征求对我作品的意见外，还对今日中国绘画及创作和教学诸方面交流意见，我深得教益。例如，我说到中国绘画教学中的继承和创新，提倡批判没有讲得妥切，只是泛泛而谈。其中有一位年长的先生，他给我补充，说得很有道理，他说这在佛学中有三个字，叫作修、破、离，可以借用来演说学习方法，我想了一想很有道理。

我现在就借用了他出的题目，讲述我自己的意见。我觉得这三个字是联结在一起的三个方面，不能单想一。

"修"的面也很广。艺术的来源是生活。修是经历和学习，生活是给予作者各种经历，人在社会中必须有自己的政治见解。

生活中的欢乐与苦难相交织，在社会经历中有成绩，也还有错误，不过各人的比例不一样罢了，因此产生了各人的"偏见"。那必须通过实践来纠正自己的偏见，达到一种比较正确的见解，即正确的人生观，艺术观的产生是由人生观而派生的。

学习艺术的修养也必须广博，要知道自己民族的艺术的演变，也要知道其他民族的艺术特点，中外古今都要广泛涉猎，而且必须了解各种艺术风格、流派与当时社会经济政治的关系。

"修"必须从根本修起，不可一蹴而就。画一幅画，可用最简便的方法照样画葫芦地临摹别人的作品，这也可以做。但不能单凭这种简单方法，这种追求别人已经成功的艺术效果，不是很难做的，特别像画笔简括又层次分明的作品、特征较明显的作品，表面上容易画像，但细细来看就没有那种感动人的力量。为什么？因为作者没有从原画作者的经历和他的艺术见解方面进行研究，特别是没有了解分析原画作者创作时的真实感情。

其实艺术就是这样，不能满足于追求各种流派的表面的艺术效果，而要全面地去研究、去了解。

"破"，修行的同时，就要批判所修来的东西。破者剖也。绝不能把古人和别人的缺点也当作优点来运用，特别是历史的局限性在艺术上的各种反映，绝不能一股脑儿吞服到肚子里去。经历愈广，读书愈多，实践愈勤，解剖的能力也会越强，有比较才有鉴别。

即使是一种极为精美的艺术，是否每个人都能合适地接受？我想要把这种精美的艺术品进行解剖，把自己的素养和艺术道路也同时做解剖，找找看，能不能找得到它们结缘的联系，绝不可以因为某个艺术家的社会影响大，就不去解剖而硬接榫头。否则这种不破的方法是会让艺术枯槁而死，也不是真正的继承，即使表面上模仿得很像，也是没有生命的，而是假的东西。例如我们种花，就要把种子放到泥土里，细心培育它成长，绝不是把别人培栽的花剪下来插在花瓶里，因为它没几天就枯萎了，而且它不可能繁殖下去。

"破"就是要找自己艺术的生命线，通过它把艺术延续下去，不修也不能破，不破也不能修，也就是用批判的武器进行学习和锻炼。

"离"，那就是创造成功一种新的艺术，有了修，有了破，它就会离开了旧的胚胎，诞生新的婴儿。

许多人认为只要不学习别人的东西，就会产生创造新东西。万不料，即使关起门来，别人东西不看不学，而创出来的东西还是"似曾相识燕归来"，也是曾经在社会上出现过的东西，只不过粗率一点罢了。这是存在决定意识。你看过别人图画，那它总会

《秋山图》

对你产生一种影响，不过深浅程度不同而已。

所以要离开原有的道路，必须要修、要破，才能达到离开原有的路程，开辟新的蹊径。

你问我：为什么我能在绘画风格上有新的东西？我只能简单回答：我并没有新的东西，我都

是学习别人的东西，包括古今中外，不过我找人家不大学的那些部分来学习，我自己并没有创造，不过学习的方法和角度有些与别人不尽相同而已。

承你来信，问我如何创造新风格，这是很难回答的，只能用我近日所学所感作为我给你的反馈。

1980年6月29日

7月4日，去信向刘海粟求画，云："海粟吾师赐鉴：久未得瞻师颜，极念极念。四月底我出国之前，黄镇学长委我向师代求墨宝，乃文化部刘复之副部长所托，请书他上款为祷。成后请寄黄部长家（北京小羊宜宾廿号）即可。匆匆，即颂大安。学生程十发顿首，七月四日。"

7月，观看昆剧《烂柯山·痴梦》，以表演艺术家梁谷音为形象绘《痴梦》一幅。先生尤其喜欢其中的唱词"只落得破壁残灯零散月"一句。1962年，先生就曾画过《痴梦》，挂在北京荣宝斋里。不久《美术》杂志上刊出一篇文章，说"想不到画过《报春图》的人，居然又来画《痴梦》，可见阶级斗争千万不能忘记了……"作者显然不知道《痴梦》是什么戏，看见标题就想当然地举起棍子来了。此外先生还为梁谷音绘《烂柯山·泼水》。

7月，绘《沧浪吟》，描绘了屈原、渔父坐谈于沧浪之滨，画面采用斜角构图，一面是浩荡的江水、飞舞的江鸥，一面是坐于船上交谈的渔父、屈原以及岸边侍立的婵娟。题跋云："沧浪吟，写屈原渔父一章辞意，一九八〇年七月，程十发写于上海。"

7月，绘《雄鹰图》，题跋云："一平同志法教，一九八〇年七月，程十发写。"

7月，与汪大文合作《辛稼轩〈破阵子〉词意》（136cm×67cm，北京保利2015年春拍），题跋云："醉里挑灯看剑，梦回吹角连营。八百里分麾下炙，五十弦翻塞外声。沙场秋点兵。马作的卢飞快，弓如霹雳弦惊。了却君王天下事，赢得生前身后名。可怜白发生！一九八〇年

七月，汪大文为辛稼轩造像，程十发书稼轩词《破阵子》一阕。"

7月23日，绘《花下寻声图》，题跋云："花下寻声图。庚申大暑，云间程十发写于黄歇浦西岸画室中。"

同日，绘《绍兴小景》（71cm×46.5cm，嘉德2008年春拍），题跋云："庆祝鲁迅先生百岁寿辰，使我感到历史来去得如此的仓促。我特意绘制阿Q以为纪念。庚申大暑，云间程十发写于黄歇浦西岸画室中。"

为峨眉电影制片厂出品的电影《玉色蝴蝶》绘制电影海报。

夏，绘《秋心图》（红叶少女，68cm×46cm），题跋云："秋心。庚申夏日，程十发写于上海。"2001年再题："辛巳重阳，十发题廿余年所作。"

新秋，绘《含芳图》（66cm×43.5cm），题跋云："庭际玫瑰树，含芳当坐隅。春盘红玛瑙，晓帐紫珊瑚。风信翻霞锦，天香缀露珠。仙壶春酌好，留着醉麻姑。庚申新秋，程十发书杨升庵诗。"

《玉色蝴蝶》海报

秋，与汪大文合作《陶渊明芳菊诗意》（136cm×67cm，北京保利2015年春拍），题跋云："芳菊开林耀，青松冠岩列。怀此贞秀姿，卓为霜下杰。庚申秋，汪大文写程十发题陶靖节诗。"

8月，江苏人民出版社出版《太平天国传说故事》，由先生、刘旦宅、戴敦邦等绘插图，先生并绘封面。

9月，因吕蒙患病，由唐云代理画院院长。

9月23日（中秋），先生夫妇合绘《荷香图》，题跋云："庚申中秋，金锜画稿，十发续成。"

10月3日，与刘旦宅合绘《长春图》，题跋云："长春。一九八〇年十月三日，刘公旦宅写人物，程十发补鹿并题于上海友谊商店古玩分店。"原作只有先生题款，无印。后在戊寅（1998年）补题并钤印，题跋云："戊寅夏日，程十发重睹，原作我两人匆匆不及盖印，今加印记，匆匆已十八年矣。"

10月17日（重阳），在桂林榕湖饭店绘巨幅作品《阆苑长春》，题跋云："阆苑长春。庚申岁重阳节，程十发时于桂林榕湖饭店。"画幅达54平方尺

《长春图》（与刘旦宅合作）

（179cm×340cm），先生自述是他个人创作最大的一幅作品。

11月，绘《采芝仙人图》，题跋云："魏晋有采芝仙人图，今拟写之。时庚申十月晴日映窗，程十发漫笔。"

11月，绘《杨升庵诗意图》，题跋云："皎皎复盈盈，倾国更倾城。珊瑚丝结网，苔华玉篆名。宫女多相妒，非关君薄情。庚申小春月，程十发漫笔并书杨升庵《古艳曲》一首。"

冬日，绘《骑鱼仙女》（65.5cm×66cm，嘉德2001年秋拍），题跋云："庚申冬日，程十发漫笔。"

12月，有感于一位受到迫害而早逝的女钢琴家顾圣婴，绘《广陵散》，此作后参加1983年起在美国举办的"现代中国画展巡回展"。

12月，在"文革"期间并入上海画院的油画雕塑创作室和上海美术展览馆从上海画院划出，"上海中国画院"恢复原名和建制。油画雕塑创作室党组织仍暂归画院党总支领导。本年，陆俨少调任浙江美术学院教授。

本年先生恢复党籍。

20世纪80年代著名的"多多曲社"是程府的雅集，最初是先生与程多多把曲谱贴在墙壁上，子吹父唱。后因先生的人格魅力和影响，雅集汇聚了诸多沪上老中青戏曲名家，每逢曲社活动，程府内总是丝竹悠扬，水磨昆腔，不绝于耳。每当兴起，先生也会起身，高歌一曲《刀会》《弹词》或《山门》。他说道："别人唱昆曲，喜欢演小生、小旦，我就喜欢唱大面（大花脸），这叫角色对路。"

先生喜唱的《单刀赴会》《醉打山门》都属于源于元杂剧的弋腔剧目。弋腔音调高亢、富有朗诵意味，故也称"高腔"，有清一代，弋腔的影响范围胜于昆腔。

梁谷音回忆，这样每周末一次的曲社活动先生整整维持了两三年，风雨无阻，直到后来先生经常住院，才把雷打不动的每周一次改成几周一次。因喜欢老生戏，先生还曾向计镇华拍曲学唱套曲《九转货郎儿》，从"一枝花"一直唱到"煞尾"，10首曲子先生都学了下来。

先生说：昆剧是中国古典文学的精华。你看关公单刀赴会的时候，驾着一叶扁舟，向江东进发，那早晨的太阳照着江水，波光粼粼，天也是红的，水也是红的，激起英雄无限豪情，于是唱出"大江东去浪千叠"，看到剧本，闭着眼睛，就是一幅画。这时周仓插话道："好水呀，好水！"关公说，这不是水，这是"二十年流不尽的英雄血！"他这个比喻就十分贴切。水怎么比作血呢？因为有朝霞映照。又如梁谷音演《痴梦》，当崔氏梦醒之时，发现什么都没有了，只有"破壁残灯零散月"，只这七个字，又是一幅极好的画面，一堂想象中的布景。昆剧的这种文字性，是别的戏曲无法比拟的。

先生对昆剧专研极深，曾看上海昆剧团《西游记·借扇》一折后绘《借扇》，题跋云："元曲《西游记》传世仅三折，一为撇子，一为认子，此为'借扇'。旧本唯铁扇公主有唱词。孙悟空今本有唱词，已失元曲风格。此剧唱打并重，余写观印象，十发画戏。"

先生为岳美缇《牡丹亭》的演出而精心绘制了一把《依梅傍柳图》的泥金扇面，还为她出主意："你扮演的这个角色是柳梦梅，因此，不光手里拿的是梅花扇子，服装上也要绣出各种各样的梅花，这就叫'讲究'！"上海昆剧团建团后那几年，凡是说明书、封面、电视片头、礼品

1980年12月22日，香港著名摄影家简庆福摄影艺术作品展期间，摄于南京西路梅龙镇酒家

前排：夏伊乔、刘海粟、关良、顾卓英（关夫人）
后排：张金锜、程十发、黄笃维、简庆福、苏石风、陈鳝（苏夫人）

与戏曲家俞振飞合作作画

等等，都是出自十发先生慷慨赠予。就连梁谷音、计镇华两位艺术家演出《蝴蝶梦》时，台上挂的那幅庄周画像，也是出自十发先生亲笔。他说："这是昆剧看得起我，也是我和昆剧有缘！"

岳美缇回忆："那还是1980年的时候，我们要演《牡丹亭》。当时'柳梦梅'手里缺一把像样的扇，我就让人定做了一把金扇面的扇，想来想去只有麻烦他老人家，这扇才够分量，他当时一口就应允了，还问我画什么，我说就画梅花，希望他能题上'只为你如花美眷'的字样。才两天的工夫，他就给我打电话，说是扇子画好了，让我去取，我进门就看见那把扇显眼地挂在墙上，正对门口，他正把画吊在那里晾干呢……这么多年过去了，这把扇子我珍藏至今，从来舍不得随随便便拿来用。每次和他说起，他总是笑我，说只要舞台上需要，让我尽管用。"

经粗略统计，先生曾画过的戏曲、曲艺剧种有昆曲、京剧、越剧、沪剧、评弹、滑稽戏、独角戏、桂剧、滇剧、湘剧、婺剧、相声、杂技、魔术乃至芭蕾舞、民族舞等。所结交过、描绘过的戏曲艺术大家不胜枚举：梅兰芳、周信芳、俞振飞、张君秋、韩世昌、白云生、侯玉山、侯永奎、关肃霜、张文娟、马玉琪、徐玉兰、王文娟、傅全香、范瑞娟、金采凤、吕瑞英、杨振雄、杨华生、侯宝林、丁是娥、解洪元、杨飞飞、蔡正仁、梁谷音、岳美缇、计镇华、张洵澎、张静娴、王汝刚，直至年轻一代的王珮瑜、张军等。所熟识的戏曲学者、剧作家、理论家则有陈从周、赵景深、苏石风等。先生堪称20世纪中国戏曲艺术的知音与发展的见证人。

关于舞台戏曲画，先生谈到了这样的体会：注重捕捉人物动态，例如很多舞台人物，用流利的线条表现动感，是受了一些西洋的影响，但也不全是。中国古代的石刻，如秦汉、南北朝的画像石，上面描绘的人物，动作比较大，线条的动态也比较强烈，这种技法主要是塑造一个人时，先从大体塑造，所以人物能很生动，有些动作是夸张的，但并不是没有道理的夸张。

程十发《漱玉图》

汪大文《漱玉填词》　程十发题跋

我就是这样描绘一个对象的，先描写动作的
大体，再进入里面刻画细节。过去中国传统
的人物画画法，不是先画大体，而是先从里
面画出来，像先画眼睛、鼻子、嘴巴，然后
再画脸型那样。我却是刚相反，就是从大入
小的方法，开始先用几笔大笔触，掌握了人
物身体动作的大体，然后再用小笔在里面补
充，最后才画人的脸。所以是从人物身体动
作去设计他的眼睛、鼻子，就像雕塑一样，
先塑了一个雏形出来，再仔细雕琢进去。在
表现动态时，我有时会做适当的夸张，就像
速写那样，画得太快了，线条随意了，会失
去形体的准确性。但这种夸张如果运用得恰
当，就算轮廓不写实，但从艺术性来说，恰

1980年10月1日，由上海友谊商店古玩分店主办国庆画展。
谢稚柳、应野平、吴青霞、曹简楼、张金锜、程十发、曹用
平、刘旦宅、程多多、刘天炜十位画家参加。

恰是那幅画最特殊、最有味道的地方。我觉得画人物不足以画得很写实、很细致，但不管画得
细、画得粗，表现人物的生动性、动态，那道理是一样的。不能因画得细就画得死了。如果说
这是受西洋影响的，可能也有，但我自己认为主要还是从中国古代的石刻、民间艺术那里来。

6月21日，张大壮（1903—1980，上海中国画院画师）在上海病逝，享年77岁。
汤义方（1914—1980，上海中国画院画师）在上海逝世，享年66岁。

1981年　辛酉　六十一岁

1月，绘大幅《岁寒三友图》（259cm×303cm，嘉德2001年春拍），题跋云："一九八一年元月，程十发写于榕城。"

1月2日，先生与谢稚柳、陈佩秋、应野平、刘旦宅、吴青霞、顾廷龙、张乐平等出席《文学报》举行的迎春书画会，为即将正式出版的《文学报》题书作画以示祝贺。

1月3日，绘《辛酉报春图》（135.4cm×66cm，嘉德2005年春拍），题跋云："辛酉报春图。一九八一年元月三日，程十发漫写于苏州饭店。"

1月13日（腊八），绘减笔《面壁图》，题跋云："普雨大师供养，庚申岁腊八日，程十发制面壁图于榕城。"

为上海人民艺术剧团二团排演的《鉴湖女侠》（八场话剧）绘海报。

2月，为陈毅的小说《归来的儿子》创作插图。

《归来的儿子》是陈毅1925年创作的一篇小说，1926年以曲秋的笔名发表在《小说月报》上。陈毅早年在报刊上写过不少散文、杂文，但是他写的小说仅此一篇。《上海文学》1981年第一期重新刊载了这篇小说。

先生将小说故事提炼成四幕彩墨插图：《她想念的儿子回来了》写母亲终于盼到远出求学、数年未归的儿子，既高兴又心生忧虑；《本境最可怜的人》写儿子眼见在庙堂祈祷、不闻世上大乱的乡里人，而又无力唤醒广大民众的愁闷；《总盼望着这一天想除去这一层隔膜》写儿子渴求以所学报效社会的志向与丧夫后独自抚养幼女的母亲望儿伴老的朴素心愿，两者在相望无言中彼此化解；《新的希望》写强烈的责任感终于驱使儿子再度离家，义无反顾地奔向救国救民的新希望中去。

在最末幅《新的希望》上，先生题跋云："新的希望，十发写。陈毅同志所著小说《归来的儿子》的插图，时正一九八一年的除夜。"陈毅在最动荡激烈的年月写下的这篇半自传式的小说触动了先生，所以他在"一九八一年除夜"，即2月4日读到小说的第一时间，就绘下的这份观感，寄托了先生对这位曾深切关心上海文艺界人士以及上海中国画院的老市长的纪念。

2月，张金锜绘《牡丹图》，先生题跋云："清香拂袖剪来红，似绕名园晓露丛。欲作短章凭阿素，缓歌夸与落花风。辛酉元月，金锜画牡丹有奇趣，书录山谷诗补空。十发书。"

2月，为江征帆绘《长春图》（少女与鹿），题跋云："长春。征帆同志六旬大寿，辛酉新春，程十发漫笔写祝。"

2月15日至18日，中华画廊与香港集古斋联合举办的"中国名家书画展览"在新加坡文华大酒店南翼接待大厅展出。2月21日至3月10日，该展又在新加坡中华书局三楼画廊展出，先生作品参展。

与夫人张金锜，学生汪大文、毛国伦为上海火车站贵宾室绘制巨幅国画《花香鼓舞》。本幅构图出自1961年天马电影制片厂摄制的歌舞剧电影《小刀会》第二场"胜利"选段，该电影改编自1959年上海实验歌剧院创作演出的大型舞剧《小刀会》。"花香鼓"也是取材于松江、嘉兴等江南地区盛行的一种民间舞蹈。

在《花香鼓舞》前合影

　　3月17日（花朝日），为应香港集古斋之邀而特绘《烟云山川图》，题跋云："辛酉花朝，程十发写。"本作先生借鉴了摄影技法，刻意模糊了远、中、近景，只觉色墨交融，反复晕染，层次丰富而不凌乱，灿烂浑脱，生机勃勃。

　　3月20日，为经典作品《阿Q正传一零八图》写了《画后小记》：

　　　　《阿Q画传》是我为纪念鲁迅先生八十寿辰而作，历今已经二十年了。今天我重题后记，正好逢上庆祝鲁迅先生百岁寿辰，使我感到历史来去得如此的仓促。

　　　　当时我绘制阿Q时，我对他没有真正的领会，以为阿Q是阿Q，我是我。自从经历了这不平常的二十年，我才觉得阿Q与我并不太远，在我小生产小私有者的灵魂，有着阿Q式的创伤，它是阻碍我前进的枷锁。所以我自己再看到这些图画时，我会产生痛苦，希望把我的灵魂里的创伤早日根治掉，加紧步伐，走在时代的前列。

　　　　至于最可憎的赵老太爷、假洋鬼子之流，我想以我的画笔驱逐他们早日"升天"或者滚出地球吧！

　　　　至于王胡、小D他们，一定会团结起来，永不与阿Q为敌吧！

　　　　黑龙江省博物馆妥善保存了这"阿Q画传"一百零八张画稿，经过这不平常的二十年而没有被毁灭。首先使我感到鲁迅先生的作品的社会与历史的威力，加上博物馆同志的功劳，我也用不平常的感情致以敬礼。

程十发

一九八一年三月廿日于上海

《画后小记》

顾炳鑫在《重读〈阿Q正传一零八图〉》一文中说："像翻看几十年前的旧照片那样，无论照片中的人物和背景，都会使人产生一种似曾相识的亲切和时间遥远的距离感。这部连环画描绘众多人物，从举人、秀才、赵太爷、地保到假洋鬼子，从阿Q、王胡、小D、吴妈到小尼姑，还有围绕着两个阵营的芸芸众生相，都刻画得那么真实可信、栩栩如生，似乎可以从这些人物身上闻到散发出的臭气、酸气、汗气和酒气，听到他们嬉笑怒骂时发出的吆喝诅咒和嗡嗡声。从未庄到县城的环境破败衰落的景象，在赵太爷的大宅院里，可以闻到散发出来的霉湿气；在土地祠的断砖残瓦下，可以听到蟋蟀和秋虫的鸣叫声。以上是这部连环画带来的艺术魅力和感染力。

十发兄是以其擅长的、具有独特个性的、以线描为主体的写意方法来描绘这部作品的。每幅画面上的用线，或粗或细，或湿或干，或畅或涩，或短或长，纵横驰骋，给人以潇洒自由而带随意的舒畅感，显示了作者在艺术技巧上纯熟和深厚的功底，更体现出了画家对作品所描写的生活有着深厚的阅历。因此笔尖下流出来娴熟自由而带随意的线条，正是作者情感的抒发和思想的倾诉，是情感和技巧的结晶，从而形成了十发兄线描艺术的特色和风格，这是对传统线描的一种突破和发展。在技巧的运用上，需要再提一笔的是，这部作品每册画面上，在人物身上或在背景的某个地方，罩上一抹淡淡的赭石色，这不仅是为了丰富画面的层次，而且是为了突出人物主体，在于烘托出灰暗而凝涩的时代气息。"

春，与张金锜合作《葫芦有余图》（108cm×51cm），题跋云："广道先生雅教。辛酉春，张金锜。""辛酉春持赠广道同志属教。程十发补鱼并题。"

上款人袁广道是安徽省民政厅退休干部，"文革"期间曾在上山下乡办公室工作过。

春，绘《鸢尾花》，题跋云："西洋鸢尾乃芳香植物，故取其根能炼香精，其形亦绰约。世称蝴蝶花者，并非鸢尾，该花乃蝴蝶兰，深山寄生植物，是石斛科。暑窗弄笔，纸有空白，题字正名。辛酉春日，程十发于上海。"

4月，绘《少女群鹿图》（121.5cm×70cm，嘉德2010年秋拍），题跋云："辛酉三月，程十发漫笔。"

5月，北京人民美术出版社出版《程十发近作选》画集及《程十发专辑》单页片。

5月，为苏石风所绘《海崖雄鹰图》题跋云："磅礴。辛酉首夏，程十发题石风学长佳制。"本年，苏石风选择在家乡汕头举行第一次书画展。这一时期与先生合作多幅书画作品，如《黑猫小鸟》，题跋云："石风写猫，十发补成。"

5月10日，上海中国画院与中国篆刻研究会联合举办了"李健先生诞辰100周年书画篆刻遗作展"。展会受到海内外弟子、业界、亲朋好友与程十发先生的大力支持，为筹备展会，各自四处征集李仲乾的书画作品、出谋划策，使展会得以顺利举办。先生对先师的谆谆教诲至今难以忘怀，撰写了《李仲乾老师印象》刊登于报纸杂志，文中回顾了当年先师为他起名"十发"的往事，以表他对先师的深切怀念、敬奉与感恩之心。

　　《李仲乾老师印象》

　　李仲乾先生是我的老师，是我四十年前在上海美术专科学校国画系求学时的老师。他是使我永远不会忘怀的老师之一，而且他的形象一直在我的记忆中，他十分生动而具体，能使当年的师生相处重映眼前。

　　我受到过他的教诲，有篆刻、书法、绘画史。他非常博学，他的仪表，脸带有络腮胡须，很像一尊佛。他人很慈祥，但在教课时十分严肃，不看教材，脸望着天花板一直站着讲课，而且是细致又认真。我一直是对他十分景仰，又知道他是李瑞清（清道人）的侄子。他也知道我对他的教课是怀着虔诚的态度，所以他十分喜欢我。但是有一次他上课时，我和同学在下面窃窃私语，而且还发出笑声。这一次激怒了他，使他大发脾气。我这个二十岁不到的小青年真感到害怕，从此上课时我不再这样没有礼貌了。而且一直记起这一次老师的发怒，使我受益匪浅，以后我就珍惜学习的时间，再不随便浪费掉。

　　我上篆刻课，李老师总是鼓励我，说我刻得好，有金石气，有刀法。事实上我所有功课是篆刻比较好，当时还给关良老师刻过几方图章，现在还保存着。我觉得李老师的教法有道理，这几方图章并不像一个初学的学生刻的，可能有李老师给我修饰的地方。

　　我在学校内只有姓和名，叫程潼，而没有字，所以给自己刻图章的时候，总是翻来覆去地刻程潼。李老师觉得奇怪，问我有没有字，我说没有，李老师说我给你起一个字，叫"十发"，即"十发为一程之意"，从此我就用"十发"，名不大用了。更使我感动的是，1956年左右，我没有见到老师已经有十年多了，他在病榻上还惦记着我，他向家人说他给我题名这件事。因此他女儿李家菡同志后来找我时说起这件事。但是我一直没有看到老师的面，真是十分遗憾。而且我每时每刻想到自己名字的时候，会想到老师当初给我题名的情景，所以我也不可能会忘记这位老师。

　　上书法课，他是继承了清道人的家法，他鼓励我写钟鼎、北碑，他写给我们示范的作

《回忆李仲乾老师》手稿

品大约有《散氏盘》《毛公鼎》《瘗鹤铭》《郑文公》《张猛龙》等书体。他的用笔一波三折，转折顿挫别有一种景象。虽然也有反对这种书体和笔法，但使我受到不少影响，以后我对北碑及民间书体十分爱好，一直到现在，我对魏晋木简草隶怀着艺术崇拜感情，这种刀法与笔法相融的趣味，使我画笔受到营养，我以后醉心于魏晋木简草隶，是从这条路上演变来的。

今天李仲乾先生遗作在画院展出，我不给老师的书法和绘画做评论，而用真挚的心情来回忆四十多年前真实的师生感情。我相信读者会理解我用真挚的语言来为老师展览会献词。

5月，绘《草原之歌》（133cm×67cm，保利2005年秋拍），题跋云："数年前客内蒙古锡林浩特草原上，鲜花盛开，引人遐思。今忆写古草原景象。辛酉四月，程十发漫笔。与婷婷存之。"

5月25日，与张金锜、高醇芳合作《双鸡图》，题跋云："一九八一年五月廿五日，醇芳写牡丹，金锜画葡萄，十发补双鸡于上海。"另合作《葫芦双鸡图》，题跋云："金锜画葫芦，引来蜜蜂一群，岂非葫芦有糖？北京有冰糖葫芦，此蜜蜂从巴黎飞来。余佐以上海浦东鸡一对。辛酉首夏，醇芳、金锜、十发合作于上海西隅。"

《双鸡图》（与张金锜、高醇芳合作）

初夏，游嘉禾访范蠡故宅，并绘《范蠡与西施》图，题跋云："三万六顷烟波里，二千年外大夫心。菰蒲绿尽扁舟远，可有忠魂去国吟。辛酉初夏曾游嘉禾，访范大夫故宅，归后写此画书及锲斋诗，十发漫笔。"

5月下旬，次子程多多启程赴美国留学，月底途经香港并转机。6月中抵达旧金山，经高居翰教授指点，进入有着190年历史的旧金山艺术研究院深造。出发打包行李时，先生特地嘱咐要带上一套上海人美20世纪50年代出版的介绍古代大画家的生平和作品的《中国画家丛书》，要"有空时经常看看它"。

6月，上海中国画院成立艺委会，王个簃任主任，先生和唐云任副主任，邵洛羊、富华、陈佩秋、吴青霞、胡问遂、叶露园、张桂铭为委员。

6月6日（端午），绘《钟馗背外甥》，题跋云："岁在辛酉，时为蒲节之晴窗，云间程潼十发之漫笔。"

端午当天又绘《午睡钟馗图》，题跋云："薰风梦远尽逍遥，被酒钟馗未脱袍。鬼股岂当公枕睡，祈公速醒斩千妖。辛酉午日录旧作，程十发漫笔写午睡钟馗图奉恬昌先生晒教。"

6月，先生与夫人合绘《葡萄仕女图》。

7月8日，绘《杨升庵像》，题跋云："朱弦之瑟清商音，为君一奏怀乡吟。云烟西阻峨眉望，日夜东流江水心。骚客芳馨兰九畹，仙人披垣梧十寻。酒阑曲终车辙远，秋色不如离思深。辛酉小暑后一日，为升庵老人造像并录其诗一首，程十发漫笔。"

7月14日，与马国权去信云："国权吾兄如握：又获得大翰，不胜欣喜。能日后来港，全仗大力，至感至感。上海近日暑热如炽，亦不拟出门，身体粗健，望勿念。最近作画亦图思变，故常作试验，若有所得，当再请教。小儿在美来书，生活亦逐适应，多谢关怀。专覆，敬颂俪安。弟十发。八一年七月十四日。"

夏日，绘《桃源春晓》，题跋云："桃源春晓。征帆同志大教，辛酉夏日，程十发漫笔。"后本幅在1982年由陆俨少题诗堂："桃源春晓。壬戌秋日，俨少书。"后又在1997年，先生重题此幅："丁丑春日，程十发重见再记。"

夏日，为张庆重绘《双吉图》（69cm×136cm，嘉德2001年秋拍），题跋云："庆重先生法教。辛酉夏日。程十发漫笔。"

夏日，为韩天衡题《天衡印人印存》："印学一道所谓食古，古至三代古玺；又谓化今，时至悲庵、缶庐。中间上下三千岁，千变万化，光怪陆离。我爱天衡之印，正是食古而化今。万物皆在蜕变之中，天衡之印，非三代，非今世，而有天衡之面目。何谓面目？乃化字耳，与老之食古不化者，余有选择矣。程十发题天衡印人印存，辛酉夏日。"

8月，随着画家出国潮，汪大文带着儿子谷谷，携先生所写的推荐信到美国，拜见了大收藏家王己千。先生信中写道："季迁道长先生如握：往番足下临舍，斗室增光，弟获多教益，然匆匆，语意未尽为憾，又不及送行，至为遗憾。今女弟子汪大文来美旅游观光，特持书敬谒前辈，望多照拂、教导。小儿多多现在卡歇尔（高居翰）教授那里，道长与教授联系时可知一切。蒙卡歇尔（高居翰）教授照顾，学习生活甚好，如见教授时再烦致意。弟程十发，七月二十六日。"王己千欣然照顾关心汪大文，直至2003年他过世。

不久后先生又有寄语给汪大文：

你在国外要多画画，把现在所看到的现代的东西怎么去和中国古代的、传统的东西两者结合起来。最近，我看到张大千过去写的一篇文章：学习不分中国画也不分西洋画，他认为都是共通的，假如一个画家能够把西洋的东西融入自己的传统笔墨中而看不出痕迹，仍是我们自己民族的东西，那么这个人是非常了不起的。他的原话我说得还不是特别详细，意思就是这些。所以你在国外有这个条件，尽量利用一切关于外国古代的、现代的与你自己学到的传统的东西结合起来，但是不能够变成洋鬼子，还是要成中国人，这点非常重要。你在那边要利用这些有利条件，我们现在国内只能看见一些印刷品资料，这些东西与看原作大不相同，甚至现代派有许多作品，我们国内好像要批判的。但是这些东西你仍旧可以看。在艺术上，你只要不接触政治上对我们中国有什么不友好的之外，艺术上的东西不能同政治一样，可以平等地对待，都要去看一看。看看人家不好的东西，你怎么觉得不好，好的东西，怎么去向它学习。任何东西都要去学习，不要有什么偏见。扎扎实实学，学到手、学得多了以后你就会成为一个好的艺术家。利用你的有利条件多到博物馆去看一看，到华盛顿几个博物馆去看一看，纽约几个博物馆也要去看一看，特别是最新的东西。在他们外国，展出的东西都要看一看，使得你画的风格有一种更加新的时代感。

那么，我再随便瞎讲讲。元朝人的画和南宋人的画，差距拉得太大啦。我们现在说笔墨当随时代，但我们现在的画和清朝末年差别不是太大。尽管有几个最有名的画家的确是差别拉得比较大一点，譬如像齐白石、徐悲鸿，他们二位的确是评价大一点，还有像吴昌硕，他们的确跟前人的差距拉得开。画画要拉得越开越好，甚至要超过。像元朝人元四家，他们也是学荆、关的，但是他们的画与荆、关的画不一样，变化特别大，特别是同南宋的院体画，距离太远了。所以它有时代感，不管元朝是怎样一个时代，画怎么评价都不管，单是从形式上看，它的区别就极大的。我们现在的画区别不大，稍微有点区别就要被人家说这个画什么不像、什么不对。所以你在外面胆子大一点好了，只要你爱国，爱我们自己祖国的文化，在技术上怎么吸收外来的营养，各方面多下功夫，你大胆去尝试！祝你一切都好，希望你写信来。

叶浅予半身照　程十发摄

9月，赴北京中国画研究院作画，住颐和园藻鉴堂。中秋节前后时绘《怀素书蕉图》，画上不写人物，却写蕉林浓荫前砚台、毛笔、水滴、蒲团等物，别具巧思。题跋云："辛酉之仲秋，欲为藏真大师造像，适大师游离兰若，乃不画其容而画其物。程十发漫识于颐和园西南隅秋意深处。"

9月12日（中秋）清晨，先生和叶浅予到藻鉴堂后的小山上散步，正好满山开着牵牛花，显示出朝气勃勃的生命力。于是先生为叶浅予拍摄了一张站在花丛中的半身人像照。叶浅予非常喜欢这张照片，将之悬挂在书斋显著位置。

中秋当日，与黄胄合绘《牵牛群鸡图》（179.3cm×95.5cm，嘉德2007春拍、2011年春拍），黄胄题跋云："辛酉年中秋，十发道兄画牵牛，黄胄写小鸡。"

秋日，绘《竹林双鸡图》，题跋云："辛酉仲秋之月，云间程十发漫笔于颐和园。"画中双鸡休憩于竹林、牵牛花之中，取材于藻鉴堂所见之景。

秋日，绘《丹青次第与花开》（70cm×46cm，嘉德2004年春拍），题跋云："丹青次第与花开。写明代女画家赵文俶为本草绘制插图的故事。辛酉秋仲，程十发漫笔于北京颐和园。"

秋日，绘《吴真人采药图》，题跋云："吴夲为北宋时厦门白礁村民间医师，活人无算，因采药山中不慎落涧失足而亡，后人建庙祭祀。今图写吴真人采药图记之，辛酉秋日程十发拟稿于北京。"

秋，由香港美术家出版社编辑、香港集古斋出版发行《上海中国画院作品选集》，画册所载是上海中国画院第一次至香港举办画展的展品，画册中收录了先生本年花朝日（3月17日）所绘山水《烟云山川图》。

10月，绘大幅《三少女饲鹿图》（95cm×178cm，嘉德2004年春拍、2010年秋拍），题跋云："一九八一年十月，程十发写于北京。"

10月，绘《石榴海棠图》，题跋云："辛酉九秋，程十发漫笔。"

10月，先生与人谈画。

程：我拍照片只是记录，与画不一样。

我的画也受摄影影响，在广西看到一石头上堆许多菊花，我就画一张菊花在石头上。

画少数民族只记录了一些颜色。主要还是靠速写。

拉斐尔前派本身是诗人，画莎士比亚题材的画。插画的铜刻线条同明清版画有相似之处。

中国画画法在理论上相反的少，统一的多。

创造性单独成立不科学，要从学习中来创造一种风格，因学习别人的学得多了，才能创造出风格。

不学别人就是创新，实际上也是人家的。

石涛在明末清初创新，但还是推陈出新，继承发展。八大也是如此。

照抄这样的学习不好。学习要创造性学习，不照搬学习。

新东西，如思想是旧的，技法新不起来，旧技法用新思想，还能出新技法、新东西。

学吴昌硕，王个簃继承其面貌，潘天寿、齐白石都学吴昌硕，但结果不一。同样学齐白石，娄师白一种，李可染一种，学法不一样，结果不一样，都可以。有的根据流派学，有变化。

深秋，在北京为蓝天野、狄辛夫妇绘《庭院丽人图》，题跋云："狄辛大嫂、天野吾兄俪教，辛酉九秋，程十发漫笔于北京。"

深秋，绘《贾岛诗意图》（96.5cm×60cm，嘉德2014年春拍），题跋云："松下问童子，言师采药去。只在此山中，云深不知处。孙宇画友属教。辛酉九秋，程十发于北京。"

上款人孙宇（1927年生），河北清苑人。中国美术家协会会员。擅长中国画。曾在河北保定电影院画广告、幻灯片。

11月，与唐云、陆俨少、朱屺瞻、张金锜等同赴北京，参加庆祝中国画研究院成立而举行的创作活动。研究院院长李可染，副院长蔡若虹、叶浅予、黄胄，院务委员会由王雪涛、田世光、石鲁、亚明、关山月、叶浅予、刘文西、刘海粟、李可染、李苦禅、陆俨少、吴作人、唐云、蒋兆和、谢稚柳、先生等26人组成。先生并和邵宇、黄胄等一起会见智利画家万徒勒里、日本垣本刚一等国际友人。

11月21日，与宫维桢通信云："维桢同志大鉴：今晨老王同志送来一画，是假的。现社会上造我假画的人的确不少。请您便中告诉我这幅画从哪里来的。至感，至感。日后赴宁定当拜谒。专颂大安。程十发，一九八一，十一，廿一，伪作一幅奉还。"

宫维桢（1913—2002），原名宫钦敬，字维桢，山东省莱阳市人。中华人民共和国成立后，历任吉林大学、南京师范学院党委书记。1979年后，历任江苏省委科教部部长兼卫生办公室主任，中共江苏省委常委、副省长。1982年任苏州大学名誉校长，1984年任江苏省政协副主席。

冬日，绘《高山流水》，题跋云："高山流水，辛酉冬日，程十发漫笔。流水高山唱咏，明月清风主宾。尘土不惊幽梦，乾坤自有闻人。升庵老人诗。"

冬日，绘《大吉少女》，题跋云："辛酉冬日，应亚明道长之属，赠金陵画轩开幕之喜，云间程十发漫笔。"

上海人美再版连环画《胆剑篇》。

为画室更名"三釜书屋"。十发藏有三件古陶器，属于粮食炊具之类，某天日本书法篆刻名家梅舒适来访，由梅舒适题名"三釜书屋"。后在通信中戏称为"三釜书屋"，是由社会主义分配制度而来，兼顾国家、集体和个人，各得其一，都有饭吃，故以之为斋名。

梅舒适（1914—2008），原名梅舒适郎，日本大阪人氏。1948年在日本创立"篆社"。曾任日本书艺院理事长、日本篆刻家协会理事长、西泠印社名誉副社长、日本中国友好协会顾问等。

"三鬴"同"三釜"（音、意相近）。《周礼·地官·廪（廩）人》："凡万民之食食者，人四鬴，上也；人三鬴，中也。"郑玄释：此皆谓一月食也。六斗四升曰鬴。意为古时一般成年人，每人每月的食米数量分配的是三釜，因为算中等待遇，故后被引申为俸禄菲薄。

黄庭坚有诗句"三釜古人干禄意，一年慈母望归心"，王安石也有"三釜只知为养急，五浆非敢在人先"。清柯煜的《述怀》诗写道："三釜计不就，五亩遄归休。"涉及"三釜"的地方，多指担任有着菲薄俸禄的官方职位。

再查，唐柳宗元有《永州铁炉步志》短文，文中有句云："若求兹步之实，而不得釜锜、钱镈、刀铁者，则去而之他，又何害乎？"其中"釜锜、钱镈、刀铁"三组都是同义字所组成的词语，釜锜都是铁锅，两耳的为釜，三足的为锜。先生对夫人的深情隐藏于细节之中。

《高山流水》

上海中国画院发稿费说明单

根据本年年底的发稿费说明单，当时画院收购先生的作品，一幅三平尺（1平尺＝33.3cm×33.3cm）左右的作品约100元（税后）。

北京外文出版社出版《中国民间故事选》（英文版），先生绘其中部分插图。

12月，俞剑华编著的《中国美术家人名词典》由上海人美出版。

5月14日，郑慕康（1901—1982，上海中国画院画师）在上海逝世，享年81岁。

1982 年　壬戌　六十二岁

1月，为江南邨酒家绘《长乐图》（93cm×179cm），题跋云："长乐。一九八二年一月，为江南邨酒家补壁。程十发漫笔。"

1月24日（除夕），为住房情况紧迫的韩天衡绘《豆庐山房》图并寄赠，题跋云："文徵明先生刊一印，曰印造斋，取此斋于印上，亦属子虚乌有之意。辛酉除夕，余仿其义写此画造山房，赠豆庐主人，以为新岁微仪。虽子虚乌有，亦可效庄周入梦、少文卧游，不见世俗争房之恶习，而获林泉高致雅趣。"当时上海的住房很紧张，韩天衡虽然在篆刻艺术领域中脱颖而出，名声大振，但仍然蜗居在自来水公司职工宿舍的斗室中，并自榜为"豆庐"。

辛酉起稿，壬戌年完成《补衮图》，可能参考了先生所藏任熊绘《龙女补衮图》。该幅作品构图完整、丰富而宏大，笔墨沉着浑穆，用笔粗细结合，色彩辛辣奔放。画中人物造型、动作丰富，姿态多变，尤其是补衮者的手部细节刻画精细，主次人物之间关系紧密，环环相扣。就单个仕女而言，其开相符合现代审美，多瓜子、鹅蛋脸型，显得清秀俊美。全图繁而不缛，工写兼具。

辛酉年至壬戌年春，绘成《莫釐秋色图》，题跋云："莫釐秋色。辛酉年作，壬戌年新春，程十发并识。"

1月，绘《瑶寨来客》，题跋云："瑶寨来客。一九八二年元月，程十发写于上海。"

《瑶寨来客》这幅作品采取

《补衮图》

了对角线构图，两位美丽的瑶族少女占据着画面的主要位置。画中的主角"来客"以"不在场"的"在场"存在于画面中。这样的设计使观众在欣赏绘画怡情笔墨的同时，进入画面的情境中，猜一猜谁是"来客"。两位瑶族少女在屋檐下打开画夹，欣赏着一幅描绘水库的作品。画面左上角有两件拴在一起的行李。姑娘们的前方摆着四个茶碗。右下角的近景处，一只水壶从画面外悬挂进来。可见，来客大概是两位画家，他们一到瑶寨就放下行李，还来不及安顿就赶往当地火热的建设现场写生采风。现在他们收工回来，可能在洗漱，所以就将作品留给姑娘们欣赏，待会儿大概会来一起喝杯热茶。而这其中的一位画家可能就是先生本人。

2月，作品参加法国沙龙展览。2月7日，《文汇报》报道《我国一批美术作品进入法国沙龙美展》："165件中国美术作品即将进入法国沙龙，成为法国沙龙美展有史以来的第一批'中国客人'。参加'法国1982年春季沙龙美展'的中国作品包括中国画50件，油画50件，版画40件，雕塑20件以及磨漆画5件。上海画家贺天健、朱屺瞻、刘海粟、谢稚柳、唐云、沈柔坚、程十发、陈佩秋、俞云阶、颜文樑等各有1幅作品入选。"

《瑶寨来客》

2月，《伤逝》由上海人美出版。本作是为纪念鲁迅先生诞辰100周年，先生重拾连环画，与程多多一起合作绘制的、取材于鲁迅小说的彩色连环画。程多多在赴美深造前设计完成人物造型，先生负责气氛的渲染、意境的勾勒与画面的统筹。

年初（辛酉嘉平月至壬戌新春），陆续绘成《花鸟十二种》册页，并每图对题诗一首，完成后先生自署题签云："程十发画花鸟册页十二种，书法十二页，壬戌夏闰自署。"

仲春，绘《东湖采莲图》，题跋云："东湖采莲叶，南湖拔蒲根。未持寄小姑，且持感愁魂。岁在壬戌仲春之月，程十发漫笔。"

3月31日，赴故乡松江游憩三天，在富家弄见到了邻居78岁高龄的老妈妈。

为上美影绘制动画片《鹿铃》设计图。上美影的三位编导和美工常上门拜访先生，对设计进行讨论。讨论过程中先生谈道：

潘天寿所说的"不等边三角形"，就是说画面线条交叉穿插时，形成不等边三角形才符合形式美的要求。

美国的查理·司契米德（今译为理查德·施密德）认为画好人体是画家的一门特技，原因就在于画人体具有许多独特的难处。画静物画风景，在各方面都可比较随便，结果仍能取得很好的艺术效果，写实主义或许是绘画中最难的一种风格。

我像印象派那样，把光看作绘画的重要因素。

我不相信人生来就是这方面或那方面的"天才"。一切正常人都具有丰富的智力，除了某些例外，我们大多数人仅仅是用了自己才能中的一部分，天才只是更好地运用了自然赋予个人的材质罢了。构图的唯一规则就是没有规则。

4月，上海中国画院画师会集于上海植物园牡丹亭观赏牡丹，先生与夫人及伍蠡甫、郑慕康、张光仁、俞子才、胡若思、富华、曹用平、邱受成轮流即兴挥毫合作巨幅中国画《十牡丹图》。最后先生题款，作诗："弘农已去沉香折，别调清平是酒狂。风流只合天下有，谁许名花伴帝王。"

4月21日，绘《乞巧图》，题跋云："乞巧图。壬戌谷雨后一日，程十发漫笔。"

5—6月（闰四月），绘洒金笺山水成扇一面，题跋云："壬戌闰夏，略似桃花盦笔，赠一珍医师正教，程十发客苏州。"

6月，绘《蜀葵双鸡》，题跋云："壬戌蒲月，程十发漫笔。"

6月，绘《暮秋之思》（秋叶蛛网，117cm×95cm，保利2005年秋拍），题跋云："暮秋之思。壬戌蒲月，程十发漫笔。"

初夏，谢稚柳在先生与黄胄为征帆、张萌夫妇合绘《双璧图》（钟馗小妹）上题跋云："双璧。黄胄画钟馗，程十发画妹，北黄南程合于一图，尤足珍也。壬戌之夏初，为征帆、张萌同志题，壮暮翁稚柳。"

夏，绘《雪夜访戴图》（136cm×67cm，嘉德2006年秋拍），题跋云："黄大痴有访戴图传世，今亦写一幅，用其章法，笔法不类也。壬戌夏，十发漫笔。"

盛夏，绘《瓶花图》，浓丽的泼彩大写意的

《乞巧图》

荷花，插花的花瓶则用白描结合水墨渲染的冷色调绘湖石仕女，仕女手中的纨扇上又绘双钩白莲图，构思巧妙绝伦。

初秋，绘《秋卉瓶花图》，题跋云："丛丛紫翠作秋英，雨过闲阶洗倍明。若比春花争得似，不输秾艳祇（只）输情。壬戌初秋，并书两当轩诗补空，程十发漫笔。"

8月，绘《东坡笠屐图》，题跋云："携手江村。梅雪飘裙。情何限、处处消魂。故人不见，旧曲重闻。向望湖楼、孤山寺、涌金门。寻常行处，题诗千首，绣罗衫、与拂红尘。别来相忆，知是何人。有湖中月、江边柳、陇头云。萧斋供罗两峰写坡公笠屐图，因效制一帧并书《行香子》词一阕。壬戌七月程十发漫笔。"

8月4日，在锦江饭店绘《瓶花墨荷》。刘海粟题跋："笔墨淋漓若风狂，泼出圆荷几枝香。参入野狐禅透澈，忽然笔法胜清湘。一九八二年八月四日程十发画荷，刘海粟手题，年方八七。"王个簃题跋："不是画。十发作图，光怪离奇，不断创新，技进于道，海翁个簃合题于锦江饭店之十一楼。"

《锦鸡图》

8月8日，作行书《汉乐府诗》，题跋云："青青园中葵，朝露待日晞。阳春布德泽，万物生光辉。常恐秋节至，焜黄华叶衰。百川东到海，何时复西归。少壮不努力，老大徒伤悲。壬戌立秋日，程十发漫书古诗一首。"

8月，在所藏陈洪绶《蒲觞钟馗图》裱边题跋云："乙酉（1645年）端阳后七日，金陵小朝廷福王为清兵所执。越一月余，杭州及绍兴次第失守。洪绶作是图正是兵燹之中、国家存亡之时也。壬戌七月，十发又识。"先是，先生用篆书题自作《踏莎行》一阕："沽利求名，朝京晋阙，书生最怕衷心热。辱逢鬼愉变容颜，帝子无情残阳泣。鬼忌才庸，人惧貌易，传流自古无稽说。先生甘镇邪魔，不思早被邪魔灭。十发踏莎行一阕于鲸楼。"

陈洪绶原题："乙酉端阳，老莲陈洪绶为柳塘王盟兄画于青藤书屋，劝蒲觞也。"

9月，四川人民出版社出版吴琛著四幕话剧《钗头凤》，先生为该书绘制彩色封面。

10月1日（中秋），信手绘成《屈原步月图》，不求形似，题跋云："屈原无橘，陶潜无鞠，似乎坡公，湖滨步月。壬戌中秋，信手不求故实，戏题十六字，程十发漫笔。"

秋仲，绘《花间少女图》（100cm×49cm），题跋云："壮行、杨堤同志俪教，壬戌秋仲，程十发漫笔。"

上款人杨堤（1924—2017），原名王上达、王敏，上海市人，1938年9月参加革命工作，1939年5月加入中国共产党。中华人民共和国成立后担任上海市副市长，其间，他全力以赴抓市政建设和市政管理，为推动上海经济社会建设平稳有序做了许多

《钗头凤》封面

卓有成效的工作，倾注了大量心血。他爱好艺术，对当时的许多书画名家都给予了生活上和创作上的关心。"壮行"是杨堤夫人、原上海教育局局长姚庄行女士。

秋仲，绘《麻姑祝寿图》贺顾炳鑫60岁大寿，题跋云："炳鑫兄六秩大寿，壬戌秋仲，程十发写祝。"

10月7日，《解放日报》上发表先生的文章《记王个簃和他的弟子曹用平》。

在深圳，先生夫妇观看马玉琪主演的《四郎探母》。

11月，绘《鲈罾图》，题跋云："故乡松江有汉张翰故宅名思鲈巷，然四鳃鲈不见多年矣。幸今人工培植成功，喜写此图并率赋一绝。多年不见鲈脍味，今起西风享席珍。古巷留名成轶事，人工繁殖盛渔罾。壬戌小春，程十发漫笔。"

先生曾在另一幅《鲈鱼图》册页上（本年绘《花鸟册页》中之一开）题跋云："此鱼亦是凡品，自季鹰秋风乡思之后，文人骚士即奉为盘中之珍，物与神会乃神之寄于物，非物之托乎神。草草写四鳃鲈，率题数语。鲈乡人漫笔。"

关于松江四鳃鲈最著名的典故"莼鲈之思"见《世说新语》及《晋书·张翰传》。张季鹰（张翰）辟齐王东曹掾，在洛，见秋风

谢稚柳、程十发夫妇观诸乐三书画篆刻展

和李奇茂赏画

起，因思吴中莼菜羹、鲈鱼脍，曰："人生贵得适意尔，何能羁宦数千里以要名爵！"遂命驾便归。

　　掌故家邓云乡先生曾撰短文回忆松江鲈鱼，据传各地的鲈鱼都只是两鳃，只有松江的鲈鱼是四鳃，而且以松江秀南桥下的最出名。因为过去秀野桥、秀南桥周围的鱼摊、饭店较多，买和吃松江鲈鱼的人也多，由此便有了这种说法。其实所谓"松江鲈鱼"并非有四个鳃，而是鳃盖上的外缘褶皱部分呈现鲜明的红色（不少鱼有类似褶皱，但颜色与体色相同），"赤色露外"，看起来也像鳃，所以有了松江"四鳃鲈"这一美称。另外它是洄游产卵鱼类，在我国沿海各地都有发现，也不是松江独有。因环境污染问题，野生四鳃鲈逐渐绝迹，后经上海科研部门在松江人工繁殖培育成功。先生在所绘鲈鱼图上的题跋，既表明了对家乡名物的怀念和骄傲，又表达了对神奇的传说不盲目迷信追捧。

　　11月，勇夺世界锦标赛冠军的中国女排自日本回国途经上海，先生和画院同事纷纷作画相赠。

　　11月17日，先生和唐云、谢稚柳、陆俨少、陈佩秋等全国22位著名书画家参加中国美术家协会组织发起的书画义卖，共筹款80000元，全部捐赠给中国少年儿童福利基金会。

　　冬日，绘《衣被天下之愿望》，题跋云："衣被天下之愿望。壬戌冬日，再为黄道婆造像，程十发漫写。"

　　冬，与顾炳鑫合作《伏虎图》（96cm×57cm），先生补景，题跋云："壬戌大雪后，写于海上芦顶楼。顾炳鑫"，"程十发补景"。

　　上海美专70周年校友画展在沪举行，在全国艺术界引起了轰动。同时上海美专校友会成立，谢海燕担任会长，先生和夏伊乔担任副会长，吴汉英担任秘书长。

　　美国著名艺术史家苏利文、高居翰二人到画院来拜访先生。

　　2月26日，张伯驹（1898—1982）在北京病逝，享年84岁。

1983年　癸亥　六十三岁

　　元旦，与夫人合作《繁荣安定图》（牡丹鹌鹑），先生题跋云："一九八三年元旦，写繁荣安定之图，杭州张金锜作牡丹，云间程十发画鹌鹑。"

　　新春，为杂文家苏烈书龚定庵《己亥杂诗·其五》"浩荡离愁白日斜，吟鞭东指即天涯。落红不是无情物，化作春泥更护花"一帧，不慎把手上的墨污沾到了宣纸的右下角，于是灵机一动，顺势把墨迹改成了两只没骨写意的麻雀，与诗意呼应的同时，使原本单纯的书法成了一件无意中得之亦书亦画的妙品。

　　2月13日，先生应《文汇报》之邀绘制《迎春图》，一只硕壮的肥猪背上坐一少女举花微笑迎接新年到来，题跋云："癸亥元日迎春，为《文汇报》写，程十发漫笔。"并作行书七言联："燕子巢边泥带水，鹁鸠声里雨如烟。癸亥元日迎春，为人美先生制，程十发书。"

　　2月17日，绘《鹿鸣青春图》（172.5cm×95.5cm，西泠2005年春拍），题跋云："癸亥元月初五，以唐人壁画之章法借今人笔法写此，程十发。"

　　2月，绘《寿星图》（88cm×46cm，北京保利2008年春拍），题跋云："癸亥元月，程十发漫写。"

　　春初，绘《重屏钟馗》，画上钟进士正在劝酒，而背景屏风上又绘一水墨骑马钟馗，题跋云："癸亥春至，为三思仁兄属制重屏劝觞钟馗图。云间程十发漫笔。"

　　先生另有一幅《钟馗听琴图》，虽未落年款，但画风、造型与《重屏钟馗》类似，应也创作于这一时期。该幅钟馗坐在蜀葵环绕之中，午后听琴一曲，似睡非睡，题跋云："薰风一曲午长时，宴坐葵堂锦满枝。有鬼持罍空赌酒，先生却饮爱吟诗。程十发漫笔并题打油一首。"

《饲鹿图》

　　3月，为詹萍萍绘《南中新秀图》（折枝花卉，82cm×33cm），并题跋云："南中新秀图。振飞老人赠詹萍萍，醉吟小令一阕，读后制图，亦与萍萍补壁。癸巳（亥）春，十发并识。"画上初有俞振飞题："明慧胜于花，此是南中新秀，小窗晴昼，问字心依旧，珍重歌衫舞袖，春浓似酎。萍萍同学为上海戏校之高才生，擅演花旦与刀马，复拜童芷苓同志为师，艺益精进。前岁赴赣拍摄电影，突患危症，能以毅力坚持到底，人皆为之感动。近日健康逾昔，颇慰余怀。爰与合影，并依白石'醉吟酒'小令题赠之，一九八三年三月上旬，涤（涤）

为王人美写《行书七言联》

叟俞振飞时年八十又二。"

4月，为楼六曙绘《少女牧歌图》（105cm×68.5cm，西泠2015年秋拍），题跋云："六曙同志留念。一九八三年四月，十发写。"

楼六曙（1943年生），浙江人。历任江苏省吴江市对外经济贸易委员会外商企业投资协会副会长、中国民族音乐协会名誉理事、中国民族建筑研究会理事、香港中小企业总会名誉会长等职，江苏省书法家协会会员。

4月28日，绘《节日图》（捧花少女与鹿，96cm×59cm，嘉德2002年秋拍、2013年春拍），题跋云："节日。一九八三年四月廿八日，程十发写于上海寓次。"

6月，为曹普南绘《兰竹双清图》，题跋云："普南同志为余好友，来沪城医目疾，今匆匆即返榕城，无以为赠，写此兰竹双清之图，祝早日痊复康健。癸亥蒲月，程十发漫笔。"

曹普南（1919—1993），山东潍坊人。早年参加革命，后历任原济南军区政治部主任、福州军区副政委。

6月，为浦江楼酒家绘《长乐图》横幅（89cm×164cm），题跋云："长乐。一九八三年六月，为浦江楼酒家补壁，程十发写于黄浦西岸。"

6月，题齐白石《菊蟹图》云："人持白石老人画问白石真伪，老人于画上又题一行字澄为己笔。世有无聊之徒假托名家伪造书画以为糊口，此由来已久，于今为甚也。昔石田、衡山朝有新作，暮即有摹本乱真伪，洪绶画而生者传有千家之众。迩来伪余之作充斥于内外，远在重洋亦以照相质余真赝，余每叹曰，世有伪作才能培栽鉴赏家也。此白石老人《菊蟹图》，是为真笔，然人疑而质诸白石自己，犹昔有好事者欲求子朗伪造文衡山画，恰走错门户，反求真衡山造文衡山之伪作，衡山叹曰：真衡山不如假子朗乎？此等笑话，千古无穷。余写此短章，希藏白石此画专宝之，宝之。癸亥蒲月雨窗，程十发漫笔。"

6月22日，绘《牧牛图》（95cm×59cm），题跋云："溪深不须忧，吴牛自能浮。童儿坐（踏）牛背，安稳如乘舟。癸亥长至日，程十发漫笔于上海西隅小楼中。"

7月，复旦大学出版社出版重排本《浮士德》，先生绘本书封面。

7月，先生参与美术设计的上美影动画片《鹿铃》在第13届莫斯科国际电影节获最佳动画片奖。

政协会议结束（6月20日）后，黄胄接到谷牧副总理委派的任务，以中国画研究院的名义，组织一批著名画家为中南海紫光阁和国务院各会议室，以及即将开工的首都宾馆绘制画作。于是在7月份，南北知名画家集中至东交民巷西哈努克在北京的官邸里，以便有空间创作大画。先生和黄胄、黎雄才、白雪石、王天一住在三号楼中。先生为中南海紫光阁创作了大型国画《长乐图》《老梅新枝》《金丝碧竹》，画作由中南海收藏。其间，与同住一处的甘肃画院的画师王天一结识，创作之余，常相约结伴散步、聊天，此后两人鸿雁传书以画结交，结下深厚情谊。10月8日，《人民日报》以《全国20位著名国画家创作百余幅大型国画精品献给国家》为题，报道了本次为期三个月的大型创作活动。

夏，绘《陶渊明诗意图》，题跋云："结庐在人境，而无车马喧。问君何能尔？心远地自偏。采菊东篱下，悠然见南山。山气日夕佳，飞鸟相与还。此中有真意，欲辨已忘言。癸亥首

《赶集图》

夏，程十发漫笔。"

仲夏，绘《赶集图》（103cm×70cm），题跋云："柯蓝、文秋同志俪教。癸亥夏仲，程十发漫笔。"

8月31日，全国古代书画鉴定小组成立大会在北京召开，小组由谢稚柳、启功、徐邦达、杨仁恺、刘九庵、傅熹年、谢辰生组成。

秋，为贺广东省连环画研究会成立，书"美大业之馨香"，题跋云："广东省连环画研究会成立志喜，一九八三年秋，程十发录陆士衡语书贺。"

9月21日（中秋），绘《木兰从军》，题跋云："万里赴戎机，关山度若飞。李冲吾兄法家属制花木兰，写此乞教，癸亥中秋节云间程十发漫笔于上海西隅。"同日又绘《比翼双飞图》。

偕夫人张金锜由义子徐震时陪同拜访著名诗人艾青。

为著名评弹表演艺术家杨振雄评话本小说《西厢记》绘制插图六幅，书前另绘《杨振雄小像》。

为李翰祥执导的电影《火烧圆明园》绘制海报并题写片名。

10月，朋友把汉砖上的雕刻做成拓片，给先生看。先生有感而发："我最喜欢一种纯美而自然的趣味，像秦汉木简上的字，汉陶器、瓦罐上的字，是民间的，又十分古朴、正义。这汉砖上的雕刻，都不是名家或士大夫的用笔，是民间的作品。这种美不是刻意做作的美，往往是不能学的。要根据每个人的爱好、学识、修养和内涵，根据自己的特色造就一种风格，不是单靠模仿而得的。"

年末首次赴美国旧金山，参加"现代中国画展"开幕式。"现代中国画展（巡回展）"于1983年由中国美术家协会与旧金山中华文化中心联合举办，展览从1983年11月开始到1985年12月结束，展览地点横跨美国东西海岸，除了旧金山中华文化中心，还有伯明翰美术馆、丹佛美术馆、纽约亚洲俱乐部、康奈尔大学赫伯特·约翰逊艺术博物馆、印第安纳州立美术馆、堪萨斯城纳尔逊美术馆，最后在明尼苏达大学艺术博物馆拉下帷幕。

《火烧圆明园》海报

该展览级别高，历时长，影响广。巡展所出版画册《现代中国画展》（由李可染题写书名）收录了先生四件作品：《荔枝》《秋海棠》《莫鳌秋色》《嵇康》。

冬仲，绘《詹萍萍小影》，题跋云："癸亥冬仲，程十发写萍萍小影，在似与不似之间。"

詹萍萍（1948—2017），著名京昆剧演员和影视剧演员，曾在影片《美食家》中饰演女主人公孔碧霞，在1986版《西游记》里饰演金圣宫娘娘。

嘉平月，绘昆曲《牧羊记·望乡》一折，画中苏武怒斥李陵投降匈奴。先生感叹舞台上很久没演出这一剧目，故凭印象绘成此作。又为迎甲子春朝绘《春牛图》，题跋云："春牛图。为迎甲子岁朝写此。时正癸亥之嘉平，云间程十发漫笔于上海西隅小楼中。"

11月1日，西泠印社举行成立80周年纪念年会，先生赴杭州出席年会。与会社员和来宾（包括日本友人）共200余人参加本次盛会，通过选举产生了第三届理事会，沙孟海和赵朴初继续担任社长和名誉社长，先生出任西泠印社副社长。

人民文学出版社应香港三联书店邀请，定于明年6月，以中国美术家协会、人民文学出版社、外国文学出版社、香港三联书店四家的名义，在香港联合举办"书籍封面、插图展览"。因展览目录上要求有作者照片和简介，故人民文学出版社编辑室请被邀参展的先生提供个人简介。

姓名：程十发　　出生年月：1921年　　籍贯：上海松江县　　政治面貌：群众
级别：文艺8级　　现职称：画师
何时参加工作：1952年　　文化程度：大专
身体健康情况：高血压 轻度冠心病　　所在单位：上海中国画院
家庭地址：延庆路141号
学历：1938—1941 上海美术专科学校　专业：国画系
专业特点（获奖经历）：
1956年全国青年国画比赛获一等奖《歌唱祖国的春天》
1956年华东书籍装帧比赛第一名《儒林外史》插图
1959年德国莱比锡国际书籍装帧比赛银质奖《儒林外史》插图
1963年首届全国连环画评奖绘画创作二等奖《孔乙己》
1979年全国书籍装帧评比获荣誉奖《西湖民间故事》插图
1981年全国连环画评比获荣誉奖
主要的工作简历：
1952年秋 上海人民美术出版社任创作员
1956年秋 上海中国画院任秘书、画师、业务室副主任
参加学术团体和职务：
西泠印社副社长、全国文联委员、上海民艺会顾问等

冬，绘金笺《红梅图》，除用朱砂点染花瓣外，还在花蕊处染上淡淡的石绿。梅花本无绿

程十发手写简历

蕊，但先生别具巧思的创造，让红梅的层次更为丰富，具有了强烈的立体感，原本不协调的色彩神奇地融合在了一起。题跋云："好花不与殢香人，浪粼粼。又恐春风归去绿成阴，玉钿何处寻。木兰双桨梦中云，小横陈。漫向孤山山下觅盈盈，翠禽啼一春。姜白石《鬲溪梅令》，癸亥梅花开候，程十发漫笔。"

冬，绘《采菊图》（95.5cm×58cm，嘉德2010年秋拍），题跋云："重阳恁好，正秋清天色，水容如泻。野阔风高香雾满，采菊无人同把。癸亥嘉平，十发漫笔。"

北京外文出版社出版由先生绘插图的《孔雀姑娘——中国民间故事选》（孟加拉语版）。

4月2日，张大千（1899—1983）在台北病逝，享年84岁。家宅"摩耶精舍"的房屋及基地全部捐献公家，后建成张大千纪念馆。

6月11日，李苦禅（1899—1983）在北京病逝，享年84岁。

1984年　甲子　六十四岁

1月，与陈佩秋、林曦明、富华、毛国伦等参加上海中国画院深入生活座谈会。

1月，绘《龙女牧羊图》，题跋云："癸亥嘉平，程十发偶见颐颐草堂有牧羊女图，亦效一本。唐人传奇《柳毅传》书故事在洞庭湖畔，然近时游苏州东山，见有柳毅井入口，亦为奇事。原来好事者将洞庭山误为洞庭湖，其谬误千里矣。程十发补记。"

早春，绘金丝竹《金玉满乾坤》，题跋云："为甲子岁迎春写金玉满乾坤之图于上海西隅，云间程十发漫笔。"

春日，绘水墨《壁观图》（达摩面壁），题跋云："壁观图。甲子春程十发拟稿。"

春，去云南西双版纳写生，老同学摄影家简庆福从香港赶到当地一起采风。

在《新民晚报》开辟了"春灯读画录"专栏，可惜只为专栏写了三篇赏画文章，分别是读唐寅、读陈洪绶、读石涛。

《龙女牧羊图》

春灯读画录之一：唐寅《春山伴侣图》

明代吴门四大家之一的唐寅，就是大家最熟悉的古代画家唐伯虎。当然民间传说的唐伯虎和历史上的唐伯虎并不一样，有些是民间创造的一些轶闻，有些是别人的故事凑合到他身上，这样却使唐伯虎的影响广为流传，造成了他的名字超过了同时代的其他大画家。

唐寅的艺术自有他成功的地方。他的老师是周臣，流派是学习南宋的刘（松年）、李（唐）、马（远）、夏（圭），也就是所谓继承北宗的流派。简单地说，他们用笔刚劲，折似有棱角，构图峻险，与元代的黄（公望）、王（蒙）、吴（镇）、倪（瓒）继承南宗的流派柔和蕴藉不同。这种流派和风格的不同，一直是明代以后中国画坛上相互争鸣的焦点。但聪明的唐寅并不把这种不同风格激化，相反在他自己身上统一了起来。所以后人评论他的成就超过他的老师周臣是有原因的。

我认为唐寅的成功不单是在文学上有极高的修养，而且他还能排除门户之见，博采各家之长，甚至把士大夫画和作家画的风格糅合起来，创造自己的独特风格。他的学习方法启示我们绘画不要囿于一家一派，特别是今天有些青年人，学了张派就排斥李派，实际上

《金玉满乾坤》

对李派并不了解。这种盲目的文人相轻，正阻塞了自己的艺术道路。

《秋江图》

我们今天见到他的《春山伴侣图》中，没有一棵姿态奇崛的古树，没有一块四面出锋的砺石，而是一棵棵挺直的、吐着嫩芽的春树，一叠叠圆浑的山坡和幽壑，有流泉茅屋点缀其间，二人坐石上观春泉淙淙。整幅用水墨渲染，一片平淡天真，上题一诗："春山伴侣两三人，担酒寻花不厌频。好是泉头池上石，软莎堪坐静无尘。"

春灯读画录之二：陈洪绶《薰笼仕女图》

陈洪绶号老莲，是浙江诸暨人，是明末的画家。虽然他只活了54年，但他的作品影响极大。他人物花卉山水都精工，书法诗文都有极高造诣。他的爱国和爱人民的思想，作品中有充分表现。

例如，他为当时的禁书《水浒》画人物页子，印本流传至今。他有个好友周亮工投降了清朝，他画了一卷《归去来辞》，用画来规劝他。他还画了不少苏武泣别李陵的画，表达他对投降主义的痛斥。他不为名利，辞却皇帝诏他当供奉，反而乐意给老军和贫民作画……这些轶事帮助了我们对陈老莲的艺术观和艺术风格的探讨。这幅《薰笼仕女图》，可能是四幅屏条之一，画的是秋景。图中仕女斜倚薰笼，有一女侍观一孩子在用扇子扑蝶，桌上瓶中插有木芙蓉花及杞实架上有鹦鹉伫立。以外就是大量的空间。

这幅画大约是画家40岁所作，他早年用方笔较多，此时已转入圆笔长线，仕女形象并不像其他作品中那样怪诞，而很有一种古秀之美；也不像有些作品中有意夸张画得头大身体小。看来作者并不是对形体的比例掌握不好，而是根据他创作情绪的需要。他画得美的仕女，如《吴天章像》中一个如女持扇坐在芭蕉上（朵云轩特地取出"她"来独立制成水印木刻）。还有木刻插图《娇娘传》中的娇娘等等，包括这一幅画都是形态俊秀，风姿绰约。

这是什么缘故呢？同一作者竟画出妍和怪的不同作风？我想是生活给予作者痛苦与快乐的缘故。当他表现生活中境遇美好的时候，生活唤醒他向美的方向走去；当他在抑郁的处境中时，又回到古怪而不可思议的境界中，去画他所谓"高古"的作品了。

特别是那个时代的作家，他们的艺术观和艺术风格是充满着矛盾的。今天我们要从这种矛盾的演化中进一步认识他们，特别要记牢他们的长处，也不要不谈他们的创作思想中的复杂性。

春灯读画录之三：石涛《画菊》

兴来写菊似涂鸦，误作枯藤缠数花。

笔落一时收不住，石棱留得一拳斜。

这是石涛自题画菊诗。这几天赏菊之外，偶然想到石涛这幅《画菊》，看了画，读了诗之后，有一些启发，写来供好菊者同赏。

这幅画正如诗中所写的那样，看似很平凡，是一枝生在悬崖上的野花，画得笔飞墨舞。通过这首诗，可以对石涛的画有进一步的了解。他说兴致来了，画菊画得像小孩子乱涂一样，而且误画了枯藤上面缠着几朵花——其实悬崖菊正是这个样子，他的"误作"正好是"妙作"的反说。第三句提得好，到底为什么"笔落一时收不住"呢？为什么使石涛这样激动呢？因为菊花有一种高傲不屈的性格，点出末句"石棱留得一拳斜"。

石涛画菊，据我看到的，大都是用湿笔，甚至有把花叶画得淋漓尽致，几乎成了墨团团；我想石涛是有意使菊花处于风雨之中，这样更能突出菊花的精神。

石涛正与其他古代艺术大师一样，不只是画菊，还要画菊的性格，而且把当时自己的感情融化在菊花的形象里；笔墨加上了感情，就不同凡响了。假使画菊只是为了画菊，没有作者的意境，可以想得到，这不可能成为艺术，再像也不过是一种标本。苏东坡说得好，"作诗便此诗，定知非诗人"。我引申了一下："作画便此画，定知非画师。"

我还见到李复堂画的一盆菊花，恐怕花要倒，盆中撑着一支竹竿；题了四句诗，表示对傲霜的菊花万分同情，对那时的达官贵人极端不满，与石涛有异曲同工之妙。诗是这样的：

莫笑田家老瓦盆，也分秋色到柴门。

西风昨夜园林过，扶起霜花叩竹根。

4月，"文革"中被查抄的物品开始被清退。

先生落实政策退还抄走的所藏书画，但旧藏被告知已经给文物商店外销了，只有自己到文清小组的库房里选几张画抵消损失。后意外发现退还包画的包装纸是一张齐白石己丑年（1949年）所绘的《荷耙图》（后捐赠上海中国画院）。

4月3日至9日，先生出席上海第三届文学艺术工作者代表大会。

4月，上海文化出版社出版秦瘦鸥著小说《梅宝》（即《秋海棠》续集），书中用先生所绘插图。

暮春，至陕西深入生活，参观了香积寺、兵马俑、汉武帝茂陵等，并与毛国伦参加了黄帝陵公祭典礼。回沪后有感而发创作《万世同根》。

4月，绘《游鱼图》，题跋云："雪散因和

《万世同根》

《伶伦采竹》

为深圳美术馆创作《伶伦采竹》

气，冰开得暖光。春销不得处，唯有鬓边霜。唐人诗绝妙，题于空处。十发漫笔于长安，甲子暮春三月。"

5月，为庆祝《解放日报》创刊35周年，先生与唐云、刘旦宅、陈佩秋、应野平、曹简楼合作《妙笔集锦图》，由俞振飞题字。

6月27日，绘《长春图》祝贺中国铁路老战士书画展开幕。

7月11日，受邀与上海科教电影厂员工一同参观松江天马山养鹿场，并应主人之请，当场写长题云："上海医药管理局药材公司天马山养鹿场附近古有晋代大文学家陆机、陆云故里。松江旧称茸城，远古即以产鹿驰名，然千百年来未见驯鹿者。中华民族有复兴古事之气魄。今日与上海科教电影厂诸公一起参观养鹿场，主人属题。乃写此不恭并记。一九八四年七月十一日，程十发漫书。"

天马山归来后绘《群鹿图》（67.5cm×135.5cm，西泠2011年秋拍），题跋云："古人画鹿，唯八大山人最有笔法。尝见其写群鹿图横幅，今仿其大略。甲子写夏日游天马山养鹿场归后题，程十发漫笔。"

8月3日至9日，先生出席上海市文学艺术工作者第三次代表大会。

8月，美国印第安纳州立博物馆举办"吴昌硕、黄宾虹、潘天寿、傅抱石、程十发中国画作品展"。

秋，绘《李长吉诗意》，在画上五分之四的幅面书李贺《苦篁调啸引》诗一首："请说轩辕在时事，伶伦采竹二十四。伶伦采之自昆丘，轩辕诏遣中分作十二。伶伦以之正音律，轩辕以之调元气。当时黄帝上天时，二十三管咸相随，唯留一管人间吹。无德不能得此管，此管沉埋虞舜祠。十发漫书李长吉诗一首。"画下方绘仕女图，并题跋云："士大夫以书题画，余以画题书，古碑即如此，不足为奇。甲子孟秋，程十发又记。"

秋，为解锐夫绘《起舞少女》，题跋云："锐夫同志属教，甲子秋日，程十发漫笔。"

解锐夫（1913—1988），山东巨野人。1938年参加八路军。历任团政治处主任、政委，中央军委工程兵学院政治部副主任等职。1955年授上校军衔。极爱书画，所藏多近现代大师的精品之作。

仲秋，绘《松壑鸣泉图》，题跋云："松壑鸣泉，甲子仲秋，程十发写。"

仲秋，绘《眉寿图》，题跋云："海滨仁兄华诞，甲子秋仲，程十发写贺。"

10月，第六届全国美展在北京、南京等九个城市同时举行。上海中国画院数十人同赴南京

程十发在认真治印

参观，住在一家宾馆里。为解决那么多人的食宿开支，先生画了一张五尺整张（81cm×155cm）的秋景人物画《夕霞红叶》送给宾馆留念，从而解决了难题。在本届美展中，朱屺瞻作品《大地春意浓》获荣誉奖，先生作品《万世同根》获上海地区佳作奖。

暮秋，绘《琴瑟友之图》，题跋云："甲子暮秋之月，程十发漫笔于三釜书屋晴窗。"

受邀与夫人同赴香港中文大学艺术系讲学。

11月，上海中国画院领导班子调整，先生担任画院院长、党支部副书记，方增先、张桂铭、韩天衡任副院长，唐云、王个簃任名誉院长，吴大羽、邵洛羊任顾问。在先生的主持下，上海中国画院不仅招收了全国各地一大批优秀青年画家，充实了创作队伍，还系统地组织开展了"国画艺术进修班"，真正成了培养国画接班人才的教育基地。

冬，绘《青藤诗意图》（93.5cm×54.5cm），画的是一仕女骑驴经过梅花树下。题跋云："尘寰久住起瑶思，庾岭春光策蹇时。待得梅花花下过，只闻香气便无诗。略变青藤诗句，甲子小春，程十发漫笔。"

冬，绘《九如图》（68.5cm×138cm，嘉德1999年春拍），题跋云："九如图。甲子小春月，程十发漫笔于三釜书屋晴窗下。"

孟冬，绘《吟秋图》，题跋云："沉吟不语晴窗畔。小字银钩题欲遍。云情散乱未成篇，花骨欹斜终带软。重重说尽情和怨。珍重提携常在眼。暂时得近玉纤纤，翻羡缕金红象管。甲子孟冬，程十发漫笔并书李汉老词补空。"

孟冬，绘《花下读书图》（136.5cm×67.3cm，嘉德2005年秋拍），题跋云："甲子孟冬月，写花下读书图。云间程十发漫笔。"

12月20日，王个簃学生四人展"刘伯年、张金锜、曹用平、王公助画展"在江苏省美术馆开幕。先生同去支持，并于展览的第二天在南京艺术学院为学子们讲课。

12月22日，绘钟馗题材的《喜从天降》，题跋云："终南故事都图尽，写幅钟馗得喜时。甲子冬至，程十发漫笔。"

同日绘《瓶花图》（67.7cm×45cm，嘉德2007年春拍），题跋云："家中有鼠患，树美大嫂赠其灵猫。余无物可答，写瓶花为报。甲子冬至，程十发并记于三釜书屋。"

参与美术设计的动画片《鹿铃》获中国电影金鸡奖最佳美术片奖。

《阿Q正传一零八图》由上海人民美术出版社再版。

2月16日，陈巨来（1904—1984）在上海逝世，享年80岁。

1985年　乙丑　六十五岁

元旦，绘少数民族主题的《山胞图》。

1月，上海中国画院成立业余进修夜校，开设人物、山水、花鸟、书法、篆刻等六个班，由先生、唐云、胡若思、方增先、韩天衡等画师带班执教。先生和方增先执教两个人物班、胡若思执教山水班、胡问遂执教书法班等，为志于研究中国画的年轻人提供了学习的平台。

1月，画院党总支改选，总支委员会由吴景泽、陆兆良、先生、邱陶峰、陈友义组成。

孟春，绘《春牛图》，题跋云："牯牛中亦有白毫，故乡名白牛邨（村），传陈舜俞居此髫龄时骑白牛读书，故名传之，今写春牛图以托祥瑞云。乙丑孟春之月，程十发并识于三釜书屋。"

先生有"白牛泾上程氏图书"一印。根据民国时期的《续修枫泾小志》载，枫泾旧称清风泾，原名白牛村，因"宋陈舜俞隐居于此，后人仰其清风，故名"。

陈舜俞（？—1076），字令举，湖州人，宋庆历六年（1046年）丙戌科进士，

《春牛图》

官至都官员外郎。因为不奉令行王安石的新法，被谪后弃官归隐秀州（嘉兴）白牛村，自号白牛居士。枫泾旧有表贤祠祀陈舜俞，其旁即舜俞墓。当年陈氏所居附近有名为"白牛荡"的河塘，陈舜俞曾骑着额间有白毫的牯牛往来塘上。清人有诗云"青枫泾畔夕阳时，跨上乌犍人不识"，即咏其事。因之才有了白牛村 → 白牛泾 → 清风泾 → 清枫泾 → 枫泾，这些地名称谓的转变。

2月9日，与唐云、吕蒙、沈柔坚、王个簃、朱屺瞻、蔡振华、陈佩秋等一起受聘担任上海大学美术学院兼职教授。

新春，绘《国色图》（91cm×48cm），题跋云："晓寒慵揭珠帘，牡丹院落花开未。玉栏干畔，柳丝一把，和风半倚。国色微酣，天香乍染，扶春不起。自真妃舞罢，谪仙赋后，繁华梦、如流水。乙丑新春，并录王沂孙词。程十发漫笔于三釜书屋。"

3月1日，访问香港中文大学新亚书院，作了《我与中国画》的演讲。访问交流期间居香港月余。指导讲学时绘《少女群鹿》，题跋云："乙丑元月，程十发习作于新亚书院并留存补壁。"

《国色图》

一个月后，在书院告别师生作演讲。

《在香港中文大学新亚书院的讲稿》

《李白吟诗图》

　　来到中文大学新亚书院已经快一个月了，今天第四次和大家见面。3月1日是开始，那么今天是告一个段落。我十分喜爱这个美丽的学府，它给我极好的招待，使我学习到不少宝贵的东西，特别认识了马校长、金院长以及艺术系的张茂主任和各位老人，高美庆先生和刘国松是我的老朋友了，这种美好的感受，特别在晚上回校的路上，看到山上校舍的灯火辉煌像是晴夜里的星星，真是太美了，使我想起我是走在回家的路上，虽然我的家在上海。这是因为思想上一个月的时光使我产生了感情，我的想象力在我没有到达这里的时候所构成的画面，与真实的经历是完全一致的，而且丰富得多。

　　我3月1日开始和大家见面时所讲的，我现在再重复一遍。我数十年拿着画笔在工作，是各种人间宝贵的深情厚谊所形成的有形与无形的力量鼓励了我。今天大家到这儿来听我的讲话，这种支持鼓励，一直有增无减。

　　我心中是十分不安的。我是一个拿笔的人，有时讲不出感动人的话，往往用我的手来表达。但手又不能表达，只有用眼睛望着大家，不用声音，不用动作，但大家会心，只有满眼的热泪来表达。我数十年来从没有条理地分析过自己的创作方法，不过一直在实践，我想一个以文艺为职业的人，很少总结自己的创作经验，而是应该多画一些作品，请别人甚至后人再来做出经验的总结。所以我来到新亚书院，我一直不敢相信自己，还是请大家来评论我。

　　但今天我在动笔作画以前还是要讲话，请大家不要把我这种话，作为我作品的解释。我借《华侨日报》一位记者高倬云女士对我访问时的提问提纲里的一部分，在这里公开地回答。

　　作画的动机当然是从生活中受到感动，才用艺术的语言表达你的思想，表达你对生活的态度。我说学画一帆风顺要达到目的是不可能的，艺术没有什么歧途。学画不可能只有一条高速公路，任何正路和歧途都是相对而言的。学画没有一定的固有方法，创新就是从正路边上又开出一条新路，不知名的小路上能够有人插上一块路牌，它又成了正路。关键不在正与歧，我要看看你作画的动机，关于动机倒是有正反的讲法的。

　　我来到香港以前看到不少假冒我的画，来了以后也看到不少假冒我的画。造假画的人的动机是什么？当然是作为一种冒牌的商品，骗人财货，而不是看我画得不好。他来给我示范一下，这是他的动机，是画假画不是画真画。反过来讲，如果我的作品也只求商品化，而是没有感情可言，虽然画是真的，而我的感情是假的，这一种无形的真假之分，倒是造我假画的作者给我的一种启示。这是我回答青年人学画的问题，方法是气象万千，但是动机只有两种。另外学习的方法，我只讲：①取与舍；②广博与专一；③古与今，继承与创新；④民族与世界化；⑤形与意；⑥生命与生活。

在香港时，某友携来昔年所书《行书录李白诗》，再题云："树孺道兄正字，乙丑孟春重睹于香港，程十发再识。"该书法作品是先生录李白《庐山谣寄卢侍御虚舟》（即"我本楚狂人，凤歌笑孔丘。手持绿玉杖，朝别黄鹤楼……"一诗）全文。

在港期间，到文华酒店代表上海中国画院探望在香港定居的林风眠先生。

春，绘《斗大草堂图》（138cm×34.6cm，嘉德2009年秋拍），题跋云："斗大草堂图。遵之先生法家大教。乙丑春，十发制。"

此幅画赠"斗大草堂"主人唐遵之。唐遵之（1923年生），上海人。20世纪40年代末移居香港，投身纺织实业，事业有成。唐遵之居港期间，与大陆书画界交往仍频。七八十年代赴港举行画展者，多与其友善，并有书画相赠。唐遵之业余嗜好摄影，1954年入英国皇家摄影学会。

3月下旬，饶宗颐与诗人梁锲斋在邓尉山、超山赏梅之后，由先生安排，复为浙东之游，行旅会稽、天台、雁荡诸胜。于3月23日，行经乐清雁荡山，游览了双珠谷、半月天峭壁、小龙湫、中折瀑、观音阁、显胜门等景点。饶宗颐赋诗数首，而先生则绘《瓶花图》（57cm×51cm）相赠。饶宗颐于2007年重题签条："唯一九八五年与十发同游天台、雁荡，发箧重睹，此作宛如目前之事。丁亥选堂识。"

4月5日，绘《东坡玩砚图》成扇，题跋云："东坡玩砚。仲康医师属制。乙丑清明，程十发漫笔于三釜书屋。"

5月，在上海接受了中国文联的采访。先生回顾了自己怎样从松江走向上海、从上海走向全国的艰苦历程，从连环画、年画走向中国画的全过程以及从少年、青年到中年的详细、真实的发展历程。访谈采用的是录音方式，比笔记更为详细、可靠。

《程十发自述》（根据采访录音整理文字版）

关于我学美术的经历，我可简单谈一点。我1921年生在上海市松江县，我家三代人都是行医的，小时候就我一个孩子。由于我的父亲很喜欢书画，而且他也很喜欢种一些盆栽，现在人家要我回忆，为什么从小就喜欢画画，原因也是很复杂的，有时候总是讲跟环境有关系，跟父母有关系，家庭的因素。我具体地讲一点。我父亲的房间里挂了一张画，是任伯年的，是复制品还不是原作。那时候我父亲没有条件去买原作，但是这张复制品不是现在的复制品，是石印的，印了以后用人工上颜色的那种。任伯年画了一个人骑了一头毛驴，他看见后面有一个推车的人，就是"他骑骏马，我骑驴，仔细思量总不如，回头看推车汉"，意思是你不要自己骑了毛驴，还去美慕人家骑骏马的，你回头去还看见推车的，你比上不足，比下还有余。所以我从小就知道任伯年。

还有我父亲有一个很好的朋友，是一个邻居，他的上代人也是比较有名的叫张祥河，这个人是刻美术丛刊的，有一种叫《四铜鼓斋丛书》（应为《四铜鼓斋论画集刻》），石涛的《画语录》就是第一次在他的丛书里出现的。这个人后来在广西、广东做官。他的孙子叫张铸，也很喜欢画画，常到我家来，他给我几本启蒙时期的画簿，我就根据它们来学。小时候家里就我一个孩子，家里鼓励得多，这样就慢慢地喜欢上了画画。同时，我们上海市松江县在明代的时候是很有名的，还是松江府上海县。松江的环境也有一些特殊的意义。我们这条小街上，有很多手工业的作坊，有用土法印彩色的土布作坊、染坊，有刻神像的店，有水印木刻糊纸牌的店铺，还有用脚踏的车床，一些木器玩具、用具等属于原始的手工艺品店。这条小街上民间艺术的东西很多，小时候我就在这个环境里长大。

我念到初中要升高中的时候，因为数学太差了，没办法再升高中。这时抗日战争开始了（指全面爆发），就在1937年，日本鬼子从我们松江附近靠海的金山卫登陆以后，把松江城市都破坏掉了。我就跑到上海来，进上海美术专科学校，从学校里也学了不少东西。"五四运动"前后，我们上海美专的校长刘海粟介绍了许多西方的东西，也非常重视我们古代传统的东西。我在学校念书的时候，我们在学校里受的训练不是很严格的，也可以算是很自由。以前我认为这个学校好像很随便，但是事情总有两个方面，它也有一个好处，这次我在香港中文大学讲的时候，我说我也要感谢这个学校，由于学校里的学习不是很严格，我可以自己自由地去发挥，学校没有硬是叫你去学哪个流派，这个也可以算是两面性了。学校管理比较松；但是另一方面，松里面也有它的道理，没有扼杀学生选择自己所走道路的创造性。所以一个事情有两个方面，处理得好就是长处，处理不好它就变成短处。当然，学校严格的训练是很好的，但是严格过分，把学生自己的道路堵住了，硬是要往这个地方走，再重新回头走自己的路就比较麻烦。当时我非常感谢学校，主要的一点就是学校让我能够在学习的时候走我自己的道路。

上海美专毕业后，我生病回到松江，在家里临摹一些印刷品，临了好几年。中华人民共和国成立之后，我就参加画一些普及作品的工作，先画了一些年画、连环画。中华人民共和国成立前有段时间我画画时也是很苦闷的，也没什么出路。为什么没有出路呢？当时社会混乱，坏人当道，假如你要真正画一些比较有艺术性的、有意思的画，也不容易卖得掉，而且也要靠社会上一些关系，没有关系就没有办法卖画，所以很苦闷，看到社会上那些画也是很庸俗的，没什么我们民族的风格。我自己找不到工作，就是靠家里，因为家里是做医生的，我一面养病，一面学习。

到了中华人民共和国成立，就想到出路了，因为我第一次看到毛主席《在延安文艺座谈会上的讲话》，文艺是为工农兵服务的，我就开始画通俗了。现在通俗的道路就是普及的道路，我自己的出路也是从这里来解决的。因此我开始学习画一些通俗的东西，后来画了好多连环画。画连环画的时候也不是很单纯的，有一部分人是鼓励你的，但还有一部分人是看不起你画这些东西的。同时我在学校里没学人物画课，后来进了上海人民美术出版

《骑鹿仙人》

社当创作员的时候，有好多同志，我就向他们请教。还有出版社有个资料室，我中午总是不休息的，午休的时间我都是在资料室里，学习如何用中国画法来表现、描写现实生活。我把出版社当作了我的第二个学校。

后来我想到画中国画跟连环画没什么矛盾，我们总是要把很多矛盾统一起来。所以1955年的时候，我就用写意画的画法画连环画。我画了一本《画皮》，这本书就是用写意画的形式来画的，做了一个尝试，又是中国画，又是连环画。后来我得出一个结论，连环画的特点是连续的，其他的跟画画是一样的，你用油画方法来表达可以，用木刻的方法来画也可以。这样画连环画、画插图以后，慢慢就走了这条路。差不多也是这个时候，我画了外文出版社的英文版《儒林外史》的二十几张插图。到1960年的时候，我还用中国画的形式画了连环画，有《阿Q正传一零八图》，可以算是一本连环画，也可以算是一本插图。这个时候，我们常常到南方的少数民族地方去，也画一些少数民族题材的画，大体就是这样一个概况。

但是现在也没有画好。为什么没有画好呢？因为中国画在我们这个时期，既要真正地吸收我们民族的特点，又要具备时代性，民族性也不能把古老的东西重复一遍。又要创造性的，又要有民族性，也是一个很重要的课题。更重要的是要有时代性，时代性里还包括自己的独创性。

我的画现在还有一定的地方给我发表，但是我也相信，可能在我故去多少年以后，人家会忘掉我的艺术。因为我们刚好跨一个时代。如何使我们古老的中国艺术进入新时代？因为我们是封建时代的绘画，当然封建时代的画也不都是坏的，有的作品升华了，但是我们要使民族的绘画，在新的时代里出现一个新的面貌，这个是很艰苦的，我们现在还创作不出来。而往往有许多年轻人很急躁，常常不去从根本上发现问题，只从形式上来发现问题，往往看见一件作品形式是很新了，但是缺少一种民族的深厚的感染力。

还有小部分的人也很奇怪，他对我们的遗产不很重视，好像否定掉这个东西才能出新。这也是我们今天要做的、要探索的工作。而且我现在的工作不单单是我一个人如何画画的问题，更是我们如何把中国画继承发展下去的问题。特别我们上海的中国画，历史上有很多复杂的原因。清末民国初期出现了所谓的，也不能就叫"海派"，假定的"上海派"，这里很多的人，像任伯年、吴昌硕等人，当时他们冲破了他们的时代，做出了贡献。我们要继承这个"海派"，"新的海派"要创作新的风格。要探索，不能茫茫然，所以要大家来努力。我只能够讲我过去的学习，并不是一味肯定我过去学习的这种方法，还要看以后如何来探索这个东西。而且我们中国画在国外很受

讲课时示范

重视，现在很多海外的学者都在学我们中国绘画中的那些精髓。上次美国加州大学的詹姆森·泰歇尔（即高居翰）来，他写了《中国绘画史》，从外国人的角度来看我们的绘画史，这确实也很有意思。我们还在一个探索的阶段，你们两位让我讲一些经验，是很难讲的。即使我自己承认了这是经验，社会上不承认你；就是社会上承认了你，过了一个时代，历史不承认：你也没有办法。所以现在刚好在一个很苦闷的时间里，工作也多，在这样的时间里，如何把中国画特别能表现时代的，也特别能表现我们这个时代特点的东西表现出来，如何深度地研究、创作，还要下苦功夫，这不是一个人能完成得了的事情。

我画《红楼梦》有一段时间，很短很短。"文革"期间，旁的小说、古典小说都是不能看的，我们这些人看了更麻烦了。这个《红楼梦》还是允许的，因为是毛主席看了几遍，但是我也看出毛病了。恰巧工宣队的一个领导问我："程十发，你这两天在看什么书啊？"我说："我看《红楼梦》。""啊，你还看《红楼梦》啊？"那时候没有书看，我把那庚辰本的《红楼梦》和另一个本子的《红楼梦》作校对，研究"脂砚斋"是个男的还是女的，可以算是消磨时光，也可以算是跟许多红学家讨论哪个版本里面有什么问题，大家有兴趣。《红楼梦》里面的生活所提出来的问题，跟我们生活距离很远，所以《红楼梦》我画不好。我喜欢这个人物，大家喜欢那个人物，我总是跟大家不一样。我对林黛玉并不是很有兴趣，那个时候也画了好几次，但是都没有成功，因为我思想还是进不了这个大观园，没有办法。有好多同志画得很好，后来我就不去接触这个了。而且我画出来的东西跟曹雪芹的不一样，是自己的。

我感觉还是《儒林外史》比较接近生活。还有《阿Q正传一零八图》，虽然那时是为纪念鲁迅先生80周年，在《羊城晚报》上每天要见面两幅，画得很仓促，但是现在看来还不错。为什么呢？因为阿Q在我自己头脑里就有。当然我过去画的时候，没有像我现在经过这么多运动，运动以后见识比较多一点，但鲁迅创作《阿Q正传》这个小说，到现在来说，还是很有教育意义的。像我们这些小资产阶级出身的人，我们还是总想要革命的。但是如何革法？生活里也常常碰到这样一些人，就是一个是"假洋鬼子"，一个是"赵老太爷"。

赵老太爷只允许他自己姓赵，其他人都不允许姓赵；还有假洋鬼子用NO吓唬人家，不允许人家革命，只有他是最革命的。

这些尽管鲁迅写的时代和现在不一样，但是就现实意义来讲，有的时候，我们能看到有些人的心理跟鲁迅先生当时写的某些方面还是很相通的，当然不同程度，也包括我们自己在内，有的时候有赵老太爷的影响，有时有假洋鬼子的影响，也有阿Q的那些精神。

阿Q的精神也可以说是受到了我们过去许多哲学思想的影响，儒家的、道家的东西都凑在一起，把我们的民族变成了这个样子。把阿Q精神去掉以后，我们什么事情都会进步的，所以我很喜欢《阿Q正传》。而且这个《阿Q正传》（指《阿Q正传一零八图》）是去年再版的。第一次出版是1962年，到去年，1984年是第二次出版，十多年了。初版本是线装的，现在没有了，不是印在铜版纸上面，是印在宣纸上的。第二次再版是拿初版复印的，原稿现在保留在黑龙江博物馆，一边是小说，一边是插图，可以算是连环画，也可以算是图。

当时画这部作品是接受了一个任务。《羊城晚报》叫我画，因为要纪念鲁迅先生80周年。《阿Q正传》这本小说在鲁迅的作品中是最有名的、最成功的，就选了这个来画，在画的过程当中也没遇到什么问题。因为它是民间的。阿Q是绍兴的，我是松江的，松江和绍兴有一些共同的地方。

我小时候住的那个地段是个船码头，有很多绍兴的贫民，划船的、卖年糕的、做苦力的、开小酒店的都有，所以我对绍兴还是比较熟悉的。当时绍兴妇女的服装跟别的地方妇女都不一样，她们都梳了一个很高的髻，像很古老的汉代髻的样子。

我画《嵇康》，在美国现代中国画展览里面有。我画嵇康就是画他临刑前在弹琴。构思有的时候很微妙。过去我们画画常常有这样的情况，就是太具体、太肯定，好像我要表现一个什么题材，要表现一个什么人物、什么性格，太具体了不好，不具体也不好，在具体与不具体之间，再产生一种特殊的形象，才是艺术的形象。所以过去有时我们常常画一些很写实的东西，你要表现社会上的一些活动，那么我们也要同样表达，这些就感觉到太具体，它还没有深入一个艺术的境界里，特别是我们中国画，有时太具体了以后，很拘束，画得一点不像中国画。我画

《广陵散》

的时候，你要说有什么印象、有什么措施，我想也有，但说不上。为什么呢？在"文革"期间，像我们上海音乐学院的女钢琴家顾圣婴自杀了。假如我画一幅顾圣婴在弹钢琴的时候死了的画，也可以画，你可以画一幅油画，不要这个人，就在钢琴上画一双手，也可以表现。但是我们想象力不限制在这个时候。我把1000多年的时间概念缩短了，就发现了嵇康，他也是知识分子，而且跟司马家族还是很好的朋友，所以画了个《嵇康》。边上一个女孩子给他送酒，他还在镇定地弹琴，最后弹了《广陵散》。这个还有一点现实的从这里发展开来的思路。我画了一个老头，但是我不说，叫看画的人来分析，也可能会有同样的感觉。

画《万世同根》，我画的是黄帝陵的农民去祭黄帝陵，但是画得太具体了，画得不是很好，它还没有到一个微妙的艺术境界，就是这样一个场面了。去年清明祭黄帝陵我也去了，所以画画有的时候还不是技巧问题。但是你说这个题目不好吗？总有些爱国主义吧，但是还不能成为一个艺术现象，太直截了当了，只是站了几个人来说明问题，没有更多感人的东西。我这里工作才开始，以前的都不要算数，都是在摸索。

现在我们画院创作人员也不多，很长时间里没有吸收新的创作人员。包括老先生在内只有30来个人，30来岁的有15个，但是20来岁的一个都没有。30出头一点的也很少，才一两个人，差不多都是四五十岁的人。作品要创新，要借助青年人的能力，他们的闯劲。这些也是我们要考虑的。还有一个，就是我们上海画院的画如何提高的问题。如果比其他地区，像北京的、西安的、广州的等等，我们这些画，除了一些老画家还是过去有名的以外，一般的创作，我们还没有人家这样兴旺发达，还是比较差。还要依靠大家，一个人是不行的，要闯出一条路，第一先要社会上承认，还要向人家学习。

上海的条件也很好。我们上海金山县的农民画是很有名的。为什么农民画在国际上人家很感兴趣，这是什么道理？现在还没有人真正研究。他们主要还是民间艺术，要好好学习金山的这些农民画，对我们其他画种如何发展，特别是中国画如何发展，很有好处。他们的那些素描、透视、色彩的运用，都不是照学校教的那种方法，他们有自己的、民间的一套，他们对空间、时间、光线的表现都有独特的一套方法，这些表现方法跟我们古代的传统还是有渊源的。

在我们统一的政策下，艺术的表现方法要多种多样，唯一一种形式不好，最好的是风格多样的。就是我们要创作现实主义和浪漫主义相结合的形式，也由以后的人来评定我们到底是一个什么主义，不要拿一个什么招牌去创作什么主义的画。这样我感觉很好，应该大家都尝试，大家都要团结，不要人家创作了一个你并不满意的形式，你就反对，大家都可以创作，都可以画。因为我们要创作一个新时代的画，我们都不要怕失败，不要讥笑人家失败的方面，要大家都尝试。各种文化的发展，科学的发展，一定会影响到我们美术中的中国画，我相信，经过不断地探索，它一定会有一种新的、有时代感的作品问世，而且现在也慢慢有了，青年人在探索，老年人也在探索。

5月，"上海中国画院画展"在深圳西丽湖度假村举行，先生专程前往主持开幕式。
5月5日，作《行书节录〈论语〉》，书云："子夏问曰：'巧笑倩兮，美目盼兮，素以为绚兮。何谓也？'子曰：'绘事后素。'乙丑立夏日雨后，程十发漫笔于三釜书屋。"先生书此，援引夫子语以喻作画，一语双关。

夏，在上海西郊迎宾馆竹楼协助上海科影厂的艺术纪录片《画苑掇英》的拍摄。

6月，绘《双妹图》（83cm×50cm），题跋云："柳絮飞时暗绿，荼蘼开后春酣。花外青帘迷酒思，陌上晴光收翠岚，佳辰三月三。解佩人逢游女，踏青斗草宜男。醉倚画阑阑槛北，梦绕清江江水南，飞鸾与共骖。乙丑蒲月，并录赵文鼎词于上。程十发书画以鸠居堂山马毫。"

6月22日，绘《终南出游图》（西泠2007年秋拍），题跋云："终南出游图。乙丑蒲节，程十发漫笔于三釜书屋。"

7月，上海书店出版《韩天衡印选》，先生为本书作序。

《韩天衡印选》序言

印学一道所谓食古，古至三代古玺，又谓化今，时至悲盦、缶庐，中间上下三千岁，千变万化，光怪陆离。我爱天衡之印，食古而能化今，非三代非今世，独具雄、变、韵之长。雄者气格壮伟之谓也，变者立意出新之谓也，韵者回味无穷之谓也。读其印作，以盘错搏扬为宗旨，以奇反正，奇中寓平，动中寓静，一反故常，自成面目。沙孟海老人评其篆刻为现代印学开辟一新境界，诚为的论也。

缘于天衡印作自出机杼，纯属新声，故当今海内域外艺坛名硕，多乐于读其印、求其印、用其印，影响堪称巨矣！

天衡多才艺，书画文章皆有古有我，著述出版者有《中国篆刻艺术》《中国印学年表》《印学三题》等多种。英年造就已如此，可嘉也，是为之序。

甲子冬日，程十发

7月，应吴从翰院长之邀，至新加坡南洋美术专科学校（今新加坡南洋艺术学院）讲学并示范。自当地藏家处重见1961年所绘《钟馗嫁妹》，感慨之余为之题跋："辛丑冬月写嫁妹，十发于上海不教一日闲过之斋。此帧写昆曲《天下乐·嫁妹》一折，已历廿四年矣，今于狮城重睹，如入梦中，戏书于端，为一军先生留念，乙丑新秋之吉，程十发再题于南洋美专。"

举行了"程十发谈'艺路'美术座谈会"（由《联合早报》《新明日报》《联合晚报》联办）。

《与新加坡美术界谈话稿》

我来到新加坡已经一个月了，是应南洋美术专科学校吴从翰院长之邀请到南洋美专来学习。今天又承南洋、星洲、联合报社和南洋美专合办这个雅集，使我与美术界、与爱好美术的人士见面。我十分荣幸，来到这美丽的国家、美丽的城市。这使我已经65岁的老人，就像小孩子进城一样，一切都感到美，自然的海洋、山、椰林、花木草树、空气、天上的白云、一阵的雨，新加坡真是让我感到十分新鲜，特别是城市的建设，真像一个现代建筑博览会，每一幢高楼、每一幢别墅都标新立异地表达现代建筑的精华，是南洋风格和时代风

《献花图》

格的汇合。各位不要怀疑我今天讲建筑，因为我看到这些美丽的建筑，存在着美学上一个基本的问题，美的风格、形式是一样，但是追求各不一样。海报上写的是我学中国画，副标题应该是我追求在绘画上与人家不一样。所以新加坡的性格正是我向往的时代性格。

我还是在学习中，多承四面八方的朋友支持我。我才有创作的社会价值。我也像造房子，40年来给自己盖了一间房子也十分艰苦。我像蚕做茧一样，不是在房子外面砌墙，而是在房子里面添砖。总算屋顶有了，四周的墙壁也已经砌到最后一块砖。当我松一口气庆贺自己的工程完工时，我在自己亲手砌的房子里出不来了。只有拆去房子的一部分，我才能生活下去，于是我拆了旧房子，又想从头学起，准备造新房子。我怀着这种心情来到新加坡，来到南洋美专，从头学起。我对南洋的风物、南洋的文化、南洋的美术怀着学习和崇敬的心情。时间虽很短，但我深信将给我极大的帮助和启发。

说到我如何学中国画，我首先承认我与大家学习中国画的过程并没有什么特别，也是临摹、写生、创作、写字、读美术理论和美术史等等。但我不是讲过程，而是讲使我学习的这些宝贵的条件从何而来。

我小时候自9岁父亲故世以后，亲友一直帮助我和母亲，我们两个人相依为命。从物质上说，我没有条件学绘画的。但过了半个世纪以后，经过了严霜烈日，又经过了次第春风，我发现一种看不见、潜在着的力量在支持我。

我是1921年出生在离上海30多公里的一个小小的古城松江，一个三代中医的家庭。这个正是新旧文化交接的时代，我们站在城墙上看到古柏参天的孔庙，看到宝塔高耸的佛寺，又有市集兴隆的东岳庙，不少是唐宋元明清留下的古迹，但又加入了天主教堂和基督教堂，它们的屋尖及钟楼高入云霄。路上也有和尚道士，加上了外国的传教士掺在人群之中。我们的家附近有许多手工业的作坊，如染布的染坊，他们把作品在过街的路上晾晒着，像中国蜡染的展览会；还有纸牌的工场，第一道就是套色木板印纸牌的花样。这些是民间美术，我对它有极大的兴趣，中间有人物花卉，色彩是对比强烈的黑、绿、橙三种；还有造佛像的作坊有许多家，这是传统的雕塑家，我听到他们用凿子凿香樟木的声音和散发的香气，给人以很深的感触。还有修理古书籍的店铺，特别有几家裱画店，我会到里面去猎奇地看那些作品。这一切环境，只要你有兴趣学习中国美术，已经有了客观的条件，这无形中给我创造了条件，无疑这些都是我的老师和默默的支持者，也孕育着为何要重视民间艺术的原因。同时还有不少有形的支持者。我父亲是一个中医，他的朋友都是士大夫阶级的文人画家，这些人看见我喜欢画画而鼓励赞扬我，送书籍及画具的都有。

但1937年抗日战争，家乡被日本炮火轰炸和烧毁了。这些中国文明，这古老的美如一场梦，都幻灭了。我只有离家到上海，在上海美术专科学校国画系读书，校长是刘海粟先生，国画系主任是王个簃先生。毕业以后，可能是画得不好，也可能不投时尚庸俗所好，毕业就失业了。但我已经和同学张金锜女士结婚，有了一个家庭，只有当一家小银行雇员，不久又生病，失业回到家乡。不久，1949年全国解放，中华人民共和国成立，我开始学习人物画，目的是找工作。我学习画连环画与插图，这个工作是大众需要的，也是在无形之中，千千万万人欣赏鼓励我。有了一些进步，国家的出版社——上海人民美术出版社社长通知我，聘我为出版社的创作员，这样我就找到了工作。

当然我画的连环画和插图，思想上也是把它当画中国画人物一样画。1956年，北京和上海先后成立中国画院，我又调到上海中国画院参加筹备工作，至今已经有29年了。这个29年从何说起？真是悲欢离合，喜怒哀乐皆全。我想还是说主流，说说社会上在我最困难的时刻，最可贵的支持我画画的情况。

1966年"文革"开始，我成了牛鬼蛇神，不准画画，每天做不少劳动，有病也得上班。怕我们逃走，每人胸前挂了一块白底黑字牌，上面写了名字和所谓什么反动头衔，有些人出了门把牌藏在袋里，明天到门口再翻出来。但我认为不必，我挂了牌依然坐巴士，许多乘客看到我牌子上写的是某人加上反动头衔，有人朝我翻白眼，有人点头招呼，也有的露出深表同情的表情，倒没有一个真正的群众对我有不尊敬的地方。但我又要讲，当时看不见，后来才知道，在那个时期，我的所有作品在被"批反"的时候，海外的收藏家正在收集我的作品，一本海外刊物上连载我的《阿Q正传一零八图》。这一切从关心我的工作，一直到关心我这个人。在所谓"黑画展览会"里，绝大部分的观众不是来批判，而是来欣赏的。大家都像在热得发闷的沙漠里饮到一杯清凉的甘蔗汁，因此"四人帮"的爪牙把批判"黑画展"草草收场。

"文革"以后，我画了张芭蕾舞蹈《玫瑰》的说明书的封面，黑底白线红花。该舞蹈在一个坐满有一万多人的剧场里演出。我看到进场的大客厅里有五六个摊子在卖说明书。开演前，我站在后排，看到一部分人有说明书，而且黑白红强烈的颜色占有演出前剧场的空间，让我产生了一种感觉，我觉得为人们即使是做一些小事情，如画一张说明书，无疑是最最光荣的任务。又如我曾给一位有名的女歌唱家的演出服上画了一枝梅花和一枝山茶花，待演出完毕，还有不少艺术家和观众不散，而要再看看这件古装，同样启发了我多做一些普及的工作。"文革"后给《西湖民间故事》画插图，这是为了增加旅游兴趣的书刊，它的发行量很大，有一百多万册。当时在杭州西湖边上的旅游点出售纪念品，甚至卖茶叶蛋的摊位都有这本书。画这些民间传说有插图，其中也有一个故事。我是到杭州去创作的，但其中有一幅是画虎跑的故事，可惜我老虎不会画，只有先到虎跑动物园去写生。我在写生的时候，旁边来了一个老年人，他看到我画速写，便自我介绍是著名茶叶店翁隆盛的退休工人，平时专门画虎，对我的速写大加指点，并传授画虎的要诀、雌雄的区别等等。我很感谢他，但他也不问我的姓名，飘然而去。我这些故事很多，都是鼓励我如何使自己的艺术为多数人需要和少数人需要，我看得同样重要。当然，在剧场里说明书人家不保留，而当废纸拿去包了茶叶蛋，我觉得和一幅画能够放在全世界有名的艺术博物馆里一样使我鼓舞。作画不是仅为自己的需要，我了解到有无数的看不见的观众支持我，我的劳动才产生社会的价值，美才有价值，人与人才有交换感情的价值。

数年前，我发现一位女学生在流眼泪，后来知道她参加集体画展，而报上因版面小而少登了她的名字。我向她说作画的动机，真正伟大的艺术品，古今中外一样，只记下他们的作品，而不一定有他们的名字，应该在作画的时候，要人家忘记自己的名字。记得丰子恺先生有一方闲章曰"速朽之作"，但效果是"不朽之作"，所以"不朽"不是自封的，必须经过时代和历史的考验。

从这许多的教育中，我重视了自己的工作，认为社会需要我，我一定用自己的感情来报答社会。

我前些天参加了亚太区艺术教育会议，欢度了新加坡的国庆节，参观了国庆美展，也拜会了新加坡美术界的老前辈尹松昌、王西家和新朋友。

又有人非常关心我画古代人物画得多，而现代人物画得少，我刚才说过感情的问题，我画古代人物，都是因为现实生活对我启示而产生出特殊的感情。

这些不愉快的经历已经过去，我们已经走入一个新的时代，希望中的美好逐渐成为现实。我发现了我还能继续作画，主要靠国内外朋友们的支持，虽然有许许多多不相识的朋友，但是他们关心我有时超过关心他们自己。今天遇到吉隆坡的姚天平先生，他告诉我，在他们那里也有许多关心我的朋友。他知道我来新加坡，特地来看望我，还把出版的我画的画册送给我，并答应把我在吉隆坡的作品拍成照片寄给我。还有香港的何康德女士和胡凯平先生，他们正在日本举行画展，画展结束后，特从香港来新加坡探望我，他们都希望我保重自己，多画一些作品。

这许许多多的朋友关心我，我一面惭愧，一面受到教育。这些朋友都是通过我的画而相互接近，都是在大家对待生活中追求美的同一的感情上关心我。我借这个机会向大家道谢，这样的生活我十分满足，我通过作品，把感情与大家交流，我一定用画笔从头学起。

在回上海之前，我今天再画一幅画，祝大家身体健康，谢谢各位的光临和指导。

夏，绘《花荫读书图》（138.5cm×68cm，西泠2005年秋拍），题跋云："乙丑夏仲晴日，程十发漫笔于三釜书屋。"

仲夏,为韩天衡所绘的《松月幽禽图》题诗堂:"松月幽禽。天衡兄近作似以南唐徐熙笔法发微而成,格古韵新,余求之不得也。乙丑仲夏,窗外有惊雷时所书,十发漫笔。"

本年,先生还为韩天衡所绘《迎春图》题跋:"豆庐主人迎春图,所法南唐工率兼有,得古人之则,现今人之趣,不亦宜乎。见此作有感,故题于崗,望主人乞教。程十发题于三釜书屋。"

8月,在新加坡举办画展,并接受了《联合早报》资深记者吴启的访问。访问结束后,吴启以"坐看云起时——访中国著名艺术家程十发"为题发表了专访登载在《联合早报》上。从问答中,我们可以看出先生的绘画艺术在海外华人世界的影响,也可看到先生对艺术的理解及对他自己的艺术的看法。

《坐看云起时——访中国著名艺术家程十发》 采访人:吴启

吴:要是有人形容你是自任伯年、吴昌硕以来,中国近代画史上难得一见的大师级人物,你有何看法和意见?

程:你说的这两位画家,我都很喜欢。他们私交甚笃,年龄上,吴比任小,艺术也有所不同。文人画发展到清末,论诗、书、画、金石,吴昌硕成就均高,说他是文人画的最佳代表,并非过誉。任伯年壮年去世,年仅56岁,画画得好,诗文却较逊色。只是他也自有长处,如对中国民间艺术就浸沉很深。这也是说,吴昌硕在画风上倾向"雅",而任伯年则以"俗"知名于世。

他们两人的师承也各有别,吴走的是扬州八怪、八大山人、徐渭一路的,任伯年则追随陈洪绶的路子。这也好,到后来,两人的艺术风格就有不同,促成并领导了当年"上海画派"的兴起。

吴:这对你产生了怎样的启示呢?

程:艺术史上有这样的现象,一个时代在跨越另一个时代时,往往产生一些继往开来的优秀画家,吴、任两人也是一样。他们生于清末,吴活到民初,任却以13(17)年之差,逝世于清朝年间。若任伯年寿命长些,可能艺术成就可以和吴昌硕相埒或更大,也说不定。

另外,"上海派"绘画中,还有一个值得介绍的人物——虚谷和尚。虚谷本身的技法,有半抽象的"味道",画风可能是与他思想上受到宗教的影响有关。

虚谷早在他活着的时代已享盛名。他画得很少,后来声名远播,假的"虚谷"却比真的虚谷多。

吴:这么说,你是否自认为"海派"人物了?

程:不,不是的!不能这样讲。我们继承任、吴,两人是道道地地的"上海派",也有人不同意如此说法。事实上,两人是因为都在上海一地活动而得名。

主要的,一般只是依地缘分,把他们两人归入"上海画派"。就时代来说,从近代到现代,他们在画坛上贡献很大。这就等于说,分法可以有"地区"和"时代"两种。我们的老师王个簃先生,正是吴昌硕的及门弟子,而当年上海美术专科学校校长刘海粟,也对任、吴两位的艺术给予极高的评价。因此,现在的中国艺术发展史,不能忘记这些"桥梁性人物"的作品和贡献。

吴：和其他画家相比，你的作品较倾向于民间性，也即具有民间工艺美术作品，如年画、陶俑的特色味道。

程：有时要为"艺术"两字下界说，也颇不易。对此儒家有儒家的观点，道家有道家的观点，西方的观点又和东方有异了。另外，古代与现代，也大不同。只是美的一些境界，也可以追求做到民间和文人画的矛盾和统一。大师如齐白石，可以说为我们树立了极好的学习榜样。过去的历史事实也显示了：艺术常是来自民间的，却也在士大夫的艺术圈子中产生大影响，可以说艺术的根在民间。如何把这两者加以统一？是否应该说，可以做到在绝对中有相对？如明朝徐渭，所画当然是典型的文人画，但明朝瓷器上的纹样与图案，还是与徐画有共通之处的。几乎可以说，这两者有意无意间合而为一了。此为民间与士大夫文人画统一的确证。

还有另一种统一，指东西方而言。大家也许都知道，汉朝西安茂陵霍去病墓地前的石雕，所作极为特殊，造型不像秦朝的写实，中间用了不少夸张手法，一大块石头，石质本身的特色都被善加利用。所用技法有浮雕，也有立体雕。西方人前往参观，莫不异口同声认为是很现代的一种表现手法。而实际上，在中国人心目中，它是古代的一件美术作品。个人蠡测，这类表现手法，来自道家的影响也难说。你说我所画近于民间艺术品，这是真的。因为长期来，我对唐三彩、陶俑和明器极富兴趣。只是在本身从事画画时，还应考虑到如何化古为今，谨防照抄古董的毛病，以使人易于观赏和了解自己的艺术。

或者说，所谓美，应该理解为：艺术家把美带给人类世界，并共同为美好生活做出想象。我上面所说古今、东西的统一，只是一种手段，怎样以此扩大到人类对美境界的总体追求才是重要的，只有凑合古今中外诸种因素，艺术才能达到本身的功能与任务。这也就难怪有人单纯理解一些画作，认为所画极为善良，有如世界真是如此美好。其实不然，这是纯由画家本身想象出来的。画家的想象无远弗届，可以飞到古代，也可及于现在、未来。

吴：传统中国画中常说诗、书、画三结合，在你的画面上取得了极为协调、统一的总体效果，这三者之间是否存在共通性？

程：你这样讲，我倒要事先声明一下，因为迄今我还不断地在探索、尝试。我始终认为，"艺术"之为物，不易搞好。

吴：程院长太过客气了！

程：不是的！比如说，往往今天觉得新鲜的东西，若不思改变，而径自把今天的"新奇"当作明天的"成就"看，后果可悲。所以我不乏自知之明，有不少东西我已了然于心，最后还是要割爱、放弃；也有丢弃许久过后再加起用的。像齐白石，是一个很好的例子，他到四五十岁时始习画，六十几岁突起变化，后终成大家，若他当年不思变化，停滞不前，就难言有什么生命力可言了。

吴：谈到变化，有时也不是件易事，个人的条件，还是顶重要的。

程：是，是！虽然如此，我们还是要力图做到。比如人还是同样的人，在画时却应求得不同。还有一点，艺术家若想独立完成时代面貌，根本不可能，这方面非得集思广益、众志成城不行，而我们现在所能做的，就是尽一点绵力，刚才你说到我的成就，个人认为还谈不到，也相去甚远。不是也有一种情况，画家活着时，名字响当当，等到人一死，全部作品顿时沦为废纸吗？

吴：现在的中国画坛，有无一个较为明显的主流出现？

程：这件事可分为两方面说。现在看来，年轻一代表现不俗，他们都敢于试探、创新，精神可嘉。年轻人对传统技法不满时，就会向外学，这是好现象，也值得鼓励。

中国画的框框也着实不少，这里我想提出三个"性"来加以说明，即：一、民族性，二、时代性，三、创造性。有此"三性"后，还要位置摆对，这才不会偏离民族绘画发展的大方向。总的来讲，比起"文革"前，目前中国画坛已很少受到政治的干预、骚扰，因此，所画所写，都是真实的。"文革"时则鼓吹画假画，艺术中的真、善、美三种要素可说荡然无存。至于现在于题材的择取上，也可以自由选择，并无问题。

吴：看你的作品，发现较少以现代人入画，是否现代人无法画得好或另有原因？

程：在和朋友聊天时，我常提到一点，即在现实生活中，有些希望"全部一样"为最好，有些人则认为"样样不同"为最好。"文革"时提倡"全部一样"，服装上最可明显见出，举凡男女老少，全部一样蓝色。但实际上，人类在现实生活中，还是以要求"不一样"的人居多。比如我到新加坡来，发现这里的楼房处处不同，觉得好极，至少易于识别认路，不至于迷途。那么，在一个要求"一样"的时代中，画画变成一件苦事，也是可以理解的。有了上述的看法和认识后，往往我们就爱处理一些少数民族的、古代的题材，传统中国画中的线条，更适于表现这类题材。若你到过泰国或云南傣族地区，对于那里原住民的言行外貌，当会留下更为深刻的印象，也就可以印证上述我所说的话不假。

我们是认为应该保留各民族间固有的民族服装，只是放眼一看，国际性的服装还是多过各民族本身的服装。当然，要是我今天穿着中国的长袍马褂出现在新加坡的某处热闹街头，当然是太过于引人注目。（哈哈大笑）到少数民族地区去，是我们深感兴趣的。长期来，我不仅以他们入画，还广泛搜集该地的民谣、民歌和民间故事等各种不同的艺术形式。

吴：若你画太多少数民族，观赏者又都是汉人，会否产生观赏上"隔"的问题呢？

程：其实这问题不存在，少数民族的歌舞，不是很受欢迎吗？少数民族也有因为交通与外接触频繁的关系，而逐渐失去本色。记得我到云南西双版纳去，见到那里的少年人手一个录音机在倾耳细听，初以为所听的是他们本身民族的音乐，不想竟是时下最流行的"迪斯科"（Disco）。因此，我在画少数民族这一题材时，力图把他们的"美"保留在画面上，且试着让他们看到本身的美好之处。若画家能多处理这类题材，想必不会产生什么消极的作用。

吴：你是在为少数民族准备一套教材了。

程：我还想在此补充一点。少数民族的音乐、戏剧、故事、文学，我们都很重视。

吴：不少人认为你在线条的应用上，具有很高的造诣，传统的所谓"十八描"，已对你不产生束缚，希望你能就此多谈一些。

程：线条是我们传统绘画技法中的一大财富。从远古开始，六千余年前的彩陶，所画图案的笔触，那线条就是日后中国画的主要特色。而后来的西方画家，如马蒂斯也爱用线条表现。线条也可补充色彩的不足。线条易于表达，却富有感情。通过线条，可以见出情绪的变化、感情的波动。画画之时，不论有没有用到素描，画面是离不开线条的。至于画法，也脱离不了对线条用法的理解。

吴：是否画家有意用"线条"来分别出摄影与绘画作品的不同？

程：摄影也有追求绘画效果的，如暗房中所用的色彩处理、曝光效果，想使一张相片具有"版画"味道。其实，艺术的手段，彼此之间有很多相通之处，如郎静山先生的摄影作品，用的正是绘画中的"组合法"，以取得形神兼备的效果。摄影中的绘画性、线条性，西方作品中尤其多见，如以两张底片，通过一阴一阳的重叠，产生线条效果等。

吴：有人认为画连环画是小道，中国画家却乐此不疲，尤与为之，几乎所画每一小幅都以大画态度来认真对待处理。对此你有什么高见？

程：刚才我提到古今与东西的统一问题，这里还有一项，就是"提高"与"普及"的统一，连环画基本上朝这个方向走。

过去有些人不愿画连环画，说是小人书，不屑去做更高层次的艺术加工。个人感觉，形式上是连环画，却可以放入文人画的画法，我个人就是有意做此尝试，可惜不尽合人心意，如《阿Q正传一零八图》《胆剑篇》，是两种完全不同的表现。

吴：但你的风格已基本形成了，所画和你后来的作品，可说相去不远，至少一见就能得知是出自你手。

程：对，对！这点我也同意。

吴：连环画的绘制费时旷日，没有专业性的固定收入，很难坚持下去。

程：我想，对画画来说，还是应该首先考虑兴趣的问题，至于能否卖钱，还在其次。凡事不能本末倒置，把第一个意图和第二个意图对调过来看待，我不赞成。现在我也画专业以外的东西，有时高兴起来也为人画说明书的封面、海报或甚至为明星画像。只是这要有个前提，就是和我有关，是有感而画。作为商品，无可否认作品本身离不开钱，只是对艺术家本身来说，兴趣还是重要的。

吴：这也等于说"心术要正"。（大笑）

程：就这点说，不管所画是张挂在博物馆里，还是只随便散置于路边，画家的最大幸福与骄傲，莫过于所画引起观众共鸣这一点了。

吴：程院长情操很高。

程：不瞒你说，我画连环画，也有利于我个人的技巧训练。我前面所提的几种统一，目的是使本身的艺术能对社会有所裨益，能够"雅俗共赏"，是我最大的成功，也是个人所欲追求的最高境界。

吴：我国极为注重连环画这门艺术，贺友直不已成为教授？

程：这是受到鲁迅当年所说的影响，在他看来，画连环画也可培养大画家。

吴：法国有人在研究你的连环画？

程：是有一个叫戴千里的法国人，在博士论文中提到我和张光宇两位。

吴：最近你所完成的《山水册页》，受到画评家的高度赞许，这组画作，有何创新与突破吗？

程：其实，说到创新，这组画中所见不多，主要还是取法古人，然后再择用于现实生活的内容中去。这十二幅画，张张不同，共有十二个样子，技法上避免雷同，这是我最新的一种尝试。话又说回来，技法是旧，整个构图与意境，还应求新求变。册页已准备印成月历牌，张数刚好是十二张，而大小有异，月历是比原作大些。

吴：中国画的惯见技法，可分为"写意""写实"两大类。以"写意"来说，八大山人之后，很多学他的人，大抽其"象"，以致越抽越少，最后甚至无"象"可言了。

程：其实，"写意""写实"并无大冲突。画中应"以神为重"，或相反地"以形为重"，都行得通。工笔与大写意，也可在同一幅画中求得统一，只是到最后必须达到不留痕迹的效果就是了。

吴：论者以为你的画在20世纪60年代后发生很大的变化，比如设色、构图，都较自如、豪迈，浪漫色彩也浓。同时大幅度在画中采用夸张、变形等手法。像夸张、变形，有没有一个限度呢？

程：所谓夸张、变形，说的还是"形"与"神"的关系。"形"不是最主要的，为了表现"神"，故"神"有时又是内容，又是形式；为表达内容，"神"要通过形式，来促成其事，有时必须加以夸张。还有，由于绘画创作过程中会有必不可少的激情、冲动，所想与所画有时会有不尽相同之处。因此，我常说自己的一些画"是梦境的反映"，有了白天生活为根据，晚上会做梦，内容却不可能雷同。因此，作品中所出现的形象，并非画家刻意想去夸张表现或什么的，而是兴之所至，自然形成。

吴：你认不认为贯休和陈洪绶两人变形过甚了？

程：两位都是中国画史上最最伟大的艺术家。贯休传世之作不多，他的风格，表现在《十六应真图》中，相信陈洪绶也受他影响（陈在杭州生活过）。两人在线条处理上，均不同凡响。陈画有些人物形象头大身小，而比例得体的，也不在少。

吴：西方现代绘画，从画中诸多因素抽取一种出来孤立对待、强调处理，产生以色彩、构图、明暗的单一效果，这是否也能适用于中国画？

程：前面已有言及，我们必须画出具有民族色彩的中国画，并兼顾"时代性"和"独创性"。违反上述原则的任何技法，我们似不宜加以考虑。

吴：一般写字的人很重师承，字各有体嘛；而台端的字，结体奇特，章法也怪，对此，你有什么看法？

程：字体的怪不怪，也很难说。王羲之的字，名作如《兰亭序》，于今看来，字体娟秀，和同时代人的作品相比，发现差别很大。他的字所起的变化，在晋朝应该是前所未有、新颖奇特的吧？

吴：你在字体上的求变，是为了配合画作上协调的需要吗？

程：不是的。画家写字与书法家写字有很大的不同。前者写字，富于绘画性，用画的笔姿、感情来写字，也注意到字整体的章法。书法家用的是"笔法"，所写每字都见章法，却较少顾及整体的结构问题，此外，也少以情入字。以上是我个人一些不太成熟的看法。

吴：许多人都在追摹你的画法、画风，对此你有何看法？

程：要画得像我，意图、动机无非学我，学我而像我，实际上就不等于学我。为什么呢？我最大的不同，就是异于他人，其实，我画得也不是很好，与人不同就是了。那么，学我的人亦步亦趋，学到一般无二，实际上已经走样。学我的人千万要谨记一点，学我绝不可像我，你学我就不要像我，不像我的，才算学我。

吴：你的话，很有禅味。也许年轻人起步，非学人不成，这是一个必然的历程吧？

程：为人师表者，最大的责任，还应在自己走过的道路上，指导、规范他（学生），使他明了民族性、创造性、独创性的重要。一开始即懂得去写出具创造性的作品，此人前途当是不可限量。

吴：要学你的人多了，迟早绘画史上有"程派"出现。

程：当然，徒子徒孙多点，也是福气。只是，我的作品要对人产生大束缚，我于心不忍。此外，要是跟着我的老路走，我虽也可随时帮他在学习道路上克服困难、修成正果，但这很难，最好还是不要的好。学人最要紧的是勿学表面形式，要学对方的"内在""精神""内涵"。

吴：西泠印社的《程十发书画》一套书，已经出齐了吗？这里只能买到九本。

程：出齐了，早就出齐了。也就是到第九本结束，预告的《砚边拾遗》，是收入前面九集中遗漏的一些篇什，觉得没有必要再出，也就到此打住。还有，这套书在中国已售罄，发现也没有什么价值，不过是一些资料，利于初学，因此，也无再版的打算。

吴：这套书对普及作用很大，希望你能早日出齐，并予修订再版。

程：好的，好的！谢谢你的好意。回去之后，我再考虑一下，把这书印得好一点，现在这个版本，印刷质量不高，或者最后一本出成大开本算了。

吴：对作品的不朽，你是否已心中有数了？

程：这点是在个人的意图、愿望之外，要传世，历史的考验是最公正的，也是最残酷的。有人在活着时，大名鼎鼎，死了之后，全部所作顿成废纸。我现在所做的，可能只是制造废纸，也未可知。

吴：许多人都认为，你早已不朽了。

程：哪里，哪里！

吴：你能否和我谈谈每日的作息时间？

程：每日早上，依时有司机载我去上班，行政工作由各位主任分劳，我是没有私人秘书的，下午接待客人，晚上也有工作，画画的时间说来有限。因此，有时若发现并无大事可干，我就索性留在家中作画，估计最多一周中可有两个半天左右时间可资利用。所以有一点你不能不知道，就是我时间不多，画的也有限，为何市面上仍常常见到我的画，这是我做梦时完成的吗？（在座者都哈哈大笑）记得我在新加坡一个地方看见挂有我的十张画，其中两张是真的外，其他都是赝作。香港也有不少我的假画。

吴：将来有什么计划吗？

程：也谈不上有什么计划，只希望减少俗务，专心作画就是了。还有我现在是在为人作画，多少有点情非得已。

吴：东方画家都讲"师造化、师古人"，对此你有何哲学性的思考吗？

程：所谓"中得心源"，一定要有"外师造化"为先决条件。否定掉形象的因素后，实际上画家仍然受到外在客观因素的影响。色彩与笔触，其实也为客观的存在，古代中国流传下来具有"心源"两字的作品很多。中国传统画论中的"六法""六常"，对画家影响不小。这些理论，能说明过去，重要的，还是未来的发展。"六法"（谢赫著）中也有不少缺点，不可照搬。如书中所说"随类赋彩"，说的是只能用一种颜色来画东西，这就不尽合理了。另外，在为画家排名时，他也不无偏见，大画家顾恺之就被弄到后面去了。

吴：这是看人不准了。

程：书中也有极好的看法，"气韵生动"就是由他提出的。但有些看法，还亟须后人发展。

吴：中国画发展了好几年，优秀作品也多，技巧方面是否已被发掘完尽了？

程：没有这样的事。这有如接力赛跑，选手往前直冲，必须不断向前。

吴：你对吴冠中先生的画、香港吕寿琨或刘国松的画，有什么看法吗？

程：吴先生留法，过去画油画，最近则多画水墨，所画线条漂亮极了，其风格受西方现代派的影响。至于刘国松，他开过画展。年轻画家仿他的人不在少数。他利用一些特制的纸张，画后再一层层地撕掉。他的教学方法很好，学生仿得一模一样。

吴：他是把画"制造"出来，他也有很好的理论基础。

程：他画作的意境也有中国味。对艺术形式的探讨，法门极多，也是被容许的。到底他们也在追求一种美，何况这"美"又都是东方的。还有刘国松画"太空画"，对宇宙进行探索也是很了不起的一项尝试。形式上，不应反对人家，艺术的好坏还是应由时间来鉴定。

吴：像这类画，内容上不如韩滉《五牛图》或张择端的《清明上河图》，对比之下，斤两可能就轻了。

程：张择端是否为《清明上河图》的作者，尚属待考，但那是一幅通俗画，把当时汴梁的街景描绘在画上，巨细无遗，可惜并未完篇。但换一角度，宋代苏东坡的竹子

《福禄双吉图》（与张金锜合作）

图，是否就没有社会性、时代性了？喜欢苏东坡，应该也容忍张择端的存在，各种题材，各种构图，应求不同才是。画家的探索精神，付出了很大的代价，应予尊重。所以我极为赞成年轻人多做尝试。

9月13日，中国美协上海分会在上海市文联大厅举行纪念丰子恺先生逝世10周年学术讨论会。

9月25日，丰子恺故居"缘缘堂"重建落成典礼在浙江桐乡石门镇举行，广洽法师、华君武、唐云及先生等出席了典礼。

9月29日（中秋），先生夫妇两人合作绘《福禄双吉图》（111.5cm×66.5cm），张金锜画葫芦，先生画双鸡并题跋："明廉、亚娟同志俪正，乙丑仲秋之吉，金锜写葫芦，程十发画鸡并题。"

秋日，绘《眷秋图》，绘南宋江湖诗派的方岳（秋崖）形象，题跋云："且问黄花，陶令后、几番重九。应解笑、秋崖人老，不堪诗酒。宇宙一舟吾倦矣，山河两戒天知否。倚西风、无奈剑花寒，虬龙吼。乙丑秋日，为方秋崖词人造像，并书其《满江红》半阕。程十发漫笔。"

秋，绘《挡马》，题跋云："王芝泉、陈同申合演《挡马》，余写其印象，乙丑秋，程十发漫笔。"

10月10日，先生和朱屺瞻、陆俨少、刘旦宅、陈佩秋等观看上海科影厂摄制完成的大型彩色科普艺术片《画苑掇英》。本片以朱屺瞻、刘海粟、王个簃、唐云、关良、谢稚柳、陆俨少以及先生等画师日常生活、创作活动和绘画作品为内容，展现今日海派画坛的盛况，介绍了中国画知识。

10月，新加坡西泠艺苑出版了《汪大文观音画辑》，册上登载了先生为弟子写的序言："余弟子大文女史，虔诚合十写百帧观世音菩萨真像，画中神形高旷，亦古亦今之笔墨，此无量功德，善哉善哉。昔吴道子写地狱真形图，周长史画三十六大士像，此古贤人之志，以丹青教化，益人伦。今虽盛世，科学昌明，然人事纷扰，颠倒荣辱，比比皆是。大文以观世音菩萨渡人以慈航，解除一切烦恼，此释氏之旨也，观图像人谨合十参之。今闻图像印刷问世，余喜极矣，恭为之小序。岁在乙丑三月云间，程十发并书于三釜书屋之雨窗。"

10月，绘《金陵怀古》，题跋云："金陵怀古。燕子矶观日出，乙丑九月，程十发制。"

10月，上海书画出版社出版《朵云轩、上海书画出版社廿五周年纪念册》，画册中收录了先生为朵云轩复制书画所撰写的《陈老莲的花鸟草虫》一文。

《陈老莲的花鸟草虫》

陈洪绶字章侯，号老莲，晚年又号悔迟、弗迟。明浙江诸暨人。生于公元1598年，卒于1652年。

陈老莲是明末杰出画家，能诗，善书法，早年已负盛名。平素不屑为权贵有势者作画，虽被崇祯召入宫廷画院，未几即辞归。明亡后曾隐居绍兴云门山为僧。生平除绘卷轴画外，尚喜为书籍作插图及叶子牌数种，亦为后人称颂。

老莲画承古法并创新意，人物、花鸟、草虫、山水皆极精妙入神，从周仲朗、李龙眠、赵松雪数家演变而来，用线设色有独特之风味，气韵古朴，神态生动。老莲之画给予后世影响很大。

此花鸟草虫画册为老莲36岁时（公元1633年，即崇祯六年）所制，共十幅，是盛年精作。用笔刚从方棱转向圆劲，曲尽生物之情趣，给人以极大之美感。如用浓重黄黑之色画双睫，衬以浅红碧绿之落花流水，即能相映成趣。写枝头静息之鸟，画得略为丰浑，托出红杏之轻盈。将美人蕉花芯画得消瘦，亦衬出飞蝶之腴

与邱陶峰、张桂铭合作

美。虎耳草及山中野果乃常见之物，一经老莲之腕，缀以游蜂蚱蜢，因刻画入微，都生活趣。瓶中月季花瓣叶子用圆笔勾出，表达花叶饱绽之状恰到好处。蛛网用极平淡之笔，有装饰风味，又缀以蓝菊，顿生秋庭风露之态。此册用笔设色极遵循宋元古法，而精研生物之形象，善于运用取舍和夸张之艺术手法，因此创有别饶风致之老莲面目。

老莲绘画艺术是珍贵艺术遗产之一。今用木版水印复制问世，刻版印刷甚为精美，用线及设色与原作极为吻合，可见民族传统的印制技法是最能表现我国绘画艺术，为读者所赞赏的。

10月22日，绘《山窗晚雪》，题跋云："山窗晚雪。乙丑重阳，程十发写。"

深秋，绘《晚归图》，题跋云："晚归图。写陕北印象，乙丑九秋，云间程十发写。"

深秋，绘《苏子卿望乡图》（137cm×68cm，嘉德2022年春拍），题跋云："苏子卿望乡图。乙丑九秋，程十发漫笔于三釜书屋。"

11月，王己千教授来画院讲学，并被聘为画院名誉画师。

冬，绘《可以卧游》山水册页八帧，峰峦秀起，云烟变灭，晻霭之间，千态万状。每幅山水不过一平尺（33.3cm×33.3cm）见方，写来却精妙绝伦，"三远"皆备，构图运笔极见巧思。满密如《空山新雨》，空疏如《与春同驻》，苍古如《古木图》，逸宕如《秋山小景》；《傍山偎水》见其拙，《斜阳古道》见其雅，《青山亭子》见其秀，《炊烟入暮烟》见其奇。画面营造的意境和生趣，为前人笔下所稀见。整册分开欣赏，各臻其妙，合而为一，则气韵浑然天成不着痕迹。题跋云："乙丑小春月，程十发写于三釜书屋。"并自题册首"可以卧游"。

12月，赴澳门参加澳门颐园书画会和《澳门时报》合办的"程十发、韩天衡中国书画印刻艺术"座谈会。

先生的国画《大吉羊》获1985年中国首届体育美术展览荣誉奖。

《可以卧游》山水册页

　　本年，先生被列入英国剑桥大学传记中心《世界名人录》。

　　1985年至1990年，江苏华侨影像公司、全椒柴油机总厂、江苏省东方文化艺术中心、南京电视台联合录制《儒林外史》电视连续剧并发行VCD共十集，该剧是最早将这一古典文学名著搬上荧屏的。先生为之绘十帧作封面图，并题每集片名，分别为《浦郎三妻》《秦淮名士》《范进中举》《王三姑娘》《风流才子》《市井奇人》《两根灯草》《匡超人传》《金陵才女》《马二先生》。原稿后在2011年嘉德四季拍第25期释出，以178万元成交。

　　7月29日，黄幻吾（1906—1985，上海中国画院画师）在上海病逝，享年79岁。

1986年　丙寅　六十六岁

春，绘《墨葡萄》（57cm×57cm，北京保利2005年秋拍），题跋云："青藤先生长余四百岁，即此奉先生四百六秩五岁大寿。先生之泼墨葡萄得自温日观，余真弄斧于大匠之门。丙寅春，程十发识。"

3月6日，绘《老梅新枝图》（75cm×66.5cm，嘉德1994年春拍），题跋云："何处笛声霄汉来，风清露白意悠哉。满空香散如烟雾，一片月明飞落梅。忙把酒杯浇梦醒，不教诗兴送春回。老夫会有闲心性，未是人间绣虎才。星疏月淡独徘徊，袖里清风展有苔。碧落影横墙角断，翠微晴度短檐回。春泉汩汩筼筜谷，好鸟啾啾桧柏台。立尽野烟人不识，诗脾欲沁水晶杯。丙寅惊蛰淀山湖观梅，有老树着新花，即写一本，并录清湘老人诗一首。云间程十发识于三釜书屋。"

3月8日，河北梆子著名女武生裴艳玲登门拜访先生，因先生擅画钟馗且藏有数幅名家绘钟馗，而裴氏则以在舞台上扮演钟馗知名，特地来向先生学习讨教。

3月，由先生带队，画院的部分中青年画师赴崇明写生。

3月，绘《鱼篓牡丹》，题跋云："拾得鱼篓可作瓶，也留春色到江村。穷过富贵无殊意，莫负当年渭水滨。丙寅二月雨窗，程十发并题。"

3月，绘《江南春霁图》，题跋云："江南春霁。丙寅仲春之月，程十发漫笔于三釜书屋。"

3月21日，绘《斑竹顽石图》，题跋云："湘妃有泪垂斑竹，顽石无情莫补天。丙寅花朝，云间程十发写于黄浦西岸。"

4月7日，上海科影厂夏振亚导演的大型彩色科教片《画苑掇英》在红旗电影院举行观众见面会，先生等出席了活动。该影片自1984年5月开始拍摄，夏振亚与刘海粟、唐云、陆俨少、谢稚柳、十发先生等艺术家进行真诚的交流，说服他们参与拍摄，最终用电影语言记录了一代海派大师们的绘画艺术。

4月20日，绘四季花鸟四屏《鸟语花香》，题跋云："丙寅谷雨，程十发漫笔。"

春，绘《沧海归潮》，题跋云："沧海归潮。丙寅春，程十发写。"夏日，陆俨少题诗堂："沧海归潮。十发妙笔，丙寅之夏，陆俨少题。"

春，绘《深山积雪》（49.5cm×76.5cm，嘉德2004年秋拍），题跋云："深山积雪。丙寅春孟之月，仿王摩诘法，程十发写。"夏日，陆俨少题诗堂："深山积雪。十发妙笔，丙寅五月，陆俨少题。"

春仲，为韩天衡所绘《莲花图》题诗堂："新艳图。十发题天衡画莲花，曰新艳图。客问何为新艳。

程十发与黄胄

余曰八千年莲实所发新花岂非新艳乎？时丙寅春仲。"

暮春，绘《双吉图》（74cm×69cm，嘉德2005年秋拍），题跋云："丙寅暮春，程十发漫笔于三釜书屋。"

5月，赴台湾中山大学参加当代绘画展览及当代绘画研讨会。

5月9日至14日，"当代中国绘画展览会"在香港大会堂举办，展出了包括先生在内的海内外共54位画家的近200件作品。10日至13日，先生与谢稚柳、陈佩秋、黄胄、吴冠中、关山月、黎雄才等来自世界各地的54位艺术家出席了由香港中文大学主办、《明报》赞助的"当代中国绘画研讨会"。

5月，为马玉琪绘《小石城山记》（34cm×137cm，嘉德2013年秋拍），题跋云："小石城山记。自西山道口径北，逾黄茅岭而下，有二道：其一西出，寻之无所得；其一少北而东，不过四十丈，土断而川分，有积石横当其垠。其上为睥睨、梁欐之形。其旁出堡坞，有若门焉。窥之正黑，投以小石，洞然有水声，其响之激越，良久乃已。环之可上，望甚远，无土壤而生嘉树美箭，益奇而坚，其疏数偃仰，类智者所施设也。噫！吾疑造物者之有无久矣。及是，愈以为诚有。又怪其不为之中州，而列是夷狄，更千百年不得一售其伎，是固劳而无用。神者傥不宜如是，则其果无乎？或曰：'以慰夫贤而辱于此者。'或曰：'其气之灵，不为伟人，而独为是物。故楚之南少人而多石。'是二者，余未信之。玉琪吾兄属写以柳柳州《小石城山记》，图成奉教。丙寅首夏，程十发。"

5月，新加坡豪珍画廊编辑出版《韩天衡书画篆刻》，先生为之题书名"韩天衡书画篆刻"。

6月2日至12日，"吕蒙画展"在上海美术展览馆举办，展品140余件。吕蒙时年71岁，患中风已6年。

6月11日（端午），绘《钟馗斗蟋蟀》，题跋云："丙寅蒲节，程十发漫笔于三釜书屋。"

端午后数日，有客携来无款临八大山人册页一本，说昔年或自任伯年后人。先生审视后，定之为任伯年临八大山人之作品，并为之题跋："昔闻任伯年先生曾藏有八大山人画册，然不得见其真迹。因先生之师友如杨见心、郑大鹤、高邕之诸公为提高先生之艺事，尝劝学八大，故尝见先生晚岁有仿八大之作。丙寅之蒲节后数日，客携来无款临八大册页一本，云昔年获自任氏后人。余审视之，定为伯年临八大山人之作，特捡于后，一不使前人笔墨之湮灭，二示前辈之好学云耳。云间后学程潼十发记。"

7月，与韩天衡同游浙江普陀山，游戏笔墨绘减笔达摩图，题跋云："大觉大悟。丙寅六月，随天衡兄至普陀山游历于普济禅寺方丈室，十发。"

关于减笔人物画，先生曾说："减笔人物源溯五代禅宗画，后世间写人物，南宋尚能传其遗绪，明季亦有数家，然有形而无其质。近代任伯年传其正脉，减笔而意不减，且当减者减，不能减者则不必减，笔简而神全，此不易求得之境界。"

7月，与刘旦宅、陈佩秋在南国酒家举办的俞振飞85岁生日聚会上，当场合作《松竹梅三友图》赠贺，并由俞振飞题跋。8月22日的《文汇报·影视与戏剧》上刊登了本幅画作并做了说明。

7月，绘《湖山烟雨图》，题跋云："南宋人创泼墨山水法，笔到形成不事雕琢，浑然得造

《画皮》屏条

化之机。丙寅六月却暑，以水墨生凉。十发漫笔于三釜书屋。"

　　7月，绘《夏麓晴云图》，题跋云："秋芙蓉映水菊花黄，满目秋光。枯荷叶底鹭鸶藏，金风荡，飘动桂枝香。雷峰塔畔登高望，见钱塘一派长江。湖水清，江潮漾，天边斜月，新雁两三行。丙寅六月盛暑，写此并录元人散曲《小梁州·秋》以为却暑，云间程十发于三釜书屋。"

　　7月前后，陆续绘成的《画皮》（54cm×40cm，嘉德2010年21期）五屏条，是在20世纪50年代连环画的基础上，重新构图创作成三平尺左右的屏条，相比当年原作，可谓有了飞跃式的创

《湖石双鸡图》

新、提高，自然是因为笔墨修为不可同日而语。先生用五幅图浓缩了整个故事，场景的选取也经过深思熟虑，分别为"林中王生相遇女子""道士道破王生心事""鬼画美人皮""道士抓鬼除妖""救回王生"五个场景，最末一幅题跋云："一九八六年七月程十发重制。"

夏，绘《池塘野趣图》，题跋云："池塘野趣图。丙寅夏，程十发得佳笺漫笔成此。"

夏，绘《洞庭风光》，题跋云："丙寅夏，游苏州洞庭山，写此履迹，程十发并记于三釜书屋。"

夏，绘《铃语吟风图》（106.5cm×68cm，嘉德1999年春拍），题跋云："铃语吟风寂梵音，塔灯擎月净高深。盂兰瑞草生三昧，天竺昙花散五阴。雁沼恍疑星宿海，鹭峰幻作火珠林。西方谩说光明藏，何似中华池布金。丙寅夏仲，写成此帧，读升庵老人诗有合画意借题于此，程十发于三釜书屋。"

仲夏，绘《松下授课图》（67cm×133cm），题跋云："今日花前饮，祁园是习池。山翁不茗芋，争奈葛强儿。丙寅仲夏，程十发漫笔于三釜书屋。"

8月，绘《天外奇峰图》（133.5cm×95.5cm，嘉德2011年春拍），题跋云："信手涂鸦画亦难。写出奇峰天地外，谁师董巨与荆关。丙寅七月朔，点染旧作成此。程十发并题于三釜书屋。"

8月，绘水墨《石趣图》，题跋云："安如磐石，丙寅七月，程十发漫笔。"画上原绘三只鸟，画面下方第三只画好后，先生觉得不契画意，遂将之涂抹为一块石头，鸟形依稀可见，犹如化石，整图极富八大山人趣味。

8月，绘《暗香疏影图》，题跋云："以泼墨写人物，余亦试为之，曰有何不可也。此白石词人暗香疏影之图，丙寅七月大热，写此却暑，程十发漫笔于三釜书屋。"

8月，为纪念八大山人诞辰360周年，仿八大笔意绘水墨写意《瓜熟来禽图》，题跋云："纪念八大山人诞辰三百六十周年，写此一帧，有雷门布鼓之妄，惶恐惶恐。丙寅七月，程十发并识于三釜书屋。"

8月27日，绘《黄花晚节香》（瓶花图并题肇窠书），题跋云："黄花晚节香。一九八六年八月廿七日，十发书画。"

8月31日，《解放日报》发表先生为"王个簃90寿书画展"撰写的文章《生命和艺术的霞光》。

《生命和艺术的霞光》

王个老从事中国书画篆刻艺术活动已有70年。这次书画展，难能可贵地展出了他自20世纪20年代迄今的全部代表作，特别是近几年充满活力的新作。王个老的作品和艺术实践，使我受到极为有益的教育和启示。

中国画的创新和继承是我们常讨论的课题。不可否认，吴昌硕画派使国画走向近代，当代老一辈的大师都受到这一派的影响和启发。王个老的可贵，在于他继承吴昌硕画派而加以发展。如何突破传统，如何以优秀的传统来突破保守的模式，王个老以他精深的文艺修养，包括诗、书、画全面的涵养来丰富自己作品的内涵和形象，取得了极大的成绩。

王个老热爱祖国，热爱社会主义，这成了他艺术创作的动力。特别使人感动的是他八九十高龄，仍被中国运动员的拼搏精神感奋，为蝉联世界冠军的中国女排的成员每人创作了一幅画和一首诗，表示他——一位艺术家和人民、和祖国在一起共享欢乐的赤子之情。

在"王个簃90寿书画展"中，大家可以感受到王个老正在变法，正在创新。打比方说，他过去几十年好像在铸造一座金属的钟鼎彝器，他为使这座艺术品的古茂斑斓而不断冶炼它，使它增

《石趣图》

加重量和光彩，这是他花了极大的心血才达到的艺术高度。可是，他今天的作品表明他在追求另一个高境界，仿佛是将一尊古茂的彝器，化成满天的星斗和彩虹，使人能看到而摸不到的满天飞舞的珍宝和霞光。他所新创造的一切，正是我们最需要追求的东西。

我敬祝王个老长寿，永葆艺术青春，并祝书画展成功。

9月4日，绘水墨《观音》，题跋云："明旸大法师供养，丙寅八月朔，程十发敬写圆通三昧图。"

9月，绘《双鹿图》，题跋云："丙寅八月，天气和煦，晴窗试写双鹿图于三釜书屋，十发漫笔。"

9月，绘水墨《秋水莲塘》，题跋云："丙寅八月朔日，程十发漫笔写秋水莲塘。"

9月，中秋前夕，绘《东坡拨琴图》，题跋云："琅然，清圆，谁弹，响空山。无言，惟翁醉中知其天。月明风露娟娟，人未眠。荷蒉过山前，曰有心也哉此贤。醉翁啸咏，声和流泉。

醉翁去后，空有朝吟夜怨。山有时而童颠，水有时而回川。思翁无岁年，翁今为飞仙。此意在人间，试听徽外三两弦。《醉翁操》，东坡琴曲，十发书空。丙寅八月中秋前夕，程十发漫笔于三釜书屋。"

秋仲，绘《阆苑仙踪图》（131.5cm×66cm，嘉德2017年秋拍），题跋云："阆苑仙踪。丙寅秋仲，程十发漫笔于三釜书屋。"

10月12日（重阳），绘《一叶浮香图》（荷花游鱼），题跋云："一叶浮香天风冷。张玉田句，丙寅重九，程十发漫笔。"

10月下旬，为所藏陈老莲白描《罗汉礼佛图》题签："陈老莲罗汉礼佛图神品，乾隆时江都画家江于九旧藏。"并题跋尾云："《施愚山文集》卷廿六云：章侯吾不及见矣，游山阴购其画，人皆固勒。最后得白描阿罗汉于陆氏，易以八缣。其徒陆薪山子见之惊曰：嗟乎，此吾师之绝笔也，作此卷不数月即长逝矣。此卷款书为极老年笔，书址为枫溪，即老莲故里，是年为先生五十五岁。前数年居武林及山阴，自壬辰初忽归暨阳。施闰章所获或即是卷耶。故记于卷后，丙寅重九后数日，程十发。"次年再题："收藏印中有金瘦仙，乃清末金山收藏家，所蒐不乏剧迹，如宋赵佶仿张萱《捣练图》亦其秘箧也。丁卯春寒，十发又记于三釜书屋。"

金望乔，清道光咸丰年间金山人。字苪廷，号瘦仙，附贡生。博学好古，工诗，善八分书，尤嗜金石。

江恂（1709—1786），字于九，号蔗畦，清广陵（今江苏仪征）人。

11月，自沪上延庆路旧居乔迁吴兴路246弄3号楼公寓。

11月，先生与夫人合绘《枇杷小鸟》，题跋云："丙寅小春月，金锜十发合写。"

11月，绘《长乐无极》（雏鸡图，96cm×45.6cm，嘉德2004年秋拍），题跋云："长乐无极。丙寅小春。程十发漫笔。""甲申端午重见题名。程十发。"

孟冬，绘《钟馗垂钓图》（138cm×69cm），题跋云："钟馗垂钓。捉鬼闲来作钓徒，人间何处觅菰蒲。睡时竟有鱼儿获，借我图成得利图。丙寅孟冬三月图成，并题俚句，程十发漫笔于三釜书屋。"

仲冬，与谢稚柳合作绘《菊蟹图并牡丹图成扇》（两面皆画，嘉德2011年春拍），先生题跋云："嗟余不饮酒，独善唉蟹螯。若负千年酿，壶中供老陶。时丙寅仲冬，程十发漫笔于三釜书屋。"谢稚柳题跋云："不因水墨羡青藤，不作云溪腻粉凝。岂有梦中传彩笔，自言沉醉旧时曾。谢稚柳，录旧句。"

12月，上海市美术馆举办了"中国人像摄影家朱天民作品展览会"，共展出作品296幅。这是中华人民共和国成立后首次以个人形式举办的人像摄影展。展览作品中也有为先生所拍摄的艺术人像照片，此外还有白杨、王文娟、袁雪芬、夏梦、张君秋、俞振飞、朱明瑛、慕容婉儿、周小燕、周璇、上官云珠等许多艺术家的影像。

朱天民（1917—2010），浙江海宁人。1930年开始学习摄影技术，后到上海，于1941年创办上海万象照相馆。因他摄影技术精湛，口碑极佳，所以他的业务很快就发展到了整个上海。朱天民在人像摄影方面有极高的造诣，逐步形成了端庄、凝重而又富有色彩感的偏低影调的艺术风格。

为旅加拿大的中国岭南画派大师赵少昂高足、已故画家刘允衡（1938—1975）在上海举办的展览撰写文章《您并不匆匆》。

书录晋代文豪云间人陆机（士衡）的《文赋》全篇，这是先生平生所书写的最长的书法作品，后由陈明雕成六面大屏风捐赠给松江博物馆。陈明为伏文彦弟子，善篆刻，常常携自己的画作向先生讨教。某次先生特绘《酒坛》一幅，作为对后辈的婉转的点拨，题跋云："陈明画一坛酒，余亦仿画此作赠之，但不能饮，只能看，奈何。壬戌冬日，十发漫笔。"陈明用时一年才将此套屏风刻制完成。

仲冬，为《方法》杂志创刊号绘《祝瑞图》（少女与肥猪，67cm×67cm，嘉德2014年春拍），题跋云："《方法》杂志创刊纪念。丙寅冬仲，程十发写贺。"又绘《吉祥童趣图》（66.5cm×43.5cm，西泠2007年春拍），题跋云："《方法》杂志创刊纪念。丙寅冬仲，程十发写贺。"

12月，绘《鸟语花香图》（53cm×80.5cm，西泠2005年秋拍），题跋云："上海市对外贸易促进会存正，一九八六年十二月，程十发写于三釜书屋。"后由谢稚柳题诗堂："鸟语花香。丁丑（1997年）春日，谢稚柳。"

仲冬，先生为夜校学生上课时，示范绘《平安长乐图》。

《陈洪绶与任伯年》（先生在业余夜校讲课时的讲稿，由画院沈沪林记录整理）

从陈洪绶与任伯年两位画家的继承关系中，我有几点启示：主要的一点是时代性和个人风格的形成，其次是创新和继承的关系，还有一点是民族性和世界性，这是纵断面；而横断面是一个更大的问题，那就是内容与形式的关系问题。

在没有具体接触到这两位画家的艺术的时候，我先就内容和形式的关系说几句。孔子说过："质胜文则野，文胜质则史。文质彬彬，然后君子。"说明内容与形式的关系，绝没有两者分开的艺术品，应该在重视内容的同时也要很重视形式，而且是自然形成，正如灵魂和肉体两者并存，灵魂必须借助于可视的肉体，而且并存得微妙，形成文质彬彬的境界。十多年前"四人帮"批所谓的"黑画"，上海"四人帮"余党之一曾来画院煽风点火，他说程十发的画是"士大夫的思想感情，抽象派的笔触"。这虽是个反面教材，但他说我"士大夫的思想感情"，这是胡说我作品的内容，"抽象派的笔触"是胡说我作品的形式。看来黑秀才也读了几本书，有点逻辑性。这也说明内容和形式的存在的普遍性。

我觉得有些同志，在实践中对形式的追求高于对内容的探索。每种艺术的孕育成长，往往从内容开始，否则，出现的形式固然新鲜，但缺少内涵的东西。我本不必说这种大家都理解的话，但因为有许多人往往在刺激性的形式下，忘掉了内涵的东西，这不单是在美术界，诸如音乐、舞蹈、戏剧等领域，都有这类问题。所以我借两位古人来帮我理解一些问题。

陈洪绶、任伯年的个人风格是从哪里得来的呢？我想先介绍一下这两位具有强烈风格的画家的简历。

　　陈洪绶(1598—1652，享年54岁)，任伯年(1840—1896，享年56岁)，可惜两位并不长寿，二人相距不到300年。任伯年是继承陈洪绶的艺术而加以发展的，而且地区也很接近。任伯年是浙江绍兴人，陈洪绶是浙江诸暨人，两地相距不过100多公里。任伯年与鲁迅先生同乡，陈洪绶与西施同乡。历史条件也有相似之处：陈洪绶是明代末年（但经历了清统治八年而死）的画家，任伯年是在清代末年的画家，离宣统皇帝去位十六年时逝世，都生长在两个朝代的变换时期，即清朝的兴起和衰败之时。陈洪绶生于万历二十六年，后又经历了泰昌、天启、崇祯三朝，中间有戚党专权、宦官魏忠贤当权，农民不堪压迫，纷纷起义，前有白莲、后有李自成等，生活在一个动荡不安的所谓"乱世"。

　　陈洪绶早年师从黄道周、刘宗周二位学理学。他的家庭出身是个走下坡的士大夫家庭。他的父亲陈于朝35岁就去世了，当时陈洪绶只有9岁。后来他不与兄弟争遗产，独自谋生，开始去绍兴，后来到过萧山、杭州等地学画，还曾到过北京两次。陈洪绶有强烈的忠君爱国思想，他的老师刘宗周殉国而死，黄道周因抗清而被执遇害，都给他以很大的影响。还有许多交往的好朋友，如倪元璐、王玄趾、祁彪佳、祝渊等也对他起了一定的影响，可以说他属于典型的爱国士大夫阶层。他入过国子监当太学生，曾被邀请到崇祯的内廷当画师而遭其谢绝。他没有做过官，是一个职业的书画家。在清统治下，他没有直接参加反清，而于甲申后二年（1646年）入绍兴云门山当了和尚。

　　任伯年生长在清皇朝渐趋没落的时代。鸦片战争之后，各个帝国主义企图瓜分中国，人民处在水深火热之中。洪秀全金田起义波及全国，特别是南京成为太平天国的都城。这时的任伯年出生在绍兴冷落的小巷口的一个杂货店里，他的父亲叫任淞云，是一位民间美术家，擅画喜神之类的题材。任伯年可算生在平民的艺术之家，是受了家庭的熏陶而热爱绘画的，特别是他的传神写照，可能是得之于其父的传授。

　　任伯年的儿子任堇叔题任伯年49岁小照的跋语里，记载了任伯年照片中形象如此衰老，是因为任少年时参加过太平天国军旅生涯，并说太平天国都是岭表人，生食露宿，并持战于弹雨之中，因此后得肺病之故云云。原文几次发表，不再详述，此段记载是有可靠性的。同时，任堇叔在他祖父造像前也记下了任淞云死于战争之中，任堇叔在战地发现其一只烟斗。因此任伯年早年在这个时期也有一段战地生涯。在太平天国失败以后，他再流落到上海、宁波、苏州等地做职业画家。他在巧遇了萧山名画家任渭长之后，由任渭长再介绍给他的兄弟任阜长当学生。萧山任氏是继承陈洪绶风格的，任伯年学习陈洪绶就从这里开始，直到他当职业画家。

　　接着谈谈陈洪绶、任伯年学习绘画的方法。

　　在万历年间，西方的宗教活动带来了耶稣、圣母像之类的油画作品，这使当时的绘画界有了很大的兴趣。他们对这些作品的光线和立体感觉表示赞叹，曾在一些笔记中记述了对西方艺术表现方法的仰慕和仿效情形。最早出现所谓用西法写照的有莆田曾鲸，但从他的作品来看，除了面部运用了晕染法之外，并没有什么痕迹。我想，中国绘画吸收西方构图采光、透视，当在康熙以后焦秉贞学了郎世宁画法后才兴起的。

这万历年间的新兴事物对陈洪绶来说似乎没有影响，他开始是专门学习杭州府李公麟圣贤图石刻，11幅两日而成。开始画得像，人家告诉他，他感到高兴；后来他临得不像了，人家告诉他不像，他更为高兴，因为有了自己的东西。他青年时在萧山来钦之家中画《楚辞述注》插图，当在19岁之前。看来李公麟的画风对陈洪绶以后的影响很大，特别是构图和线条。

毛奇龄在有关陈洪绶的记载中，还提到陈洪绶早年临摹周昉的作品再三不已。有人说，你临的画已经超过了周昉，为什么还要无休止地画呢？陈洪绶说："此所以不及者也。吾画易见好，则能事未尽也。长史本至能，而若无能，此难能也。"这段话见陈洪绶自题周昉画。

周昉是唐代具代表性的人物画家，李公麟是北宋代表性的人物画家。陈洪绶对他们都进行过严格的学习。他采用临摹方法，但他的临摹又不是做复制品，而是着意在学习传统的基础上再创造，特别是他对周昉之画的评价，可见画家内涵的功夫。一味见好的，倒是下一层，要在"无能"中见有能，这一重要的发现也帮助我们去鉴别真假陈洪绶的作品。假作品的线条都画过了头，而真的陈老莲的画，都是恰到好处的。我们可以在能与不能之间以及从自然和做作的区别中，分出其艺术品的真伪。

这是指陈洪绶的人物画的练习。其他还有花鸟画、山水画等也可参阅。毛奇龄的《陈老莲别传》记载有他师古人的细节，他十分喜欢画牵牛花。他的写生与古人不是一样画法。他画中的牵牛花，花瓣轻盈似舞。朱彭《吴山遗事诗》云："老莲放旷好清游，卖画曾居西夹楼。晓步长桥不归去，翠花篱落看牵牛。"

陈洪绶自己也有几首题牵牛花的诗，述说他拂晓在西湖长桥欣赏牵牛花的情景。从这里也可看出，陈洪绶并不只是临摹古人，而且还注重从生活环境中吸收源泉。同时他也吸收当代人的艺术风格，如孙杕、蓝瑛等。

我们再简略地看看任伯年的学习方法。因为这方面任伯年的书籍资料极少，我们只能从作品上和传说中来加以探索。

我看任伯年在吸收传统以及接受外来影响的过程可分三个时期：一是早期从萧山任氏兄弟学陈洪绶流派；二是吸收当代人的艺术风格，其中有胡公寿与朱梦庐等人的风格影响以及吸收外来技法；三是进一层向文人画发展，追求内涵功夫。鸦片战争至太平天国兴起，正是清朝的衰落时期，中国人民在经济和文化上受到了双重灾难，民族经济濒临破产。文化也随着半殖民地化，民间艺术也因那种随着商品而流入的庸俗不堪的石印复制品而受到冲击，犹如民族工业品被洋货所打倒。而任伯年的艺术不追求庸俗的商品美术，也不直接参加吴友如发起的《点石斋画报》。他形式上并不参加那些所谓新兴的美术潮流，他还是向任阜长学习陈洪绶流派作品。不可否认，殖民地上海商埠的兴起也影响到后来任伯年的作品作为商品出现在上海。但他的技法完全是来源于传统的，并且也有很大的发展，其中写生的技法帮助他进入时代的先列。

就他的人物而言，同时也出现两种技法：一种形象是传统的，是任氏兄弟的影响；一种形象是写生的，是他在写生实践中创造的。他绘画生涯有30年左右，他为人画了许多肖像，他的写生技法也基本上是传统的。

我先介绍他的《岑铜士像》（这幅画现收藏在上海博物馆），这是他49岁时的作品。他的创作经过是这样的（根据岑铜士写在画上的题跋）：冬天的一个晚上，我（岑铜士）和任伯年交谈甚欢，任伯年一时兴起要为我作画，但是桌上的蜡烛刚刚点完，可画兴并没有熄灭。他用左手拿着燃着的纸卷，借这个光给我（岑铜士）非常神速地画成这幅画，见画的人都说画得很像。

他还画了不少吴昌硕的像。他的自画像和朱氏昆仲合写在一幅画（原作在北京故宫）中。他还有不少描写生活的作品，如持鸟笼和羽扇的男子、手持打连厢棍及肩上立猴子的走江湖卖艺的年轻妇女。这种题材画得非常生动、线条流畅，这是陈洪绶所没有的技法。简而言之，这种写生的技法还是强调笔墨、强调形神兼备，与一般沦为商品的那种新兴的、庸俗的、专为暴发户所"欣赏"的美术作品不同。

任伯年还虚心地吸收同时代画家技法的优良部分，他的山水画和书法是向上海松江的一位老画家胡远（公寿）学习的，大家看了作品就一目了然了。后来他向嘉兴画家朱梦庐学习画花鸟。朱的年纪比任大几岁，任氏兄弟的花鸟风格从古拙而变成活泼生动的过程中，朱起了很大的作用。任伯年40岁以后画的花鸟画，如牡丹花的画法，与朱作品两者放在一起不易分辨。而且鸟的画法也是朱氏的方法，这都是他虚心学习的结果。有人还论述过任向天主教士学过素描，但至今没有发现作品。从任的传神写照的功力以及他线条的表现力而讲，有无这方面的材料倒不是很重要，而重要的是他的创造性，他可能从外来美术作品中受到启示，一反过去近深后淡的习惯，有时用近淡后深的方法，好像是前面受光，后面则隐入黯淡之中。说明他善于学习，从"化"字上着手。但他作品的不足之点，一是技流于太巧，笔墨熟练而缺少古朴的趣味，这也许可能是离开任氏兄弟之后，在新的发展道路上遇到的新问题，因为他50岁左右就转入了第三个时期。

他的朋友中如杨见山、高邕之（李庵）、郑文焯（大鹤）等，都是对艺术有独特见解的书画家兼鉴赏家。可能他们指出了任的作品的不足之处，这段时间内，我见到过去任伯年仿八大、青藤的作品里，也明确题出受某某人之教的句子。但正在他的画风力求新变之时，却过早与世长辞了。他来不及完成较多的创新风格的作品。这里说明了任伯年晚年又重新向传统认真地进行了学习。

接下来再谈谈陈洪绶和任伯年的创作思想，兼述他们的画品与人品。几分钟内要把两位的创作思想和他们的道德品格讲完全是不可能的，这里试用形象（即作品）来说明。

先说陈洪绶的画品与人品。他有个脾气，平民、贩夫走卒等下层市民要他作画，往往是有求必应，那些权贵要求他的作品都是难以获得的，但他也不时上当。一个有钱的俗人一直想要得到陈洪绶的画，使人去骗他，说有古画请他去鉴赏，陈洪绶便跟他们走上了停在西湖里的画船上。船至湖心，主人直说求他作画，陈洪绶知道上当，便要跳西湖，主人无奈，只得把他送回。南明朝的新贵马士英一直想求见陈老莲，而屡遭拒绝。南明鲁王在张岱的家中请陈洪绶画扇面，他托词喝醉了酒不能举笔。最危险的一次，是清兵一个军官捉陈洪绶到营中威逼他作画，他也拒绝而险些丧生。

这种故事很多。我想略谈他为周亮工画《归去来辞图》的过程。周亮工是陈洪绶少年时的朋友，他是开封人，随父亲来到诸暨，他父亲可能是任诸暨的县官。这样二人做了诗友，后来周亮工离开了南方。清兵入关后，周亮工投降被委以军职，路过杭州请陈洪绶作画而遭陈拒绝（以前周亮工和南生鲁是藏陈画最多的两家），后来陈还是画了一卷《归去来辞图》给他，借陶渊明的故事婉转劝他不要给清朝卖命，寓其深刻之意。此一名作现收藏在美国檀香山。

陈洪绶在中年画过一部《水浒》叶子牌，是为了帮助朱孔嘉一家的生活。他还画了几种本子的《西厢记》，有一部是李卓吾的评本。《水浒》有李卓吾的序，这在当时都属禁书。

关于任伯年的作品很多。最说明问题的是他的《观剑图》之戊子嘉平月为点春堂宾日阁补壁。点春堂是小刀会陈阿林的指挥所，当时革命失败以后，点春堂做了某个行业的同业公会，请任伯年画过这幅画。任伯年画了几个壮士观剑，真使人浮想联翩。这种与历史联想的题材在任伯年作品中还多次出现。如古人没画过的"关山萧索"等题材的画，而任伯年画了一个兵士牵了几匹战马，头望着远方；另有一幅是画了个兵士跪在地上……这是不是对作者的戎马生涯和对当时战友的怀念？真是引人遐想不已。

看了两位古人的作品，并对它们做分析，我想还是用一句话来概括，这一句话就是：画家风格的形成不单靠他自己的努力，最重要的是时代给予的。陈洪绶忠君爱国，这种士大夫阶级的思想的某些地方与人民的利益和理想一致的时候，他的个人风格才能活起来。与陈同时的许多画家没有像他那种思想，所以也形不成他那种追求古拙、不同一般的艺术风尚。他爱人民，也爱皇帝，但他不爱李闯王，这是他阶段的局限性。他把振兴中国的希望寄托在皇帝身上。崇祯末年，朝廷内也出现了大斗争，士大夫不同意皇帝的某一些做法而纷纷上书，为黄道周、刘宗周请愿、申冤往往遭到株连。陈洪绶的朋友祝开美为刘宗周请愿而被捕，陈洪绶写了一首诗送祝开美："吾到无闻四十年，况兼君父愿成虚，未央钟动千官至，不审何人能上书。"陈洪绶不是隐士，他一直关心国家与人民的命运。关于他的死，至今还是个谜。

个人的风格，也必须与时代的风格联系起来。陈老莲的怪诞，在孙杕和蓝田叔的作品中可以看到影子，证明时代创造了个人风格。

任伯年的风格也是有他的历史原因，绝不是从形式上开始。没有经过这种政治文化的大动荡，没有太平天国的战斗生活，没有上海新兴的半殖民地的各种现象，没有一段进步势力与黑暗势力斗争的前夜，那什么海派、什么任伯年的个人风格都没有了。任伯年一生中也曾画过一些带有庸俗倾向的商品化作品，但他也画过驱赶洋鬼子的钟馗、讽刺粉饰太平的《五谷丰登》。他后来继续向高深的传统学习，可惜没有完成就离开人间。

他未完成的任务由吴昌硕、齐白石等各位大师来逐一地加以发展，吴昌硕、齐白石未完成的历史任务，当然是由当代人来完成。我热爱这些为民族绘画做出光辉事业的先辈们。我国是一个有6000多年绘画历史的国家，我们的绘画不断地吸收外来文化的营养，也影响东西方绘画的交流和发展，其中他们两位仅仅是（不到）300年的距离。我相信在今天更加优越的条件下，不久的将来可能会有巨星出现。

时间的概念只有过去、现在和未来。这时间的交换也仅仅在一眨眼之间。我们要珍惜过去，寄希望于未来，珍惜瞬息之间的现在。

我希望大家利用各种条件使国画创新，为振兴中华文化取得优异的成绩。

黄胄《浴牛图》

时任上海美术家协会国画组负责人的著名国画家胡振郎会同黄浦区文化馆王家骅等发起创办上海市黄浦画院。他们从海外文艺社团的组织方式中获得启发，主张发展非国家编制的民间画院，从而减轻国家负担，增进艺术家、文化界之间的交流。在黄浦区文化局等政府组织的鼎力支持下，黄浦画院成为沪上乃至全国最早的半官方、半民间画院之一，可说是开风气之先。

先生非常支持此举，不仅破例接受担任画院名誉院长，还带头捐助创办资金，并且鼓励张金锜、程欣荪、程多多、马晴（先生外孙女）也加入黄浦画院。时任上海市美协主席沈柔坚，副主席吕蒙、徐昌酩等上海市美术家协会老领导也应邀担任画院艺术顾问。画院开办时经费紧张，先生还特画了一张瓶花图，由香港客人买去，将画款捐付画册印刷费。

4月2日，沈迈士（1891—1986，上海中国画院画师）在浙江湖州病逝，享年95岁。

11月28日，关良（1900—1986）在上海病逝，享年86岁。

12月27日，邓怀农（1894—1986）在上海逝世，享年92岁。

1987年　丁卯　六十七岁

1月2日，在深圳绘《梦中的线条》，以线条为核心写意梦境，以简约的画面凸显了人物体态似山似云、似风似水，再配以大块水墨的树荫、角鹿而形成了画面特有的形式意味，如梦似幻。

1987年，深圳推出了第一批商品房，先生率先买了一套，之后被其他海派画家效仿，宋文治、陆俨少等人也相继在深圳买房定居。一时间，一大批画坛知名的艺术大家在深圳聚拢。先生还为深圳诞生内地第一家与香港无线合资的动漫企业——翡翠动画设计公司牵线搭桥。公司成立后开办了动画训练班，授课老师由先生和程助从上海美术电影制片厂请来，先生还为第一期培训班毕业学生颁发了毕业证书。

1月，绘《大有余图册页》（画十二开，28cm×40.5cm，嘉德2011年秋拍），册前一开题跋云："大有余图。丙寅嘉平之吉，程十发漫笔于深圳河畔。"题跋云：

"九如图。丙寅嘉平，程十发漫笔于三釜书屋。"

"残春图。程十发漫笔。"

"丙寅岁嘉平月，十发漫笔于深圳河畔。"

"程十发漫笔。丙寅嘉平。"

"十发漫笔"

"十发。"

"十发漫笔。"

"程十发漫笔于三釜书屋。"

"十发漫笔。"

"西风吹上四鳃鲈。云间程十发漫笔。"

"民间陶瓷鱼盘之鱼形类此，十发并记。"

"八大山人有此鳜鱼图，今敷色成此。十发漫笔。"

《听笛图》

1月，题《程多多山水画册》云："山水贵写其神韵，有中华之山水才有中华墨韵与笔韵。多多写美国之山水，虽以华夏之笔墨，能传异国之神韵，此生活之神，高乎笔墨之技巧，信然！程十发题多多山水画册，丙寅嘉平于深圳河滨。"

由先生带队，整个上海中国画院的中青年画师，租大客车前往洞庭西山，为上海市总工会疗养院画公益性布置画。创作大画完毕后，先生发现画下充当垫布的白色床单因渗色而染上斑驳的色块，于是才情勃发，添笔渲染而成一幅写意花卉《花非花》，并题跋："花非花，雾非雾，此三万六千顷之精灵，太古之原朴"。

陈洪绶 《簪花曳杖图》

《仿陈洪绶〈杨升庵簪花图〉》

2月4日，绘《仿陈洪绶〈杨升庵簪花图〉》，题跋云："陈洪绶有《升庵簪花图》，今余亦写一本，前后三百年，笔墨有殊，题材意趣或似相同乎？博小坤仁兄法教，丁卯立春程十发并记于三釜书屋晚窗。"北京故宫博物院藏有陈洪绶绘《升庵簪花图》，先生宝爱老莲之画，故袭此主题，但构图与人物性格的表现迥然有别，可能参考自他所藏陈洪绶《簪花曳杖图》。

上款人顾小坤是先生好友，其父顾坤伯当年在上海美专曾任先生国画系教授。

杨慎（升庵）为明代第一才子，因"大礼议"罢官，流放云南，为求自保放浪形骸，"红粉傅面，作双丫髻插花，令诸妓扶觞游行"，终不见放归。

先生另有"十发梦见莲子""十发梦见悔公""老迟门下"诸印，对陈老莲的痴迷可见一斑。

3月，在所藏唐寅《红桥看花图》裱边题跋云："此《红杏仙馆图》，见卞永誉《式古堂书画汇考》注为细笔唐寅。丁卯二月，杏花开处，程十发记。"按，此幅唐寅题诗为"绿水红桥夹杏花，数间茅屋似仙家。主人莫拒看花客，囊有青钱酒不赊"，《式古堂书画汇考》曾将此作著录为《红杏仙馆图》，故先生特地注明。

春，为所藏罗聘、张桂岩合作《山水图》题跋云："张桂岩款题辛亥，即乾隆五十六年，罗两峰正五十八岁，客寓京师琉璃厂观音庵，撰《我信录》。是年冬除，与十三峰草堂冬景山水补人物外，尚与伊墨卿等雅集于诗龛作图云。丁卯春寒，程十发题于三釜书屋。"

画上题识云："辛亥冬日，偶作《武林江村雪后》意，值两峰道人来为补人物。桂岩宁志于京华客邸。"张赐宁（1743—1818），号桂岩，书斋名十三峰草堂，直隶沧州（今河北）人，曾任南通州管河州判。张赐宁幼习工笔，曾向著名娄东派画家王宸学画，其山水、人物、花鸟无所不工，设色花卉尤佳。

春，绘《水静云闲图》（96.3cm×59.6cm，嘉德2007年秋拍），题跋云："怜水静，爱云闲，便忘还。丁卯春写王荆公词意于上海三釜书屋。程十发漫笔。"

春，绘《阿Q近影》（68cm×45cm），题跋云："赵经理阿Q先生近影。阿Q的老朋友敬画。一九八七年春。"

3月，为所藏倪瓒《古木幽篁图》题边跋云："此图名古木幽篁，为《大观录》著录。画中一石为另一枯木改成，依稀可见，篠（筱）竹一丛，更见云林逸趣，真不求形似之传。十发记，丁卯二月。"

倪云林《古木幽篁图》题云："古木幽篁寂寞滨，班班藓石翠含春。自知不入时人眼，画与蛟溪古逸民。云林倪瓒。"另有马治（元末明初）、永宁、褚德彝等题跋。

仲春，绘《茶花锦鲤》（93.5cm×62.5cm，嘉德2014年春拍），题跋云："锦鲤亦有春情乐，古树红茶暖气催。丁卯春仲，程十发漫笔于三釜书屋。"

3月30日，先生于农历生日前一天，在所藏黄公望、王蒙合作《琴鹤轩图》长题云："琴鹤轩图。琴鹤轩为元季钱塘汤镇高士钱以良之居处，以良善鼓琴，临《晋人帖》，详见吴兴沈梦麟于明洪武十五年（1382年）所撰《琴鹤轩记》。此图为大痴道人庚寅五月所作，并由黄鹤山樵缀成。是年，道人正八秩耄年，是月五日，道人居云间夏氏知止堂，为无用师题自画未竟之《富春山居图》。山樵是年月四秩许，少长合作默契，孔少唐评为'有巨然风'，见《岳雪楼书画记》著录。大痴道人笔墨变幻莫测，犹云中龙。今二大家合璧，弥珍贵。故检题于嵩，以俟同好共心赏之。图成六百三十七年，岁在丁卯上巳前一日，云

《赏菊图》

间后学程潼十发记于三釜书屋。"　"此帧
用笔极似《芝兰室图》。思翁云，老而取
力，是也。晚窗十发又识。"

　　黄、王合璧之《琴鹤轩图》题识为：
"至正庚寅（元至正十年，1350年）五
月，大痴黄公望作琴鹤轩图。黄鹤山中樵
者王蒙补乔松高士。"钤印：大痴、黄公
望印、王蒙印，鉴藏印：南海孔广陶审定
金石书画印。作此图时黄公望时年82岁，
王蒙时年43岁。

　　春，为马国权绘水墨《竹荫磐石》扇
面（嘉德2016年春拍），题跋云："丁卯
春，仿元人笔墨。奉国权道兄法教。程十
发漫写于香江。"

　　4月6日，应澳大利亚澳中文化交流
会中心邀请赴澳访问，为期三周。其间参
观了维多利亚艺术学院，拜访中国驻墨尔
本总领事馆，参观维多利亚国家画廊（博
物馆）。

　　5月6日至18日，"王个簃90寿书画
展"在北京中国画研究院举行，王个老因
病未赴。5月13日《人民日报》转发先生
《生命和艺术的霞光》一文。

　　5月，绘《秋景山水》，题跋云："一
林霜叶自然红，半入虚中半画中。冷艳只
将秋点染，从来多事显秋风。春源仁兄大
教。丁卯首夏。程十发写并题。萧尺木诗
略改数字。"

　　5月，为马国权书《行书七言诗》扇
面（嘉德2016年春拍），云："疏篁古木
都成老，石涧莓苔亦有花。排闷不须千日
酒，聊将小笔画龙蛇。丁卯首夏，录清閟
阁小诗。奉国权道兄法教。十发漫笔。"

　　6月8日，在所藏金农漆书《人得天
地正气册》册尾题跋云："金吉金漆书
六百廿四字，获时因文章前后倒置，以

杨善深、程十发、马达为、马国权合影于香港西贡

《小河淌水》

为残阙，今检点整理不少一字，并用装经文之格裱葺之。竹醉日晨窗。"又题云："此册款署乾隆五年（1740年），考冬心先生为五十四岁所书。金冬心乌丝漆书极得魏晋墓碑，此或为南方所藏，有虫蚀处则更似石纹斑剥（驳），不为诟病也。十发又记。"再题云："首页有蒋寅昉藏记。蒋为西涧草堂主人，海宁藏书家也。丁卯夏六月，十发再检书。"

《双鸭图》（与邱受成合作）

"竹醉日"又名"竹迷日"，在农历五月十三，谓是日竹醉，沉迷不觉，宜于移栽，是日种者易活。宋人范致明《岳阳风土记》谓："五月十三日谓之龙王生日，可种竹，《齐民要术》所谓竹醉日也。"

7月，先生带领画院十余名画师前往海军上海基地进行拥军慰问活动。

7月23日，绘《采菊图》（91cm×68cm），题跋云："不是南村采药诗，也非彭泽鞠花痴。春光难免有情隙，信手涂来不竞时。丁卯大暑，程十发漫笔于三釜书屋。"

7月，为缪廷杰绘《竹石图》册页一帧，题跋云："四君子画，古人亦为练功之法，谆谆教诲后人，须尚笔法。然后之人不研用笔，肆意放纵，一味怪戾，离法自远。石涛所谓神品、逸品之外有时品，每况愈下矣。廷杰大医师济世之余，好赏六法，今属于余，即写兰竹蛤蜊石以奉教。岁在丁卯六月，程十发并识于三釜书屋。"

8月，与夫人、儿子合作《朝韵图》（葫芦、牵牛、小鸟），先生题跋云："丁卯七月之吉，写赠翠雁寿辰留念，程多多、张金锜、程十发合作于上海。"

8月28日，绘《九如图》，题跋云："九如图。丁卯七月初五，云间程十发漫笔于三釜书屋。"

夏日，绘《墨牡丹图》，题跋云："月临花径影交加，花自芳菲月自华。爱月迟眠花尚吐，看花起早月方斜。长空影动花迎月，深院人归月伴花。羡却人间花月意，捻花玩月醉留霞。丁卯夏日，写花弄影图并书唐六如诗一首补空，程十发漫笔于三釜书屋。"

新秋，绘《王安石词意》（雪景山水），题跋云："丁卯新秋写王荆公词意，程十发于上海三釜书屋。"

10月7日，先生与朱屺瞻、王个簃、唐云、吴青霞、陈佩秋等画师参加中秋雅集。

10月，广州集雅斋举办"上海中国画院书画展"，先生赴广州出席画展开幕式。

是年饶宗颐为先生绘水墨《三余图》，题跋云："不与闲鳞争荇藻，相忘暖浪在江湖。十发方家哂正，丁卯，选堂。"

11月，所绘《瑞兽图》四帧，分别为麒麟、獬豸、驺虞、狻猊四种，为先生画作中极为稀见的题材。题跋云："丁卯小春月，程十发写。"

冬，为程欣荪绘《赏菊图》题跋云："赏菊图。丁卯冬，欣荪写，十发题。"

冬，绘《禹王庙图》，题跋云："洞庭西山禹王庙。丁卯冬，十发写于三釜书屋。"

孟冬，绘《花间擘阮图》，题跋云："花间擘阮图。丁卯孟冬，程十发漫笔于三釜书屋。"

孟冬，绘《平安富贵图》（牡丹鹌鹑）（99cm×68cm），题跋云："平安富贵。丁卯孟冬之月，程十发漫笔于三釜书屋。"

孟冬，绘《古意游鱼图》，题跋云："太古好画鱼，彩陶数见之。唐宋写其形，鳍鳞如在水。后人一反之，归原寻古意。古意不难寻，处处陶瓷器。舍形取其神，驴屋之绝技。我亦拜彼师，钓之不用纶丝垂，下笔仓皇散麝烟。丁卯孟冬，程十发漫笔于三釜书屋。"

12月，绘《葫芦图》（66cm×35cm），题跋云："上海民族乐团建团卅五周年纪念。一九八七年十二月，上海轻音乐团敬赠。程十发。"

12月19日至30日，"上海、台湾画家作品联展"在上海展览中心举行，先生作品参加展出。

饶宗颐 《三余图》

4月4日，江圣华（1920—1987，上海中国画院画师）在上海逝世，享年67岁。

8月25日，方介堪（1901—1987）在温州病逝，享年86岁。

10月10日，张雪父（1911—1987，上海中国画院画师）在上海逝世，享年76岁。

1988 年　戊辰　六十八岁

当选第七届全国政协委员，后连任第八、第九届全国政协委员。

1月，绘《山居瑞雪图》。先生雪景打破传统，尤为特别，利用笔锋的灵动多变、粗笔狂扫，细部点染勾勒，大雪中山水树木的质感通过对比而凸显，雪中的茫茫世界是混沌的、纷杂的，充满了动感，完全不是传统雪景山水岁月静好的模样。但是风雪交加中，茅屋里的一星灯火、左侧停泊在岸边的渔船隐约可睹，却是动中取静的点睛之笔。先生并非在画人们想象中的山水，而是借山水题材来完成他青年时代即已形成的笔墨创格的理想，是为了追求笔墨的自由与天趣。

1月，绘《竹林锦鸡图》（94.5cm×178.5cm），题跋云："丁卯嘉平月，程十发漫笔于顺德之仙泉酒店。"

1月，绘《花阴擘阮图》（137cm×68cm），题跋云："花阴擘阮图。丁卯岁嘉平月，程十发漫笔于三釜书屋。"

1月，制石刻图样《济公祖师像》，题跋云："丁卯涂月之吉，师南宋禅画写济公祖师像，倩黄怀觉刻石，程十发。"

2月，自刊"修竹远山堂记"一印，边款云："主人自刊，戊辰春。"

2月4日，在樱花度假村参加上海中国画院龙年迎新联欢会，与朱屺瞻、王个簃、谢稚柳、陈佩秋合作《松竹遐龄》。

2月23日，绘《莽树云深图》，题跋云："戊辰人日，程十发写莽树云深图。"

元月，绘《竹林仕女》（137.5cm×68cm，嘉德2015年秋拍），题跋云："远宾先生属教。戊辰元月，程十发漫笔于三釜书屋。"

上款人熊远宾，祖籍广州，侨居马来西亚，银行家、社会活动家。

春，绘《正音图》，题跋云："师旷正音图。戊辰春，程十发漫笔。"

孟春，绘《四季山水》。题跋云："一树桃花映草庐。戊辰孟春，程十发写简斋诗意"，"雨洗千山翠欲浮。程十发写"，"黄子久属王叔明仿文湖州《暮霭横眉图》，樵子谦逊而不敢仿湖州，自写《修竹远山图》赠之。今余写是图，亦似《修竹远山》，然竹法师与可，并非黄鹤也。戊辰孟春程十发并记"，"戊辰春雪，戏写此帧，程十发于三釜书屋"。

《梅瓶》

3月，绘《暮春寄怀》山水册页 （八开）。款识：

"红树青山。十发写。"

"幽壑秋深。戊辰暮春，程十发写。"

"群峰晚雨。程十发写。"

"筼筜清芬。十发写。"

"塔影澄波。戊辰三月，程十发写于三釜书屋。"

"双松奇峰。十发写。"

"烟霭道远。十发写。"

"雪山炊烟。程十发写。"

钤印："程潼十发（朱白）（2次）、十发（朱）（6次）。"

签条："程十发山水册。三釜书屋主人自题。"

钤印："程潼十发（朱白）。"

诗堂："暮春寄怀。戊辰三月，偶作山水八景并自题四字，程十发。"

钤印："程十发书画（朱）、画禅邻舜（白）。"

3月，先生与夫人赴深圳。

3月24日至4月30日，上海美术家画廊举办王个簃、朱屺瞻、刘海粟、吕蒙、沈柔坚、应野平、林风眠、唐云、谢稚柳、程十发"十人作品展"，展出百余件近作。

《暮春寄怀》山水册页八开

4月5日，上海市文化局、上海市文联、中国美术家协会上海分会、上海中国画院、上海美术馆联合举办"林风眠画展"，展出作品88件，并举行林风眠从艺70周年纪念活动。

4月，绘《五色锦鳞图》（116cm×53cm，嘉德2007年秋拍），题跋云："昨梦山游到葛祠，锦鳞五色现奇姿。当年丹药铸成后，铅汞都须洗钵池。戊辰三月晴日，程十发漫笔并题于三釜书屋。"

5月，为《上海商报》"集藏"副刊题"集藏"二字刊头。

夏，绘《维摩问道图》，题跋云："读画史，见王维有《维摩诘图》，因写《维摩问道图》。时戊辰季夏，程十发漫笔于修竹远山楼中。"

夏，绘《钟馗啖果图》，题跋云："端阳佳果熟薰风，色似黄金不济穷。进士馋涎垂三尺，酸甜滋味与人同。戊辰夏日写《钟馗啖果图》，略减缶翁诗补空，程十发漫笔。"

夏，绘大写意山水《山阴初霁》，题跋云："山阴初霁。余以黄大痴画法，人不为信也。戊辰夏写画却暑，程十发并记。"

盛夏，在所作《禅意梵间》山水上题跋，先生强调了国画不必强分南北宗的理念："山水画原自天然混沌，无所谓南北宗。莫是龙、董其昌分宗之

《五色锦鳞图》

说，无非借禅机而倡意境而轻技法。今先后已三百年矣，已历数十劫。余再变其说，使南北合宗，所谓分久必合合久必分。若思翁在座，亦必捻髯而首肯乎？"

盛夏，绘《拨阮美人图》（95cm×44cm），题跋云："金银花藤可入药而芬香可人。今写此倩以拨阮美人作伴。戊辰盛暑，程十发漫笔于茸城之东郊。"

6月18日（端午），绘钟馗出行的《晚香图》，题跋云："晚香图。戊辰蒲节，程十发漫笔于修竹远山楼。"

夏，去诸暨访陈老莲故居并题诗云："暨阳道上雨如狂，四百年后访草堂。都说老莲何处去，新莲开遍旧池塘。访陈洪绶旧宅，遇雨即事。戊辰夏，程十发漫笔。"

仲夏，绘《秋山图》（88cm×47cm），题跋云："郭河阳《林泉高致》，论山水有三远法，自为高论。然今余创心远法，三远亦在其中矣。戊辰仲夏，程十发题自写秋山图。"

仲夏，绘《春绿江南》（87.5cm×47cm），题跋云："春绿江南。戊辰仲夏，程十发写于云间东郭。"

7月，绘《琪峰玉树图》（67.5cm×49.4cm），题跋云："此琪峰玉树图，为余廿余岁时习作，今友人所属，重写一本奉教。戊辰六月，程十发写于上海三釜书屋。"

新秋，绘《少女双吉图》（85cm×48cm，西泠2007年秋拍），题跋云："笔墨借形而传气韵，气韵随形塑而忘笔墨。如是则一片空灵，无古无今，亦古亦今，此谓之创作，岂仅不求形似哉耶。戊辰新秋之吉，程十发漫笔并自跋于三釜书屋。"

7月16日，绘《松江方塔图》，题跋云："上海近郊松江之泖湖，自元明以来文人墨客隐居于此。张伯雨有诗云，水羞凉味蒲芽白，野饭昼香松菌红。见说行藏多岁月，不离三泖九山中。泖中屋宇已毁，泖塔尚存，图成大略并记于修竹远山楼中。戊辰六月初三酷暑，程十发。"

8月和夫人一起赴美旧金山，在程多多家中休养。

8月18日，绘《携琴友鹤图》，所绘并非梅妻鹤子的林和靖，而是琴鹤轩的主人钱以良。题跋云：

《松江方塔图》

《仿米云山图》

"钱塘高士钱以良隐居汤镇居处，名琴鹤轩。大痴道人与黄鹤樵子皆有画赠之。今余草草写此携琴友鹤图，岂为以良造像乎。时正戊辰七夕，程十发漫笔于修竹远山楼。"

9月13日，为李奇茂绘《长乐图》，题跋云："长乐。奇茂教授属教。戊辰八月初三，程十发漫笔。"

9月25日，绘《仙槎乘风图》，题跋云："戊辰中秋，写仙槎乘风图，程十发漫笔于南岭村舍。"

秋，绘《秋塘双凫》（95cm×68cm），题跋云："戊辰秋日，写秋塘双凫图，程十发漫笔于南岭村社。"

秋，绘《仿米云山图》，题跋云："无根树长朦胧滩，看似容易画时难。米家一去无浩逸，差许人间有房山。戊辰入秋，天气酷热，戏仿米氏云山图却暑，画竟，大雨如澍。程十发并题于修竹远山堂。"先生以米氏墨点，运高房山机杼，风轻云淡，秀润华滋。画毕搁笔，大雨如注，暑气云消散，意气素霓生。壬午（2002年）冬再题本作："仿米云山图。壬午小春，云间程十发年八十一题于程桥。"

为"上海市农民书画协会"题名。

10月，台北金陵艺术中心出版《程十发的彩墨画》画册。先生在此画册前自作序言：

　　这里自选拙画二十多幅，大部分是上海中国画院收藏，一部分是家藏，还有是给各艺术博物馆而留下照片。

　　我的作品并不很多，因为我虽年近古稀，但在绘画实践中，尚在摸索，所以还没有定型。然而在社会上近多年来，标我的姓名的作品很多，画笔庸俗，拼凑我的一些旧作而成。他们在推销这些作品时，还编造了种种谎言和故事。

　　因此尽我努力，收集一些我的各个时期的作品，出版此画册，以供海内外画廊及爱好者鉴别真赝时参考。

程十发、马达为摄于芭登农舍　　　　　　　　　　　　　　　《人物小品》

11月，绘《群峰霁雪图》（100cm×65.5cm，嘉德2004年秋拍），题跋云："群峰霁雪。戊辰小春月，程十发写于九松山庄。"

11月，绘《野杉馆图》（65.5cm×50cm，嘉德2009年秋拍），题跋云："野杉馆在松江西门外，离火车站不远，四面环小溪。馆中供华佗像。四壁窗棂皆胡公寿、伯禄叔侄之书画。余儿时常游之所，惜今废。特追写是图。戊辰小春，程十发漫笔于九松山庄之村舍。"

11月，绘《古树新声图》（99cm×60.3cm，嘉德2009年秋拍），题跋云："古树发春花，旧声传新音。世之能艺者，从不偏古今。戊辰小春之月，程十发漫笔于九松山庄之村舍。"

11月13日，西泠印社召开建社85周年社员大会，先生继续出任副社长。

冬，绘《春山白云》，题跋云："春山白云。戊辰冬仲，程十发写于九松山庄。"

1月1日，吴大羽（1903—1988）在上海病逝，享年85岁。

5月1日，颜文樑（1893—1988）在上海病逝，享年95岁。

12月18日，王个簃（1897—1988）在上海华东医院病逝，享年91岁。

1989年　己巳　六十九岁

1月，绘《早春图》（93cm×177cm），题跋云："半树梅花一潭水，早春烟霭满溪云。一九八九年一月，程十发漫笔于九松山庄之村舍。"

1月末，题关山月《梅》："今读关山月大师写梅疏影横斜，真岭南春早，不胜佩，希藏者宝之。戊辰嘉平之月，程十发漫记于修竹远山楼暮窗。"

2月5日（除夕），绘《孤山春霁图》（雪景山水梅花），题跋云："孤山春霁。戊辰岁除，程十发写。"又绘《梅竹少女》（96cm×43.5cm），题跋云："戊辰岁除，程十发漫笔于修竹远山楼。"

早春，在所藏戴进《溪山渔乐图》长卷拖尾题跋云："己巳早春，题戴静庵《溪山渔乐图》长卷。不遭人忌见庸才，读史无妨咒谢环。帝王当年能器重，安能扛鼎画春山。云间程十发。""余斋尚有静庵《雪溪待渡图》大轴，亦奇观也。见夏禹玉西湖柳艇图笔墨极似文进，或为戴笔，非夏圭也，俟请大雅再考如何？十发。"

春，绘《双色桃花》，题跋云："戊辰春，写红白碧桃花未竟，己巳春写成。程十发漫笔于修竹远山堂。"

春，为复旦大学文物博物馆学院成立志喜题贺词："继往开来，博古通今，华夏文化，重拓光明。"

春，绘《江滨鱼戏图》（95.3cm×59cm，嘉德2006年迎春拍），题跋云："己巳新春，雨窗写江滨鱼戏。程十发漫笔于修竹远山楼。"

春，绘《秋山图》（137cm×68cm，西泠2005年春拍），题跋云："秋山图。己巳春，程十发在修竹远山楼。"

任第七届全国美展中国画评委。

先生夫妇专程拜访老校长刘海粟。

春，绘《僰人问花图》，题跋云："余修竹远山楼中供奉杨升庵先生陶像，原为昆明碧峣祠中奉祀，数十年前为里人所获赠。吾十年前游先生故里新都，获先生诗集，从此余好先生之诗。今写此《僰人问花图》，取纸粗㡆（粗），别有风味。己巳春，程十发漫笔。"

"僰（bó）人"又称"濮（pú）人"，是先秦时期中原华夏诸族对西南诸族的统称，即今云贵高原及川渝南部地区诸民族。

春，绘《四鳃鲈图》（71.2cm×45cm，嘉德2002年秋拍），题跋云："一夕秋风起，松江鲈鱼肥。平原居甚近，可惜不同归。此古乡贤题思鲈巷诗，余有小屋离思鲈

刘海粟与程十发

巷不远，每有乡思，即写四鳃鲈自遣。己巳春。程十发漫笔。"

孟春，绘《朱竹水仙》，题跋云："己巳孟春之月，程十发漫笔于修竹远山楼。"

孟春，为前一年所绘《小花古槎图》补题云："小花生在枯槎傍，枯荣并列见沧桑。流水不停归大海，何必匆忙问老庄。戊辰画成于九松山庄，己巳春孟，程十发题于上海。"后一年新春，先生将此画赠黄秋园纪念馆，并补题云："庚午新春，赠黄秋园纪念馆落成志喜，程十发并记。"

画家朱屺瞻 程十发摄

3月，为韩天衡绘《白荷小鸟》，题跋云："白菡苕花承露景，野慈姑叶刺菭衣。香风消受梦初觉，邻水人家破竹扉。己巳二月，十发为天衡印人写旧稿。"

3月，绘《三打白骨精》，题跋云："孙大圣三打白骨精，十发记，时己巳二月。"丁丑（1997年）再题云："玉宇澄清万里埃。丁丑春，程十发再题于三釜书屋。"

程十发夫妇与友人聚会上海大观园

4月4日，为祝贺松江文联成立，先生绘一幅柳枝穿着鲈鱼数尾相赠，题跋云："被金石而德广，流管弦而日新。己巳清明前一日，敬贺松江文联成立大会，题乡贤陆士衡文赋句，并补四鳃鲈数尾敬赠。"

5月9日，在中国美术家协会上海分会第四届会员代表大会上，刘海粟、林风眠当选为名誉主席，沈柔坚为主席，吕蒙、唐云、程十发当选为副主席，谢稚柳、朱屺瞻为艺术顾问。

5月，台湾宜兰的种梅高手李锦昌来访。先生托上海县县委书记介绍，推荐李锦昌为莘庄公园培育梅花提供经验和帮助，为加强两岸文化交流、种植绿化做出了贡献。

5月，绘《西施浣纱图》（137.8cm×68cm，嘉德2008年秋拍），题跋云："己巳首夏，写西施浣纱图。程十发漫笔于三釜书屋。"

5月，完成《花卉山水人物册》（十二开，24cm×36cm），先生自题签："寻禅。程十发自题。"题跋云：

"是梅先还是春先？人云是画先。余曰：应是意先。己巳首夏题于三釜书屋，程十发漫笔。"

"戊辰春客房西山，适逢晨烟万象皆失，唯留数木远山，奇景也。十发。"

"品绕梁三日之韵。十发漫笔于三釜书屋。"

"老木发新花，集枯荣于一幅之中。人云：画只写空间，不能状时间。余曰：能。己巳首夏雨窗。程十发漫笔。"

"昔年游乐山大佛寺见青衣江依稀在目。十发。"

"无色胜有色，无声岂有声？须从西面观，万象灭中生。十发设色时有悟，题此小偈。"

"二月海棠娇，寒冰次第销。小园春亦满，画笔岂无聊？十发漫笔。"

"己巳首夏，程十发写。"

"米南宫拜石，石公回揖，米颠此石为五老峰之一，原孙克弘故宅之物，现在松江方塔园。十发并记。"

"晚秋图。十发漫笔。"

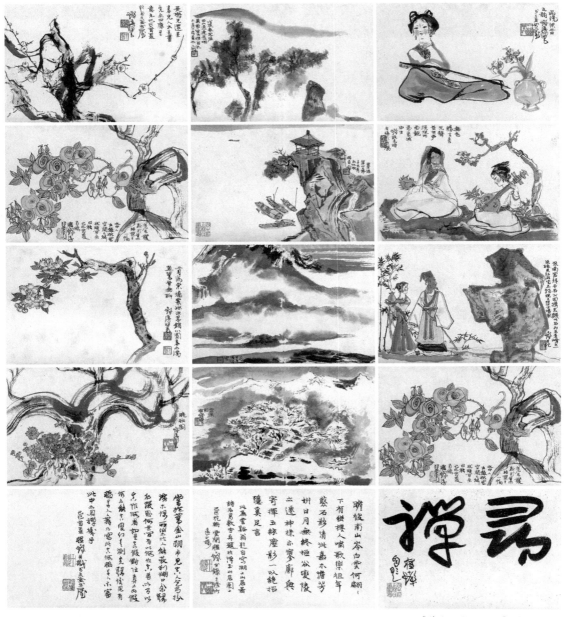

《花卉山水人物册》（十二开）

程十发与俞汝捷

"雪溪图。程十发写。"

"十发漫笔。"

参照夫人张金锜当年娘家老宅风貌，于故乡松江方塔公园边建小楼一座，所有的设计和监工都是先生亲力亲为，以此作为金婚礼物送给妻子。小楼近有修竹，远望佘山，并像夫人老宅里一样栽种了一株蔷薇科的十姐妹树（花）。小楼以先生所藏王蒙佳作为名，呼之为"修竹远山楼"，寄托了先生一生相随的浪漫情怀及其对夫人的深情厚谊。

6月8日（端午）前后，在楼中完成丈二匹（俗称"丈二宣"）山水巨作《兰亭修禊图》，题跋云："戊辰暮春之吉，国文先生邀余游山阴兰亭之胜，凭今缅古，意犹未尽，属余写兰亭雅叙巨幛，余欣然图成，乃奉国文先生法家大教。时己巳蒲节，程十发并记于云间修竹远山楼。"

6月，绘《丝毛鸡》（68cm×49cm），题跋云："继光画友赠吾丝毛鸡一对，余再以此鸡回贶奉教，己巳蒲月，程十发漫笔于茸城。"

6月，夫人张金锜接受采访谈先生。

他有两个老师（上海美专），一个王个簃，一个汪声远。汪曾讲："程潼的画画得古，画得高，很有才气。"早年他学传统是学董其昌，欣赏石涛、石谿（溪），注重继承传统，从董源、巨然学起。石涛山水画得水墨淋漓，山水画能画得这样最见功夫，一裱好，水墨淋漓效果马上出来。

他没有学一派学到底、走到头，从不死学一个人。人物画陈老莲的看得很多，任伯年的人物衣纹线条有特色，人物线条学陈、任。花卉基本得力任伯年，山水得力石涛。如没有深厚的传统基础，石涛就不能学，一学就学坏，他基于已有学董源、巨然的基础。

画连环画一般都单线平涂，他用陈老莲和任伯年的笔法画，线条有变化，主体感强，利用变化多的笔触。

中华人民共和国成立后，他走出书斋画连环画，总有冲不出的苦闷，似在层层包围之中，开始画人物时，只是在山水画中画点人物。

去云南后变化才大，构图和色彩浪漫主义气息很浓，是在现实生活基础上的浪漫主义手法，需要多方面修养，甚至画戏曲人物的各种艺术形象。

夏，绘《西施浣纱图》，题跋云："己巳首夏，写西施浣纱图，程十发漫笔于三釜书屋。"

夏仲，绘《山水册页》（八开），题跋云："己巳夏仲，程十发"，"横云霁雪，程十发制"，"黄浦之南，有小镇，名松隐，有一华严古塔，今夏雨中过访，写其大略，十发并记"，"秋山无尽。十发"，"程十发写于修竹远山楼"，"溪山过雨，程十发写"，"华亭城内，旧有西湖之胜，后水干涸，仅存玉皇阁。今意想图之，程十发并记"，"程十发写云山图"。

8月7日，绘《秋山白云图》（67.7cm×45.5cm，嘉德2005年秋拍），题跋云："高高山上高高亭，亭上高山隐白云。老夫不知天地大，狂挥画笔寄秋心。己巳立秋，程十发写于三釜书屋。"

8月，上海中国画院与中华书局（香港）有限公司借香港大会堂联合举办"上海中国画院建院30周年纪念展"。

8月，上海书画研究院在上海外滩海鸥饭店举行成立大会，聘请谢稚柳为名誉院长，先生为顾问，杨正新为院长。这一群众性社会团体的成立，是源于先生分析海上书画发展问题后，提出成立一个民间书画组织，让海上画坛活跃起来。上海书画研究院成立后，先生积极参加其活动，以表示支持、鼓励。

8月，在所藏董其昌作《行书五言诗》后空白页绘仿董水墨山水小品，并题跋云："董思翁行书后无以为跋，爱仿翁笔意写此。己巳七月，程十发。"

9月，绘《秋山图》，题跋云："何来南北画分宗，天地为师各自同。解脱苦修浑一体，图成掷笔问思翁。己巳八月，写秋山图于镜面高丽笺上并戏题俚句，程十发于三釜书屋。"

9月14日，题《董其昌行书唐诗卷》云："吾乡董思翁书法胚胎颜鲁公、张长史，形态米南宫，风韵杨风子，食古能化，自得风流。自明以降，思翁为书坛祭酒不诬也。己巳中秋，跋董香光行书唐诗卷后，云间后学程十发书于香港。"

暮秋，绘《桃花溪图》，题跋云："隐隐溪（飞）桥隔野烟，石矶西畔问渔船。桃花尽日随流水，洞在清溪何处边。岁在己巳暮秋，写赠伟达老友正，十发于修竹远山楼。"

10月5日，南通市个簃艺术馆举行落成仪式，先生携夫人张金锜、儿子程多多参与盛会。

本年，上海中国画院为北京中国人民解放军原总参谋部京西宾馆绘布置画40幅，先生也参与了创作。

初冬，绘《秋牧图》（64.8cm×47.8cm，嘉德2004年春拍），题跋云："牧童放牧在青丘，硕大山羊似小牛。不是画家落笔误，羊肥牛壮已深秋。己巳初冬，程十发漫笔。"

《桃花溪图》

12月5日，李可染（1907—1989）在北京病逝，享年82岁。

12月30日，胡伯翔（1896—1989，上海中国画院画师）在上海病逝，享年93岁。

1990 年　庚午　七十岁

年初，在上海锦江宾馆，举办程十发、张金锜金婚纪念宴会。宴会上《解放日报》高级记者许寅致辞时说："一个伟大的男人背后，必有一个女人在默默做出牺牲。"先生带头起立鼓掌。大家建议先生举行一个全家画展。

程十发、张金锜金婚纪念留影

1月27日，绘《瑞雪迎春图》，题跋云："瑞雪迎春。一九九〇年元日，程十发写。"

新春，绘《蕉荫读书图》（136cm×68cm），题跋云："庚午新春，雪后写蕉荫读书图。云间程十发漫笔。"

新春，为上海中国画院同仁赵万年绘《少女双吉图》（90cm×59.5cm，嘉德2017年秋拍），题跋云："赵万年画师乃吴兴世家后，数年前自台湾回沪，上海中国画院聘为画师。赵女士书画双绝，蜚声艺坛，固然吴兴赵管之后，不同凡响。今又拟赴美，征画于余，余即以拙笔奉教。庚午新春，云间程十发并记于上海三釜书屋，雪后初晴。"

赵万年（1933年生），浙江吴兴人，毕业于台湾大学外语系。后由台回沪，并于上海中国画院担任画师，1990年退休，为国家二级美术师。赵氏与先生素有交往，多获先生佳品相赠。

2月10日（元宵节），先生带队前往松江参观农民丝网版画，并慰问全国水利先进单位松江县水利局。

新春，绘水墨《兰竹清芬》，题跋云："此帧有似大涤子，是偶然并非有意，谅石公见谅。然石公亦有意袭古人者，近见六如居士临李龙眠饮中八仙卷有骑牛醉翁，即石公睡牛图之蓝本。石公有时唱高调，以肺腑须眉分别今人古人，何欺世之言，反受人拜倒，何也。庚午新春程十发漫笔写。"

新春，绘《高逸图》（96cm×78cm，北京保利2005年秋拍），题跋云："高逸。庚午新春，程十发写于三釜书屋。"

孟春，绘《吾乡小昆山》，题跋云："吾乡小昆山，有东坡题石，夕阳在山，四字，今吾再幻出此境，不知是诗境画境乎。庚午孟春，程十发写于三釜书屋。"

3月7日，《新民晚报》刊出记者沈次农报道："朱屺瞻、程十发、唐云、谢稚柳、沈柔坚、吴青霞、刘旦宅、陈佩秋、张桂铭、韩天衡纷纷捐赠书画祝贺上海艺术节的举办。"

3月29日（农历上巳，先生生日），绘成《花卉山水人物集锦册》十二开，题跋云："余云间小屋庭中有山茶花盛放，今来三藩市庭中，山茶花亦盛开，真万里成咫尺乎？十发并咲（笑）题于九松山庄。"

"纨扇蒲团扑不住，恼人聊折一枝归。石涛和尚题蝴蝶花诗句，庚午上巳，程十发漫笔。"

"窗外山中小陌有此花，余不识其名，十发漫写于九松山庄。"

"名兰海外万千棵，有色无馨可奈何。闻道祖香移它域，也留姿态暗香无。庚午上巳，程十发漫笔。"

"云山千里，信手图成。十发写。"

"庚午三月，十发写。"

"隋堤汉柳。十发写。"

"溪山清趣。庚午春，十发。"

"右军在清真，潇洒出风尘。书罢笼鹅去，何须问主人。庚午上巳，程十发漫笔于九松山庄。"

"土陂高处柳枝低，扶醉田畴靠杖藜。信口吟成见天籁，归来春社燕双飞。十发。"

"平安。程十发漫笔。"

"阆苑仙踪。程十发漫笔。"

仲春，绘《烟峦清泉图》（73.5cm×91cm，嘉德2007年春拍），题跋云："烟峦清泉。庚午仲春，程十发于三釜书屋。"

仲春，为王大山绘水墨《雨山孤亭》（27.5cm×93cm，嘉德2014年春拍），题跋云："庚午仲春，楼窗听雨。为大山法家写雨景山水博教。程十发漫笔于三釜书楼。"

4月10日，吴昌硕艺术研究会在上海成立，先生当选为会长，沙孟海、刘海粟、朱屺瞻为名誉会长。

暮春，在九松山庄绘《山中白云图》（131cm×65.4cm，嘉德2002年秋拍），题跋云："山中白云。庚午暮春，程十发写于帝利市九松山庄北窗下。"

暮春，绘《奇峰古木图》，忆家乡陈继儒读书楼，题跋云："突兀奇峰古木斜，淙淙流水隐秋莎。无须翻读高人传，留有山墙映夕霞。庚午春暮，写东佘山陈眉公读书楼。程十发于九松山庄。"

作《云间忆旧山水》山水册页十二页。

嘱韩天衡制"勿老草"印，自诩"一棵不老的小草"，足见高人襟怀。

春，先生携夫人应程多多之邀再赴旧金山休养。

5月，先生、张金锜、程多多合作《松树葡萄图》，先生题跋云："张金锜写葡萄，多多画松鼠，十发补竹并记，庚午首夏。"

5月，谢稚柳和启功担任组长的全国古代书画鉴定小组巡回鉴定工作历经八年顺利完成。

6月3日，为夫人祝寿绘《杏花双燕图》，题跋云："金锜吾姊七秩晋三寿庆，以此杏花双燕仕女图奉祝，时庚午蒲月十一日，程十发并记帝利市。"

夏，绘《燕子笺·狗洞》（41.5cm×31.8cm，嘉德2002年秋拍），题跋云："燕子笺传奇有狗洞一折，写假状元鲜于佶被个别考试之窘状，最后借狗洞而遁，演来淋漓尽致。庚午夏，于九松山庄却暑，程十发漫笔。"

盛夏，绘《罗汉松图》，题跋云："石湖荡口铁崖松，数亩浓阴障碧空。五色彤云根下起，一声霹雳化游龙。元季杨维桢隐居云间璜溪，曾手植罗汉松于石湖荡，余童年壮年皆游其下。唯后人不及见而图之。庚午盛夏却暑于太平洋彼岸，程十发并记。"

秋，在旧金山绘《钟馗册页》四帧（41.5cm×27cm），戏写钟馗醉卧、钓鳌、补衣、游春之情形，题跋云：

"待朝补绽。庚午秋，十发戏墨于圣勃罗奴山中。"

"乾坤一梦。庚午秋抄，程十发戏墨。"

"意外之获。程十发戏墨。"

"终南巡春。十发戏墨。"

8月6日，绘《三羊图》，题跋云："孙女蔚十三岁生日，写三阳图贺祝。九〇年八月六日。程十发并记于九松山庄。"张金锜绘《甜果二味》（葡萄枇杷），题跋云："九〇年八月写甜果二味，祝孙女兰兰程蔚生日愉快，祖母张金锜于九松山庄。"

8月，绘《秋山浑沌图》，题跋云："南北宗开无法说，画图一向泼云烟。如

《奇峰古木图》

何七十光年纪，万里家山在砚边。庚午新秋，写秋山浑（混）沌图，借八大山人诗三句题之，后一句自撰以寄乡思。程十发并记于九松山庄。"

秋，绘《野杉馆图》，题跋云："野杉馆图。馆供养汉医宗华佗，此亦昔年游踪，追想图之，原在松江西城门外。庚午秋，程十发并记。"

秋，绘《家山图》，题跋云："庚午秋夏，余居太平洋彼岸，山中有寄旧楮，属余写山水十二页，多写家乡之景，亦多用家乡古法，十发并识。"

9月23日，绘《深山瑞雪图》小卷，题跋云："深山瑞雪。庚午秋至，程十发写于九松山庄。"卷后先生并录姜夔诗："雪矸如玉地，偏师敢轻犯。黄芦阵野鸯，我自将十万。三战渠未降，北面石湖范。先生霸越手，定目一笑粲。程十发书姜白石《雪中访石湖》诗于九松山庄。"

秋仲，张金锜、程多多合作《果熟来禽图》，先生为之题跋云："果熟来禽。庚午秋仲，张金锜、程多多母子合写，程十发题于加州帝利市山中。"

10月3日（中秋），绘《崇山清泉图》（49cm×99.5cm），题跋云："千仞崇山顶，清泉何处分。涓涓石涧底，一脉下青云。庚午中秋，云间程十发写于九松山庄。"

10月，"上海中国画院建院30周年画展"隆重举行，画院并在虹桥宾馆举行了院庆活动。

11月，获镜面高丽笺一方，绘瓶花月季图。

11月，绘《敬酒图》，题跋云："琉璃碗，长角鹿，唐时仕女。画赠海燕女史留念，庚午

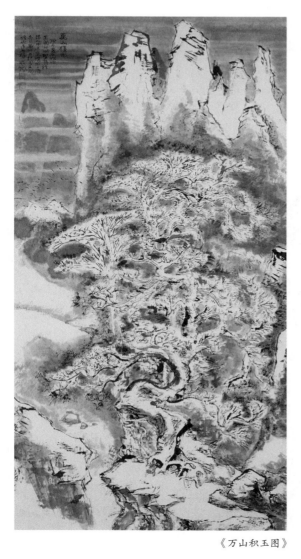

《万山积玉图》

《濒湖问药图》

小春之月，程十发陕西归后二日漫笔于三釜书屋之雨窗。"

12月，为十余年前所作《傣村节日图》（当时仅落款"程十发写"）补题诗堂云："傣村节日图。一树红棉万象新，竹楼村舍闹盈盈。芒（铓）锣鼙鼓喧天乐，画出边陲贺早春。庚午十一月，题十余年前旧作。该图写云南傣家生活，今补其尚并赋一绝云。云间程十发于三釜书屋。"

冬日，绘成《万山积玉图》（雪景山水），题跋云："万山积玉。庚午夏日，作于美国加州圣勃罗诺山中，未竟，携回上海。冬日画成，并记于云间修竹远山楼，程十发。"

冬日，绘《濒湖问药图》，题跋云："濒湖问药图。此为余十余年旧稿，今应建华医师所属，写此奉教，庚午冬日，程十发漫笔于云间东隅。"

冬日，绘《山水册页》（八开），题跋云：

"秋醉霜林。庚午嘉平，十发写"，"修竹远山师黄鹤，暮霭横看学文同。庚午冬，程十发写"，"云扫晴岚画障开。庚午嘉平，程十发写"，"烟云藏深寺。庚午冬，十发写"，"海峤澄波。庚午冬，程十发写"，"空山新雨。程十发写"，"瑞雪图。庚午冬，十发写"，"松壑飞泉。十发写"。

冬日，绘《山水册页》（十二开，49cm×30.5cm，嘉德2005年春拍、嘉德2015年春拍），题跋云：

"秋山图。程十发写。"

"花间一条路，人去又人回。春梦无痕迹，祇（只）在雨中间。程十发并题。庚午之冬。"

"春山似笑。庚午冬仲程十发。"

"烟袅峰峦雨里滩，画来容易不称难。图成莫问宗南北，祇（只）写胸中块垒山。十发并题。"

"明月故乡圆。十发写。"

"山海奇观。程十发写。"

"旭日照寒林，山中时见之。巨洋万里隔，辉映不同时。十发写美加州山中之景，并题于上海三釜书屋。"

"空山新雨后，天气晚来秋。十发写。"

"山岭积雪，山下花开。庚午冬，程十发写。"

"雨中飞瀑。程十发写。"

"深柳草堂。十发写。"

"池上秋光。程十发写于三釜书屋。"

12月，为纪念个簃艺术馆成立一周年，撰文《缅怀个簃老师》。

沪剧名家解洪元（1915—1990），曾在1949年1月被《沪剧周刊》评为"沪剧皇帝"。一度和先生成为邻居，但彼此并无交往。解氏晚年患癌症后，因受病痛折磨，性情烦躁，希望屋里挂一张先生的画以减轻身心痛苦。先生得知后连夜赶绘一幅，第二天一早亲自送到解氏手中，使他得到莫大的安慰。

本年友谊商店收购先生作品，定价在四尺整张（69cm×138cm）一件7500元。

程多多找到当年登载《幸福的钥匙》的《连环画报》杂志，复制数本给朋友纪念，先生撰写序言，对《幸福的钥匙》的创作过程做了介绍。

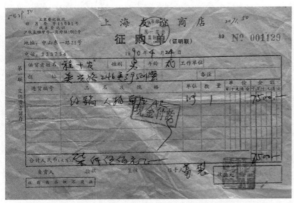

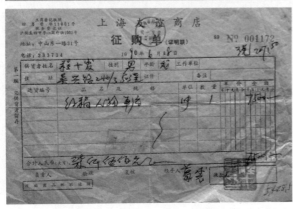

上海友谊商店征购单（税费2071.50元，实得5428.50元）

我画的中国画，大家可能看得多，但这里印制的仿铜刻版画的插图大家则较为陌生。大约38年前，听到一位同行对我连环画的评价时，说什么程某的单线画还可以，复线可能不行。天知道，我从未画过复线的作品，他所谓复线者就是指画出明暗光线的钢笔画。我受了这种激发，正好要为诗人李季的长诗《幸福的钥匙》画插图，因为当时找不到婉转自如的小钢笔尖，所以用细小的硬毫毛笔代替。我是出于好奇，这种画法在西方大都是用以复制版画——先有一张画稿，雕刻者翻成线刻再进行印刷。我遂先在铅画纸上画成有明暗和投影的工笔素描画，继而在画面上根据线条明暗变化的需要画成铜刻模样的所谓复线画。这样花费了我好多时间，当时我志在学习，兴趣非常浓，可惜原稿在那个"文革"的时代里一起烧毁，但《连环画报》上曾予发表，所以再据以制版刊印这本小册子送朋友留念。

《终南醉归图》

当时我只有三十多岁，好胜而喜欢向各方面学习和涉猎。我并不是说这几张画有什么价值，但对我们后辈同行是否有一些参考之用呢？我们需要一种探索精神，向中外古今各个方面学习。创作等于考试，随时会流露出作者的爱好和素养，一蹴即成为名家，可能世界上还没有。不要学所有艺术品已经定型的东西，要学各种在探索中的东西。

我看到这些已经是38年前的旧作，想起一些什么，尽管与以后到现在的创作没有多大联系，正因为在过去和现在的差别中，却使我有所启示，令我如何摆脱现在的一再重复而缺少勇气的作品。

5月6日，应野平（1910—1990，上海中国画院画师）在上海辞世，享年80岁。

1991年　辛未　七十一岁

元旦，绘《长春图》，题跋云："一九九一年，元旦第一笔写奉朱雯教授，敬贺八秩大寿及著译教学生涯六十周年纪念，同里后学程十发敬祝。"

朱雯（1911—1994），原名朱皇闻，笔名王坟、蒙夫。松江人。著名翻译家、作家、外国文学研究专家。一生勤于笔耕，著作丰硕。

1月4日，经上海市人民政府研究，同意设立上海市文学艺术界的最高荣誉奖——上海文学艺术奖。该奖项设置"上海文学艺术杰出贡献奖"和"上海文学艺术优秀成果奖"两个项目。

春，绘《吉祥迎春图》，题跋云："吉祥迎春。为辛未春节来临而作，十发。"

早春，绘《雨中秋山图》，题跋云："秋霭空濛（蒙）雨里山，写来何必问荆关。荆关自在烟云里，造化为师最是难。辛未早春春雨连朝，以湿笔写《雨中秋山图》并题于修竹远山楼，程十发。"

春，绘《三阳开泰》，题跋云："三阳开泰，四季平安。新中国成立仁兄大教，辛未春朝，程十发写于上海。"

春，绘《杏花赏乐图》，题跋云："二月杏花天，葩荫弄管弦。老夫吟一曲，韵在羲皇前。辛未杏花开候，程十发漫笔于三釜书屋。"

2月底，与李奇茂合作绘《鹿鸣长春图》，并题跋云："鹿鸣悠悠，仙芝在手。长春无极，赠我老友。辛未灯节前夕，奇茂道长在沪展其作，连数日天气晴朗春风和蔼，似为画展精卓有关。今道长写鹿，余补采芝仙于海上三釜书屋，十发题。"此时李奇茂正在上海举办画展，先生还特为画展作序言。

李奇茂（1925—2019），安徽省涡阳县人，水墨画大师。历任复兴岗学院教授，台湾艺术学院教授、美术系主任，韩国檀国大学教授，美国波特蓝檀大中国研究院董事长，圣荷西大学教授，北加州大学教授。

"李奇茂画展"序

记得数年前，在香港中文大学艺术系访问时，与金耀基院长谈起，中国绘画的创新必须有三个条件，第一是民族性，第二是时代性，第三是独创性。当时得到金院长的首肯，我在大礼堂与同学们见面时我就讲到这三个"性"。

中国画离开了民族性，必然也离开了生活，离开了时代，就看不到国画的创新。但没有自己独创的创新，就没有强烈的个性。当时我这样讲了，但来不及找一个完善的典型和例子，一直到今天，我才找到这个例子，就是李奇茂教授的作品，它完全符合我需要阐述的内容。

中国画的民族性，除了表现其民族的生活

为亚蒙写《三言联》

和民族的历史的演变，还具有民族性的表现技法。它的表现力，充分体现在它的技法上。首先是笔墨。笔墨不但蕴含着作者的民族性格、技巧和修养，而且它一以贯之，精、气、神三者的蕴藏和千变万化由此产生。读李教授的作品，觉得他的笔墨极为精卓，笔飞墨舞，以行草书的笔法表达了热炽的生活之神。

第二点时代性。古人作品是古人表达古代生活（的方式），当然，现代人一样可以表达历史，但应是站在现代人的立场上反映历史。李教授的作品反映生活的面很广。有的画家善于反映历史，却不善于反映现实生活，而李教授的作品既反映现实又反映历史，表现力极为丰富，上下古今人物山川花卉走兽，都极精卓，这与作者各种修养和艺术功力有关，即使是今日的生活、今日的社会，在李教授的笔下都精湛地完成。

关于第三个独创性。李教授的作品处处表达出自己的风格和面目，他的笔墨与所反映的生活浑然一体，看似随心所欲，意到笔随，这种独特的风格与他独特的修养以及独特的观察生活的方法有关系。

李教授有他独特之见的修养，有独特之见的生活，更有独到之见的技法，所以他的作品有独创性，生活难不倒他，反而成功地创作反映了生活。

很长时间以来，有一种误会，一提起董其昌就认为他是复古的代表，这是一种对古人片面的误解。董其昌在他的题跋中也提到三个方面，他说第一等画家是以天地为师，第二等画家是以造化为师，第三等画家以古人为师。足见自古有卓见画家的修养。但我又下了个注解，即使是学习古人，也必须以独创性的方法去对待传统，这在李教授的作品之中有之。

我尚未与李教授谋一面，但我从见画如见其人来说，他是一位性格开朗的画家。

现在时代不同了，不断出现新的条件，使海峡两岸的同行可以直接交流，直接探讨国画艺术。我们欢迎李奇茂教授到大陆来展出作品，这样可以相互探讨、相互学习，对两岸的文化事业有所推动和帮助。这个画展是极有历史意义的，我敬祝画展举办得非常成功并取得极大的影响。

3月9日，先生带队画院画师参加与上海市第二住宅建筑工程公司的交流联谊活动。

在松江家中举办七十大寿

4月11日至13日，上海中国画院与洛阳牡丹画院在洛阳博物馆举行联合作品选展，先生题展名"吉祥画展"。

4月16日，先生与朱屺瞻、谢稚柳、陈佩秋、唐云、沈柔坚、贺友直、吴青霞等20余位老画家参加中国美协上海分会组织的赴宝山钢铁总厂热轧、冷轧厂及码头长堤参观写生，深入生活。

4月17日（农历上巳，先生生日），先生七十大寿，在松江自盖别墅聚会庆祝。题自作《万世吉祥》云："吉羊福

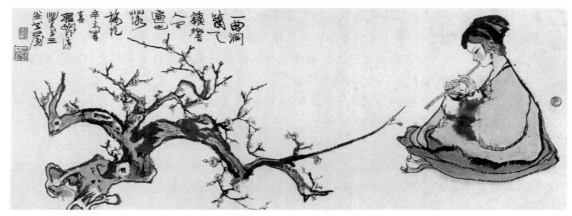

《洞箫梅花图》

德羊，仙人有五羊。世间播五谷，万世皆吉祥。辛未上巳之夕，程十发漫笔。"

暮春，绘《洞箫梅花图》，题跋云："一曲洞箫天籁音，人间遍地落梅花。辛未暮春，程十发漫笔于三釜书屋。"

暮春，绘《桃花流水图》（51.5cm×76cm，嘉德2004年春拍），题跋云："洞在青溪何处，隐隐野水轻烟。桃花尽日随流，石矶驻有渔船。辛未暮春，程十发写于三釜书屋。"

5月15日，黄浦画院和日本炭火画会在上海美术馆举办联合画展。16日，先生邀请日本代表团一行，到位于松江方塔公园内新建的家去参观访问、艺术交流。

5月，绘《杜甫诗意图》（68cm×136cm），题跋云："秋尽东行且未回，茅斋寄在少城隈。篱边老却陶潜菊，江上徒逢袁绍杯。雪岭独看西日落，剑门犹阻北人来。不辞万里长为客，怀抱何时得好开。辛未首夏，写成录杜诗一首，程十发于三釜书屋。"

5月，重见先生1962年为木偶片《孔雀公主》所绘的人物造型设计稿，是稿当初散失后，经约30年始重见其中八开，先生蒙主人要求重新题记，发现尚缺孔雀公主喃诺娜的设计稿，并希望以后能够发现。先生分别题跋每开册页云：

"孔雀国国王。孔雀国老王余以佛教故事中形象参酌而成，取其和蔼可亲之感。程十发题。"

"孔雀国皇后。孔雀国皇后略似大理古国张胜温所作佛像，亦目染之故。程十发又题。"

"麻哈仙娜之女。麻哈仙娜为丞相之女，原欲配召树屯者，中国戏剧所谓二路角色是也。十发记。"

"信使。信使，反派人物，余亦草草为之。十发。"

"喃新莎。喃新莎为孔雀公主之侍女，召树屯将与公主定情金镯暗放于水壶中，为情节发展之关键也。十发记。"

"摩古拉。摩古拉，巫术之士。此幅图样极为生动，为美术片厂设计师代余创作，非余笔也。十发记。"

"龙王。神龙赠弓箭于召树屯，能至孔雀国途中射败敌人。十发。"

"出征时之召树屯。召树屯即王子也，此皆为动画木偶片《孔雀公主》所设计造型稿，已有卅余年矣，散失海外，蒙主人属题，匆匆记于上海三釜书屋。尚缺孔雀公主喃诺娜等设计稿，希望逐一发见。辛未首夏，程十发记于上海。"

6月，为马晴绘《牡丹图》，题跋云："意在包山白阳之间，赠马晴外孙女留念，辛未五月，十发漫笔。"

初夏，绘《诗意精品山水册页》（十二开）。题跋分别为：

"青山白云红树。唐人画法，数见雪溪翁本，十发仿之。"

"大地春光早，离人别一年。路边花又发，似在梦中回。辛未夏，程十发。"

"具区春早。十发写。"

"马文璧云间秦溪人，后迁胥浦，其附近有三泖风光，后人云马为秦淮人，乃误也。十发并记。"

"有山有水，古人之居。烟云缭绕，可以著书。十发写。"

"修竹远山，程十发写。"

"生平最爱雨中山，西北东南皆一般。岭上琼楼非不见，仙音似在白云间。十发并题。"

"海湾深秋，十发写。"

"家远乡思近，古时月色新。江边谁见月，独自有离人。程十发。"

"洞在青溪何处，隐隐野水轻烟，桃花尽随流水，石矶驻有渔船。十发写。"

"秋艳图，十发写。"

"大痴道人善写雪图，传世有九峰霁雪、雪舟访戴、快雪时晴等图，传世者皆杰作也。因道人胸中有雪，笔下有雪，非填粉泼铅而成哉。辛未立夏，程十发并记。"

7月6日，由上海美术馆主办，上海《解放日报》、上海《文汇报》、上海中国画院协办的"程十发全家画展"在上海美术馆开幕，展览由程十发、夫人张金锜、女儿程欣荪、女婿马元浩、长子程助、次子程多多、外孙女马晴三代共七人组成，百岁老人朱屺瞻题展名。夫人张金锜相夫教子，为家庭默默付出、奉献40余年，可以说为了这次画展才慢慢重拾了画笔。画展中一幅《杏花双燕仕女图》是先生画给爱妻的。展览至14日结束。展中张金锜所绘《大瓢》由其老师王个簃作题："大瓢，金锜女弟此帧依然是缶庐风度。个簃八十四岁补笔。"她的另一幅作品《五色牡丹》，由刘海粟作题："沉香亭北倚阑干，相见时难别亦难。佩玉鸣銮罢歌舞，凭君传语报平安。金锜女弟设色牡丹笔

在上海美术馆举办"程十发全家画展"

意苍浑，集唐诗题。壬戌大寒，刘海粟专书，年方八十六。"

7月起，陆续为马达而绘《昆剧人物册页》（八开，32cm×48cm），题跋云："心有氍毹一小方，谁家好戏即开场。宵来梦见关马白，笑吾无由不出腔。辛未金秋，画昆剧八种，率题一绝，赠达为吾兄留念。"此册页是先生晚年时所绘的昆曲经典剧目：《虎囊弹之山亭》《千里送京娘》《下山》《挡马》《牡丹亭拾画叫画》《奏乐》《嫁妹》《烂柯山之泼水》。每开册页题跋云：

"虎囊弹之山亭。辛未九秋，程十发漫笔于三釜书屋。"

"千里送京娘。程十发漫笔于三釜书屋。"

"下山。程十发漫笔于三釜书屋。"

"挡马。辛未新秋，十发漫笔。"

"牡丹亭拾画叫画。辛未七月，程十发漫笔。"

"奏乐。程十发漫笔。"

"嫁妹。辛未初秋，程十发漫笔。"

"烂柯山之泼水。程十发漫笔。"

7月，为马晴绘《荷花并行书七言诗》团扇面，画题跋云："马晴属写，辛未六月，十发漫笔"，"巢湖恶水高千尺，今日太湖也水灾。不见芙蕖红十里，好花只在画中开。程十发即兴"。

夏仲，绘《秋山争丽图》，题跋云："秋山争丽。如新先生法家大教，辛未夏仲，程十发写于上海。"

夏，绘《夏日松山图》（134cm×67cm，北京保利2007年春拍），题跋云："胸宽气缓即神仙，得失能从两极迁。反面原是正面教，白云无尽挂窗前。辛未夏，画竟得一绝题画上，程十发写于三釜书屋。"

当时画院住房困难户至少有十几家，画院作为文化局下属单位，当时房源也十分紧张，分到画院头上也寥寥无几。为了解决画院职工住房紧缺的难题，先生亲自作画30幅，其中包括丈二匹的大画。唐云、朱屺瞻等许多画师也捐献画作，张桂铭、韩天衡也捐了款，最后画作由一位海外藏家购去，总款项折合人民币60万元，被用于购买10套房屋，为画院画师和困难职工家庭改善住房条件，一时间传为美谈。王汝刚回忆道："那是1991年的夏天，老先生为了交齐30张画，不顾高温，把自己关在屋子里狠命地作画。当画所差无几的时候，老先生累病了。他的行为和精神感动了百岁高龄的朱屺瞻老先生，朱老先生二话没说，就帮程老画完了最后几张。"

5月中旬至7月初，我国华东地区遭受百年不遇的洪水自然灾害。8月18日，上海文艺界在上海体育馆举行赈灾千人义演、义卖的公益活动。先生不顾年迈体弱，冒着酷暑，亲自带领上海中国画院的画家们来参加《文汇报》、画院联合举办的赈灾活动，通力合作绘制了巨幅作品，现场义卖，善款悉数捐献灾区人民。

先生获"全国先进文化工作者"称号。

8月上旬起，绘设色《庭园清兴花鸟草虫册页》（十二开）。题跋云：

"单方传世医，白羽称乌鸡。绛色山茶好，画中难疗饥。辛未之秋，程十发漫笔。"

"水葫芦，水葫芦，不见古人图，我今爱写之，再写一双凫。十发漫笔。"

"鸳鸯蝴蝶一时飞，不羡鸳鸯不羡仙。嗟昔文坛多好事，作家脸上贴标签。辛未秋，云间程十发漫笔。"

"袍笏登场上早朝，唐王昨夜妮花妖。华清池污胭脂色，独上骊山品鬼箫。此诗余题钟馗，今借题葵花。辛未初秋，程十发漫笔。"

"云间小屋建兰开，一日匆匆去即回。唯有花香留我住，悠悠无恙感平安。辛未夏，程十发漫笔于三釜书屋。"

"岂能富贵可长年，小鸟双双比翼飞。只是画家心意好，漫思美句画中题。辛未初秋，程十发漫笔于三釜书屋。"

"瓜瓞绵绵，螽斯寿延。随心所欲，吾之所为。辛未秋抄，程十发漫笔。"

"古木稚鸟啼，秋风白露晞。东篱有残菊，绰约现余妍。辛未早秋，程十发漫笔于三釜书屋。"

"花上一鸣鸠。十发漫笔。"

"春晖。程十发漫笔。"

"鸾凤山鸡各自飞，棲（栖）生草泽貌依稀。画家惭讷见识少，错画青鸾作山鸡。辛未立秋，程十发漫笔。"

"荷花荷花几时开，荷花开时小鱼来。十发漫笔。"

秋仲，绘《秋庭拾趣图》，题跋云："秋庭拾趣。辛未秋仲，程十发漫笔于三釜书屋。"

秋仲，绘《富贵瓶花图》，题跋云："富贵图。初夏读龚定庵先生词，乘晚窗顷刻写花卉一瓶，以定庵佳句题之。原暑热如蒸，画竟，大雨如澍，四座生凉。辛未秋仲，程十发并记。"

9月，绘设色《卧游名山册页》（十二开）。题跋云：

"山村夜雪。辛未仲秋，程十发写。"

"似房山海山图，辛未秋，十发写。"

"秋山图。董巨以降多写之，十发。"

"枫林烟霭。程十发写。"

"大金山东与陆相毗连，元季入海上，供奉霍光有一庙，下有寒穴泉古，名人题咏，程十发并记。"

"幽壑鸣泉，十发写。"

"水流花开，十发写。"

"山中过雨，程十发写。"

"略似雪溪翁浮玉山居图笔法，辛未中秋，程十发写于三釜书屋。"

"辛未中秋前夕，程十发写湖上月明图于三釜书屋。"

"海市蜃楼，十发写。"

"嵊泗岛有海上奇观，程十发写。"

秋，题自作《秋山远望》："修竹须从肺腑出，山樵名作记名言。吾今墨写秋山远，黄鹤依然在目前。辛未金秋，程十发并题于三釜书屋。"

10月，绘《秋山禅意图》，题跋云："境为我造，笔由我生，如何究竟，幻中求真。云山一障，水流有声，动极反寂，破壁漏痕。辛未九月，程十发写秋山禅意图并题。"

10月17日，绘《写意墨荷游鱼图》，题跋云："安定吾兄大教，辛未重阳后一日，程十发醉笔于上海锦沧文华大酒店。"

10月，为马国权60岁生日绘《鹤寿图》（130cm×80.5cm，嘉德2016年春拍），题跋云："国权教授六秩大寿志庆。辛未九月，云间程十发写祝。"

马国权（1931—2002），字达堂。祖籍广东南海，中山大学毕业，师事容庚先生。任中山大学、暨南大学教师。1979年任职香港《大公报》，兼任香港中文大学考古艺术研究中心研究员。与艺坛大家如潘天寿、李可染、谢稚柳、启功、容庚、程十发、叶恭绰、吴作人、沙孟海、商衍鎏、郑诵先、马公愚、邓散木、郑逸梅等皆有交谊。

深秋，绘《虎囊弹之山亭》，题跋云："虎囊弹之山亭。辛未九秋，程十发漫笔于三釜书屋。"先生对这出鲁智深醉打山门的昆曲折子非常喜欢，曾前后绘过多幅，且每每构思创作新的构图。

深秋，绘《古木新葩》（64cm×40cm），题跋云："古木新葩斗早霜。辛未九秋晴窗，程十发漫笔。"

秋，马玉琪在台演出京剧《清宫秋雨》，先生特以马氏的慈禧造型绘制海报，并题云："玉琪兄创演《清宫秋雨》，规模宏伟，剧坛盛举，特写此祝贺并乞教，辛未九秋，云间程十发写于上海。"五年后的丙子（1996年），先生再题边跋："辛未之秋为马玉琪兄《清宫秋雨》制海报，倏忽已五载矣。丙子深秋自台岛归来，不胜故人之思。程十发题于三釜书屋。"

马玉琪（1939—2023），京剧小生表演艺术家、收藏家。原名柳宝，北京市人。1962年正式拜小生泰斗叶盛兰先生为师，是叶先生的入室弟子。1979年赴香港探亲。1986年，马玉琪初到台湾，凭着双出《穆柯寨》的穆桂英和《辕门射戟》的吕布，先武旦后小生的精彩演出轰动台湾。后来在台湾成立了盛兰京剧团，教授京剧。同时，他和台湾的其他京剧团经常合作演出，尤其是和台湾著名的梅派青衣魏海敏合作了多出剧目，如《红楼梦》《玉堂春》《奇双会》《白蛇传》《清宫秋雨》《春香传》《牛郎织女》等。20世纪90年代回北京定居。

《秋山禅意图》

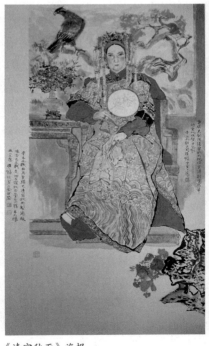

《清宫秋雨》海报

1991年11月，在北京召开的第二届东亚各奥委会联席会议正式通过举办东亚运动会，同时确定了第一届东亚运动会于1993年5月由上海主办。当时发动全社会捐款，先生亲自绘制作品，通过拍卖获得巨款，全数捐赠给东亚运动会办公室，自己分文不取。

12月，马元浩赴香港定居，两年后程欣苏也去了香港生活。

仲冬，绘《秋山晚照》，题跋云："云间小昆山有苏东坡题石'夕阳在山'，其左原有泗州塔院，石涛和尚出家于此。辛未冬仲，程十发并记。"

林风眠《白鹭》

为所藏王蒙绘《天香书屋卷》（此卷尾分别有柯九思、文徵明长跋）书引首"黄鹤山樵天香书屋"，并在卷尾题跋云："《疑年录》载柯敬仲生于皇庆元年（1312年）壬子，卒于至正廿五年（1365年）乙巳。是卷所题诗跋为至正甲辰（1364年），为柯九思谢世前一年所作，年五十三岁，是晚年笔墨，比前作更工致也。辛未岁暮，十发记。"〔注：柯九思，字敬仲，生于元至元二十七年（1290年），卒于元至正三年（1343年）。〕

12月，绘《暮色苍苍》，题跋云："暮色苍苍宴色中，四时景物岂相同。深秋时节都云美，醉后青山拥赪枫。辛未岁暮，云间程十发写于三釜书屋。"

12月，中国美协上海分会更名为上海市美术家协会（简称"上海美协"）。

画家林风眠 程十发摄

12月26日，苏联解体。

8月12日，林风眠（1900—1991）于香港病逝，享年91岁。8月22日，中国美协上海分会和上海中国画院邀请林风眠生前好友、学生和文艺界人士50余人在上海文艺会堂联合举行"艺术大师林风眠先生悼念会"。

10月29日，黄君璧（1898—1991）在台北病逝，享年93岁。

1992年　壬申　七十二岁

1月23日，农历辛未十二月十九日东坡生日，完成《金笺花卉扇面》（十开，嘉德2008年秋拍）。1988年，一位藏家将所购清初小名家绘扇面十开，将成扇揭裱为扇面册页片，因每开俱是只有一叶扇面上有画而另一叶空白，遂请先生补白。先生喜其为明代金笺，视在上作画为人生一乐，遂分戊辰七月（1988年8月）和辛未嘉平月（1992年1月）两次绘成。后由谢稚柳题跋："程十发画扇妙品十叶。甲戌（1994年）酷暑，壮暮翁稚柳。"

扇面题跋分别为：

"梅：雪满山中高士卧，明日林下美人来。辛未东坡生日，法南宋人，程十发漱墨。"

"兰：郑家兰草王家竹，一处相生不孤独。何可一日无此君，祖香风飘生迷谷。戊辰七月，程十发漫笔。"

"竹：三釜书屋藏有王友石先生窠石修篁小轴，今写来近似之。戊辰秋，程十发漫笔。"

"菊：黄花早发陶公前，爱菊之人已万千。何必见南山山好，秋霜万里碧云天。辛未嘉平，程十发漱墨。"

"松：强致南山树，来经渭水滩。生成未有意，鸦鹊莫相干。写简笔松并寻东坡诗。辛未苏公诞日，十发漱墨。"

"葡萄：咫尺西林寺，有名温和尚。泼墨写葡萄，不知何处藏？十发漱墨。西林寺离余旧居相近。时辛未东坡诞生日。"

"牡丹：玉环生秀眼，青莲具慧眼。牡丹有心眼，我当创法眼。梦中题牡丹。时辛未十二月十九日，程十发晨窗漱墨于三釜书屋。"

"荷花：暨阳道上雨如狂，四百年前一草堂。都说老莲何处去，新莲开遍旧池塘。去访洪绶故居，遇雨即事。戊辰七月，程十发。"

"竹石：其质劲而心则虚，风虽撼而节操不渝。辛未东坡生日，程十发漱墨。"

"一束幽兰二月春，墨池研水亦生金。自从画得潇湘后，更不闲题与俗人。辛未嘉平写后，借青藤老人诗补空。程十发漱墨。"

画家胡佩衡曾言："金笺扇于粉拭后，再以大绒遍拭之，用笔不可重描，描则金易脱落。故于皴山极感困难，稍不留意，有重复之笔，或皴法太乱，纵为装饰，立即模糊，无论如何补不能美观矣。"因其表面光滑不易着墨，成扇不易，又较难保存，故品相精美的泥金扇面存世不多。

1月23日，绘大幅金笺通景屏六屏《山茶图》（202cm×134cm），题跋云："山茶相对阿谁栽，细雨无人我独来。说似与君君不会，烂红如火雪中开。辛未嘉平，云间程十发写于上海三釜书屋，并录东坡先生诗补空。"该作后于2002年香港苏富比秋季拍卖会上以280余万港元高价成交。

1月，先生与人谈画。

程：我特别喜欢自然色，矿物颜料。红色用朱砂，色彩沉着。亮通红色鲜明度太高，朱砂色厚重。朱砂化妆和红漆漆柱不一样。故宫红柱用红朱砂、银砂漆得很好，朱砂加生漆会产生特别的效果。中国戏曲化装油彩用麻油调不会使人生皮肤病。

我画分两种，一种自己随意画，一种任务下来画，情况不一，效果也不一样。如画连环画《胆剑篇》，画时就想到民族一直受欺，借故发奋。

连环画《胆剑篇》

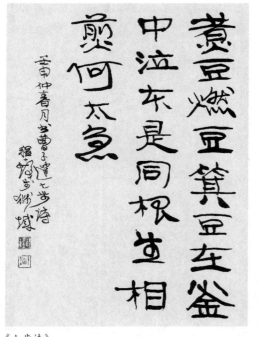

《七步诗》

我即兴画情绪复杂，很高兴不画，受委屈也不画。我画插图比较写实，处理比较严肃谨慎。往往在两种心理交叉时画画，原始心理冲动时画画，偶然性很多，画常画坏。

在壬申年前一天（2月3日）写信鼓励因率领中国男足兵败吉隆坡而陷入低谷的徐根宝，信中说："根宝先生大鉴：我虽然不认识你，但是我喜欢看足球，胜败乃兵家常事，不要怕失败……古训有失败为成功之母。今夕为辛未年除夕，明日即壬申年元旦（指正月初一），祝弃旧迎新之意。有一部《孙子兵法》的连环画送给你，或许从中有所启发，在新春来临之际，保重身体，再为祖国体育事业多做贡献。"书信以及随信所赠的《孙子兵法》连环画，由《新民晚报》体育部转交。新春年初三（2月6日），徐根宝去先生家拜年，先生给这位第一次见面的朋友，赠送一幅所绘《迟开的茶花》，鼓励他振作精神。

后来为了支持根宝足球训练基地的出生于低收入家庭的好苗子，徐根宝让武磊认十发先生做干爷爷，球队放假时，武磊经常住在干爷爷家。

武磊回忆道："印象中第一次见到程老先生是徐指导带着我的家人一起去他们家里。当时我的年纪也比较小，只知道程老师是一个非常有名的画家，见面后第一感觉程老是一位非常和蔼可亲的爷爷，徐指导也非常尊重他。从那以后，每两周球队放假，我就会自己到程老家住。程老的儿子就是我的干爹。偶尔我也会在家里看看程老画画，不过那个时候程老的年纪已经挺大了，应该有80多岁了，所以我也不太敢多打扰他。放假我去程老家住的这段经历，是小时候非常宝贵的一些回忆，也非常感谢程老和他们全家对我的关怀和帮助，我也会一直把这份情谊记在心里，一直延续下去。"

2月4日（正月初一），绘《东方朔寿桃图》，题跋云："十年东方朔，仙桃不必偷。只须（需）家中坐，代劳召金猴。壬申元日试笔，写此奉祝万事如意，身体健康，多做贡献，皆大欢喜。程十发并题之于三釜书屋。"

新年为邱受成绘《孙大圣图》，题跋云："画幅孙大圣，送给邱受成，壬申是猴年，一切吉利生。十发漱墨。"

新春年初七（2月10日）前后，绘《山水册页》（八开），题跋云："春酣。壬申新春，十发写"，"寒林暮雪。用笔似大痴老人，十发写"，"湖上春踪。壬申新岁，程十发写"，"北宋人画多写人境，元人画多写无人之境。余写山中无一物，唯有三支（枝）芒草耳。壬申人日，程十发并识"，"春回。十发写于三釜书屋"，"云中山居。壬申人日十发写"，"山中雨后。壬申春，程十发写"，"秋山云水。十发写"。

新春，绘《申年有余》（猴子捞鱼，53cm×53cm，嘉德2017年秋拍），题跋云："申年有余。静轩画家博笑。壬申新春，程十发漫笔。"

2月18日（元宵），先生与上海中国画院同仁在松江与松江区美术家协会（简称"松江区美协"）举行元宵联欢及笔会，同时庆祝松江区美协成立三周年。

3月，"上海中国画院精品展"在新加坡河畔艺术中心举行，先生前往出席开幕式。同时出版《上海中国画院精品展选集》，由先生题写书名。

春，为去年秋所绘《仙人献寿图》完成设色，题跋云："仙人与白鹿，献上花一束。都作长寿翁，健康共全福。辛未年秋写稿，壬申年春设色。程十发漫笔于三釜书屋。"

初夏，绘《溪山烟雨》，题跋云："溪山烟雨。壬申初夏，程十发写于三釜书屋。"

5月，绘《墨牡丹》，题跋云："墨痕深处是鲜红，十发漫笔，壬申首夏。"

5月，绘戏画《山亭》（68.5cm×64cm，西泠2010年春拍、嘉德2012年秋拍），题跋云："除霸关西入五台，胸中块垒尚崔巍。愁肠难解空凭酒，重读丘园需囊弹。壬申首夏，写昆曲山亭。程十发漫笔于三釜书屋。"

6月，以大篆法作书法："问我南宗抑北宗，东西中外古今同。法生自然归太朴，一笔倾成笔墨空。"

6月，绘《秋山晚兴图》，题跋云："秋山晚兴图。壬申蒲月，程十发写于三釜书屋。"

6月5日（端午），绘《屈子行吟图》（95.5cm×60cm，嘉德2017年秋拍），题跋云："楚人悲屈原，千载意未歇。精魂飘何处，父老空哽咽。至今沧江上，投饭救饥渴。遗风成竞渡，哀叫楚山裂。屈原古壮士，就死意甚烈。世俗安得知，眷眷不忍决。南宾旧属楚，山上有遗塔。应是奉佛人，恐子就沦灭。此事虽无凭，此意固已切。古人谁不死，何必较考折。名声实无穷，富贵亦暂热。大夫知此理，所以持死节。壬申端午，写屈夫人行吟图并录东坡诗。程十发漫笔于三釜书屋。"本幅后赠画院同仁赵万年。

支持云南佤族画家布饶依灵在上海美术馆开画展，先生并为画展题词云："高高山上有一朵小小的金茶花。"后还为《布饶依灵画集》撰写了寄语。先生充满温情和鼓励地在寄语中写道：

　　　　有一次，当然是很久以前，在云南，我从景颇山上下山的时候，遇到一个景颇族小姑娘，像小布饶依灵现在那么大。她牵着一头水牛上山，牛头间挂着一个木铃，一晃一晃地发着沉重的声音，那小姑娘看到我有些害怕，避得很远。尽管她上山我下山，一晃而过，但这个印象数十年来一直留在我脑际。因为我是外地人使她陌生。但今天的小画家布饶依灵见到我一点也不腼腆，像是很久前就相识。当时我遇到的是景颇族姑娘，而我们布饶依灵是佤族姑娘，因为都是高山上的民族，有些大致相同的装束，我天真地想起那年在云南景颇山遇到的小姑娘很像布饶依灵。

　　　　今天小布饶依灵在艺术的旅途上遇到了一个下山的老人，那就是我。这是一种幸遇。我年长，已经学画数十年，受各种影响，把心境弄得十分复杂，而年轻的布饶依灵的画笔是那么自由自在。我看了她画的动物、风景，真是毫无拘束，她在自由天地里飞翔，我好像拖着沉重的步伐下山……这段相识的初会是那么宝贵，祝布饶依灵成熟起来，还是那么自由，向天空飞翔。

6月，画院同上海橡胶（轮胎）集团公司在扬子江大酒店举行合作协议签字仪式。

《山居清兴图》

7月，绘《山居清兴图》，题跋云："山居清兴。海滨仁兄补壁，壬申六月程十发写。"

7月，为沪上著名主持人曹可凡绘《瓶花图》，题跋云："可凡仁兄卅初度志庆，一九九二年七月，程十发写贺。"

夏至初秋，绘《花鸟册页》（八开，63.4cm×52.5cm，嘉德2004年秋拍）。题跋云：

"西风皆老去，唯有海棠娇。壬申却暑，程十发漫笔。"

"春归。壬申夏，程十发漫笔。"

"清供。壬申夏，十发漫笔。"

"斗雪双英。壬申夏，程十发漫笔。"

"壬申七月游匡庐山，于东林寺见白莲将残，依稀陶渊明入社光景。十发漫笔。"

"佳果一株称万利，乱涂纸上不须栽。壬申立秋，程十发漫笔于三釜书屋。"

"壬申之竹醉日，安吉竹种园赠我金丝竹一丛，载于故乡修竹远山楼下。今为竹写照，并系一绝。十发漫笔。楼下种株金镶玉，清风摇曳影碧绿。闲人不作钓鱼竿，栽杖山溪观鱼乐。"

"秋色斓斑。壬申立秋，程十发漫笔。"

9月11日（中秋），绘《秋山新雨》（68cm×137cm），题跋云："秋山新雨。壬申中秋，程十发写于无尽藏。"

秋，绘《秋晴鸠鸣》（96cm×46.7cm，嘉德2002年秋拍），题跋云："秋晴听鸠鸣。壬申金秋，程十发漫笔于无尽藏。"

秋，绘《庐山草堂图》（68cm×137.5cm，嘉德2005年秋拍），题跋云："庐山草堂图。唐白居易结庐山中，壬申夏曾游，忆写此图。程十发写于无尽藏。"

秋，为《东方书画长城巨卷》题词云："人间奇迹 艺坛壮观为东方书画长城巨卷赞。一九九二年秋，程十发题于上海中国画院。"

《瓶花图》

　　9月，上海人民美术出版社出版《上海中国画名家作品》画册，由百岁老人朱屺瞻题书名，先生撰写序言。本画册刊登了上海35位中国画家的作品，其中有先生本年春所绘《如火山茶一夜开》，题跋云："寒冰已解暖风吹，如火山茶一夜开。小草有情花下出，煦光和霭把头抬。壬申春朝，程十发写于三釜书屋。"

　　《上海中国画名家作品》序言

　　对于上海的画坛，我一直以为是个浩瀚的"海"。"海"者大之谓也。追溯上海的百年画坛，前有虚谷、任伯年、吴昌硕等一群标新立异的名家，外有西洋、东洋林林总总画风的持续劲吹；以本身论，上海拥有浩大的且日见扩充着的有实力、有想头的国画人才，拥有一片得天独厚的哺育画家的肥土沃壤。这种种的好的条件，造就了上海国画界名家辈出、代不乏人的蓬勃局面。这是理所当然的。

　　也许是地名的关系，世人多有将上海的国画界统括"海派"的一说。记得恩格斯曾有一句"风格即人"的名言，这是十分精辟而准确的。开宗列派的主宰当是具体的人，这也适用于对国画风格的评判。奈何前人惯用地区来划分画派和风格。诸如什么浙派、皖派、京派、华亭派、虞山派、吴门派等等。这固然是由于这一时期、这一地区的画风，往往有一个主将的存在和支撑，以及其统领时尚的一种风貌的泛滥和笼罩。客观的存在决定概念的归纳，这还是较为切实在理的。而那些纯属出于地方主义乃至封建意识，不分皂白地划圈子，就有悖于情理了。

　　被世人称为"海派"中坚的虚谷、任伯年、吴昌硕，三位均非上海本地人，且风貌神韵也是异多于同、异大于同，各有独特建树的，即使广义地讲也算不得同宗，更是不同派的。寓居一隅而目遇有别、各领风骚本是好事，硬性地以"海派"去综合它，框住它，则不免使人觉得牵强附会。倘使我们起三老而质之，想必也是不敢苟同的，是颇有强加之嫌的。

　　"海派"一词，证之三老即欠公允合理，而要冠之于今天的海上画坛则更会显得苍白和空洞。近些年来，科学的昌明、信息的便捷、交流的频繁、视野的开拓、观念的更新，以及推陈出新的规律的深入人心和付诸实践，画家对自身价值和艺术个性的认可和强化，上海人那种特具的表现在艺术上的开明与大胆，使上海的国画界益显生机，益见清新。

　　老辈的国画家融洽的相处并未损害到各家风格的相背发展，他们或苍浑，或拙醇，或雄姿，或奇崛，或清淡，或精丽，或淡和，各自达到了艺术的高峰，为海内外所折服。他们虽同是在这个"海"里，却是无法归纳为一个"派"的。中青年的国画家生活在这千载难逢的盛世，更是义无反顾地力避风格上的"清一色"。他们于古于今，于中于西，兼收并蓄，去芜存菁，淘沙漉金，各得灵苗，塑造着一个丰满而崭新的自我，形成了一个和而不犯、雷而不同的多姿多式、百花竞放的群体。这是一个客观存在的事实。这个群体虽生活于同一个"海"里，但绝非用一"派"而可以归纳的。诚然，为了表达的简易，硬要以"海派"一词来统称上海当今的国画界，不是不可以，但至少要认识到这个"海"是那么辽阔、深广、奇诡、多彩。

　　名词称谓，并非最重要的，但对理论家来说可能是有必要加以科学、准确地推敲和诠释的。我不是理论家，我只是谈一些对"海派"一说的浅薄的认识。总之，我以为近百年来上海国画界，师承是多元的，追求是多方的，风格是多样的，是可咀可嚼、可圈可点，很有看头，很多回味的。我殷切期望理论家，至少上海的美术理论家加以总结上升，给予我们实践者以指导，而不仅仅是在称谓的叫法上。

在当前改革开放的强劲春风里，上海人美的同志们加强和加快了对上海国画领域的宣传出版，这是期待已久的好事。多做些让上海人了解上海国画界、让外地和海外人多了解上海国画界的传播媒介工作，特别是把一批批出色的中青年画家的成果推开去，这是一个有远见卓识的动作。我除了赞同、欣赏，还要和画家、读者们在一起，说一声谢谢。

10月3日，在深圳博物馆举办的"深圳首届当代中国名家字画拍卖会"上，包括先生作品在内的共63位画家创作的97件作品一同拍卖，成交83件，成交总额226万余元。

10月20日，在个簃艺术馆举行的"王个簃铜像揭幕仪式"上讲话，铜像由上海中国画院、上海美术馆捐赠，先生为之题记。

10月23日，绘《莱菔图》小品（41cm×56cm），题跋云："觉得味道交关林。程十发。一九九二年十月廿三日。"并由张森书隶书诗堂。

10月，绘《吴山清远图》，题跋云："吴山清远。赵吴兴善写平畴千里极目天舒现至高境界，源自北苑副使，今再录诚斋诗其上。好风稳送五湖船，万顷银涛半霎间。已入江西犹未觉，忽然对面是西山。壬申十月，程十发并识。"

秋，为苏国超录题画诗四首："真泉不比画下泉，胸中一脉是灵犀。弹指小河通大海，只凭秃管与松煤。（画海）唐宋元明梦一场，前人窠臼好商量。千家万法镕成我，我为千家哺后生。（题自画山水）我自何年进此山，诗情玄理道中开。归来自觉浑如梦，笔墨无能落纸难。（题自画山水）坐听流泉观白云，枫林垂坐万山红。一年光景秋最好，橘绿橙黄夕照中。（题自画秋山图）近作四首赠国超老棣博笑，十发，壬申金秋。"

秋冬之际，为武汉黄鹤楼公园白云阁题匾额"视通万里""思接千载"。

11月，绘《古松图》，题跋云："古树何年涧底生，只今已与岭般平。千梢万叶无重数，一一分明报雨声。壬申小春十发写。"

11月，为汪大文册页上题跋云："唐宋元明梦一场，前人窠臼好思量。千家万法镕成我，我为千家哺后生。壬申小春月，雨窗题大文旧临拙画八种，程十发于无尽藏。"这首《自述》诗先生押的是松江方言的韵脚。

冬，绘《斗艳图》，题跋云："斗花斗草斗芳菲，飞度年华又一年。二八小姑八十二，红颜白发只瞬间。壬申冬月晴窗，程十发漫笔。"

12月14日，与谢稚柳、陈佩秋、刘旦宅、吴青霞等八位画家在锦江饭店创作《八锦鸡报春图》，迎接1993年鸡年的到来。

12月19日，《解放日报》发表先生关于读书的感想："读书是一个人接受知识的重要途径，但是要识书，书也有真书和伪书。推动历史前进的各种知识的书，是真书。反之是魔书、伪书。有朋友要我写有关自己绘画创作的书，我总是不敢写。因为我学识不多，我知道的一点一滴也是古人今人已经讲过的。要我讲自己的所谓新意，我害怕会走上魔道。我还得好好学习，天天向上。"

12月，应邀在汪寅仙特制的"石瓢提梁壶"上，与巴金、谢稚柳、陈佩秋、刘旦宅等签名，为四海壶具博物馆开馆祝贺。

12月，"丁浩书画展"在上海美术馆开幕，有600多人参加了开幕式，先生为老友的画展致开幕辞。

12月，程欣荪加入塘乡女子画院。

12月26日，上海中国画院举办"曾熙遗墨展"，先生题展览名。

被授予"中华人民共和国文化部先进个人奖"。

先生在《艺术美之我见》中说：迄今为止，"海派"仍是一个相当模糊的概念，就国画艺术的风格来说，"海派"无派，对各种风格都是兼容并蓄，兼容并蓄就是互相吸收，只要自己认为是好的都吸收、兼容，这就是"海派"。

《艺术美之我见》

有时，要为"艺术"两字下个定义也颇不易。对此，儒家有儒家的观点，道家有道家的观点，西方的观点又和东方有异。另外，古代与现代也大不相同。怎样认识艺术美，怎样追求艺术所创造出的美的境界，也因人、因地而不同。而在我们中国画中，怎样做到民间和文人画的矛盾统一，创造出艺术美的境界，在这方面，齐白石大师可说为我们树立了极好的学习榜样。过去的艺术史也证明了这一点，艺术常常来自民间，又在士大夫的艺术圈中产生很大的影响。可以说，艺术的根在民间，是人们自身生活的需要。但是，如何把这两者（指民间艺术和士大夫艺术）加以统一，做到绝对中有相对，一直是有识画家的追求。如明朝的徐渭，所画当然是典型的文人画，但明朝瓷器上的纹样与图案还是与徐渭的文人画有共通之处，几乎可以说，这两者有意无意地合而为一了，此为"民间艺术与士大夫文人画艺术"统一的例证，非常具有东方艺术美的境界。

在创造艺术美上，还有另外一种统一，这就是东西方艺术的统一。搞艺术的人都知道，汉朝西安茂陵的霍去病墓前石雕所作极为特别，造型不像秦朝的写实，中间用了不少夸张手法，一大块石头，自然的本色都被加以利用了，所用技法有浮雕，也有立体雕。西方人前去参观，莫不异口同声赞叹，认为这是非常现代的一种表现手法。实际上，在中国人的心目中，它是一件非常古代的美术作品，是一种古老的艺术表现手法。据我个人看，这类表现手法的产生，可能受道家的影响，但我没有考证过，希望艺术理论家提供材料，共同探讨这一艺术现象。我平素对唐三彩、陶俑和明代瓷器极富兴趣，既把它当作古代艺术看，也考虑到如何化古为今，就像现代人看西安茂陵的霍去病墓前的石雕，把它看作是非常现代的一种表现手法，运用到国画创新中，谨防照抄"古董"的毛病，这样使人易于观赏现代创新的艺术。所以，创新艺术美也不能绝对化。

我的那位同乡董其昌，在划分艺术风格上有"南北宗"之说，其实是把艺术风格、艺术美绝对化了。历代国画家创造出多姿多彩的艺术风格，被董其昌一划分只剩两家了。然而，艺术发展到当代，有人要否定董其昌的文人画，这也是把艺术发展看得绝对化了，分析的思路也循入了董其昌的老路。现代艺术风格的发展和现代化的发展一样，城市与乡村的联系非常方便，交通四通八达，美术家出国、来访也非常方便，美术的信息十分灵通。于是在绘画风格上就形成了互相吸取的艺术局面，国内、国外没有界限，古代与现代没有界限，艺术风格不可能单一化，大家都在你吸取我的技法，我吸取你的技法，又保持了各自的个性，谁也不能否定谁。怎样划分文人画画家，怎样界定文人画，历代艺术理论家和国画家也是各执一词，各有各的说法。徐青藤的画是文人画，苏东坡画竹也是文人画，但是，仇十洲、阎立本的线描就不是文人画了？这说明艺术风格是多样的，又是互相融合的。

前些日子，和中青年国画家谈起上海的国画艺术，有人提出上海中青年画家的画风被称为"新海派"，想听听我的意见。1992年出版的《上海艺术家》第二期上有王纪人的《上海的人文特点与海派文化》一文，作者我不认识，但文章的观点有道理，我倾向他对海派文化分析的观点。迄今为止，"海派"仍是一个相当模糊的概念，就国画艺术的风格来说，"海派"无派，对各种风格都是兼容并蓄，兼容并蓄就是互相吸引，只要自己认为是好的都吸收、兼容，这就是"海派"。就拿任伯年、吴昌硕两人来说也是如此。任伯年、吴昌硕私交甚笃，年龄上吴比任小，文人画发展到清末，诗、书、画、金石，吴昌硕成就均高，说他是文人画的最佳代表，并非过誉。任伯年壮年去世，年仅56岁，画艺很好，诗、文稍逊。然而他们各有长处，对中国画艺术和民间艺术浸沉很深，吴昌硕在画风上倾向"雅"，而任伯年则以"俗"知名于世。当任伯年发现吴昌硕的才华时，曾经说过这样一句话："像他这样发展下去，以后我们大可不必画画了！"可以说对他推崇备至。还有，他们两人的师承也各有别，吴昌硕走的是扬州八怪、八大山人、徐渭一路的，任伯年则追随陈洪绶的路子。同是吸收，各有取舍；同是融合，各有出新：这就是艺术，而且在艺术家的气质上又有品位。到后来，两人的艺术风格各自形成风貌，并领导了当年"上海画派"的兴起。

所谓艺术美，应该理解为：艺术家把美带给人类，并共同为美好生活做出想象。上述所说古今、东西的统一只是一种手段，怎样以此扩大到人类对美的境界总体追求才是重要的，只有融合古今中外艺术的诸多因素，艺术才能达到（实现、完成）本身的功能与任务。这也就难怪一些不懂艺术的人单纯地理解画作所表现的境界，以为世界真是绝对地如此美好。其实不然，这是由画家本身想象出来的，画家的想象可远及古代，也可及现代与未来，这就是艺术。

9月14日，俞子才（1915—1992，上海中国画院画师）在上海病逝，享年77岁。

10月10日，沙孟海（1900—1992）在杭州逝世，享年92岁。

10月14日，伍蠡甫（1900—1992，上海中国画院画师）在上海逝世，享年92岁。

1993年　癸酉　七十三岁

1月1日，《文汇报》刊出去年12月先生与诸名家合作的《八锦鸡报春图》，刊登时报上将本作题目写作"百鸡报晓图"。

1月20日，先生等30余位画师在上海中国画院聚会，参加迎春笔会。

1月22日（除夕），有感于上海戏曲舞台冷落的现状，奋笔疾书写下《京剧式微小记》一文。先生作为戏迷，心系所危，提出六点可行的具体意见。全文后在《上海戏剧》1994年02期上发表。

　　《京剧式微小记》

　　平生有两"好"：一为读画，一为看戏。

　　闲来无事，挂一幅名画于斗室，一面品茗，一面研读。观其取景、布局、设色、笔画、线条、细节，细读、细习，一刹那，仿佛身不由主（己），已在画图中。或徜徉山水间，或寻香幽芳里，或与客人抱膝长吟，或与雅士杖黎论文，或与僧人松下对弈……这乐也，无尽又无穷。

　　二为看戏。中国戏曲，不仅为中华民族，而且为全人类艺术宝库中稀有奇珍。其品种之盛，魅力之大，世罕其四。余之看戏，亦如读画。往往看着看着，忽然魂飞体外，进入戏中，与剧中人同喜、同忧、同怒、同乐。于众多戏曲中，最偏爱昆剧和京剧。朋友们称余为"戏迷"，也确有几分实在。无独有偶，老伴张金锜，也生于戏迷家庭，自幼爱戏，还能唱上几支昆曲。嫡堂舅之江，《新民晚报》高级记者也，且为著名戏曲评论家。"物以类聚，人以群分。"相聚一处，不是读画，便是论戏。好在偌大上海滩，日日好戏连台，不愁无戏可看，因而数十年间，看戏几乎也与读画一样，成为余之"生活必需品"，有时甚至不可"一日无此君"。

　　谁知世事难料，好景不长。……短短数年，使中华民族戏曲瑰宝，摧残殆尽。等到"一唱雄鸡天下白"，戏曲实际已经式微，气息奄奄了。追至当今之世，电视屏幕上"大奖赛"之类固然闹猛，戏曲舞台上则已衰落不堪。今夕何夕？壬申除夕。明日何日？癸酉元旦。逢此大节，过去上海戏曲舞台，何等威风。光是京剧，共舞台、大舞台连台本戏，黄金、天蟾、中国等等戏院，京朝大角，海派巨星，总是好戏对阵，一争高下。今日，翻开报纸，三大张十二版，竟找不到一则戏曲广告！呜呼！"王小二过年"，寥落、凄凉，一至于此！凡我国人，作何感想？有关方面诸公，又有何感触？（编者按："中国戏院"为程老笔误，应为"中国大戏院"。）

　　唯其"病重"，"医生"们实无良策，你一个主意，他一张方子。方子也罢，主意也罢，"里厢'扛'（讲）到外头，菩萨还在庙里"，何故？因为"扛"出来又"扛"进去，无非"革新"两字而已。此两字当今最吃香之方块字也，可以从天安门贴起，一直贴到"田横头"。但是，如果深问一句"如何革新？"答案自然五花八门。有一点却可肯定：坐议言谈，数年之久。至于效果，无所可言，否则何以大好春节，大上海竟无一戏可看？

　　或问：足下侃侃而谈，有何高见？

答曰：谈不上高见。作为戏迷，心系所危，不敢不言耳。刍议有六。

一、"留得青山在，不怕没柴烧"。戏曲衰落，原因甚多，无法一一细论。千条万条，先讲一条：无论哪个省份，都要把本省主要剧种、主要剧团养起来。"养"，就要"养"得像个样子——吃得饱，穿得暖，"立"得直（给予一定的荣誉和社会地位，要让人看得起）。

二、不管赚钱够本，要常常唱戏。戏票硬是可以通过企业摊派。

三、要认真组织观众，培养观众，做好讲解引导工作。要送戏进厂、进店、下农村，特别是进大学、进中学。让青年学生接触、学习、理解中华民族的文化瑰宝。

四、必须切实加强戏曲教育。不论观众如何冷落，接班人培养工作绝不能松懈。而且，从现在开始，就必须抓紧。因为有些剧种目前还有一些主要演员（如昆剧）能教得动戏，培养得出人才。再拖拉几年，老的老了，死的死了，什么戏也上不上了。为此，必须加强两方面工作：一是选好苗子，尤其要动员戏曲演员送子女学戏；二是爱护师资，必须大大提高教师的工资、待遇，让其安心教戏，甘心留下自己的"绝活"。

五、对演员来说，要强调勤学苦练。目标不要放在什么大赛的得奖上，而要放在自己的"第二父母"——本剧种的振兴上。不论哪个剧种（福建的几个剧种除外，因为它们有语言的特种保护，至今尚生机勃勃），今天都处于衰落期："此诚危急存亡之秋也"！切不可贪近利而忘大事。自然，国家也应言行一致，切实提高演员的福利和社会地位，不能老是口惠而实不至。

六、演员本身必须处理好继承流派和演好戏的关系。各个流派有各个流派的特点。但是任何一个流派，都是表演艺术大师在演戏过程中博采众长、巧避己短才形成的。梅兰芳、程砚秋、荀慧生、尚小云，可以各创流派，但都离不开自己演的戏。梅兰芳的《贵妃醉酒》《三堂会审》《凤还巢》《生死恨》《霸王别姬》《洛神》《天女散花》等等，程砚秋的《青霜剑》《荒山泪》《文姬归汉》《锁麟囊》等等，荀慧生的《红娘》《勘玉钏》《丹青引》《红楼二尤》等等，尚小云的《昭君出塞》《福寿镜》等等，无一不是本身流派的代表作，而四大名旦流派之形成，就是在无数戏（传统的、创新的、改编的）的演出过程中自然形成的。旦行如此，生行、净行、丑行，无不如此。京剧如此，其他剧种也无不如此。如今，当演员似乎只知流派，不知有戏。流派也只知有唱，不知戏曲乃集歌、舞、诗、戏、画之大成，有机结合。歌，固属首位，但只有歌而无其他，学得再像，也难说戏演得好。只有唱像流派祖师爷，身上则一无是处，坐无坐相，走无走相，怎能算是这个流派的代表人物？举例而言：当今净行，几乎无一不宗"裘"（盛戎）。宗"裘"，又几乎无一不求唱似，不求戏似。想当年裘盛戎一举手一抬足，何等分量！装龙像龙，扮虎像虎，塑人物，又何等入木三分！当今裘门弟子到底学到了几许？光是一个"唱得像"，离流派相去何止千里！如果说戏曲式微，原因殊多，那么演员本身质量、素质之不及前人，对我辈老戏迷来说，似乎应属主要！一坐到台下，眼看台上，走进走出，就这么几句唱学的是老祖宗，怎么吸引得住观众？连老观众也吸引不住，更何况"桃花源中人"——不知有汉，遑论魏晋，对中国历史知之甚少的新观众！

以上所议，无非偶然想来，偶然论之说说而已，听不听由你。因为目睹戏曲衰落，七嘴八舌者又多。反正大家都在"扛""菩萨"扛进扛出，扛个不停。鄙人年逾七十，看着眼痒，听着耳痒，所以不自量力，自告奋勇来"扛"一"扛"轿杠。至于"菩萨"进出如何，则非区区一只"肩膀"所能左右也。等吃年夜饭，讲讲白相相而已。

2月，绘《山水并咏梅诗扇面》（嘉德2002年秋拍），题跋云："（画）刘刚先生见赠先师声远教授遗墨，写此答谢。时癸酉元月，程十发并记。（书）平畴眼底独无山，丘壑重重隐吾怀。更种老梅三百树，春风吹着一齐开。莘庄公园植老梅数百本，闻已着花，即写咏此。十发。"

3月，被南通市聘为个簃艺术馆名誉馆长。

4月4日至9日，"梅舒适书画篆刻作品展"在上海中国画院举行（画院所制请帖由先生题写展名），并出版作品集。开幕的那天大雨滂沱，到会的人很少，场面冷清。先生致辞说："今天落雨，只来了五六十人，其实已经不少了。当年王羲之兰亭雅集，到会的只有42人。王羲之是书圣，只有42人到会。参加梅先生书法大展的有五六十人，超过书圣王羲之……"妙语惊人，满座皆大欢喜。

暮春，绘《橙黄橘绿图》，题跋云："橙黄橘绿夕照中，癸酉暮春，程十发写于三釜书屋。"

暮春，绘《匡庐读书图》（122.7cm×116cm，嘉德2009年秋拍），题跋云："匡庐读书图。癸酉暮春，程十发写于三釜书屋雨窗。"

暮春，跨年绘成《山水册十二开》（37cm×28.1cm，嘉德2005年秋拍），题跋云：

"江干数树，法营丘平远。十发并记。"

"以中锋为之，气息才静穆。六法贵乎笔法，此智者言。十发。"

"文与可写岩间篠（筱）竹，云是肺腑中出，亦名言也。十发并记。"

"春江览胜。壬申小春，程十发写。"

"山中朝气空濛（蒙），最难下笔。十发。"

"癸酉暮春，程十发写。"

"人来人往，唯有离亭不往。癸酉闰三月雨窗，程十发。"

"从金山望海中小岛。十发写生。"

"写雪山不忘王右丞。十发。"

"每不见大痴秋山图即想望之。壬申之秋，十发又造一本于无尽藏。"

"秋山晚钟。十发写。"

"写山水册十二页，自壬申之早秋始，成于癸酉之暮春，因杂事冗烦，不能安于几案弄墨。今日完成，恰国超老弟偕夫人大君来沪，贻此留念。十发并识。"

此册后被制成1997年挂历《程十发山水画集》。

5月7日，先生与朱屺瞻、唐云等画师的作品参加上海中国画院与上海友谊商店联合在友谊商店举办的迎东亚运动会书画作品展，展品共计60件。后出版画册《东方艺术之光》，由先生主编并题写书名，出版方为第一届东亚运动会编辑部。5月9日，首届东亚运动会在上海虹口体育场开幕。

5月，绘《林泉高致图》（136cm×69cm，西泠2010年春拍），题跋云："林泉高致。癸酉首夏，程十发写于三釜书屋。"

6月，绘《写意山水》，题跋云："墨趣瀜然化一团，其中万木虬枝干。无穷苍逸凭湘管，何必钩沉是宋元。静轩画家观余作画即以为赠，癸酉五月，程十发并题。"

6月，绘《峰泖秋深图》，题跋云："峰泖秋深。癸酉五月，程十发写于三釜书屋。"

松江的九峰三泖，历来是风光秀丽的游览胜地。据清嘉庆《松江府志》载："府境诸山自杭天目山而来，累累然隐起平畴间。长谷以东，通波以西，望之如列宿。排障东南，涵浸沧海，烟涛空翠，亦各极其趣焉。而九峰之名特着（著）。"九峰俱为低矮小山，海拔均在100米以下，从山的形态看，大多是脊状山形，山脊一般比较浑圆。多数山麓坡度不对称，一侧坡陡，另侧坡缓。九峰林木深秀，有众多的奇石名泉，还有许多历代名人的旧址遗迹和宗教建筑。只是由于沧桑变化，峰泖名迹现大多已湮没，只有风景依旧。

6月26日，绘《花竹相连图》（85cm×34cm，嘉德2013年春拍），题跋云："不画花瓶画竹根，竹根也可作花瓶。花枝原生竹林里，被折依然是姻亲。癸酉蒲节后二日，程十发漫笔于三釜书屋。"

6月29日，第二届上海文学艺术奖颁奖典礼在上海商城剧院举办，先生、施蛰存、吴贻弓获上海文学艺术奖杰出贡献奖。1991年首届获得该奖项的是朱屺瞻、朱践耳、蒋孔阳。

7月，为陆一飞作《读画小记》一文，后被用作1994年《陆一飞画集》的序言。

《读画小记》

中国山水画，在南北分宗之说未建之前，学习并无门户之见，即贤如元赵松雪、钱舜举，博览群英，王维"二李"皆学，未尝分门户。自莫是龙、董其昌提倡南北宗之后即分泾渭，如是门户森森，并非为古人立标帜，实为自立山寨称雄，借祖庭之名望耳。后人更为自作标榜，使阔广之艺苑，局狭于小巷门庭，影响后学，难以越古人之步。古人受政治经济宗教各种因素所围，能从中披荆斩棘，其中杰出于艺坛者亦不乏其人。然此乃前人之事。艺术之学尚有内外之师，即东西方文艺交流，犹如江河入海，蔚为奇观，唯作者之修养与选择耳。

我院陆一飞画师，投名师，广览古今中外山水画名作，博集大成，自为一家。读其佳制，使人神怡思畅。图中烟岚变幻，云水飞扬，于山水林木之外，画师自具胸中丘壑，镕（融）百家汇一家，余以为食古今中外而能化者是为大家。今逢盛世，名家辈出，皆以继承发扬艺术传统创造有中国特色之新文化而努力，无疑陆一飞画师做出很大努力和贡献。

一飞画师画集即将问世，余先睹为快，读后若有所思，率记读后所得借以为画集之小序云。

程十发

一九九三年七月于三釜书屋

7月20日至22日，先生参加上海市文学艺术界联合会第四次代表大会。

夏，夫人张金锜以画家身份与先生及程多多三人同赴新加坡举办画展。归来不久，突于7

月21日上午9时，因心脏病并发脑出血，急送中山医院抢救。7月25日清晨，张金锜因病不治，享年76岁。

《长乐图》

张金锜逝世之后，家里人布置起了灵堂。大家怕先生情绪激动，都劝他回房休息。可倔强的他说什么也不肯，突然一下跪倒在地，对夫人灵位磕了三个头。浑身颤抖、饱含热泪的先生慢慢说道："金锜不光是我的夫人，更是我的姐姐。没有她一生对我的让步，也没有我的今天，所以我今天磕一个头送送她，也是一辈子的情意。"

举办丧事时，先生到夫人遗像前，双膝跪地，磕了三个头。在旁的人劝说："你和夫人是平辈，不必行此大礼。"先生含泪说："虽然我们是平辈，但张金锜是我的夫人，又是我的姐姐，她为程家相夫教子，含辛茹苦一辈子。今朝姐姐出门远行，我怎能不行礼恭送。"

8月，古吴轩出版社出版由张瑞林主编的《当代中国名画家全集·程十发》。

秋，在所绘《榴实岩菊图》（96cm×176cm）题跋上阐述对书画笔墨的看法："古人好写生而具笔墨，今人写生而轻笔墨。笔墨不能凝而不化，主要应物象形；形千变万化，也不能凝而不化。笔墨不化，形岂能象（像）哉！形不能化，安能称笔墨哉！癸酉金秋戏写千年榴实，倩以峇（岩）菊一丛。云间程十发漫笔。"似禅家偈语，发人深省。

秋，为曹可凡绘《长乐图》（少女与鹿），题跋云："长乐。可凡仁兄雅教，癸酉金秋，十发漫笔于三釜书屋。"

《渔家乐刺梁》

9月，为香港友人沈先生作绘设色《昆曲速写册页》十开，题跋云：

"渔家乐刺梁，十发漫笔。"

"千金记别姬，癸酉中秋前夕，十发漫笔。"

"关大王单刀赴会为关汉卿力作，可称不朽，十发漫笔。"

"借茶。为侠义记一折，十发漫笔于三釜书屋。"

"燕子笺狗洞，十发漫笔。"

"虎囊弹山亭为清丘园所作，中有寄生草一曲，曹雪芹所喜爱，写入红楼梦中，十发写。"

"斩娥。亦关汉卿力作，千古不朽，十发漫笔。"

"泼粥。十发速写昆剧，戏曰纸上舞台。"

"钟馗嫁妹。癸酉新秋，云间程十发漫笔。"

"烂柯山泼水，癸酉中秋前夕，十发漫笔。"

次年补题云："敬宜小姐藏拙画已有三册，此为去秋率写昆曲十种，一时兴会并乞政，十发又题，甲戌新秋。"

深秋，绘水墨山水于金笺扇面上，题跋云："癸酉深秋，以北宗之笔写南宗之景，可使思翁一咲（笑），程十发写。"

深秋，绘《层巘高秋图》，题跋云："层巘高秋。瑞华仁兄法教，癸酉九秋，程十发写于三釜书屋。"次年再题云："去岁癸酉赠瑞华兄，今岁甲戌又重逢，相见一喜，再题数字于上，博识者一笑，程十发又题。"

深秋，绘水墨《山居图》横幅，题跋云："南冈北岭对窗扉，看尽朝岚与夕霏。社后未曾闻燕语，雨中谁不惜花飞。山醪约莫几时熟，沙笋轮囷一尽围。莫怨风光损桃李，荼蘼芍药又芳菲。癸酉九秋，写山居图并录宋人诗一首，程十发。"

10月，日本关东的船桥市与西安市建立友好城市，船桥市请先生书写了"友情无限"四字，镌刻立碑于西安大雁塔公园。先生受邀，在程欣荪、毛国伦陪同下赴西安参加此次友好活动。

11月，书《行书七言联》，联文云："诗成梦里颠倒句，画写胸中块垒山。癸酉小春，取小诗二句奉教，程十发。"

11月，绘《春风放怀图》，题跋云："癸酉小春，程十发写于三釜书屋。""我向灯前置酒杯，南轩北户一时开。如今正是花时节，且放春风数路来。录徐仲车诗补空，十发。"

11月，作《行书龙门对》对联（172cm×41cm，嘉德2022年春拍），题云："沧海日，赤城霞，峨眉雪，巫峡云，洞庭月，彭蠡烟，潇湘雨，武彝峰，庐山瀑布，合宇宙奇观，绘吾斋壁；少陵诗，摩诘画，左传文，马迁史，薛涛笺，右军帖，南华经，相如赋，屈子离骚，收古今绝艺，置吾山窗。文浩仁兄属教。癸酉小春雨窗，程十发于三釜书屋。"

为松江县中山小学建校90周年题字。

仲冬，绘《数路春风图》（95.5cm×177.6cm，嘉德2011年秋拍），题跋云："吾（我）向灯前置酒杯，南轩北户一时开。如今正是花时节，且放春风数路来。癸酉仲冬月，写松梅竹石红茶泉水于一幀，戏题数路春风图，并书节孝诗。云间程潼十发漫笔。"

冬，与相别60多年的童年旧谊张祉琬在青浦见面。之后又重聚松江，寻访张祥河旧宅。

本年，韩天衡撰《立雪杂说——程十发先生其画其人》长文，以独到的眼光对先生的艺术做了详尽的分析和赏鉴。

《立雪杂说——程十发先生其画其人》

吾爱发老画，亦爱发老人。请益求教二十余载，今以所读、所见、所闻、所知信笔拈出，工拙不计也。笔者凡夫一管之见，又属窥豹一斑，不求其全亦不能全，不求其深亦不能深也。

对于艺术，百花齐放乃是规律；对于艺论，百家争鸣乃是常理。审美因人而别，褒贬因人

《长乐图》

而异，不求一致，也无须一致。笔者所述，虽浅陋而皆发乎心田，不苟求同于人，诚出于自学、自诲、自教也。

发老，姓程，字十发，取"一程十发"之义。"发"为古度量器中最微之数。其为人谦恭，名实相符。此与清赵之谦之"余名曰谦，而不虚心，因有此字"适成反例。可记。

在画坛上，古往今来没有神仙，而自己也绝不是神仙，这似乎是发老治艺之心态。

中国画讲师承，作风近似老师似乎是天经地义之事。唯大聪明或极愚昧的学生才不似乃师。前者不屑像，后者不能像。发老诚是一位不像老师的学生。然而，不像老师，不学老师，不等于不借鉴传统。什么是传统？凡是存在的都已属传统。传统该是什么？曰：传统该是出新的土壤。而今被视为优秀传统的，皆是往昔之新面貌。清醒的攻艺者当不负传统，不忘出新。又，再有大震荡的出新，也只是在传统的前头迈出了一步，只是一步。从这个意义上讲，传统万岁，出新只是万岁加一岁！故吾辈不必薄古，亦不必非新。

发老古典人物画，以其夸张的形象、夸张的笔墨、夸张的气氛，塑造出一种奇特的境界，自成一格，使明代之陈老莲、清代之任伯年不能专美其前。

自成径畦的大家，其画作在古往今来的"祠堂"里绝不会找到面目近似的父母的牌位，但又必须有内里上窥见其血缘关系的姨、舅在。发老人物画，远溯梁楷减笔，参以陈老莲拙逸，虽脉络可寻，而风情迥异。人云其人物滥觞于任伯年，吾则以为其与伯年为远房昆仲，伯年娴熟，发老熟中有生。吾尝曰："由生返熟如登山，由熟返生如登天。生熟之间，消息微茫。"

用墨的枯润、浓淡、深浅，用笔的粗细、增减、疾滞，体势的险稳、拙巧、敧正，色彩的单复、简繁、点泼……往往在发老的画面上得到了最充分的调动。将尽可能多的矛盾物大胆地纳入一个画面之中，而又令其融融洽洽，一无矛盾。辩证治艺，这是发老的一大本领。

发老早岁苦研山水，自北宋诸家入手，于元人也多有涉猎。尝见港岛王世涛兄所藏发老山水立轴，乃其弱冠时作，一派黄鹤山樵精神，似而不似，已可预测日后大家气象。吾尝自语："画家之成，落地即已定音。若天目竹，睹嫩笋腰围，即可知其日后之大小矣。"此虽谑语，恐也不无一丝道理。

发老写山水，有法而无法，有师而无师，皴法体势多自造。实里求虚，浓里求淡，不以似而满足，又不以不似自喜。其山水多自出机杼，去其依傍，仙山琼阁，笔墨渺秘，意味诡奥，特多仙气，在大千、抱石、可染、稚柳、俨少诸翁外别开生面，自有其历史地位在。

发老于书法尝语余曰："谁不学王羲之，我就投他一票。"非其不钟爱右军也，而路都走到一条上，歌都唱到一个调上，小则令人生厌，也令右军生厌，大则有损艺术之出新，有失作为艺术家攻艺之天职。

发老画用笔极为随便，而又极为讲究。起落按提幅度之大，法乳梁楷《泼墨仙人》而丰赡光大，乃开一路风气之先河。究其内涵，不论粗细繁简笔，粗不黑、细不滑，快不浮、慢不腻，平不呆、奇不怪，繁不杂、简不单；如虫蚀木，如锥画沙，幽默组合，参差交织，法而无法，奇趣迭出。窃以为其用笔之秘，乃得力于傅青主求拙、丑、支离、真率之论。发老赝鼎遍天下，作伪者虽力效其法，而终究不得其法，此中差异，解人自能辨析。

发老作画妙在得一"趣"字。取材时求本心，构思时去负担，挥运时忌布置。轻松自在，不自缚，不宠人。看似笔墨游戏，妙在游戏笔墨，一任笔墨为神使心驰，此实绘事难得之境界。故发老画也忒耐人玩味得趣。

一位画家是否能名垂史册，成为历史人物，衡量他的一条重要标准即是其作品风貌、性格是否能大别于前贤，而又能深广地启迪来者，成为这一时代或时期特定的、独具的精神产品。程十发先生无疑是这样的一位画家。

浪漫而不靡靡，空蒙而不虚幻，清奇而不怪诞，葳蕤而不枝蔓，简洁而不单薄，自信而不矜持，讲传统而不刻板泥古，重视西洋艺术而以心过滤后一为我所用，这是我对发老画艺的基本认识。

"金石气"延续至今，似乎不黑不足以当之。画注入金石气，昌硕翁开先路，黄宾老复变本加厉，影响至巨。发老登高望远，窥破机关，决裂前贤，倒行逆施，作画尚淡。尚淡，是对以往一大段历史的明察和挑战。尚淡，淡易无味，故又是胆气和睿智的体现。淡而不浮、不薄，于恬淡虚缈中得丰厚浑茂之致，遂开淡墨大写意之新面。若称缶庐、宾老画为金石气中之"乌金拓"，则发老所作可视为金石气中之"蝉翼拓"。足见金石之气，也非一气也。又，风格即人，唯人淡、心淡者，方能真得画格之恬淡也。

发老多才艺，擅国画，山水、人物、花卉、禽兽皆精。善书法，真、草、隶、篆皆工。此外，于治印、于音律、于诗赋、于曲艺、于摄影皆多造就。然多艺之能相通，非一日之工，乃孜孜以求，由约而博，循序渐进修炼所得。年轻学子不晓此中艰辛，而急于做"通才"，无根无本，四方出击，浅尝辄止，必一艺无成。

黄宾老山水，衰年变法，近人以"浑厚华滋"论之。吾谓发老山水，亦可以四字绳之，即"虚灵斑斓"，未知当否？

发老作画，画、字、诗题、钤印，皆作一盘棋处理。以全局调度局部，故每每恰到好处，无瑕可击，即使对印章钤盖的位置，用印之朱白、大小、圆方，亦多讲究。要之，其视字、诗、印为画面的必要补充，起到补充笔墨之功能，甚至欲起到笔墨不能起到的功效。故于其画面上，多艺叩撞，撞击出有滋有味的、交响的艺术韵律来。

发老画风尚"语不惊人死不休"，故多清新奇诡感；然其旨尚"得来全不费功夫"，故又多轻松和谐感。要之，清新奇诡而又轻松和谐，皆本于其治艺之心诚，一无哗众取宠

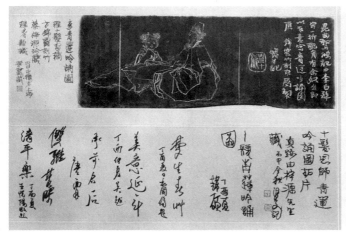

《青莲吟诵图》拓片

苏州方锦霞刻竹 程十发画稿

之意。故所作能拒造作纤巧，得解衣磅礴之概。笔者受教于先生良久，读其画，也读其人，所谓画品人品合一之说，足可征信。古人不诳吾也。

画之为画，大抵用笔用墨，有加、减、乘、除之法。八大山人画擅于减而妙于除，石涛上人画擅于加而妙于乘。发老画不宗一端，加、减、乘、除之法，皆能盘算运用，且因物、因情、因境而定：减而除者不难于笔墨寥寥可数，难在归万为一；加而乘者不难于笔墨重叠，难在化一为万。发老得之矣。

画尚重墨，已成近时入门之轨迹。发老以清醒之心，掀去数层重墨，从淡处着眼落笔，堪称匠心独运。然淡绝非平淡无味。淡之用，贵在灿烂清厚，以平和胜强烈，以虚缈胜结实。又，尚淡不拒偶用重墨，以起醒画之作用。

石涛有云："笔墨当随时代。"吾曰："笔墨又当逆时代！"唯有"随""逆"相辅相生，方能成典范于这一时代。具体而言，笔墨又当随年龄。发老画，少时拙逸，中壮狂伟，近时又转于静谧。然岁月更替，而个性依旧，新意迭出，大不易也。

近时大家，笔法坚硬挺峭者潘大颐，笔法萧散飘忽者傅抱石，笔法生拙稚厚者齐木人。发老笔法洒脱诡谲，自成家数，诚画坛别调。

吴昌硕以石鼓笔法入画，得凝重之致；白石翁以汉篆入画，得生涩之致；发老以汉散隶参傅青主草法入画，得灵变之致。

吾尝观发老山水小册一本，构图、造型、笔墨皆虚缈奇诡莫名，不知其所本也。某日于苏州留园见大理石屏纹，与册页中所见画暗合，始悟其所出。坡公云："论画以形似，见与儿童邻。"画外求画，以形攫神，此中机关，为发老窥尽。

发老画透出幽默，发自其为人之幽默；发老画出人意料，发自发老之独多创见；发老画山水、人物、花鸟、走兽无所不精，发自其热爱生活、钟情人生、厚爱万物。练画先练人，练人先练心，此为千古不破之真谛。

尝闻人云："连环画家，作画不免有连环画习气。"此说似不可一概而论也。发老从事连环画创作多年，成果累累，屡获殊荣。此终无碍其成为国画大家。由于他擅取连环画表现多方之长，得笔墨挥洒之妙，具典型概括之才，故无所不能，能必精能。此正连环画滋养国画大家之一例。

构思去常规而求出人意料，造型去逼真而求神似，构图去俚俗而求奇崛，笔墨去陈法而求灵变，意趣去迂腐而求鲜活，皆为发老看家本领。发老曾作《绿天庵怀素书蕉图》，画面写芭蕉林、圆蒲团、青石板，其上置砚、笔各一，唯独不写人。人物画不画人物，堪称奇招，也真亏发老想得出。然而此图以虚衬实，意境清远。较之近今之世，众多画家涂之以老衲握笔苦练（其实怀素以蕉叶代纸，乃其少年故事），同一题材的创作，其高下之分可不言矣。

吾尝有论，书、画、诗、印本为近亲，若把文艺百类喻为"蜂巢"，那么书、画、诗、印则是依傍紧凑的点点"蜂穴"，智者只屑打通前后左右的纸般的"薄壁"，即可左右逢源，贯串变通，生发新意。发老于斯道，独多心得，惟终不见其露声色也。

发老"文革"中画，寓郁勃之气，不能宣泄于人事，唯可生发于纸楮，故落笔如风雨骤加，气盛韵浓，知者可闻其不屈不挠、壮烈倔强的呐喊！近年则运笔稳健，意趣恬淡，若水出三峡而入于江汉。此所谓笔由手使、境由心造者也。

用笔着力于虚而避其实，用墨着力于淡而避其黑，意趣着力于醇郁而避甜俗，弃同立异，破网自塑，此发老之所以为发老者也。

攻艺可贵者我写我心。我写我心，不取宠于人，不取悦于师。少时发老为拒临师稿而每每遭斥，得分多"不及格"，却依旧我行我素。此金碕师母告我者，由此可见气质对造就大家之重要。

发老画善用笔，细不弱，粗不俗，交替强化而不生硬。我曾细究其秘，发现其细笔用颖而辅之以腰力，故细而不浮佻；其粗笔用根而辅以腰力，一如细笔，故粗而不枯黑。三寸毛颖，能令其柔刚相辅，能令其弹压适度，能令其起倒自如，呜呼！此中微妙，天下几人能知之，又有几人能用之！

发老画重传统、讲笔墨，功力亦深邃。而展读其画，似乎并不见其笔墨、传统、功力映入眼帘，唯见其情调、气格、意韵之扑面而来，此诚缘于其天才焕发，自然而然地掩没了构筑骨架的功力。

诗有朦胧之说，也自以朦胧为美，画也当有朦胧之意境。朦胧者，空蒙而丰厚。似梦非梦，若无而有，可咀可嚼。失之丰厚，丢去诗情，非朦胧，乃空洞也。发老近年山水画，得朦胧之极诣，开一路风气。

画之学，由粗通而娴熟，要在把握规矩，把握必然。然娴熟而作必然的表达，则易生陈式，易生惯性，此所谓求规矩者而为规矩所误，求必然者而为必然所囿也。此乃画人之大忌、大害。发老作画，好在每每熟处求生，不囿陈轨。其尝于作画之白色垫布上见色块几堆，遂借天成之迹，触发妙机，添枝着花，仅寥寥数笔，遂成妙迹。此图出人意思，于雾中花放，云里山动，化腐朽为神奇，旁观者无不叹为观止。古人云：文章本天成，妙手偶得之。所谓"偶"者，似可以作敏颖捕捉"偶然性"理解之。越是娴熟于画艺之画家，越是要付出大精力于"偶"字。"偶"字仍治熟返生之良方。

发老苦于人事与书画应酬，故少著述，而其谈吐间妙语如珠，至理迭出。郭河阳论山水有平远、深远、高远"三远"之说，发老称："要在'心远'，得心远之法，'三远'也在就中矣。"

发老写人物，有以山川湖渚相衬者，其处理往往将人物置于第二、三层面中。此法曾见于任颐花鸟画中，而用之于人物乃自发老始。以发老写人物，有以书法相衬者，一撮人物乃至一小人物，而满纸题记，洋洋洒洒，若云蒸霞蔚，烟霏露结，喧宾而不夺主，自成佳构，境界出新，令人眼目清凉。

构思的巧奥，造型的奇特，笔墨的多变，想象的丰赡，意趣的清冽，组成了发老画艺的主调。而其中想象力的宽度、广度、深度、跨度则又是其主调中的重音。

以形象立言是画家的天职，而丰富、敏捷、独特的想象则是立言的本源。发老特多这种能力，又善于将其自然地演绎为形象的画作。观其画作，画里有情，画外有意，令人遐思远想。认真、仔细地总结其中的脉络因果，当是研究程十发的一大新课题。

避实求虚，避重就轻，西向东望，歪打正着，此为寻常人所不可解、不可得之诀窍。而于发老画中多得之。

笔笔到家，步步为营，重"实"而轻"虚"乃作画大忌，发老画善用"虚"法。"虚"者，虚其大部而非全盘皆虚，对于"画眼"部分则务必殚精竭虑，一丝不苟，丝丝入扣，刻画细腻而切实到位，此"攻其一点，不及其余"之法也。然而，以点带面，虚实相映，千绿一红，则全面皆活，神采奕奕！

发老画，虽置百步外，犹能辨，足见其风格自立。然自立风格绝非易事。综观古来大家，濯古来新，溯源而更贵在自塑，且画风自立，发端多方，仅强化一端，也难鸣世。唯有能站在历史分水岭巅的强者，斟古酌今，温故酿新，全面地在大到趋势、走向，小到构图、造型、笔墨、风情皆能有识有见，戛戛独造，方能成为开山大家。以时髦之说，此乃"综合治理工程"，发老得之矣。

发老画敷色亦多别调。吾尝见其在旧笺上施色，以画纸为色盘，复色点缀，灿烂浑脱，为刻意者所不能得。又，发老用色极讲究、极正统；非正宗矿物、植物色弗用，故新腔中寓古艳。对于现今的国画色，其颇多微词，且有自设颜料厂之议，惜未能践行。其实，色关系于画，也是国画艺术振兴发展之一环，此所谓"工欲善其事，必先利其器"，古人不欺今人也。

古来画家，多以摹似先贤为能事，偶有面目自创之大家，风貌既出，则也抱守终老，素乏不断地进击、翻面再新之士。此国画史上可大悲哀之事。发老于大成之年，尝多次表白：造屋入室，务必拆屋出室，可见其识见之高。倘假以时日，无杂事之相扰，得精力之相辅，画风丕变，演为新声，当为意料中之事耳。

识见是绘事的发动机、方向盘。前些年，国画界不乏对传统猛烈抨击者，视古来优秀作品如粪土。发老曾语余曰："汽车朝前开，还要装上反光镜呐。"气息平和，言浅理邃，发人深省。一个通俗的比喻，远远地胜过一叠纲领！

世人时有"好梦成真"之祈求，然而，"成真"往往会凝固理想，僵化理想。"梦"与"真"，两者兼得则佳，两者失一则不佳，失"梦"较之失"真"对画家来说则大不佳。发老画有造"梦"之手段，独多空灵潇洒境界，故令识者展卷有滋味，掩卷有回味。

吾有言，写生、写实，贵在写出梦境。梦境者，纯洁、神圣，至善至美之境地也。又，画之赏者皆生活于实境中，追求美好理想之梦境，亦顺理成章事也。

发老厚爱，尝先后赠吾画十余件精品佳构。"文革"中，多苦恼积怨而不便付之言，遂乞发老绘《屈原泽畔行吟图》横披。是图，屈子屹立江石之上，面西而逼于纸边，江水浩渺东流，皆自身后远去，写尽、写绝了屈子愤懑、绝望的心态。倘此图置屈子于画幅中段，则走投无路的逼迫压抑感会丧失殆尽。仅此一例，可见发老构图之手段。

发老书法初恋陈章侯，以怠慢神情出之，大别于壮暮翁之雍容华贵。而后，又参傅青主使转手段，渗入汉人草隶，碑帖相融，南北兼收，故其书气象大、气格奇、气势旺、气味新。又，发老书不恪守"中锋"一说，饶有画趣，其状若断而连，势如斜而反正，跌宕开合，意味飘然，乃真通八法者，惜因其画名太盛，书名多为所掩，奈何。

发老人随和，性诙谐，重友情，识大体。尝语余：一友以其赝鼎贻人，此人也发老之故交。一日，出赝鼎嘱其鉴题，发老知画为伪作，竟坦然抽笔作真品长题。并告余："说是假的，大家不开心；说是真的，皆大欢喜。"此虽画坛佳话，然以斯例鉴古，于书画鉴真当多添一重心机方是。

大陆画家，其应酬画之多，是局外人所不能体会理解的。发老画，素来求者如云，且多有求必应。故其画件之夥，并世少有。是见其为人之慷慨，及其画名之显赫。又，古谚云："物以稀为贵。"发老画件虽多，居然在海内外长盛不衰，物不以稀而能精贵，益见其艺术魅力。

发老画人见人爱，故射利者众，赝鼎遍天下。赝鼎蜂出而无损其身价，说怪不怪。窃以为，发老画题材多，品类多，且时出新意。人物、花鸟、走兽、山水交替而作，轮番问世，这使赏家、藏家保持着持久的热情的期待，此其一。发老画十之七出于应酬，常理中所称的"应酬画"之所以损害画家，在于其粗制滥造，草率搪塞。而发老之应酬画，却不以应酬笔墨出之，虽画面简，尺幅小而"含金量"不减，此其二。珠目相杂，损而无伤，此中消息，实可深探。

尝闻人云：发老画易于作伪。吾谓：发老画易假，易在其风格强烈，个性明显，作伪者易于得其仿佛。但发老伪作又易辨，易在其笔墨内涵，非作伪者所能把握。制作时对矛盾加大幅度的刻意乱真，乃至出笔时满纸摆不平、压不退的矛盾，造作拼凑，识者是极易立断真伪的。

3月，朱梅邨（1911—1993，上海中国画院画师）在上海逝世，享年82岁。

7月17日，俞振飞（1902—1993）在上海病逝，享年91岁。

7月29日，上海龙华殡仪馆上午举行戏剧表演大师俞振飞的告别仪式，下午举行画家张金锜的告别仪式。

10月7日，唐云（1910—1993）在上海逝世，享年83岁。

10月23日，陆俨少（1909—1993）在上海病逝，享年84岁。

1994年　甲戌　七十四岁

与朱屺瞻合作《岁朝图》（瓶花寿石），题跋云："程十发写瓶花。屺瞻，年百又二岁。"

1月，绘《茶花图》，题跋云："茶花一夜满枝红，富贵神仙各自通。好话人间都讲尽，吉祥无限沐春风。癸酉嘉平，程十发漫笔。"

2月16日，绘《唐花图》（68.5cm×51cm，西泠2012年春拍），题跋云："魏紫姚黄画一尊，唐花活脱幻似真。幻真应在唐花外，心有春晖万象生。甲戌人日，写于三釜书屋，程十发漫笔"，"去冬客西安宿唐花宾馆，唐花者，仿真花之别称也。十发检题。"

春，绘《桃花流水图》，题跋云："莫问东来莫问西，桃花流水近渔矶。千年迷津无痕迹，只许诗人想象间。甲戌春朝，写此并题旧作，程十发。"

春，题汪大文白描画云："画菩萨画佛陀，以善心出之，以画为功德，是谓美哉善哉之举。若无此心而下笔，岂非罪过。此卷为女善士大文白描画，法乳龙眠居士，传流至明末年当推毫生馆，此董思翁十分推崇，犹今日余推重神石轩为同一义也。时甲戌春，梅花盛放春雨微蒙之午窗，程十发题于三釜书屋。"

香港著名的艺术杂志《名家翰墨》第48期出版《程十发特辑》。特辑中收录了先生作品70余件，可谓洋洋大观。其中登载了卢金德撰《程十发画风的时代性》、毛国伦撰《从寻找老师到"不见老师"——谈程十发的"取古今中外法而化之"》、周克文撰《程十发先生的山水画创作》、韩天衡撰《立雪杂说——程十发先生其画其人》等文章，对先生的绘画艺术做了阶段性小结。本刊并列举了1980年—1993年"程十发作品国际拍卖行情"，让读者对先生的作品在20世纪八九十年代于国际上的行情和受欢迎程度有了直观的印象。（特辑最后另附介绍吴泰和王己千的艺术两个小篇章。）

如1980年在苏富比，《虬髯客》（68.5cm×59cm）以2.4万港元成交，《牧羊小品》以1.1万港元成交，《花卉人物》以1.3万港元成交。1984年在苏富比，《金鱼》（68.5cm×65.4cm）以2万港元成交，《阆苑长春》（96cm×241cm）以3.6万港元成交。1987年在苏富比，《小品杂集》十开以5万港元成交，《山水册页》十二开以9.5万港元成交。1989年在佳士得，《四季山水》四屏以14万港元成交，《秋山图》以8万港元成交；在苏富比，《杂集》十五开以12万港元成交。1990年在佳士得，《补裘图》以11万港元成交；在苏富比，《花鸟》四屏以19万港元成交。1991年在苏富比，《花卉画集》十二开以20万港元成交，《山水集册》八开以36万港元成交。1992年在苏富比，《山茶花》

《岁朝图》（与朱屺瞻合作）

六屏以31万港元成交等。以当时的物价和消费水平来说，先生的作品在国际上很早就受到了藏家的认可。

香港翰墨轩出版有限公司总编辑许礼平，1952年生于澳门，祖籍广东揭阳。雅好翰墨，又嗜收藏。以编辑出版为事业之志，以文物搜集为养志之需。早岁于日本编纂《货币书目知见录》《中国语文索引》。20世纪80年代创办问学社、翰墨轩。20世纪90年代创办《名家翰墨》月刊、丛刊，刊载海内外公、私藏家秘藏之珍品，为最专业的国际性中国书画投资鉴赏杂志，在香港编辑组稿制作，行销海内外。

《梦屋》

早春，绘《秋山图》，题跋云："坐听流泉观白云，枫林一抹万山红。四时风物秋最好，橘绿橙黄夕照中。甲戌早春，程十发写于三釜书屋。"

仲春，绘《饲鸡图》，题跋云："甲戌仲春，程十发漫笔于三釜书屋。"

3月，绘《山居人家》，题跋云："笔墨无情却有情，南宗和蔼北纵横。写来莫问谁家法，法乳何从逸气生。甲戌二月，程十发写并题。"

暮春，绘《梦屋》，描绘的是先生梦想中的理想之屋。题跋云："梦屋，甲戌春暮，程十发写。"

暮春，与著名京剧表演艺术家张君秋（1920—1997）合绘《红梅鸡雏》，题跋云："君秋大师写凤雏，十发补国香一枝，时甲戌暮春之吉，合作于三釜书屋。"

3月21日，绘《秋山红叶图》（93cm×46cm），题跋云："一九九四年三月廿一日，程十发写于上海中国画院。"

4月13日（农历上巳，先生生日），绘《白乐天解妪图》，题跋云："甲戌上巳，写白乐天解妪图，程十发漫笔于三釜书屋。"又在画幅下方录白居易《法曲》："法曲法曲歌大定，积德重熙有余庆。永徽之人舞而咏，法曲法曲舞霓裳。政和世理音洋洋，开元之人乐且康。法曲法曲歌堂堂，堂堂之庆垂无疆。中宗肃宗复鸿业，唐祚中兴万万叶。法曲法曲合夷歌，夷声邪乱华声和。以乱干和天宝末，明年胡尘犯宫阙。乃知法曲本华风，苟能审音与政通。一从胡曲相参错，不辨兴衰与哀乐。愿求牙旷正华音，不令夷夏相交侵。有余纸再录白居易《法曲》一首。"此幅参考自先生所藏陈老莲《老妪解诗图》。

当日并绘《观世音菩萨》（127cm×67cm），题跋云："观世音菩萨。甲戌上巳。程十发敬写。"该作由荣宝斋收藏。

深秋，为旧作《钟馗捉鬼图》（87cm×47cm，保利2005年秋拍）上色，并题跋云："钟馗捉鬼图。甲戌九秋，检得旧作再行设色，程十发漫笔于三釜书屋。"

4月19日，在20年前旧作《秋山人在画中行》上题跋："此幅写生画苏州洞庭东山，一晃

为朱屺瞻画《梅花草堂》

已二十年矣。当时不准题名款，正是滋长名利思想，我认为有些道理。为了防止名利还是不签名，然知我者云此是程十发真笔，呵呵。一九九四年四月十九日再记。"此幅山水写生，当初先生只题云："秋山人在画中行，从白沙岭遥望莫釐峰。"

初夏，在20多年前为苏石风所书《毛主席七律诗》（一从大地起风雷）上再次题跋："石风学长留存拙书一张，已二十多年矣，甲戌初夏雨窗，程十发再记。"

初夏，敬绘《观世音菩萨立像》（131cm×68.5cm，嘉德1997年春拍），题跋云："观世音菩萨。甲戌初夏，程十发写。"

《美术之友》第二期登载了先生的文章《让更多人了解上海的中国画》，文章即是先生为《上海中国书画名家作品》所作序言，只最后一小段做了删节。

年中，美国无尽藏艺术公司出版画册《张金锜》，先生在扉页题："张金锜夫人画集，程十发敬题。"谢春彦为本画册作序言。

　　《不凋的牡丹——怀念老画家张金锜先生》
　　张金锜先生是一位很难令人忘怀的前辈。
　　中国向有"妻以夫贵"的旧说。金锜先生作为大画家程十发先生的夫人，却有其独自闪光的亮点；道德人品和丹青妙术亦如独立的大树，风标特立，高致清远。
　　金锜先生出身于杭州的书香世家，廿一岁时与十发先生双双考入上海美专国画系，专攻吴派大写意花卉。所作落落大方，绝无一般闺秀画家的靡弱之气，深得当时王个簃诸师长的激赏。毕业后与十发先生结为伉俪，共三尺画案，分一砚墨香，真有赵管之概。不久随十发先生定居松江程家老屋，遂停了心爱的画笔，操持家政，敬老育幼，为十发先生营造了一个潜心为学为艺的良好环境；数十年来默默含辛，毫无怨言。我曾跟她戏言，说十发先生所获的"杰出贡献奖"该分一半给她。她却温然笑道："这主要是十发先生自己用功。"那缓缓杭州话语里所透出的岂止是而今已很少见到的谦和！
　　近十几年来，她虽然可以摆脱一些具体的家事劳作，半生辛劳又教她很难在疾病的侵袤间经常伏首画案挥毫。但偶或得见她的新作，那风采每每教我惊讶不止。她画的牡丹、梅花、葡萄、葫芦，尽管皆是吴派的保留节目，却又都打着她自己的印记，无论朱紫，分明于旧宫商中豪吟出新的歌调。加拿大收藏家郭文达夫妇曾得她以葫芦图相赠，双双视若珍宝。我在《文学报》工作时，曾多次向她约稿，也鼓动她和十发先生合作。《富贵安定图》和《羊年吉祥图》就是他们合作的精品。其间，金镐先生所绘的牡丹色墨饱满、雍容华贵，自有春风自在的大家气度。去春四月，上海中国画院在浦东新区星海大酒家庆祝浦东分院成立时，海上画坛老少咸集共洒丹青，金镐先生在我的坚请之下也欣然妙写了一株硕大的并蒂红牡丹，这大概是她的遗笔了。金镐先生病逝后，十发先生嘱我与其公子多多

与女儿程欣荪

兄为老人编撰遗集，我们在整理她的作品时，重睹那些为数不多的卷轴，对照她的一生，更感到分量之重；同时也颇不解她何以画的机会如此之少，留下来的作品却又如此之精。我想，金镐先生在为人妻、为人母、为一家之主妇的一生中，是须臾也未尝忘怀过她心中宝爱的艺术的，兼之与十发大师相濡一生，眼光自不一般，审美忖度、厚积而薄发，光彩就难掩了。她的牡丹之属纯自胸中涌出，若如时下粗制滥造成批生产者，则艺术安在哉！作为后学，当可从她的特殊创作道路中寻得有益的启示。

一九九四年五月于上海中国画院

初夏，绘《节节高》小帧，题跋云："甲戌初夏，写册页似德超先生法教，程十发漫笔于三釜书屋。"

夏，为师村妙石绘《端午即景》，题跋云："师村妙石先生法教，甲戌首夏，程十发漫笔写端午即景。"

7月，为王汝刚著《戏话连篇》一书绘《生日快乐》（小狗端蛋糕，60.5cm×41cm），题跋云："为《戏话连篇》生日快乐作。一九九四年七月，程十发。"

7月30日，程欣荪在台湾举办画展时，于当地报刊上发表《女儿的情絮》一文，深情讲述了自己与父亲的故事。

《女儿的情絮》

1942年的金秋，农历八月二十七日，正值孔子的诞生日，在上海老西门孔庙附近的一个过街楼里，我出生了。我出生的第一天，爸爸就喂我吃云片糕，这么粗的食品，我怎么能咽得下去？

程欣荪《观音》

当然是吐了爸爸一身云片糕。第二天，我尚双眼蒙眬，爸爸就抱着我去照相馆拍照，我根本无法坐，照相馆师傅认为无法拍，爸爸坚持要拍，结果师傅根据爸爸的意见，让我睡着拍，我就留下了自己第一张照片。那年，我爸爸才21岁，这样年轻的爸爸，盼女成凤之情是可想而知的。

不久，我从上海回到郊县的松江老家，和奶奶一起住。奶奶是一个非常有个性、守妇道的人，顽强、勤劳，对人善良、豪爽。幼小的我一直对她非常喜爱、依赖，一步也不肯离开。奶奶对我是百依百顺，一心一意想培养我做医生，接她的班。在爸爸9岁那年，爷爷去世了。爷爷是松江颇有名气的中医，叫程欣木。为纪念爷爷，给我起名程欣荪。那时奶奶带着独生儿子，由小康之家陷入困境。为了让儿子能继续读书，她就利用祖传的治烂脚秘方，在乡下给农民治病，靠微薄的收入来维持家庭开支。许多农民因无钱治病，奶奶就不收钱，在乡下留下很好的影响。乡亲经常送来土产玉米、地瓜、白切羊肉等。奶奶宠爱我，我吃得最多，到现在还喜欢吃。

由于家境不好，爸爸学画十分艰辛。这"十年寒窗"的"寒"是连学画的纸也没有，仅有的包药纸，都要画得满满的；这"寒"是电灯都没有，只有在微弱的油灯下临摹珂罗版。在这样贫乏的条件下，临摹了十余年的古画，眼睛也就近视了，爸爸有今天这样的成就，诗、书、画都精通，与他常年勤奋好学，有厚实的基础是分不开的。

在我8岁那年，最爱我的奶奶去世了，我整天哭泣，发呆，我依恋的亲人走了。本来等我再长大一点，她要把祖传秘方传给我的，她的去世，改变了我今后的人生道路。

爸爸自己勤奋好学，对子女的要求十分严格。我记得，我小时候脾气很倔，爸爸教我写第一个字"1"，说"1"要写得直。我小脑筋知道要写直，但觉得不好看，稍斜一点好看，就把"1"写成弯的，爸爸一次次耐心纠正我，我偏不听，也不肯说出自己的理由，气得爸爸骂我连"1"都不会写。在严格的同时，爸爸非常地慈祥，他喜欢我们，经常抽空带我们去看电影，到公园拍照，我小时候照片留下很多。在我小学时，手指生疮，自己顽皮，把疮弄破了，化了脓发烧，爸爸陪我去医院，晚上陪夜，整夜地观察。他第二天告诉我："你知道吗？当时很危险，如果痛到心脏就麻烦了。"顿时我感到心里暖暖的："爸爸您真好……"。

20世纪50年代，妈妈身体不好，经常住院，医药费很贵，爸爸只能日夜赶画连环画和插图。除了上班之外，他还利用午休时间，晚上也都在画，每天都到深夜。我记得有名的连环画《胆剑篇》连载，当时就是这样赶画出来的。晚报一刊登，第二天取到稿费就去医院付医药费。当时沉重的生活担子快把爸爸压垮了，他的眼睛越来越近视，我心里真的说不出的难过。在那一时期，爸爸创作了大量的连环画和插图，其中的心酸，很少人知道。直到现在，我心里一直在想，一切都来之不易，要好好珍惜才是。

也许是遗传关系，又或许是长期耳濡目染，在小学美术课上，我的画经常受到老师的表扬。有一次，我为两个不及格的同学代画作业，还被导师批评。到了初中毕业，我对爸爸讲要考上海美术专科学校，爸爸大吃一惊："你什么时候学过美术？"他马上拿出任伯年的花鸟要我临摹。在报考时，题目是"春天"，我画了两只任伯年的燕子，下面一排工厂，名《祖国的春天》，居然给考取了。我们这一班有60人，大多数都学过素描，有的还在哈定画室学过多年，有的是从美校附中毕业再来考的。而我连素描都没有学过，一把铅笔拿在手里什么型号都弄不清楚，一支铅笔从头用到底，跟不上同学的水平。爸爸看到着急了，放暑假了，就不让我外出。每天上班前，给我名家画的素描样子，让我学画，下了班来检查、修改，这样补了整整一个暑假的课，我逐步跟上了班里同学的水平。

美校毕业后，我上的大学是上海戏剧学院舞美系。爸爸经常来院讲课，记得凡是我的作业，爸爸每次都批了3分或3+。有一次我忘了写名字，居然得了5分，爸爸在课堂上还表扬说画得很好，后来才知道是我画的，我心里既不服气，又很得意。

1957年，爸爸去云南瑞丽体验生活，用彩墨毛笔在傣族村寨当场写生，画速写。回上海后，他在上海美术馆开展览，引起了很大的轰动，因为他的画作开创了中国彩墨写意画的新局面。

最近，我找出爸爸在"文化大革命"时期使用的一副手套，这副手套我珍藏着，它使我回忆起当时的情景。那时爸爸被批斗，过着非人的生活，但他每天回家都一点不表露，以免家中担忧。有一次要去农场劳动，不可戴手套劳动，不然要被"工宣队"批判劳动态度有问题。那时天气十分冷，寒风刺骨。我花了整整一夜，赶着编结了一副绒线半截手套，手指可以露在外面，免了被批判又可避点寒。最后，这幅手套都破烂了，从中可以想象父亲当时劳动的情景。

爸爸在艺术上是一个伟大的艺术家，在生活中是个慈祥的父亲。他的一生无个人享受，多的是奉献，为别人操劳一生。作为大画家，我非常敬佩他；作为我的爸爸，他是一个非常称职的父亲（编者按：作为我的爸爸，他非常称职）。

我爱他。

盛夏，书肇窠书《行书七言联》，联文云："月将人意十分满，雨入溪光一派流。甲戌盛暑晨窗，程十发。"

8月，台湾太平洋文化基金会举办"上海当代水墨四大名家联展（谢稚柳、程十发、陈佩秋、刘旦宅画展）"，基金会并出版《上海当代水墨四大家联展》画册，江兆申为画册作序。

秋，绘《大地回春》，题跋云："园花落尽路花开，白白红红各自媒。莫问早行奇绝处，四面八方野香来。甲戌金秋，程十发写于三釜书屋。"

新秋，作《行书节录云间志》，书云："吴王猎场。旧图经云：吴王猎场，在华亭谷，东吴陆逊生此。甲戌新秋，书南宋《云间志》，程十发。"《云间志》又称《绍熙云间志》，是一部记载南宋及较早时期上海淞南地区地名的地方志。三国时吴王孙权曾行猎于华亭。

9月20日，绘《献花图》（84cm×50.3cm，嘉德2007年秋拍），题跋云："古吴轩成立十五周年暨古吴轩出版社成立五周年之庆。甲戌中秋，程十发写贺。"

当日并为金石学家马国权先生之子马达为绘《寿星图》（96cm×39cm，嘉德2017年秋拍），题跋云："仁者寿，此儒家之言。今出仁寿之象，赠达为仁兄四秩初度之庆。甲戌中秋，程十发写贺。"

9月23日，在中华人民共和国成立45周年国庆前夕，时任上海人民广播电台文艺部记者的王琪森到位于吴兴路的先生寓所，做国庆专题采访。先生用朴素、平实的话语回顾了中华人民共和国成立前后个人命运的巨大转折和他在新的时代环境中步步成长的历程："在45年前建立中华人民共和国时，我只有而立之年，现在我已经是70岁的老翁了。在45年以前国家贫困，我这个美术专门学校的学生毕业以后总是找不到一个职业。自从中华人民共和国成立以后，我进了国家的出版社，才有工作和学习的。后来进了上海中国画院工作，加入了中国共产党，之后当上了画院的院长，全国政协七、八两届委员，以及得到各种表彰。我目睹着特别在'文革'以后，祖国的经济文化取得各方面成就，真是一日千里。我特别感谢党和政府及社会上对我的关怀培养，我有生之年一定对社会多做贡献。当全国人民欢欣鼓舞庆祝国庆之时，我自己鞭策自己，用行动来庆祝伟大祖国母亲生日。"

程十发、苏石风与潮剧演员在一起

11月，画院举办"纪念吴湖帆诞辰100周年书画展"暨学术研讨会。画院搬迁至乌鲁木齐南路147号临时办公。

11月，绘《相马图》，题跋云："甲戌小春，写相马图旧稿，有一气呵成之趣。时居云间修竹远山楼，程十发漫笔。"1999年秋，先生再题此幅云："千里马难得，伯乐更难遇，欲求千里驹，先求伯乐。若无伯乐，何求千里驹也。己卯秋仲，十发再题。"

冬，作行书十二言联："卸烦恼千担踰身河山同风月，织相思万缕潜心书画共天伦。老竹撰句，甲戌冬月，程十发书于三釜书屋。"

12月22日，绘《吉祥图》（95.5cm×61cm，西泠2017年秋拍），题跋云："甲戌冬至，长虹仁兄持此纸属画，试笔即写吉祥图以应，云间程十发漫笔于三釜书屋。"

2月20日，叶潞渊（1907—1994，上海中国画院画师）在上海病逝，享年87岁。

8月7日，刘海粟（1896—1994）在上海病逝，享年98岁。

1995年　乙亥　七十五岁

1月31日（春节），绘《瑞气盈门图》，题跋云："豚猪肥似象，万象又更新。乙亥春临早，瑞气已盈门。春节写此并戏题其上，程十发漫笔于三釜书屋。"因乙亥年大年初一在一月底已至，故先生绘少年骑肥猪贺春。

2月，在澳门市政厅举办"程十发作品回顾展"，并出版《程十发画展：澳门—上海联展画集》，全面介绍先生从艺55年来各时期的国画佳作近百幅。

3月，为陆牧滔绘《秋山古木图》，题跋云："秋山古木。岁在乙亥新春，云间程十发写于三釜书屋晴窗。"同时并书《行书七言联》，联文云："小楼一夜听春雨，深巷明朝卖杏花。乙亥二月，程十发书于三釜书屋。"

3月，应《人民日报》（海外版）之邀，为祝贺其创刊10周年纪念创作书画一幅。

4月，上海中国画院同仁为祝先生寿，合绘《花鸟蔬果书法集锦》长卷，引首由朱屺瞻题跋云："墨缘长年。十发老友正，屺瞻敬贺，年百又四岁。"

4月21日至24日，"程十发画展"暨艺术研讨会分别在上海美术馆和3月16日新落成的刘海粟美术馆举办，展品96件。

4月22日，"程十发作品回顾展"在上海美术馆隆重举行。

先生特意用上等宣纸线装精印了500部《胆剑篇》赠送友人。美术评论家谢春彦在该书的《重版小序》中赞道："《胆剑篇》是一部不至为时光和美术史忘却的连环画杰作。不可否认，作者其时也正进行着一次艺术上的卧薪尝胆。"

5月，为吴昌硕纪念馆题写馆名。

5月，绘《眉寿图》，题跋云："乙亥首夏之吉，以秃颖写眉寿图。云间程十发漫笔，时年七秩五岁。"

5月，绘大幅山水《秋山萧寺图》（95cm×177.5cm，保利2005年秋拍），题跋云："秋

《秋山萧寺图》

《钟馗听箫图》（局部）　　　　　　　　　　　　　　　《钟馗听箫图》

山萧寺。乙亥四月，程十发写于修竹远山楼。"先生并题边跋："愿普天下众生同生净土，程十发题。"

上海市政府支持的上海第一家民营拍卖公司"德康拍卖"成立之初，先生为了表示支持，亲自把他的得意之作《秋山萧寺图》送交德康拍卖公司。

5月，绘《钟馗听箫图》，题跋云："将届乙亥蒲节，写钟馗听箫图于三釜书屋，程十发漫笔"，"前数日曾见此作之赝品，今见真笔再题于上。长生殿外鬼吹箫，恰便明皇不早朝。人妖相杂阴阳地，谁见杨妃过碛（溪）桥。程十发再题"。

6月2日（端午），绘自画像《程十发镜容图》，题跋云："程十发镜容图。镜容图即自画像的古称。十发写，乙亥蒲节。"又绘《钟馗观舞图》，题跋云："老馗识得剑器与霓裳之舞，然今梦中所见之舞，不知其所云矣。乙亥蒲节，程十发漫笔于三釜书屋。"

6月，"程十发、陆一飞、杨正新、毛国伦四人作品展"在台北市展出，并出版《上海中国画院名家精品展》画集。

7月末，应冲绳墨滴会邀请，由韩天衡、钱茂生、程多多等陪同进行文化交流。应师村妙石之邀，和韩天衡、程多多等赴日北九州为吴昌硕铜像选址，并举办画展讲座。在九州市皇子饭店举行的"中国现代巨匠亲和宴会"上，先生欣然写下擘窠书"不再战和平友好"。专访东京帝国博物馆，观摩梁楷、牧谿（溪）等作品达五次之多。

北九州市内有一处顿田储水池，景观与西泠印社所在的西湖景致颇为相似，先生与大家商讨后遂建议将吴昌硕胸像纪念碑的立处选定在顿田边上。这也是唯一在日本建成的一座中国艺术大师的胸像纪念碑。同年11月吴昌硕胸像塑成，先生题写了胸像碑座"吴昌硕先生——程十发敬题"。此后每年的9月12日即吴昌硕先生诞辰，北九州政府都会邀请中国驻福冈总领事和西泠印社的代表及吴氏家属在纪念碑处举办盛大的纪念活动，同时促进中日文化交流。

新秋，为所藏陈洪绶绘《苏李泣别图》（画苏武、李陵敬酒泣别场景）题诗堂云："陈老莲《苏李泣别图》真迹，乙亥新秋，程十发题。"

陈洪绶流传的作品中，《苏李泣别图》有两本，人物构图类似。此本据题跋"丙戌暮春十六日夜，识于青藤书屋，与九弟为行绥之具，洪绥"，是画于1646年暮春。此后不数月，浙江东部失守，陈洪绥为躲避兵乱，剃发为僧，逃入山中，生活动荡。画中苏武持节，李陵冠帽佩剑，两人作掩面哭泣状。画上有花白不一的五只羊，尤其右侧远处黑白相间的羊形态画法都颇似赵孟頫《二羊图》。

程十发与施大畏在看华仁大厦模型

据上海书画出版社出版的翁万戈著《陈洪绥的艺术》，附录中有翁氏著录的世界各大公私机构收藏的陈洪绥作品。私人收藏中翁氏本人收藏14件，十发先生收藏9件（其中1件为手札）紧随其后，第三位是王己千收藏5件。

为青年藏家陆牧滔书写了《行书七言联》，联文云："牧歌悠扬传天涯，滔涌流急汇海洋。牧滔先生正，程十发，乙亥。"这是先生少见的以人名嵌入的对联。

9月，应宋玉麟来信之请，为题"食砚斋"三字斋名。

在与友人闲谈时又一次详细谈到了斋名里"三釜"的含义："三釜"，代表国家、集体、个人。我以此提醒自己，任何时候不要单单考虑自己，国家、集体、个人，三锅水要端平，先国家，再集体，后个人……现在，发展商品经济了。画家的画在交流中是商品，但画家这个人不是商品。个人的财富要和国家经济总的发展求得平衡。个人生活要改善，但不能与大多数人的生活离得太远。

11月，为旧作《九如图》重题云："九如图。说道人世起兴衰，无穷鳞瑞过江来。神通各显凭道法，如锦虹霓江上开。旧作一帧，乙亥冬孟重题于三釜书屋，云间程十发漫笔。"

12月，画院举办了"程十发作品有限印刷首发式"。

12月8日至13日，"上海中国画院成立35周年画展"及"上海中国画院藏品展"在上海美术馆举办。

12月12日，先生及画院同仁参加了上海中国画院新大楼华仁大厦的奠基仪式，先生并做了发言。

奠基仪式发言稿

尊敬的领导、各位来宾，女士们、先生们：

今天，在庆祝画院卅五周年的时候，我们欢聚在一起，为华仁大厦奠基，这是画坛值得纪念的日子，是文化事业硬件建设的又一里程碑。不久，此地将要矗立一幢融海上艺术独特个性的现代化大厦，上海中国画院终于有了老少几代画家企盼的"新居"。

随着改革开放的进一步深入，扩大对外交流、弘扬民族文化、建设社会主义精神文明是时代的要求，是人民的心声。然而，原画院的陈旧建筑设施已远远不能满足日益发展的

《似唐人画壁》

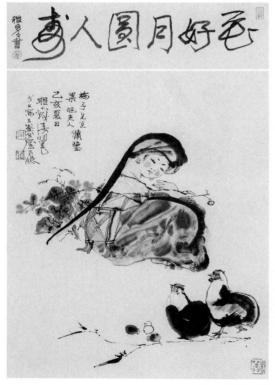

《花好月圆人寿》

文化事业之需要，急需建造一个全新的画院。

这个工程项目从1992年9月正式开始筹划。由于画院是事业单位，资金匮乏，自身没有建造大楼的基金，几经周折，终于在1994年6月18日以土地批租的形式，由上海中国画院、上海联城实业公司、城市（香港）有限公司在原址的基础上合资建造大厦，画院拥有百分之四十的面积。新画院——"上海书画活动中心"集办公、创作、展览、会议厅于一体，将成为国际、国内文化艺术研究、创作和学术交流、观摩中心。

在此我要感谢市领导和有关部门对我们这个项目的极大关怀和支持。吴邦国同志亲自为大楼题名"华仁大厦"；市领导经常询问建楼进展情况，并多次批示："给予支持"。我深信，通过大家的努力，华仁大厦将以鲜明的时代风貌，成为上海对外交流的窗口，成为上海又一新的文化景观。

谢谢大家！

程十发

1996年　丙子　七十六岁

2月21日，绘《恭贺新禧》（财神龙女），题跋云："恭贺新禧。丙子元月初三，程十发敬造。"

新春，作《有余图并行书七言诗》成扇，题跋云："有余。美寅仁兄先生大教。丙子新春，十发漫笔。""杨花落尽细林山，窭气初蒸落照湾。笑说释迦生降日，更无汤饼送人间。丙子春日，程十发。"

暮春，绘《林下雨晴图》，题跋云："林下雨晴春昼暖，松花薰（熏）得白云香。丙子暮春，程十发写。余写山水每喜李成郭熙，后获黄鹤山樵《修竹远山图》，原自文同之法，每画篠（筱）竹，所谓出自肺腑。今写此图法河阳。丙子初夏，程十发再记。"

暮春，为所藏钱选《青山白云图》卷题跋云："明顾复《平生壮观》九卷图绘目中载，钱选名下作品即为《青山白云》，文云：纸卷重着色，夹叶结林颇沉着，青松两株，则仿唐人人物，坡石文秀幽奇。其题诗即《山居图》。上者张廷望、黄福、高镗、刘芳诗跋。董玄宰题为：得李将军父子遗意。画上有顾崧一印，顾复之弟也。考此卷即为《青山白云》，故狄平子先生为所藏画第一，良有以也。丙子暮春，程十发考题于三釜书屋。"

5月，上海教育出版社出版《程十发画集》，本画集由当代著名中国画画家专列编委会编辑。

6月1日，先生在致上海市文化局的信中写道："因我年纪渐渐老了，我几十年为了研究国画艺术，逐年收集了一批中国古代绘画书法，现在我想交给上海市文化局，并转上海中国画院收藏，供同志们参考、

《飞燕》

因我年纪渐渐老了，我几十年为了研究国画艺术，逐年收集了一批中国古代绘画书法，现在我想交给上海市文化局，并筹上海中国画院收藏，供同志们参攷研究，今附目录如下。请 上海市文化局领导审阅。

程十发 1996.6.1.

程十发捐赠藏画手稿

研究。"变一家收藏为国家收藏，先生的拳拳爱国之心溢于言表。

6月，上海中国画院举办"当代著名中国画画家作品展"暨画院朱屺瞻、吴青霞、吕蒙、程十发等17位画师系列画集首发式。

6月18日，上海市文化局组织了一场捐赠签字仪式，先生把珍藏的北宋《睢阳五老图》卷、元初大家钱选的《青山白云图》卷、元四家中王蒙的《修竹远山图》轴，以及文徵明、唐寅、董其昌、张大千等人的画作，计122件（计有宋画1件、元画4件、明书画62件、清书画53件、近代书画2件）悉数捐赠给国家。当日，市委副书记陈至立，副市长龚学平，市委常委、宣传部长金炳华、上海市文化局领导等参加了签字仪式。

先生在仪式上即兴发言道："今天，我心情非常激动。122幅作品，政府能够接收，我感到无上光荣。这是我节衣缩食买来作参考资料用的。现在年纪大了，保管发生了困难。春节时，我身体不好，突然想到这件事，怕散失掉，便找文化局领导，提出我的要求……所以，不是我把书画送给国家，而是国家满足我的要求，当作收藏品了。这对我是最大的鼓励，我无上光荣。我在有生之年，还要多做贡献。这些画，如果对同志们研究时有参考价值、有作用的话，我就非常高兴，无上光荣了。艺术品是属于人民的。我个人收藏是暂时的，应该给同志们作参考。这次对我也是一次教育……谢谢领导关怀，帮助我实现愿望。"

先生曾经说："我收藏古字画的目的是向古人学习，这些都是我学习的榜样，我是要捐出的，供更多的人来观摩和学习。"先生以实际行动实现了自己的诺言。

在捐赠仪式后不久，先生的长女程欣荪因癌症不治，在上海龙华医院过世，离开了最疼爱她的父亲，享年54岁。爱妻、长女相继离世，使晚年的先生受到巨大的精神打击。

7月7日，绘《七十二世普荷担当禅师像》，题跋云："七十二世普荷担当禅师。这个老汉，世事冷看，泯迹空亡，默照相关，排雪填井，砚田参禅，荒寒孤傲，高风名传。丙子年

程十发捐赠家藏书画签字仪式

登记造册

清点作品

小暑，昆明圆通禅寺住持淳法恭赞，云间程十发摹写。"释担当，法名普荷，又名通荷，担当为其号，曾拜董其昌门下学画。

8月，绘《寒林清韵》，题跋云："寒林清韵。丙子初秋，程十发写于三釜书屋。"

9月8日，画院在上海美术馆举行"程十发捐赠藏画展览"暨颁奖仪式。现场观众如云，感叹声不绝，对先生"半世珍藏、一朝奉献"的爱国之举表示由衷的钦佩。

10月，绘《仕女品梅图》扇面，题跋云："丙子重九后数日，云间程十发写品梅图，时年七十五矣，尚能捻弄时光。"

10月20日，江苏省文化厅、上海市文化局、南通市人民政府联合举办"王个簃诞辰100周年纪念大会"及精品展、座谈会等，先生出席纪念大会。

秋，作行书《录朱熹秋兰诗》（175cm×89cm，西泠2005年秋拍），文云："秋兰递初馥，芳意满冲襟。想子空斋里，凄凉楚客心。夕风生远思，晨露洒中林。颇忆孤根在，幽期得重寻。丙子九秋，有客送秋兰，爱录朱熹诗一首，云间程十发书。"

赴台湾作文化交流活动，为促进两岸文化的交流合作做出了贡献。

冬，绘《春到羊城》赠徐根宝赴广州执教，题跋云："春到羊城。丙子小春，赠根宝仁兄留念，程十发漫笔。"

冬，绘《大有余图》，题跋云："丙子小春，写大有余图。程十发漫笔。"

冬，为所藏陈继儒绘《仿倪云林山水图》题签云："陈眉公八十一岁仿云林山水，丙子冬，程十发题。"

冬暮，作《行书元人杂剧·周瑜谒鲁肃》，内容为："年纪大小都休问，世事高低且专论。衣衫新者便为亲，特地借与是人情，不借是本分。孔子道：不义而富贵，于我如浮云。读元人杂剧钩沉，有周瑜谒鲁肃，读来有感，书此巨帧，丙子冬暮，程十发书于三釜书屋。"

12月，出席全国第六次文代会。

12月，毛国伦在上海美术馆举办个人画展，先生和时任上海市副市长的龚学平都参加了开幕式。

上海人民美术出版社出版《程十发捐赠藏画选》，先生捐画之举受上海市政府表彰。

4月20日，朱屺瞻（1892—1996，上海中国画院画师）在上海病逝，享年104岁。

5月21日，姚有信（1935—1996，上海中国画院画师）在美国逝世，享年62岁。

6月5日，沈子丞（1904—1996，上海中国画院画师）在苏州病逝，享年92岁。

8月15日，吕蒙（1915—1996）在上海病逝，享年81岁。

8月21日至26日，"吕蒙画展"在上海美术馆举办，展品190件。8月26日上海美协召开"吕蒙艺术研讨会"。

吕蒙（1915—1996），现代版画家，原名徐京祥，笔名徐华，浙江永康人。自幼爱好美术，18岁入广州市立美术学校学习西画，课余参加现代版画研究会活动。后到上海参加上海文化界救亡协会，从事抗日救亡活动。1938年加入中国共产党，后辗转皖南，任新四军政治部宣传科长和文艺科长，以及抗日军政大学八分校美术系主任等职，并用自己的画笔作武器同日本侵略者做斗争，创作了木刻《磨练（炼）》和连环木刻《铁佛寺》，还多次举办街头画展，参与创办了《抗敌画报》。历任华东军区画报社主编、上海市军管会文艺处美术室主任、上海人民出版社副社长、上海人民美术出版社社长兼总编、上海市美术家协会秘书长、中国美协第三届常务理事、上海市美术家协会副主席、中国版画家协会理事、上海画院院长、中国美协上海分会副主席、上海文联理事。中国美术家协会会员。业余从事美术创作。后因中风而行动和语言均有障碍，改用左手坚持作画，并探索创造新的画风，陆续完成了一批中国画新作。1986年和1996年两次举办个人画展。

1997年　丁丑　七十七岁

元旦，绘《竹报平安富贵多》（瓶花图）。

刘海粟美术馆举办"陆牧滔藏程十发绘画作品展"。

时在农历丙子年岁末，应《文汇报》社张楚良邀请，先生与刘旦宅、沈柔坚、徐昌酩、方增先诸画家会于望江楼合作《牛年接喜图》以志丁丑新年之喜。

此后刘旦宅写了《执牛耳》一文记其事，并发表在1997年3月2日的《新民晚报》上：

数十年来与发老曾有多次合作。发老作画，挥洒自如，初看若不经意，难识端倪，画好后则栩栩如生。闲聊时我与发老说："画画虽不是表演，但看你画画倒是享受，着力处可学，轻松处就难能了。"他风趣地说是"拆烂污"。其实，文人画的"墨戏"对中国画来说是一大发展，舍丹青而用水墨，成为独特的中国绘画艺术，其功可与西方印象派绘画对光色的贡献相媲美。当然，那些蹩脚的画，只能算是拆烂污了。像齐白石、八大山人、徐青藤的墨戏都有极高的造诣，启发来者。发老故意作难，说徐青藤的画看起来就是"拆烂污"。我说："是吗？不对。"文人水墨画的兴起，徐可说是个祖师爷。他有多方面的成就，画像简单而内涵丰富，淋漓痛快，意气无前，人所不及。至于有些初学者，一味取巧蛮干，但求轰动效应，那只有另作别论了。前人所谓"学如牛毛，成如麟角"，确是切中时弊。并说：发老的画不管怎么放泼，都是"兜得转"的，如不领会精神，单凭样子就兜不转了。发老说："吃错药了，何况吃的是药渣，哪有疗效！"此论真令人厥倒。

一边有人说古论今，一边有人画牛配景，一幅五人合作、由沈老题记的《牛年接喜图》完成了。此画好在浑然一体，难以分清谁画什么，真是皆大欢喜。其时楚良兄对我说，拟选用一幅程十发的山水画作有限印刷，我却持不同意见，说明道理：水墨写意画得形神兼备、情意可掬的，有齐白石的虾、黄胄的毛驴，把生宣手笔与水墨的功能充分发挥，此二家可说是画绝了。发老的牛画得好，可算"大家"，且今年是牛年，发老又是海上画坛执牛耳者，何不采用他所作的《牛图》。楚良兄说"妙"。

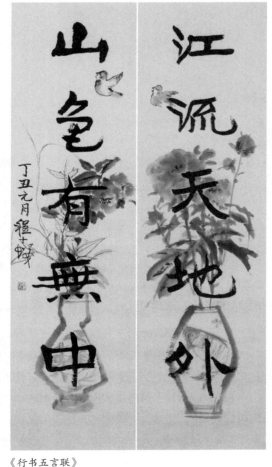

《行书五言联》

《白描观世音像》

2月19日，邓小平（1904—1997）在北京病逝，享年93岁。

2月21日，为陆牧滔所藏董其昌书法手卷题引首"华亭遗韵"，并题尾跋云："董华亭行书师米襄阳师杨凝式，下笔随意，然风华映人，后人每师其流畅而不宗随意，不到处每现其笔力，有失凝重。观此卷独有风致，识者宝诸。丁丑元宵，程十发记。"

春，作四尺整张（69cm×138cm）行书《录僧道潜庐山杂兴诗》。文云："白鹤峰后原，逶迤旷平陆。道周问樵子，古实青牛谷。披榛得径路，曳杖惊麋鹿。鲍生古骚人，曾过炼师宿。明月古坛边，题诗记修竹。兹焉废耕陇，岁晏空菽粟。薄日静衔山，惊湍泻哀玉。回首睇吾庐，风幡隔林麓。丁丑春朝，录宋僧道潜庐山杂兴之一，云间程十发漫笔。"

暮春，绘《白描观世音像》，题跋云："丁丑暮春，程十发敬写。"后亚明题"普度众生"。

5月3日至5日，由香港东方国际电视有限公司总经理刘志荣发起，香港国际会议展览中心举办庆香港回归十名家大型国画展览，这是当时香港文化界举行的大型迎回归活动之一。先生及吴青霞、邵洛羊、韩天衡应邀赴港参展，并出版了大型画册。本次画展中参展的10位名家分别是程十发、钱君匋、吴青霞、邵洛羊、张仃、宋文治、郭怡孮、韩天衡、程多多、王明明。每位作品15件，共计展品150件，张仃因故未来香港，他的焦墨山水作品15幅由《人民日报》的邵建武携来。先生题写了展览名"庆祝香港回归——中国现代名家真情精品汇展"。

画展开幕式后有两项活动。一是由内地来的书画家各书写一个大字，合文为："香港庆回归，举国齐欢腾。"先生书"归"字，钱君匋书"香""腾"两字。后主办方立即将这10个字的正书大楷放大制成一幅巨大的标语条幅，从展览中心高楼上挂下来，成了回归前的香港一景。第二项活动是由内地和香港10位画家合绘作品。张仃缺席的位置由著名香港女画家方召麐替代。程多多绘白梅。先生绘水仙，并在最后为大画题字："熙天曜日，大地回春。"

6月19日，为庆祝香港回归，10位书画名家分别创作作品赠给香港特别行政区。《人民日报》（第四版）以《十位画坛耆宿作画赋诗庆回归》为题发表了报道："《百花争艳庆回归》组画由十幅诗、画册页组成，它们是：谢稚柳的牡丹花并题词、关山月的梅花并赋诗、黎雄才的劲松并题词、杨善深的紫荆花并赋诗、启功的水仙花并填词、田世光的菊花并填词、程十发的山茶花并赋诗、宋文治的海棠花并赋诗、陈佩秋的兰花并题词和刘旦宅的荷花并赋诗。"后这10件作品收入深圳博雅艺术公司策划、香港博雅艺术有限公司出版的《百花争艳庆回归》画集（有限印刷500套）。

6月21日，由文化局主持、画院承办的"迎香港回归彩墨抒怀书画笔会"在刘海粟美术馆举行。50位书画家集体创作了一幅宽80厘米、长1997厘米，其中包括花卉篇、山水篇、人物篇和书法篇四个部分的书画长卷，以庆祝香港回归这一盛事。

夏日，为陆牧滔所藏先生绘《钟馗抚琴图》（当初未完成，故无款识）补题跋云："此拙作钟馗抚琴图，未竟即为客持去，故纸上隐约留有钟小妹之朽稿。今日重见是图，感有虚实飘忽之趣，希藏者以焦尾琴音物外难得之作也。丁丑夏日，程十发再识于三釜书屋。"

夏，书《行书十五言联龙门对》巨联，联文云："衔远山吞长江其西南诸峰林壑尤美；送夕阳迎素月当春夏之交草木际天。集岳阳楼记醉翁亭记，录黄冈竹楼记放鹤亭记，丁丑长夏，七十七翁程十发书。"

夏，先生与徐昌酩、程多多应邀赴纽约，为斯坦顿岛上新建造的中国花园出谋划策。工作结束后赶去波士顿博物馆参观其举办的中国画展。展中有相传阎立本所画的《历代帝王图》。

《自画像》

赴美国旧金山休养，居于次子程多多的寓所"九松山庄"。之后每年寒冬，身患气喘的先生都会赴美静养一段时间，还常常邀请国内的好友赴美聚会。某日，先生在旧金山一家咖啡馆看到一则海报，上面是周信芳主演的《摘星楼》剧照，原来此时美国在放映《周信芳舞台艺术》的影片。先生感慨道："天地之大，人的缘分无尽，美国人也欣赏海瑞精神。"

7月1日0时，中英两国政府香港政权交接仪式在香港举行，香港回归祖国。

8月，先生绘《自画像》，题跋云："一九九七年新秋，程十发自写七十六岁小像于三釜书屋。"图绘先生将一枝玉兰插入花瓶中，白描略上赭石色。

8月26日，中国银行上海市分行出资收藏上海中国画院画师作品合作协议签字仪式在瑞金大厦举行。中国银行上海市分行出资300万元，专门收藏上海中国画院画师作品。

9月，吴昌硕研究会改选，先生出任顾问委员会主任，韩天衡任会长。

9月6日，先生和沈柔坚、吴青霞、陈佩秋、杨正新、刘旦宅、曹简楼、乔木、徐昌酩等参加在《解放日报》社六楼举行的"喜迎十五大书画笔会"，并合作作品祝贺。

9月，《程十发：陆牧滔藏品第一集》由上海书画出版社出版，先生为画集作序。

《程十发：陆牧滔藏品第一集》序言

这画集中发表的作品都是吾数十年散落在天南地北的，现由陆牧滔先生把它们出版成画集和展览。陆先生收藏这些作品花了很大的精神和物力，深为感动。这些作品从我青少年时代学画和我暮年墨戏的作品都有，巨有数丈，小不盈尺，从中看到我风格变化的全过程。过去我并不相识陆先生，而是因他收集我作品到一定数量而相识，他锲而不舍的研究精神使我十分钦佩。

今天由陆先生的努力使我的作品与读者见面，我由衷地感谢，祝贺他为祖国文化事业做出贡献，谢谢。

程十发

一九九七年八月廿七日

10月18日，在上海图书馆新馆二楼展厅举行"上海中国画院1997年展"开幕式及《程十发藏画陈列馆藏品》大型画集首发式。展览举行至22日结束，展出48位画师共72件书画篆刻作品。

11月，为《上海美术馆藏品选集·黄准、吕蒙捐赠作品专辑》作序。黄准是吕蒙夫人，著名作曲家，曾经为《红色娘子军》《女篮五号》《蚕花姑娘》《舞台姐妹》《牧马人》《蹉跎岁月》等经典影视剧作品配乐作曲。

《黄准、吕蒙捐赠作品专辑》序言

一个画家的生平正好是一本画册，或者是一幅图画，这幅图画非常真实地描绘了他的一生。

所以一个画家在绘制他的作品的时候，就是在描绘着主宰自己的命运。一个历史学家，他一面在著述历史，但同时在著述自己。所以古人说人品高，画品也高，就是这个道理。吕蒙同志是一个革命家，他在抗战年代，在新四军中绘制宣传画。胜利后他又是版画家，又是美术界的领导。他一面画作品，一面担任领导工作。他在制作有形的作品，同时又在创作组织无形的作品。我认识他时，他既是一个美术家，又是我们上海人民美术出版社的领导。到他逝世为止，他那种帮助人、教育人的气质让人难忘。所以从他身上得到了很好的教育，艺术不是孤立地在画室里工作，而是通过这种工作团结与教育人。吕蒙同志他主持正义，对我们初参加工作的人教育很大。

今年的金秋不作美，乍热乍寒，秋雨霏霏，撩起人压抑之感。然而，美术界对吕蒙的口碑还是那么美好、热烈。我不由生情，无论是搞文学还是美术，为人的真挚、热情至为重要。

现在搞美术的人都实兴"表现"。什么叫"表现"？我以为就是"画如其人，文如其人"。吕蒙早年在广州市立美术专科学西画，又在"现代版画会"搞版画，那时搞艺术是为了启

《行书七言联》

蒙新文化，艺术的形式和思想是一致的。我经常听到艺术界的同道对吕蒙盛年时期创作的《菊花》十分倾心。怒放盛开的山花，斑斓英华，野芳幽香，清气沁肺，高洁质朴，刀法清利，不露雕琢之气。与其说是在刻画菊花，不如说就是吕蒙自身的写照。所以说，吕蒙的画作中，除了一部分是反映当时火热的战斗生活和现实生活的，当然，对一个美术家来说，也要有拥抱生活的真挚之情；另一部分则完全是激情的表现，有几分真率就有几分艺术。所以我们看吕蒙晚年的中国画还是那么重彩重墨，笔势飞动，对比强烈，完全着意于表现人的精神的热烈、豪爽，具有鲜明的现代感。从这方面引申出去，吕蒙后期创作的画更富有时代感。特别在他二次中风之后，他与病魔作斗争中绘制出来的作品，使我十分感动，我们简直觉得我们面对着的是生命的火花。

我是这样真挚地看吕蒙的。吕蒙是写实家，也是理想家。他热爱生活，更热爱艺术。他后期的绘画作品中更多的是对理想、对生活的憧憬，不惜重彩，极尽浪漫，完全到了忘情的地步。这种献身艺术的感情对我们这种从事艺术的人来说，是至关重要的。写完此序时，天忽大寒，然而我的情绪很好。我想这是吕蒙的创作激情和毅力感染了我，这也是吕蒙画集出版留给我们的精神瑰宝。

我们还要感谢吕蒙夫人作曲家黄准同志，她把吕蒙同志1996年在上海美术馆展出的全部遗作及历年来一些老画家、老朋友所赠送的精品，全部捐献给上海美术馆收藏。她这种无私的行动，将使广大人民有更多的机会来欣赏这些艺术品，也给我们提供了更好的向吕蒙同志学习的机会。

程十发

一九九七年十一月

11月，为忘年交、滑稽艺术表演家王汝刚从艺20周年纪念自传《自报家门》作序《打开雅俗共赏这扇门》。

11月7日，上海中国画院在刘海粟美术馆举办"王个簃、钱瘦铁诞辰100周年书画展"。先生题诗祝贺："嵩山岱岳春百年，老树传馨分外妍。白发慈容心长在，似聆教诲画堂前。"

11月18日至22日，上海中国画院在宁波天一阁书画馆举办"纪念吴昌硕逝世70周年书画展"，共展出吴昌硕、王个簃、沙孟海、程十发书画作品92件。

冬，为旧作《水墨山水》小幅再题跋云："此作为余若（弱）冠时求学上海美专国画系时，为同学朱昌浚所作。朱字欣木，图中印章，皆为余所制，倏忽人间六十年矣。岁在丁丑之冬，程十发再记。"本幅旧题："由黄鹤入梅远公，又一变也。欣木词长属。潼。"是幅为先生极早年作品之一。

4月23日，黄胄（1925—1997）在广州病逝，享年72岁。

6月1日，谢稚柳（1910—1997）病逝于上海瑞金医院，享年87岁。

6月24日，陆抑非（1908—1997，上海中国画院画师）在杭州病逝，享年89岁。

1998年 戊寅 七十八岁

2月，应邀参加中国、加拿大两国在加拿大首都渥太华举办的"20世纪中国当代绘画展"，并与加拿大总理克里斯蒂安共同主持闭幕式。

3月，先生与施大畏、韩天衡、林曦明、陆一飞、周慧珺应财政部邀请，作布置画五幅，书法长卷一件。

春，程多多等亲友联系了担任夏威夷大学博物馆馆长的白朱莉小姐（Ms.Julie White，高居翰弟子），与亲友从旧金山特地飞赴火奴鲁鲁的夏威夷大学博物馆观赏陈洪绶晚年为周栎园所作《归去来图》，了却一桩心事。返回后，在5月，意仿《归去来图》，不打草稿绘《白描人物手卷》（33.7cm×200.5cm）。题跋云："丁丑之夏，余客纽约斯坦顿。一日发车北上波士顿，获瞻传阎立本《历代帝王图》。戊寅之春，又自旧金山赴夏威夷，于艺校图书馆得瞻陈老莲为周栎园作《归去来图》，及另一纸本杂册，皆赏心之作也。后返旧金山小息，应牧滔仁兄之属写此白画小卷。此画无底稿，信手拈来，笔自肺腑中出，当以画外求之。戊寅蒲月，程十发写并记于上海三釜书屋之晴窗下。"先生并为该卷题引首："信似闲庭散步，十发自题于三釜书屋，戊寅夏月。"

4月，为已破损的齐白石所绘《喜上眉头》（喜鹊梅花，94cm×34cm，嘉德2005年秋拍）重裱补绘梅花。题跋云："白石老人写鹊，梅花已纸蚀，裱后程十发补梅于下，时戊寅三月。"白石老人原题为："喜上眉头。借山吟馆白石老人画鹊。"

5月3日至12日，金玉兰广场举行"九八（1998年）上海百家艺术精品展"，先生出席了开幕式。

5月25日，上海中国画院28层的新楼落成庆典暨"上海中国画院新作展""林风眠作品展""程十发捐赠藏画展"开幕式，《上海中国画院画家丛书》（共26位名家每人一册）首发式在岳阳路197号新楼举行，先生为该系列画册作总序言。

《上海中国画院画家丛书》总序
世纪之交，无论怎么说都是至关重要的非常时期，人类活动的各个领域无不面临这一

《白描人物手卷》（局部）

现实。总结过去，放眼未来，已是一种共识。

上海中国画院在步入新世纪的前夕，迎来了画院新楼的落成，这昭示着她将以崭新的姿态在新世纪中更积极地拓展光大其事业。值此良辰，这里向人们推出画院现今在职的26位画师个人作品专集。

自筹经费，自行编辑，如此规模地出版画家的专集，在画院的历史上尚属首次。这既是面对事实现状客观上的回顾总结，又是面对全新纪元主观上的整军备战。它的意义并不在于将引发艺术见地上的褒贬，而是在于传达了迎接新曙光的信念。

上海中国画院将带着这种信念跨入21世纪！

同日，为祝贺画院新楼落成，简庆福和张五常夫妇分别向上海中国画院捐赠所珍藏关良作品70件和法国当代著名画家、雕塑家阿尔曼（Arman）雕塑作品《乐师》。

6月27日，"现代名家书画展"在上海友谊商店举办，展出先生及谢稚柳、陈佩秋、唐云、吴青霞、刘旦宅、关良等名家作品。

夏，绘《早春幽谷图》，题跋云："早春幽谷。戊寅夏日，程十发写此却暑。"

夏，绘《思鲈图》（88cm×48cm），题跋云："久住云间思鲈巷，西风未起也思鲈。戊寅夏日，程十发漫笔。"

夏，为所藏王鉴《秋山图》题签云："王廉州秋山图真迹。翁同龢旧藏赠王文韶，戊寅夏，十发藏。"先生并题裱边云："庚子赔款日，相国赠画时。嗟君王学士，子孙难宝之。廉州秋山图，白云自悠思。十发题。"

8月15日，上海中国画院40位画家举行抗洪赈灾义卖笔会，向灾区捐款42万元。

9月5日，出席了上海美协在上海文艺会堂举办的"重建家园——上海美术家为抗洪救灾捐

《仿唐人写春秋图》

赠书画活动"。活动上，先生和林曦明、刘旦宅、方增先、陈佩秋、徐昌酩等书画家共同捐赠了一幅1997年年初合作的《金牛迎春图》，获得善款18万元，全部捐赠给了灾区。

9月，绘《邻家小院已秋深》（68cm×45cm），题跋云："邻家小院已秋深，戊寅八月，程十发漫笔于三釜书屋。"

9月21日，为《程十发：陆牧滔藏品第二集》作序言。

《程十发：陆牧滔藏品第二集》序言

现在，陆牧滔先生又出版我作品的藏画续集。其中除国画卷轴画作品外，还包括插图、连环画和年画等形式。这些通俗形式作品，除了它的写实性，还必须有一定的艺术趣味，并非内容通俗了，就淡化了艺术性，而恰恰相反，艺术性往往从这里开始。

我们的祖先留下了杰出的又有艺术性又有通俗性的作品，远一些的石刻艺术，如六朝时代的孝子棺线刻，善人桥线刻竹林七贤，近一些的陈洪绶的博古叶子、水浒叶子，唐、宋、元、明、清许多石刻艺术雕刻艺术作品，还包括青花瓷器上的人物图、书籍上的插图等，这些丰富的艺术魅力引发了我的作品形式形成的参考。

可惜这些原作大部分得不到时代的宽恕，已不存世了，只有我不认识的与认识的朋友（包括陆牧滔先生）的宽恕，保存了原作与印刷品，与大家见面。

陆牧滔先生要我写一篇前言，我再一次深表谢意，我亲爱的朋友，给了特殊的爱。

11月18日至26日，"丰子恺画展"在上海中国画院举办，展品144件，其间举办了"丰子恺艺术研讨会"。

12月，与陈佩秋合作书《张岩松论书法诗手卷》。先生题跋云："戊寅小春，写张岩松先生中国书法中之草书篇章之近体诗章，程十发书于三釜书屋。"

12月，绘《瓶花图》，题跋云："老圃秋容淡，黄花晚节香。戊寅小春，程十发。"

任第九届全国政协委员。

本年中国邮政发行《程十发作品选》邮政明信片（一套10张）。

7月10日，沈柔坚（1919—1998）在上海病逝，享年79岁。

8月2日，钱君匋（1907—1998）在上海病逝，享年91岁。

11月10日，谢月眉（1904—1998）在上海病逝，享年94岁。

1999年　己卯　七十九岁

1月，以先生为首的27位画院画师向上海慈善基金会赠画进行义卖。

春，为曹可凡著《画外话》（次年出版）撰写序言。

　　《画外话》序言二

　　认识曹可凡大约是十年前的事了。那时他在主持一档名叫《诗与画》的栏目。我爱看这个节目。除了它的知识性和趣味性以外，可凡的主持风格尤其让我欣赏。他的身上有着一股儒雅的书卷之气，稳重大方，从容不迫，颇具学者风范。从那时起，他和他的节目便深深地印在我的脑海里。

　　终于有一天，我也成了他的采访对象。面对面的接触，使慕名已久的我俩相识；而相同的志趣爱好和缘分，更使年龄相差悬殊的我俩相知。渐渐地，我们成了无话不谈的忘年交。

　　可凡从小喜爱文艺。尽管他学的是枯燥深奥的细胞生物学专业，然而他对艺术的兴趣丝毫不减，在我的印象里，他博览群书，爱好也是很广泛，京昆、弹词、吹拉……样样都能来几手，而且很有专业水准，着实让人感叹他的勤勉与天分。

　　当然，他最喜欢的还是绘画。每次来我家，我俩的话题总离不开书画。他不仅时时向我询问一些国画中的疑难问题，还常常主动要求观赏我收藏的古字画。面对这样一位好学又情笃的朋友，我自然十分乐意地拿出家藏的名人字画，边展阅边讲解。而他总是非常专注地在一旁倾听，并不时地发表一些意见。日子久了，我发觉可凡对国画的领悟力和鉴赏力越来越强。有时他的一些独到的看法让我也感到佩服。

　　可凡还和许多书画家交上了朋友，通过与他们推心置腹的交往，可凡不仅收藏了大量书画作品，从一名普通的美术爱好者变成了一位懂行的艺术品鉴赏者和收藏者，还利用有限的业余时间写下了大量介绍书画家生平和艺术的文字。呈现在读者面前的这本集子便是他多年积累的心血和结晶。

　　这不是一部普通的艺术评论集子，也不是一本流于俗套的书画家战略汇集。作者以其洋溢真情的文字为我们描绘出一个又一个画家性格的侧面，使他或她栩栩如生地展现在读者面前。通过对每一位画家为人及作品的点评，折射出画家们不同的艺术追求和人格魅力。

　　随着现代艺术的不断侵入，传统的中国书画正面临着前所未有的挑战。当代国

程十发与曹可凡、李九松、王汝刚

画创作不仅需要图变和革新，而且更需要一大批像可凡这样既爱画又懂画的知音。作为一名书画界老兵，作为可凡的忘年交，对于其新著的出版和多年来的努力，我由衷地感到欣慰。谨作小序，聊表贺意。

己卯春日于三釜书屋

4月中旬生日前数日，绘《天香国色图》（77cm×47.5cm），题跋云："己卯上巳前数日，写于嘉州（今作加州）帝利市山中。""天香国色越重洋，魏紫姚黄一枝同。仲春霜叶初展绿，不及秋深已转红。此金爨姻表兄题园中新瑞，余补图乞教，程十发。"

4月23日至5月8日，"丹青五百年——上海美市术家协会、上海中国画院藏品展"在上海中国画院举办，展品130余件。

5月，上海画报出版社出版《关良作品集》。画集中不少作品是由先生的老校友简庆福所捐赠的。先生作序。

《关良作品集》序言

关良先生是中国近现代画坛上一位不可或缺的大师，也许他最早将西方现代派的绘画理念引入中国传统的水墨画之中，创造了别具一格的戏剧人物画，在国内外享有很高的声誉。

我与关良先生的相识还是在20世纪30年代的上海美专。当年关良先生是学校西画系教师，我是国画系的学生。按常理，隔系的师生不会有太多的交往，但关先生嗜好京戏，自己操琴吊嗓，而我也深爱此道，常去听戏看画，故师生关系很好，加之关师母亦是松江人，于是更添几分亲情。我敬重关先生平淡谦和的为人，但更喜好他那风格独特的腕底"粉墨"。关先生为了过戏瘾，结交了许多梨园界的朋友，买来髯口、马鞭，熟悉唱、走、锣鼓、身段、招式等等。正由于此，其作画时各式舞台人物在其腕下呼之即出，妙趣横生。

有人认为关先生的舞台人物是属童稚体，其实不然，他是受西方现代派画家毕加索、马蒂斯的影响。他在日本留学时，正值欧美文化大肆冲击日本之日，西欧的印象派、后期印象派、立体派、野兽派时常来东京展出。在流派纷呈的艺术海洋中，年轻的关先生东寻西找，吐纳中西。回国后，他在与上海的一些国画家交往中又深深地迷上了水墨画。然而在东瀛大开眼界的关先生，在比较中西绘画的异同之后，领悟到了中西艺术在画理上的殊途同归。那文人画中所孜孜以求的平淡天真、无躁无火，不正与西方现代派大师们所追求的境界如出一辙吗？

关良的戏剧人物画从不拘泥于具体的情节及舞台的服饰细节等，而是抓住特定情景中的精神，以少胜多，以简练的笔墨表现剧中人物的声容气魄。其形式上以拙求朴，充溢着一种率真的稚趣。其用笔"钝、滞、涩、重"，无丝毫矫揉的浮华，进入了一种炉火纯青的境界。

简庆福学长是我上海美专时的同学，他是关先生西画系的学生。20世纪80年代初，简兄邀关先生赴美作游，客居其家，画了一些作品留作纪念，此集中的不少佳作即是彼时所成。因为关先生是上海中国画院的画师，简兄怀着对老师的崇敬之情，毅然将其数十年悉心收藏的关先生画作71幅慷慨捐赠给画院，让这批作品有个最好的归宿。作为老同学，我敬钦学长对老师的一腔真情；作为画院的一员，我又感激学长对我们画院的厚爱与支持。

这些优秀画作将丰富我院的收藏，又可供画家们观摩学习，切磋画艺，这无疑是一件功德无量的大好事，在此我谨向恢宏大度的庆福学长表示由衷的感谢。同时我们选出画院收藏的关先生作品与简兄捐赠的作品及上海美术家协会的珍藏品，一起编印成这本画集，以作为对老师也是我院老画师关良先生深深的怀念。

程十发与简庆福

5月，画院实行执行院长负责制，施大畏任执行院长。

9月16日，"吴昌硕、吴东迈父子书画展"在上海中国画院举办。

9月30日至10月8日，上海中国画院为庆祝中华人民共和国成立50周年举办作品展，展出老中青画家作品100幅。

11月22日，由文化部、中国文联、上海市政府、浙江省政府主办，中国美术学院、上海中国画院协办的纪念林风眠百岁诞辰大型文化艺术活动在上海开幕。此日，"林风眠与20世纪中国美术国际研讨会"在画院举行。

12月15日，为迎接新世纪到来，上海中国画院举办"程十发、程多多父子绘画、摄影展"，借以希望在新的时代能够做更多的艺术探索。除拍照外，先生还热衷于收藏老式相机，所收名牌有蔡司伊康、徕卡、米诺克斯、哈苏、罗莱福来克斯等几十架。

先生曾撰文《我的另外一支画笔》，回顾了他对摄影的热爱。

《我的另外一支画笔》

我记得，我在童年进入少年的时期，当我的视觉较有完整的能力观察世界上各种形态时，我就酷爱我的摄影机的镜头。尽管依我当时的条件，只是得到一尺方匣镜箱，镜头只有几片玻璃，但我和它十分亲切。因为它所记录的东西是我亲眼看到的事物，一点也不虚假，我看到的一切，由它来证明。它跟我在一起，我也怀疑，它是懂得我喜欢什么？它懂得我留恋什么？甚至怀疑它的情感完全和我一致。

因此我怀疑镜头生在我的身上。有时我感到天下雨，我眼睫毛上沾满了水珠，看事物一片模糊，假使镜头上也沾了水珠子，摄出的照片也是一片模糊；我有时对着阳光，被强光刺激睁不开眼睛，摄出的照片也出现了美丽的光晕；我受到感动的时候，眼含着泪花，我想到我的镜头也含着泪花；有的时候我激动起来，按下快门，我摄出的照片也和我一样激动，甚至快门不适应我激动的动作，摄出的照片震动过度而不清晰，但我的镜头也是感受到了激动。

我爱好绘画的同时，就爱好摄影。所以当有人批评，一幅不成画的绘画，作者画得像一张照片时，我就会纳闷，好像照片就不如绘画，这种偏见使我痛苦。我认为绘画与摄影都可以成为伟大的艺术品，绘画与摄影都可以成一堆废物，但为什么用这种一刀切而不切实际的比喻呢？因为有一些人就不懂得镜头和作者的感情能够结合在一起，而把绘画归于艺术，把摄影仅仅当作机械。不错，摄影机放在商店的橱柜里是一架机械，但当你把它拿在手里，当你在观影窗里见到一切，当你在调整焦距的时候，那它就是你观察的助手，并能把瞬息即过的时间记录下来。所以我呼吁，以后批评一张不好的绘画作品，别再用这样一种比喻，这种比喻是歪曲摄影，好像它不能成为好艺术。倒过来就很好，假如说这张照片像一张成功的绘画，这才是公平合理，我听了很舒服。

为什么我拍摄一张人像照片时，要求被摄的各种人物（男女老少）在开启快门之前，有一个微笑的表情，我想绝不是受到蒙娜丽莎的影响，而是具有一种美好的愿望，总想别人看到这幅照片的时候，知道被摄的人生活在这个世界上很愉快，过得很不错，而且带着微笑的表情，温文娴雅，给观者一种美的印象。

但我总觉得这种做法使我的镜头对各种事物产生了麻木，有虚假成分，我要忠实于生活。作为起点，我要启发我的镜头产生真实的感情，因为我的绘画与摄影同时进行的时候，非常协调，相互受到启示，尽管我们生活得如此美好，但绝不是为了摄影而千篇一律的都是微笑。

1981年的中秋节我正在北京，在中国画研究院颐和园的藻鉴堂，我和叶浅予先生清晨到堂后的小山上散步，正好满山漫长着各种颜色的牵牛花，承着朝霞，迎着阳光，显示出朝气蓬勃的生命力，难怪日本人称其为"朝颜"。

我和叶先生在这花叶中走着谈着话，突然看到一堆花，正好逆光而生，我拍摄了下来。我从花的朝气又联想到先生的朝气，又发现叶先生如此高龄却兴致特别好，而且他是我们的老前辈，我看到朝阳斜射在他的脸上，就拍摄了一张叶先生的人像。后来我和朋友都喜爱这张作品，倒不是我的技巧有什么高明的地方，而是我在拍摄这种作品的时候，完全忘记是使用机械拍摄的，而感到是用我的情感拍摄下来的。

我记得在拍摄的时候，并没有请叶先生笑一笑，而是表现他当时真实的情感，这位长者迎着朝阳，对我们的美好生活和事业充满着信心和热爱，从他的目光中可以看出来。

这个例子，说明了我为什么同样热爱绘画和摄影这两门艺术。

12月18日至22日，"伍蠡甫百岁诞辰作品展"在画院举行，先生题写了展名。
12月20日，中国政府对澳门恢复行使主权，澳门回归祖国。

2月19日，胡问遂（1918—1999，上海中国画院画师）在上海病逝，享年81岁。
8月10日，宋文治（1919—1999）在南京病逝，享年80岁。
11月14日，徐子鹤（1916—1999）在上海病逝，享年83岁。

2000年　庚辰　八十岁

1月8日，上海中国画院举办"二〇〇〇陈佩秋画展"，先生和程多多参加了开幕式，向陈佩秋亲致祝贺。15日画展闭幕。

2月起，先生参观访问法国、比利时、德国、荷兰等国。

在比利时安特卫普时正值庚辰新年期间，先生绘一幅《龙女牧羊图》，题跋云："农历为庚辰年故，率写龙女牧羊图。余生平初客欧罗巴，此为第一张，亦有吉兆之意。程十发客逸之画室。"与徒弟姚逸之合绘《寿鹿图》。

3月，绘水墨《吉祥图》（56cm×96cm），并题长跋："何谓文人画，史与世无准绳，各说各的。切不可简单化，以为文人所画即为文人画。汉魏木简古雅极矣，然抄书手没有一个高位。如二陆苏黄所书，江南农村画灶极似青藤八大，然画者大字不失（识）几个，岂与文化有关哉。民间古磁上描绘亦与士大夫偶契，难分哉。正正得负，负负得正，余一言尽率题于姚氏书斋。庚辰二月，题于安特卫普窗下，程十发。"

3月，比利时举行的"程十发、姚逸之师生国画展"引起了很大的轰动，国内外媒体争相来做专题采访，比利时文化部长在画展的开幕式上做了发言。中国驻比利时大使提前结束北京的巡讲，前来祝贺，并邀请先生和家人到官邸做客。当地侨团还和大使馆一起为先生举办了80寿辰派对。

5月，上海人民美术出版社出版《海上书画家印象——董献明摄影集》，由先生题写书名并担任主要顾问。这本影集是当时少有的铜版纸精印大开本。经先生介绍，青年摄影家董献明有机会近距离接触海上书画名家，并为他们拍摄了人像摄影作品。书中刊有先生的两幅照片，一张是他在工作室内鉴赏古画，另一张是先生凝神沉思的大幅半身照。第二年本影集还改版发行了32开的小开本。

5月23日，为庆祝上海市文联成立50周年，先生与刘旦宅、方增先、林曦明、陈佩秋、乔木、徐昌酩、曹简楼、张雷平、张桂铭、施大畏等在贵都大酒店合作巨幅作品《五松图》赠上海市文联。

6月，上海人民美术出版社出版发行《程十发绘画古诗卡》（一套10张），收录的都是先生以唐人诗意所绘作品，包括李贺诗意八帧，杜甫、白居易诗意各一帧。

夏日，书《行书杨万里诗》（138cm×70cm，西泠2005年秋拍），题云："天下无双双井黄，遗编犹作旧时香。百年人物今安在？千载功名纸半张。使我诗篇如许好，关人身事亦何尝。地炉火暖灯花喜，且只移家住醉乡。庚辰夏日书杨万里诗，八十翁程十发于三釜书屋。"

7月4日至10日，"上海市美术家协会藏品展"在刘海粟美术馆举办，展出先生和林风眠、关良、贺天健、陆俨少、陈佩秋等艺术家创作的80余件作品。

仲夏，绘《春山图》（92cm×68.5cm），题跋云："春山图。庚辰仲夏，程十发写于三釜书屋，年八十。"自题诗堂"春山瑞霭"。

秋仲，绘《拨阮图》，题跋云："拨阮图。庚辰秋仲，程十发写于三釜书屋。"

秋仲，为1960年所绘《傣寨小景》（62cm×31.5cm，西泠2011年春拍）上色，并题跋云：

"庚子冬日，十发写傣寨小景。此画稿四十年前旧物，友人获此属余补色。庚辰秋仲，程十发记于沪西程楼，年已八十矣。"

秋仲，为20年前旧稿《橘颂》补色并题跋云："橘颂。此画稿廿年前旧物，友人获此，嘱余补色。庚辰秋仲，程十发记于三釜书屋，年已八十矣。"诗堂："二十年前画此幅，而今结果已馥郁。橘树苍苍人不老，茫茫欣然对画幅。庚辰秋暮，八十翁程十发再题。"

10月16日，与程多多、王汝刚等一行四五人到嘉善魏塘镇探访外婆（本名张泾汇）家在惠民镇的丁氏旧居，在当地偶遇与先生同庚的丁家老邻居热心带路。惠民镇向东行10里（5000米）就是先生的老家金山枫泾镇。先生风趣地说："摇啊摇，摇到外婆桥，外婆见我吓一跳。因为我现在的年纪比当年外婆还要老得多哩！"中午在小店里吃饭，先生点了钟爱的薄豆腐小白菜炖肉片。

下午一行人游览西塘，寻访了昔日先生父亲欣木公学医的钟介福药店旧址。黄昏，又拜谒了位于嘉善的元代大画家吴镇之墓。

10月22日，"简庆福捐赠关良作品展"及"三人行——简庆福、连登良、黄贵权摄影作品联展"在上海中国画院开幕，先生出席了开幕式，感谢简庆福的慷慨奉献。

《秋山小景》

上海昆剧团几代艺术家赴台湾演出，弘扬昆剧艺术。先生主动提出与程多多合作，为每位艺术家画扇一把，受赠者有蔡正仁、计镇华、梁谷音、岳美缇、张静娴、张军、沈昳丽等。

11月，上海画报出版社出版由上海龙华古寺编著的《华林拾珍》，收入先生与陆俨少、来楚生、吴青霞、江寒汀、唐云、陈佩秋合作的《争奇斗艳》。

11月，作《高士图并行书五言诗》成扇，题跋云："庚辰小春，程十发写于三釜书屋。""我有渊明琴，长年在空屋。客来问宫商，胡卢扪轸足。幸俗不可医，那使积习熟。我懒正欲眠，清风动修竹。程十发写梅道人诗。"又作《山水并行书录吴镇诗》成扇，题跋云："庚辰小春，程十发写于三釜书屋。""江上秋光薄，枫林霜叶稀。斜阳随树转，去雁背人飞。云影连江浒，渔家并翠微。沙涯如有约，相伴钓船归。十发书。"

11月14日，与程多多合绘《辉煌图》（上海东方明珠电视塔），题跋云："辉煌。

后继有人——程十发与次子程多多共同创作

二〇〇〇年十一月十四日，多多、十发合作。"

12月9日至22日，正值上海中国画院建院45周年之际，由上海市文化广播影视管理局、上海中国画院主办的"程十发艺术——连环画、中国画、书法大展"在画院开幕，并出版大型画册《程十发艺术》，全面展示了先生从艺60年来的艺术轨迹。先生为陈佩秋、刘旦宅、周慧珺、韩天衡、方增先颁发画院顾问聘书，并为画院新聘兼职画师颁发聘书。开幕式当晚，上海中国画院建院45周年庆典晚宴在上海大剧院宴会厅举行。

12月，上海地铁运营有限公司、上海中国画院联合发行"程十发国画作品纪念"磁卡，这是上海发行的第二套美术大师作品上海地铁纪念磁卡。

冬，在泥金扇面上绘《青绿山水并迎春图》，题跋云："钱雪溪仿唐人山景光怪陆离，今余效颦，有东施之嫌，庚辰冬，十发。""迎春。庚辰嘉平，程十发"。

时任上海市美术家协会副主席的卢辅圣撰写了《程十发的艺术智慧》一文，祝贺先生从艺60年。

《程十发的艺术智慧》

如果从当代中国画家中评议最高智慧者，恐怕首选是程十发先生。

其智慧首先表现在艺术的广度上。

与大多数中国画家不同，程十发不仅以开一代新风的中国画确立自己，不仅以人物、花鸟、山水兼擅和工笔、写意、书法皆备的全能面目昭示于世，而且在连环画、年画、书籍插图等领域独树一帜，为中国美术史增添了绮丽多彩的笔触。

就历史比较学的意义而言，20世纪后半叶中国美术的最高成就，并不表现在国画、油画、版画这些纯艺术门类上，而恰恰是不为多数论者所重的连环画，取得了前无古人后无来者的崇高地位。特殊的时代氛围，将中国艺术家的创造才能限制在年画、连环画、宣传画之类的大众传媒上，而明清版画的传统，外来艺术的涵养，以及"思想性""进步性""革命的现实主义与革命的浪漫主义相结合"等的行政规导，又从意蕴与形式的双重关系上推动着原先不登大雅之堂的通俗型艺术实现品格上的升华。从20世纪50年代中期到80年代末，30年间所产生的一大批连环画作品，数量宏富，风格纷繁，手法高超，境界精深，可谓古今中外绝无仅有的文化景观。程十发作为其中的重要代表，以《阿Q正传一零八图》《胆剑篇》等连环画和《儒林外史》《西湖民间故事》等插图，体现了一位智者与众不同的选择。在白描、水墨写意这些常人习用的形式之中，他根据不同主题的需要，分别糅合了画像石、画像砖、民间艺术以及英国拉斐尔前派的造型意趣，将远自汉魏晋唐旁及乡风洋味的艺术因子化为个性鲜明的风格面貌。奇正相杂、亦庄亦谐、似古而新的"程家样"，既切合了那个时代所鼓励的"大众化"要求，又巧妙地开掘和发扬了长期以来为文人画所摒弃淡忘的中下层传统，并使之与讲究形式提炼、注重艺术品格的文人审美观化解整合。可以说，从形式美和风格化的角度着眼，程十发的连环画达到了当时所有同行都无法企及的程度。

20世纪中国美术的一个显著特征是，伴随着文人画隐逸情怀与争取民族自强的时代主题相背离的现实，富有自律色彩的艺术追求更多地让位于

《相随》

适宜发挥社会功能性作用的艺术取向。尤其是在五六十年代艺术为政治服务的社会情境中，几乎所有的当龄画家都自设或被设地走过一段主题先行、形式通俗和写生为上的道路。尽管上海画家比起其他地区画家来往往多一层形式追求上的自觉，但简单化的图解需要、西式的写生方法和人世使命感，则仍然或多或少地占据着大多数人的艺术思维。程十发将自己富于风格化的画笔，消融到主流社会能够认同的少数民族、民间传说、古典人物等题材以及插图、连环画等形式中，就巧妙地规避了极"左"思潮的裹挟，在时代夹缝中觅得了自我发展的生机。一方面，他守护着以笔墨为内核的文人画精髓，使中国绘画艺术的纯洁性获得了价值、图式和趣味上的保障；另一方面，他又用民间艺术"生趣"置换了传统文人画的"逸气"，幽默乐观的思致、夸张奇崛的造型、清新艳丽的色彩，编织成一张雅俗共赏、老少咸宜的审美之网，从而实现了文人艺术与民间艺术、传统性与时代性之对峙的双重超越。

这一特点在20世纪70年代以后的中国画创作中表现得尤为鲜明。将粗笔与细笔、水墨与色彩、写实与装饰、奇诡与朴拙等尽可能多的矛盾因素纳入同一个画面，而又达成相摩相荡、融洽无间的浑成效果，是程十发区别于其他画家的魅力所在。其以汉散隶参用傅山草书入画的书画同构意味，以泥塑、剪纸、刺绣、皮影等民间艺术情趣充实文人画笔墨表现的文理互补匠心，乃"问我南宗抑北宗，东西中外古今同"（程十发《题秋山烟雨图》）以及"谁不学王羲之，我就投他一票"（韩天衡《立雪杂说——程十发先生其画其人》）的辩证治艺态度，无不寓含着敏于时代感悟和灵活取用传统资源的过人智慧。除了少数几件迎合当时政治需要的主题创作外，程十发数十年如一日地在主流文化之外的土地上耕耘，却又始终赢得主流文化的青睐，并非出于偶然。行文至此，其实已经涉及艺术深度上

的智慧问题了。

绘画的形象与形象的绘画，是两个截然相反却又互为依存的概念。当人们创作一幅画或感受一幅主要着眼于绘画的形象时，绘画本身往往在创作和感受之外。这种绘画不是绘画性意义与绘画形式的直接转换，而是政治性、伦理性或者文学性意义与绘画形式的间接统一。反过来，当形象的绘画成为人们创作和感受的对象时，绘画就具有了自律、自主的意味，它以别的艺术所无法取代的独特感觉、独特媒介、独特表现方式，将绘画性意义与绘画形式整合为一体。

极"左"思潮泛滥的年代，绘画的形象主宰着形象的绘画，对内容第一性的要求和对形式主义的批判，使中国画的自律性追求失去了存身地盘。在当时的中国画家，尤其是水墨人物画家中，程十发大概可算形式意志最强的一位。即使是刻意写实的主题创作，比如《歌唱祖国的春天》《瑞丽欢歌》等等，他仍然利用线条、色

《钟馗嫁妹》2000年重题

彩以及闲花野草所构成的装饰性趣味来置阵布势。至于《胆剑篇》之类以匹配内容之由而借鉴上古画风，更是典型例子。改革开放后，艺术宽容度增大，以形象的绘画为圭臬的艺术追求蔚然成风，程十发积蓄已久的形式追求的爆发力喷薄而出，一批又一批看似笔墨游戏、其实涵容"语不惊人死不休"之精神的画作，随着画家年龄的日趋老成而相继焕发光华。从中能够看到，元代以降，尤其是晚清文人画的某些笔墨范式，与溯源混浪于汉砖、唐俑等古今民间艺术传统乃至西方绘画观念的现代意识达到了新的统一，画家的个性风格由此得到了更大程度的张扬。但和"八五新潮"以来愈演愈烈的前卫艺术相比，他又始终坚守着从传统中出新的理念，海派绘画善于与大众趣味或时尚机会相协同的艺术特色，也在这种理和新的统一中发挥了背景支持作用。高雅而不孤高，通俗而不庸俗，浪漫而不孟浪，抒情而不滥情，作为在处理矛盾对立因素时的机智选择，程十发艺术总是保持着特有的张力，在专家与群众、智性与德性、绘画化与文学化之间左右逢源。也许，窥测程十发艺术智慧深度表现的最有效视角，莫过于那个统摄人品与画品的重要精神素质——幽默。

无论在日常生活中还是在大型的公众场合，程十发总是轻松、和蔼地应对人和事，对别人来说需要严重而肃之的题目，他可以一语释怀，举重若轻。从他手下流淌出来的画面，许多司空见惯的图式都被蒙上了一层奇特的意味：成群结队的游鱼，宛如无忧无虑的

胖娃娃；叱咤风云的虬髯客，有着玩具警察似的诙谐感；以李时珍为题材的《问药图》，闯进了偷吃草药的山羊和拉不动它的小姑娘；《为怀素大师造像》的盎盎大幅，人影全无而只见芭蕉、蒲团和笔砚，若细看题识，则更令人忍俊不禁——"辛酉之仲秋，欲为藏真大师造像，适大师游离兰若，乃不画其容而画其物……"。如果说，幽默

程十发、陈佩秋、徐昌酩在"程十发画展"上

作为一种乐观和机智的情感，多半出现在民间艺术而非文人艺术中，那么，同为文人艺术与民间艺术的化解整合，齐白石的幽默更多地蕴含着中国传统农民的天真性格，而程十发的幽默经由十里洋场陶冶的现代市民情趣水乳交融。唯其如是，具体到笔墨或曰形式构成的层面，也就形成了齐主质朴，程主华美，齐多滞涩厚重，程多明快奔放，齐重倔劲与痴情，程重才智和潇洒的种种区别。充溢于后者的温煦气息、隽永趣味和敏捷巧思，既无须像新潮美术或反传统艺术那样，通过对现实经验的话语疏离以保持批判意识，也不会像国粹派或传统人文价值的维护者那样，株守封闭的信念范畴而矜持不移。新与旧、奇与正、原理与原则、情境与生效，在这里交错、交融、互补、互生。前文所谓雅俗共赏、老少咸宜的审美之网，正是以艺术品性上富于时代和地域特色的机智幽默为经纬的。韩天衡《立雪杂说——程十发先生其画其人》中记载了一桩趣事："一友以其赝鼎贻人，此人也发老老友。一日，出赝鼎嘱其鉴题，知画为伪作，其坦然抽笔作真品长题。并告余：'说是假的，大家不开心；说是真的，皆大欢喜。'"这与其乡前贤董其昌"心知其伪而不辩，以此待后世子云"（董其昌《容台别集》）的隐忍态度相比，恰恰显示出程十发诙谐、随和、爽朗的个性。艺与人相表里，洵非虚语。

　　时值程十发先生八十华诞暨从艺六十周年纪念，谨致短章以为喤引，并祝先生笔随人健，焕发更多更大的艺术智慧！

二〇〇〇年八月于天钥楼

4月13日，周炼霞（1908—2000，上海中国画院画师）在美国逝世，享年92岁。

11月28日，赖少其（1915—2000）在广州病逝，享年85岁。

严国基（1944—2000，上海中国画院画师）逝世，享年56岁。

2001 年　辛巳　八十一岁

获"全国第六届年画展荣誉奖"。

1月24日，绘《第一春》（山水，95cm×68.5cm），题跋云："第一春。辛巳元日首幅，云间八一叟程十发写。"

2月7日（元宵），绘《早春图》，题跋云："辛巳灯节，云间程十发写早春图于三釜书屋之晴窗，时年八十一岁。"

突患小中风，治疗后逐渐痊愈，加上80岁以后受到多种慢性疾病的困扰，先生提笔写字、作画变得非常困难，往往发颤、发抖。天性乐观幽默的发老自称"我这是精神抖擞（手）"，虽然如此，每天的"功课"仍不落下。所作与以前作品相比可谓粗服乱头，初面世时几为友人误作赝品，久之亦自成一种面目。

4月，上海画报出版社出版《程十发、刘旦宅、戴敦邦精绘〈红楼梦〉插图》。

4月，上海中国画院首届中国高级研修班开学典礼在画院举行。

4月23日，上海中国画院举办的"丹青五百年——上海中国画院名家精品展"开幕。

6月，在"庆祝建党80周年上海美术作品展"上，先生的《花木齐辉图》获荣誉奖。

先生再题其1993年所作《金秋硕果》云："古人好写生而具笔墨，今人写生而轻笔墨。笔墨亦不能凝而不化，主要应物象形。形千变万化，亦不能凝而不化。笔墨不化形岂能象哉？形不能化安能称笔墨哉？"

7月，为20世纪60年代所作大幅设色《胞波友谊图》（94.5cm×157cm，西泠2008年秋拍）再题跋云："祖国万岁，贺中国北京申奥成功。程十发再题。二〇〇一年七月。"之前在1998年，先生曾题跋："胞波友谊图。戊寅夏日，程十发题。"本作后刊载在《新民晚报》2001年11月5日第25版上。

8月，为上海航天局成立40周年大庆绘成山水作品《源远流长》，先生曾携此画稿两渡重洋往返上海和旧金山，历时两个月而成。题跋云："源远流长。奉上海航天局成立四十周年大庆志喜，公元二〇〇一年八月一日，程十发敬绘，年八十一。"

8月间，绘《山水册页》（十二开），题跋云：

"春时山色汉时堤，柳色青青年复年。黄莺不识兴衰事，依然一梦到辽西。十发。"

"古有古法，我有我法，我之为古新之法。"

"海厓。十发写。"

"辛巳七月，程十发写，年八秩有一。"

"独松。辛巳夏，十发。"

"春光无处不桃源。发翁。"

"疏林茅屋里，似闻读书声。十发小品。"

"香光老去云林死，还有谁家画米山。十发漫写。"

"十发漫写。"

"朽翁笔奇古，一画现荆关。十发却暑。"

"五洩。辛巳夏,十发却暑。"

"辛巳夏日写小品十二页,一时兴会信手拈来,博人一笑,程十发。"

9月,为旧作《莲塘清趣》再题跋云:"重见旧作,画不老而人老矣,奈何奈何。辛巳桂花开候,程十发记。"原题为:"莲塘清趣。乙卯仲夏雨后初晴,程十发漫笔于三釜书屋。"

9月,《郭鹰书画集》由上海人民美术出版社出版,此前先生刚从美国讲学归沪,接到电话后欣然为老友题书名。

9月,与程多多合绘《鹤鹿呈祥家乡好》,题跋云:"云间鹤,回头鹿,家乡好,画不足。二〇〇一年九月,多多、十发合作。"

秋,作《行书录江泽民主席诗》,题云:"遥望天都倚客松,莲花始信两飞峰。且持梦笔书奇景,日破云涛万里红。江泽民主席诗,辛巳秋,程十发书。"

九秋,为早年所绘《少数民族人物册》十二开对题诗句12帧,并题册首云:"逝者如斯。程十发年八十一,时重书对页。"

10月25日(重阳),在旧作《双鲤图》上题跋云:"今日是重九,重阳好登山。画出双鲤鱼,好赠武陵客。辛巳重阳为题旧作,八十一翁程十发题。"

当日又题旧作《玉宇澄清》(孙悟空三打白骨精,56.5cm×33cm),题跋云:"玉宇澄清。辛巳重阳程十发题旧作,年八十一岁。"

冬,绘《紫气东来》,题跋云:"紫气东来。本市闵行有明嘉靖年间里人董宜阳所手植紫藤,至今花叶茂盛,地名即称紫藤棚,好友招游,归后写此,十发并记。辛巳小春,年八十一。"

本年,枫泾镇政府在考察古镇遗留旧址时,发现枫泾镇和平街151号(原太平坊151号)是程子美、程欣木的居住地。2003年,镇政府出资修复程十发祖居,并对公众开放。2004年,又在故居后园盖建"三釜书屋"。程氏祖居现为金山区文物保护单位,建筑坐东北朝西南,砖木结构,前后幢布局,硬山灰瓦顶,穿斗式结构,为落地格栅门,上层窗为格栅窗。祖居内恢复了先生祖父、父亲行医的诊所厅堂和先生出生居住的卧室,卧室里雕花床、梳妆台一应俱全。同时,祖居内还展出了程十发部分画作以及生活、创作用具,为研究先生早期在枫泾活动提供了重要的实证载体。正厅的正面墙上挂着先生和程助为庆祝祖居对外开放父子联手所画的《池塘秋趣》。修复故居时考虑到要展览的内容比较多,准备将旧宅和平街151号的左右两户人家也动迁掉,先生知道后不予同意。他说:"我祖上老家是不富裕的家庭,原来是什么样就什么样,不要任意扩大,否则违背修复初衷。"

2002 年　壬午　八十二岁

因病住院，在安装了心脏起搏器后，身体略微好转的先生移居沪西剑河路新居。先生为新画室题名为"三釜老屋"。

春，绘《蝴蝶小景》，题跋云："壬午春，程十发写，年八二。"

3月24日，先生携家人再次回故乡枫泾，除了重访和平街幼年生活的祖居，还特地到南大街123号袁世钊故居敬献了花篮，这时候大家才知道，原来革命先烈袁世钊（1904—1931）是先生的亲舅公。

5月，大型画集《丹青蕴情》出版，书中汇集了20世纪70年代程十发、刘旦宅、汪观清、韩和平、郑家声等画家在枫泾留下的100幅精美画作。先生在该书中写道："枫泾是江苏省和浙江省连系的一个小镇，可以证明两个'母亲'共同喜欢这个孩子"，"一个小镇跨越吴越两地，一定有它的特点，所以使人流连而神往"，"我的老家在枫泾，无形中育我成长的正是吴越文化"。目前，这段小言就镌刻在先生祖居的后院里。这本画册后以金山区政协名义出版，举行首发式的时候，重请先生、刘旦宅、汪观清、韩和平、郑家声出席。画家们回忆了当年的乡情画情，还合作一幅《欣欣向荣》的大画，送给了枫泾镇。

夏，在故居拾得旧作梅花图扇面，以颤笔补题画跋及另面书法："我与梅花是故人，客于故居拾得旧作，今题其上，壬午夏，程十发年八二"，"暗香疏影，以姜白石之曲牌题之，十发"。

夏，绘《金玉满堂》小帧，题跋云："金玉满堂。壬午夏，程十发年八秩二。"

新秋，在旧作《案头小景》（绘笔筒中插笔及插花一枝）上题跋云："中西南北笔几支，月月花开不做（作）诗，竹筒亦贮西来笔，如此方能不背时。壬午新秋，检得旧作补题其下，十发老人年八十二岁。"

秋，在四尺整张（69cm×138cm）上写下了一首打油诗："今日重回程家桥，风光依旧宅门高。而今借重三板斧，老朽耄矣让尔曹。壬午九秋，风轻云淡，返程家桥精舍，程十发。"

秋，绘《鸳鸯图》小帧，题跋云："壬午秋日，程十发写。"

秋，绘《钟馗春游图》（96cm×48cm，

《有鱼图》

程十发与刘旦宅

《行书五言联》

西泠2008年春拍），题跋云："钟馗春游图。壬午秋，八十二翁程十发写。"

10月31日至11月10日，"迎十六大上海美术藏品回顾展"在上海美术馆举行，画院共有26幅作品参加展览，其中有先生的《歌唱祖国的春天》、吴湖帆的《庆祝我国原子弹爆炸》、韩硕的《热血》等。

12月3日，《人民政协报》上发表先生的评论文章《新一代海上画风》。

《新一代海上画风》

在现今海上画坛群体中，人物画家的成就是巨大的，整体实力超过了前海派画家。这些成就的取得与中华人民共和国成立后因政治宣传需要而全力推进人物画创作有关，特别要指出的是连环画这一艺术形式的出现，极大地提高了人物画家构图、创意等方面的水准。新时期

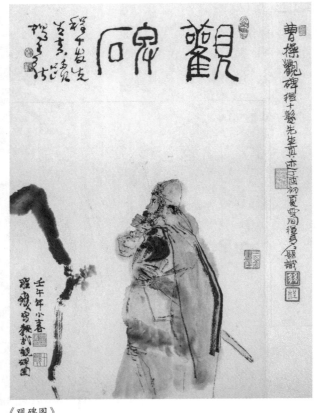

《观碑图》

有成就的人物画家几乎都在连环画上下过苦功，受过磨炼，得到益处，他们现今的成绩离不开连环画的哺育。新时期以来诸多的美术展览，使中国画欣赏从以往的私人玩赏变成公众化的登台亮相。登台亮相要求作品更具有视觉冲击力、感召力。为追求冲击力与感召力，古今中外的各种艺术手段得到了前所未有的施展，促成了新的艺术拓展。

有的画家看不起连环画、插图，认为这是"小儿科"、不登大雅之堂的东西。但是我根据自己几十年来学习绘画的艺术实践，得出的体会正说明画这种画是最好的锻炼，不仅可以提高艺术技巧，而且也可以提高艺术创作的思想水平。因为它迫使你刻苦地画大量的人体素描和速写，迫使你深入社会生活去写生、搜集创作素材，也迫使你认真阅读中外古今的优秀文学名著。我自己觉得这样的'行万里路''读万卷书'，才使我的艺术创作逐渐有所进步。

5月4日，乔木（1920—2002，上海中国画院画师）在上海逝世，享年82岁。
7月23日，明旸法师（1916—2002）在上海龙华寺圆寂，享年86岁。

2003 年 癸未 八十三岁

1月，为上海人民美术出版社出版《姚鹓雏先生诗友唱和笺札拾珍》作序。

1月31日（除夕），绘《秋山图》，题跋云："秋山图。壬午岁除，程十发写，年八十二岁。"

《美术观察》2003年第二期上发表了原在刘海粟美术馆工作的惠蓝博士在元旦前后两次采访先生后撰写的《海派无派——程十发访谈》一文。

　　《海派无派——程十发访谈》

　　惠蓝（以下简称"惠"）：程先生，您现在是著名的人物画家，但20世纪30年代末您读美专时修的是花鸟和山水专业，对吗？

　　程十发（以下简称"程"）：是的，那时人物没有开课，因为没有老师教国画人物。

　　惠：那您的山水和花鸟老师都是谁呢？

　　程：山水老师是汪声远，他画得很好，教学生是很认真的，但画不容易卖掉，很穷；花鸟老师是王个簃，是国画系主任。他原来是吴昌硕家的家庭教师，教他儿子的。他画画很聪明也很用功，吴昌硕很喜欢他，后来就收为弟子了。他在感情上对吴昌硕很敬仰，画得也很像吴昌硕，对学他这个流派的学生，基本上也很喜欢，不学他这流派的学生就不是很乐意。这就他自己来说，有他的道理，但对人家就没有道理了。我进学校之前，就觉得画画要有自己的味道，不能完全学人家的。这种想法

程十发在书房书写对联

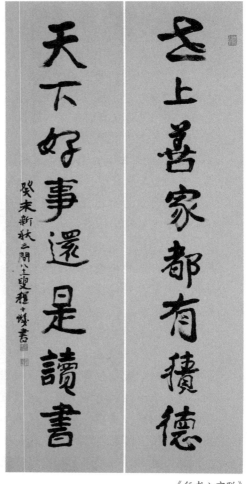

《行书八言联》

《春深如海》

当然很幼稚，其实在形式上学也不要紧的。我是上海人，但不是太喜欢"海派"。

惠：但海派并不只有吴昌硕一路，还有任伯年、虚谷，还有吴湖帆那样吴门画派的风格。

程：对，我一直也说"海派"不是一个派，"海派"的"海"是五湖四海的海，不是上海的"海"。上海本地的画家地区性也很强，但画得好的少。后来各个地方的画家都来上海竞技，地区性就打破了，所以海派应该说是一个时代有某种共同特点的艺术流派。

惠：是一种共同的趣味吗？

程：上海本地的地方性画派要提早到董其昌以后。明代末期后，上海地区的文学艺术，特别是美术，都受到董其昌的艺术思想的影响，就是画禅。

惠：你是否也比较喜欢董其昌？我看你在（20世纪）40年代画的那些师法南宋甚至浙派的山水笔墨都比较温润。

程：是的，这大概就是地方性趣味吧。但我更喜欢陈老莲，小时候就喜欢。陈老莲不是很写实，但是很有味道。他传世的东西比较多，如博古叶子等。后来通过学习任伯年，使很多人都喜欢他了。吴湖帆是学董其昌出身，画得比较漂亮，董其昌自己画得不是很漂亮，他是内在比较漂亮。

惠：这么说，您在美专主要还是按自己的想法来画。

程：也不能完全这么说，老师经常在课堂上挂一些画，有的是自己的画，你就会受影响。当时的美术教育太简单，我们到上海来学习也是很艰苦的，学习好以后要工作、赚钱。有一次汪声远老师下课后把我留下，问我：你有没有条件画画，没有条件画画是要饿死的。这位老师是在提醒我，以他的真情对待学生才讲了这句真话，所以我觉得劝我不要画画的这位老师是最好的老师。可惜中华人民共和国成立以后就和他没有什么联系了。

惠：您在（20世纪）40年代好像临过很多古画？

程：临的不多，还是乱涂的多。

惠：我看到几张您那个时候临的夏圭和唐寅的画，题跋里好像还有调和南北宗的意思。

程：明代以后的中国画理论受了董其昌南北宗论的影响，认为画得拙的高，画得巧的庸俗，把仇英不放在南宗里面。我觉得这是一种偏见。

惠：您当时就认为技法是很重要的吗？那您大概会感到很矛盾的：觉得文人画很好，但为什么文人画要否定技法呢？

程：文人画是既重视技巧，又否定技巧，认为神韵是最高的，而对传神不是很重视。这是一种矛盾。其实董其昌自己也比较接近正统的画家，他还将丁云鹏留在家里，对他的画也很有兴趣。有时候后人对古人的理解有误会的地方，但现在不能再误会了。

惠：我看到一条史料上说，中华人民共和国成立之初，上海国画界开过一个关于文人画的讨论会，那时候您参加了吗？

程：讨论会是很多的，主要是一些民间社团搞的，有一个"新中国画会"是陈秋草主持的，以前还有一个"白鹅画会"，在四川北路。关于文人画的讨论会次数也很多，请的都是老画家，年轻的很少，我也参加过。讨论的是大方向的问题，就是国画如何为人民服务。但也怪，喜欢国画、研究国画的都是很有影响的老先生。

惠：您是什么时候开始改画连环画的？

程：中华人民共和国成立以后，第一本连环画是在1952年。我是从头学起的，想法很简单，为了自己的作品存在。文人画强调表现自我，光表现自我，没有其他招牌，容易招致批评，画连环画不管它好坏，还有人鼓励。当时重视普及工作，强调内容决定形式。我也受到鲁迅先生的影响，他对通俗读物是很重视的。又学习了毛主席《在延安文艺座谈会上的讲话》，其中谈到很多问题，如普及和提高的问题，旧的中国画的思想体系在这里就有了不协调的地方。所以毛主席说要到工农兵中去，我们就去体验生活。我最远去过云南，近的就是郊区。

惠：那会儿上海一些国画家还去过搪瓷杯厂画搪瓷杯。

程：我也去过，那是为了改造思想，在具体的技法上面开始学习苏联那种写实的画法。我的《列宁》《金色的钥匙》就是用这种方法画的。

惠：但您的《画皮》《阿Q正传一零八图》等作品主要还是用水墨画法，《胆剑篇》主要是用线。

程：我尽量利用旧的东西，做旗袍的用来做裙子，只要用得上就行。画连环画自己不能出版，画要卖掉，需要有出版商约稿。中华人民共和国成立后一段时间国有和私有的出版社都有，我画《阿Q正传一零八图》是广东的《羊城晚报》约的稿，每周连载一张；画阿Q是为了纪念鲁迅先生，阿Q所反映的是中国人一种普遍的东西。后来上海《新民晚报》的社长来找我说：我们上海也有画报。我大概没给他们画，他们不高兴了。那时候正好北京人艺邵宇院长带了《胆剑篇》这个戏到上海来演出，这个剧主要是呐喊的意思，就是俄国人欺负我们，我们要卧薪尝胆、奋发图强。我对和政治问题特别挂钩的题材不是很喜欢，但后来还是画了，所以我尽量画得古，包括服饰、画法，都让人感觉只是一个历史故事。《画皮》是1957年"肃反"的时候，提到了画皮，我也就画了这么一个。水墨技法我一直没有放弃过，我没有把普及和旧的东西对立起来。

惠：这时候遇到的问题和中华人民共和国成立前完全不同了。在这个转换过程中，您有没有感觉到很难适应？

程：为了吃饭、工作，总是适应的，就是适应得好不好的问题。

惠：为什么画院里的吴湖帆等老先生们认为你画的不是中国画呢？

程：不知道。这个问题迟轲也提到过，就是在北京人民美术出版社出版的那本画册的前言里。那时候为了写实，向苏联、向西方学了很多东西。新的东西出现的时候，也许有人就感觉是妖怪。吴湖帆和我是很好的朋友，但各人看法不同。

惠：您当时怎么进画院的呢？当时画院不像现在是个专业机构，主要是为了照顾一些老画家的，很多年轻画家或工作比较好的都不太愿意进画院，如傅抱石一开始就不情愿放弃教书的职业去当江苏省国画院院长。

程：我去画院是很简单的，像我去出版社一样，都是因为工作需要。当时周总理和陈毅市长很照顾老画家，陈毅市长还组织过一次中国画的展览，请有钱人去买画，后来在周总理的建议下给这些老画家专门成立了画院，我是被叫去做筹备委员会的秘书的，画院成立后就进了画院，成了画院里第一批画家，是其中年纪比较轻的。老画家到画院以后，每个月工资不多，为了在生活上有些补助，就组织他们画工艺美术品，画檀香扇。画扇子的工价很低，但画坏了扇子赔起来很贵，引起了部分画师的意见。其实这不是多了不得的事情，但在"反右"的时候就成了一桩罪名，这就是"檀香扇事件"。我当时正好在云南，在庙里拜菩萨，但后来也遇到很多运动。

惠："文革"以前，您在画院主要还是从事连环画创作吧？

程：是的。但对我来说，画连环画和画国画都是一样的，只是一个形式问题。

惠：您对传统国画一直都蛮喜欢的吧？您捐给画院的那些收藏品中陈老莲的精品就有不少，还有董其昌的一幅也很好。收藏到这些好画是很不容易的。

程：我是喜欢这些旧的东西。当时资本家被打倒了，他们都有很多收藏，都顾不着了，所以当时很便宜，我就买了一些。我主要是喜欢，也不去研究，就像普通的读者一样欣赏欣赏。陈老莲我一直很喜欢，总共收了有二十几幅。

惠：您现在的画风是（20世纪）80年代以后才形成的，从国画到连环画，再从连环画到国画，这是第三次大的转变了，您对此有何感受？不用顾忌很多政治问题以后，您是否考虑过在艺术上进行变法？

程：政治问题是一直存在的，只是现在政治成熟了，艺术也成熟了。至于我自己，也没有考虑什么变法。有些人以为是自己创造了某种形式，其实人家早就有了。但从个人来讲，每一张画都是不能重复的，都是重新开始的；从技法来讲，都是人家的，没有什么是自己创造出来的。人不可能脱离了客观现实，脱离了历史，脱离了需要。主要是需要，现在很多假画出现也是因为需要。明代时候，有个人想要一幅文徵明的画，但买不起，就想请文徵明的一个朋友造一幅假画，结果跑错了人家，跑到文徵明家里去了，对文徵明说请你帮我造一幅文徵明的假画，文徵明说好好，真的也变成假的了。

惠：听说叶浅予认为您很懂得变形。

程：这个"变形"的问题要开会专门谈了。事情很复杂，国外有一些变形，多了一个眼睛，多个眼睛也不要紧，我刚才看的电视里二郎神就是三个眼睛。这个变形主要就是画家对客观世界的主观反映。

惠：（20世纪）80年代以后上海中国画院的整体风貌变化很大，和您的画风相像的变得多起来，在老先生比较多的时候，您在画院好像还很另类，这很有意思。您当时是否带了很多学生？

程：我自己不教学生，组织上分配的有两个，毛国伦和汪大文。叫我老师的人是很多的，但那是他们尊重我的年龄，不一定是我的学生。对我来说，他们喜欢我的画也好，不喜欢我的画也好，我说过海派不是一个画派，各种各样的画风都有，也有喜欢我的，也有喜欢像林风眠先生那样的。现在更加五湖四海的都有了，所以说"海派"其实是无派的。

《深山采药抗"非典"》

暮春，作《谷雨春光》，题跋云："谁信国手汤显祖，至今演说牡丹亭。谷雨春光无多日，春去春回何处寻。癸未暮春，八十三岁翁程十发。"

5月9日，上海中国画院向慈善基金会捐款20万元，向战斗在抗击"非典"第一线的医护人员献爱心。先生因身体原因未能前来，特致信慈善基金会会长陈铁迪，表示愿为抗击"非典"做出贡献。

5月，创作国画《深山采药抗"非典"》，表达抗击病魔的决心。正值"非典"期间，先生不顾年高体弱，坚决要求和画院同事一起绘制作品以抗灾捐献。由于疾病的困扰不能长期站立，因此先生只能坐在画桌前慢慢运笔，整张的宣纸也需要随着画家的笔锋的上下游走而不断移动，此作画了一星期才告完成。画面上，一位身穿白衣，象征着"白衣天使"的女孩坐在一块山石上，背后是修竹一竿。少女手持竹篮，篮中满是采集而来的中草药。因为是坐在轮椅上绘画，无法直顾画面整体，所以人物造型显得略微倾斜，但瑕不掩瑜，老辣的线条加之厚重浓郁的色彩、扎实的笔墨功底，以及先生倾注着的真挚情感，让这幅作品激励着众人。

创作《竹报平安》捐给上海市慈善基金会。

6月4日（端午），题张金锜所绘《枇杷图》，题跋云："黄金果。金锜遗作，十发题字，癸未天中节。"另题《菊友松清图》，题跋云："菊友松清。金锜女史遗墨，癸未蒲节，十发题。"

6月15日至30日，在上海恒隆广场举办"桃李情——程十发师生艺术展"，先生坐着轮椅出席开幕式。该展集中展出先生及其学生汪大文、毛国伦、曹晓明、苏国超等，以及程助、程多多绘画作品数十件。展览引起了轰动。

夏仲，为己亥（1959年）所作《自赏册》七开题跋云："逝者如斯乎。癸未夏仲，程十发年八十三岁。"此册是先生己亥年秋日信手涂抹而成，原题签："洗砚余渖（沈），己亥冬日，十发。"后在癸丑（1973年）补题记其渊源："十四年前客北京时于西单购得日本旧素册壹本，历岁置案头信手涂抹后又弃置败纸筒中。今搜集旧稿而发现之，癸丑春，十发记。"

余页题跋分别为：

"己亥秋暮，十发写。"

"为写九秋凉意足，野卉乱插古磁州。己亥嘉平，十发书。"

"牧趣图。己亥之冬，十发于步鲸楼雨窗。暮年惜日月，木落辄动心。闲居念亲友，所愿闻足音。风雨断官道，吾庐况幽深。渺渺云水乡，萧萧庐荻林。草茂豪鸣蛙，天阔无来禽。四顾此何处，悠悠付孤斟。放翁久雨道怀。"

"此十发仿老莲，自觉腕弱不胜，奈何奈何。墨飞蕊舞观香腮，月月春风去复来。莫道唐人诗句好，红花今日又重开。题近人雀护先生画月季花卷。破荷亭长破荷衣，素菭迎风水榭西。壁上墨花光一室，自生新露洗尘泥。题缶老六十一岁时所作墨荷。己亥岁阑，十发学书。"

"余早岁涂雅，夙好云间家派，信手抹来，与云西文壁诸家有类似处。而迩来写景喜纵横奇肆，乃物极而返矣。十发记。"

"以建宁元年瓦当研法文湖州偃竹图。是册己亥所得，历七岁次第图成，或识吾者当稀之，十发记。"

正值海派前辈画家钱慧安诞辰170周年，豫园举办纪念画展，先生参观了画展，为画展题词"海派源流"。

8月，北京荣宝斋出版社出版《荣宝斋画谱（157）程十发绘人物部分》，刊载了先生42件作品。

新秋，绘金笺《年年有余图》（135cm×67.5cm，西泠2010年秋拍），题跋云："金莲池年年有余图。癸未新秋，八十三翁云间程十发并题于沪郊程桥。"

新秋，绘《牡丹墨竹》，题跋云："不管春浅与春深，浅染红裀牡丹亭。今日何因吹玉

安享晚年的程十发

程多多绘

笛，玉茗堂上衲书楹。癸未新秋，云间程十发题于沪郊程桥。"

9月11日（中秋），绘水墨《友兰图》（43cm×32cm），题跋云："友兰图。癸未中秋，程十发写于沪西程家桥。"

10月15日，中国首次成功发射载人宇宙飞船神舟五号，中国首位航天员杨利伟被顺利送上太空。

先生欣悉航天英雄杨利伟成功飞向太空的喜讯，创作《鲜花献英雄》，在画上题跋道："神州登天第一人——敬献给航天英雄杨利伟同志。"并委托《新民晚报》社刊登并将原作转赠给杨利伟本人。

10月25日，先生出席了上海中国画院2003—2004年度中国画工作室、专修班开学典礼。

赴金山区枫泾镇，参加"程十发祖居陈列馆"开馆仪式，黄苗子、丁聪、戴敦邦、徐昌酩等老友同来祝贺。

本年先生和杨可扬、贺友直、陈佩秋一起被聘为上海市美术家协会成立50周年庆祝活动组委会顾问。

上海中国画院被授予上海市"慈善之星"荣誉称号。

11月12日至20日，"移动·生活·精神——上海中国画院2003年展"在上海美术馆和上海中国画院同时举行。

7月3日，王己千（1907—2003）在美国逝世，享年96岁。

11月18日，西泠印社建社百年庆祝大会在杭州举行。

11月19日，施蛰存（1905—2003）在上海病逝，享年98岁。

侯碧漪（1990—2003，上海中国画院画师）在香港逝世，享年103岁。

2004年　甲申　八十四岁

1月9日，为隐居崇明组建足球基地的徐根宝题诗云："十年一往气凌霄，非是当胜徐指导。老眼遥望天南地，人人都夸徐根宝。"

为上海人民美术出版社1月出版的《徐玉兰影集》题写"徐玉兰从艺70周年纪念影集"。

为邓小平诞辰100周年创作国画《松柏长青图》。

新春，绘《吉祥平安图》（双鸡），题跋云："甲申新春，程十发写于程桥。"

春，将家藏招牌"枫泾世医程思斋子子美儒理男妇大方脉"捐赠给了枫泾镇。

春日，与程助合作《红梅报春图》（70cm×137cm），题跋云："甲申春日，程十发、程助合作。"此作后被收录至《暗香点春——海峡两岸梅花书画展作品集》。

香港现代教育出版社出版当代大师国画典藏系列《程十发》。

2月，接受曹可凡主持的《可凡倾听》节目采访。

《可凡倾听》程十发专访

曹：程先生，您好！

程：你好！

曹：刚刚过完春节，您已经是84岁高龄了。大家看到您还是那么健朗，我们都感到非常高兴。说到我们今天的这个谈话，其实还真是有点遗憾。因为按照我原来的设想，我希望把您和施蛰存老人一块儿请到我们这个节目来畅谈一番。您跟他是老朋友，相知相交几十年，而且您一直希望能够好好地为他画一张画。可是这张画终于还是没有能够画成。

程：遗憾啊！他是我们老乡，都是松江人。因为老乡有种乡情，四乡地方上有名的人物、学者，好像讲起我自己家里的人一样，非常骄傲。施蛰存先生也是我作为（松江人为之）骄傲的一位文坛大将。所以我平时很对他敬仰的。

曹：我知道您出生于中医世家，您的祖父、父亲都是医生。那您怎么没有继承父亲的事业，成为一个大夫？为什么小的时候特别喜欢画画呢？

程：小的时候画画，因为是在这个环境里边。当时松江也不是一个非常发达的城市，但是它遗留下来的文化影响是很大的。我恰恰是个小鬼，不肯念书，专去看古迹。现在变成这个……

徐根宝探望程十发

程十发和崇明根宝足球基地的小队员们（右一为武磊）

曹：大画家。

程：不是。不古不今，不中不西……

曹：不古不今，不中不西。当然有您自己的风格。

程：没有没有！

曹：现在大家看到的更多的是您的书画，其实您在（20世纪）50年代和60年代的时候，画了大量的连环画，也就是这个"小人书"。其中有两部可以说是连环画中的传世佳作，一部是《阿Q正传》，还有呢就是《胆剑篇》。其实在您之前也有其他的画家画过阿Q，比如说丁聪先生。那您当时在画这本连环画的时候，怎么去构思这样一个鲁迅先生称为"哀其不幸，怒其不争"的人物呢？

程：阿Q这个人，其实是有这个人，也可以说是没有这个人。那时我们在松江，离杭州比较近，卖苦力的很多是绍兴人，劳动人民，对（创作）这个阿Q的原始的材料，起了很大的作用。

曹：其实在您的生活当中，像这样的人物还是有一个原型在您的脑子当中，所以您轻易能够把他画出来。

程：对，总是有影子。影子有大一点也有小一点，但是总感觉到鲁迅先生他启发我们理解时代精神。

曹：我在看周海婴先生最近写的《我与鲁迅七十年》当中，特别提到您画的这部阿Q，他认为是所有画阿Q的（作品）当中，最能传达他父亲作品的画作。所以对您的评价很高。

程：但是他忘掉了，我正是吸收了这么多人的阿Q，从里面我去偷一点东西。

曹：您的风格的形成，尤其是人物画的风格的形成，其实跟1957年您去云南的少数民族地区深入生活、进行采风是分不开的。当时，为什么云南少数民族的风情，他们的这种人物造型会引起你这么大的心理上的触动呢？

程：其实云南傣族有戏的。

曹：傣戏。

程：但是我可能语言不懂，（有一次）看《西游记》，但是（发现）第一个孙悟空没有的。

曹：没有孙悟空，《西游记》没有孙悟空？

程：猪八戒也没有。它其实是，后来才了解，它是真正的元曲《西游记》，猪八戒什么的还没出场。跟我们平时看到的《西游记》完全不一样，它是直接从元曲，正式的元曲（改编的）。所以说，天下之大，大得无比。我们自以为是汉族，孙悟空是属于汉族的（就应该有孙悟空，其实不然）。

曹：那时候您在云南体验生活，大约待了有多少时间？

程：半年多，就是画《小河淌水》的时候。

曹：《小河淌水》也成为您在那个时段非常有代表性的一个作品。您觉得所有爱好都给您带来什么样的艺术灵感呢？

程：我感觉到从现有的艺术作品，我们来研究古代为什么要画这张画，画了以后有什么影响，来推动现在的文化，这是很重要的。这是种学习。比如随便来讲，你唱谭派，你唱周信芳的唱法，你说是谭派也可以，因为它还有比较古老的。但是现在又有于派又有杨派等，花样就比较多了。其实这根子还是老谭。

曹：谭鑫培的老谭派。所以您在画画方面也是这样，希望在前人的基础上有一些自己的变化。

程：是，想有些自己的面目。

曹：刚才我们说到摄影，您把摄影称为您的另一支画笔。

程：另一支画笔，这个不要（这样说）。摄影不要代替画笔，它是用光的关系，摄影没有光就不行了。但是我们中国画也有光，这个光也有另外的处理的手法。

曹：您特别喜欢看苏联电影《战舰波将金号》，而且专门去研究爱森斯坦的有关电影方面的论述。

程：当时画连环画，连续性就是连环画的生命力。爱森斯坦他非常注意连续性，日本有好多的电影，（比如）黑泽明，可能也是正面学习他，反面学习他。

曹：其实您在形成自己风格的过程中学古人，也从民间艺术中汲取了很多养料。您的斋名也很有意思，叫"三釜书屋"。我查了一下，"釜"字是锅子的意思，那您这个画室是三个锅子怎么讲？

程：三个锅子我解释最时髦的，国家的、集体的、个人的，三个锅子。

曹：那您最早怎么想到用"三釜"这个名字的？

程：（三釜就是）三板斧，程咬金。

曹：所以有的时候，在落款的时候你写"咬公后人"，程咬金的后人。

程：程咬金这个人不错，到了后期，他没去做官。而且姓程的有"二程"，理学家"二程"，好人很多，坏人像我这样的很少。

曹：您曾经画过海瑞，当时批《海瑞罢官》形成一个全国的政治运动。当时北京的吴晗先生是首当其冲，所有跟"海瑞"相关的人都受到了株连，其中包括京剧大师周信芳先生。所以"文革"的时候，你们俩挨批的时候还是站在了一块儿是吗？

程：对，他在前面，我在后面。

曹：据说当时你们俩弯腰被批斗的时候，您还思想开开小差是吗？

程：他（周信芳）的投影也小，他的脚也小。

曹：当时在挨批斗的时候，怎么还有心思去看看麒麟童先生的脚？

程：只有这样了，没有其他的生活余地了。

曹：所以因为大家当时都低着头，您说如果自己画周先生的脚，可能画得比这张脸还传神。

程：没有头不好画的。

曹：后来等到（20世纪）80年代，周信芳先生被平反以后，您专程画了一张《海瑞》送到他们家。

程：对。人不见了，我们受批在一起受过了，教育也受了，所以我感觉到蛮感动的。

曹：所以您曾经跟我说，跟周先生的交往并不是很多，但是非常难忘，就是那个挨批的那段时间。

程：对，对！

曹：在这么多的送画的经历当中，有一张画您经常跟我们说起，您曾经给聂荣臻元帅画过一张《松竹梅岁寒三友图》。可是后来这张画又漂洋过海去了我们的邻国日本。

程十发与曹可凡

程：美穗子是一个日本战俘的女儿，聂帅有大将风度，养他（日本战俘）的家属，而且托前线友人把她送回去。这个故事是了不起的，他是对人类有种爱，并不是像法西斯那样的，到处看见人家都要杀。所以这个故事让我感觉到解放军的事迹，有非常硬的，也有非常柔绵的。想想送他这张画挂在家里。

曹：这张画您送给聂帅以后他一直挂在自己的客厅里，他也觉得非常珍贵。

程：那么为了中国和日本的友谊，这两个国家以后不要再打仗了……

曹：化干戈为玉帛。所以您一直特别引以为豪，就是这张画成为一段爱的佳话的凭证。很多人知道发老从来不运动。但是很少有人知道您有两项运动是最喜欢的，都是激烈程度很大的，一个是拳击，一个是足球。而且对足球是非常痴迷的。您以前跟徐根宝不认识是吗？

程：不认识。我是看报纸上像写小说一样，说徐根宝一下子输了九个球。

曹：兵败吉隆坡。

程：不得了，怎么会输得那么厉害！你少输一点嘛！那么我很简单的一个想法，是不是足球也要靠文化，你是不是用文化来指导运动。

曹：用文化来指导运动。

程：所以我没什么东西（可送），（送了）一套连环图画，上面签了字。我说，你去看看小人书。

曹：就是一套《孙子兵法》。

程：里边有作战的时候可以参考，虚则实之，实则虚之。他倒蛮好，写封回信来谢谢我。我看这个年轻人不容易，要受多少磨难，不容易，不容易。

曹：所以徐根宝后来说，那个正好是在春节前后，您是春节前的年三十给他写的这封信。他说那个春节其实是他一生中最灰暗的一个春节，可是接到您的来信以后，他觉得忽然看到了一线光亮。所以大年三十的晚上，他还是觉得很温暖。所以初三他就到您家来拜年。

程：对，对！他变成了我的老师。

曹：他变成您的老师，怎么讲？怎么会变成您的老师？

程：徐根宝他这个老师，从他的韧劲、不怕失败，这个就可以做老师了。

曹：而且您说您跟他有手足之情，这个怎么说？

程：我是用笔的，他是用足去踢的。

曹：所以你们就有"手足之情"。您对朋友一向是非常非常慷慨，我想所有跟您熟悉的朋友都曾经获得您的作品。您也经常跟我说，这是跟您童年的一次经历有关。您小的时候曾经患过颈结核，但是偶然在路上遇到一个人，提供你一个良方是吗？

程：我在西湖边上，坐在草地上的时候，有一个农村里的知识分子，一个老先生，戴着近视眼镜，他走过来看看。因为我这里有纱布包着，他坐在我边上跟我说：我传一个秘方给你，你吃好了以后你还要去传给人家，不能卖钱。我说好，好，好。就是把海马烧成灰，用黄酒吞下去。一个礼拜不到，就收口了。这样从效果来看，它是有点道理的。但是我有一件事情非常遗憾，杭州去得很多，这个豆腐二桥我到现在还没有再去。一直不去，真是岂有此理！

（对曾经给予他帮助的人念念不忘，发老待人的真诚热情可见一斑。有一次，我不慎煤气中毒，被送往医院抢救，先生知道后十分焦急，亲自打电话来询问病情，还在电话里安慰："不要怕，不会有事的。因为你名字起得好，曹可凡，曹可凡，就是讲一旦出了什么事，还是可以从阴曹地府回到凡间；如果叫曹不凡就麻烦了。"一番话，幽默中见真情。）

曹：您从年轻的时候就开始搜集古画，毕生也收了近200件书画作品。可是到晚年的时候，您把122件非常珍贵的收藏品又捐给了国家，您当时是怎么想的？

程：其实只要把"捐"这个字改掉就行了。我还给国家，不是我捐给国家。

曹：这怎么说呢？

程：这个不是属于哪一个私人的，私人凭他的知识能够去社会上发现，也不等于就是你的。你在马路上看见的美女，就是你的爱人吗？（这些字画）它也是国家的，永远是国家的。

曹：但是不管怎么说，这100多件作品耗费了您一生的心血。您的家人也跟我说，您为了买一张好画没有钱还到处问人家借钱。比如说您那张陈老莲，是200块钱，这在当时是一个很大的数字，找了很多人把钱凑齐了才把这张画买下来。现在这样把一生的心血都捐给国家，您有没有遗憾过或后悔过？

程：没有，没有后悔过！这个我感觉还是可以的，这个东西你仔细想想，从这里想想那里想想，属于私人的部分很少。我最多是保管员，有的保管得好一点，有的保管得坏一点，这个东西不是属于哪个私人的。你到博物馆去看殷商周的字画，你去还给谁呢？但是能够看见这些东西，是一个人的幸福。

曹：现在很多人都在热烈地讨论海派绘画的问题。我想海派绘画从赵之谦、吴昌硕、任伯年他们开始，一直到今天，已经100多年的时间。也有人说，程十发的绘画是海派绘画最后的辉煌，您同意这种观点吗？

程：不同意！最后的是没有期的。我们这些人现在画画，实际上从前人都走过的，就是平时你不深刻去研究人家。你真正自己创造的有没有？是有的，但是不多。主要的房子的梁柱还是古人给你砌的。

曹：您也曾经说过"海派无派"，这是什么意思？

程："海派无派"，这是说明海派不是一个派，海派里面包含了很多的派，各种流派的人集中到一起才叫海派。

曹：程先生，现在还有人对国画有一种观点，认为过去的国画都充满小资的情调，太柔软，所以不能表现现代的生活，所以主张画大画，越大越好，越大越能体现它的大境界、大内涵。您同意这种说法吗？

程：大中能见小，小中能见大。这是大小的秘密。你要画大的，不相信小的不行；你小的也能画得很大，这两个是相对的。

曹：其实大和小之间有这样一种哲学的关系。

程：对，对，对！容纳别人要气度大，容纳自己要小气些。

程十发病愈精神焕发，在画室作画

曹：这是不是也是您处世的一个准则，或者说是一个人生的哲学？

程：大家多帮助！

曹：谢谢程先生，我们也希望您能够身体健康！

程：好的，谢谢你！

2月5日（元宵），绘《茶花水仙》（78cm×48cm），题跋云："茶花又称茗花，汤临川有玉茗堂集，玉茗即白茶花也。甲申灯节，八十四翁程十发题于沪西程家桥。"

暮春，绘《石涧青云》（138cm×68cm），题跋云："石涧青云。甲申暮春，云间程十发年八十四于程桥。"

4月30日至5月10日，上海中国画院举办丹青500年系列画展"朝花夕拾——海上女画师作品回顾展"，展出张红薇、李秋君、陆小曼、陈小翠、周炼霞、庞左玉、江圣华、侯碧漪八位已故女画师的绘画作品。

先生对龚定庵之诗，尤其是《己亥杂诗》喜爱非常，曾多次在画幅、书法作品上引用龚氏诗作。先生没有明确说过其中的缘由，故以下借文史大家金性尧对诗人龚自珍的品评，或许能略探其究竟。

金性尧《九州生气》节选

龚自珍的时代是一个山雨欲来的时代。正是这样的时代，产生了龚自珍这样的人才。不但在清代文学史上占有重要地位，在学术史、思想史上，人们也会想起他。钱穆先生的《中国近三百年学术史》中说，嘉、道以还，士大夫稍稍抒发为政论的，龚氏"则为开风气之一人"。就诗而论，他也是清代诗作富于语言魅力、回肠荡气的一个诗人。从先秦诸子到佛经，他无不熔铸融化，得心应手，并使他的个性毕现于创作实践上。他在《病梅馆记》中曾说过"直则无姿"的话，这话的原意并非从正面说的，只是借梅的病态比喻人才的被摧折，倒可借来作为他诗歌特色的象征。

《己亥杂诗》写于道光十九年（1839年）龚氏辞官南归的旅途中。他只身出都时间为阴历四月，至十二月把家眷接到昆山羽琤山馆，历时九个月，"往返九千里"。每作一诗，便写在旅

郁重今携儿子探望老友程十发（右一为程助）

店的账簿纸上，并丢在一个破篦中，最后居然"得纸团三百十五枚"，即315首。次年庚子，有一位"新安女士程金凤"，为《己亥杂诗》写了一篇跋文，其中说："至于变化从心，倏忽万匠，光景在目，欲捉已逝。无所不有，所过如扫。"这话当然含有誉扬意味，却很能说明龚氏写《己亥杂诗》时的心理状态。

龚氏辞官的确切原因不知道，笼统地说，可能由于为某些权贵忌恨，因而不得不匆促出京。《己亥杂诗》中，有一首颇为传诵的名篇："九州生气恃风雷，万马齐喑究可哀。我劝天公重抖擞，不拘一格降人才。"这首诗由风雷的震动想到宇宙的强大力量，引起一种积极的联想，迫切希望能给他以理想上的满足，同时表现了诗人审美上的崇高感。

龚自珍确是清代文坛上一个奇才，抱负宏远，意气风发。但也正如钱穆所说，"大抵定庵性格，热中傲物，偏宕奇诞，又兼之以轻狂"。从他的生平和作品看，这些评语也还中肯。他自己在《漫感》中也说："一箫一剑平生意，负尽狂名十五年。"这种性格，当然有其社会根源和历史背景，却不能作为优点来肯定。他的恃才傲物、以狂自负，和黄景仁有相似处，虽然黄氏的学术成就和政治认识都不如龚氏。

5月9日，庆祝上海市美术家协会成立50周年大会在上海文艺活动中心举行。

5月，上海古籍出版社出版《程十发精绘丽人集》。

5月，香港现代教育出版社出版《当代大师国画典藏系列·程十发书画》。

6月，完成《赠郁重今书画合璧巨册》。1975年先生正精力充盈画艺精进之际，曾应西泠郁重今之请，画了花鸟、人物各四张册页，并用各体书法录龚定庵诗文八开。题跋云："乙卯秋日，应重今老兄属画八帧，又命书八帧以记。乃录钱塘龚自珍先生诗词八首报之。十发学书于沪西寓次篸下。"册页上的书法行书、草书、汉简、魏碑信手拈来，奇崛古拙、神采飞扬，自始至终不离其画家书法特有的形式美和书卷气。2000年庚辰夏日，先生补绘山水四帧。本年甲申五月，先生再题诗句四开以配山水，并自题扉页、跋尾。此际运笔虽不能得心应手，亦得一

种粗豪稚拙之趣，返璞归真，人书俱老。跨三十载，此花鸟人物山水书画合册终成完品，先生题册前云："梦生春草。重今故宿大教。甲申五月，程十发。"

上款人郁重今（1928—2019），字西林，西泠五老之一，江苏海门人，金石书画家，西泠印社社员。他广结沪杭两地金石书画名家，尤与书画大家潘天寿、陆维钊、叶浅予、周昌谷、黄胄、程十发、范曾等私谊甚深。此册郁氏先后请王个簃、程多多、汪大文、毛国伦、董芷林等多位名家题跋。

初夏，作《晴岚图并行书》成扇（西泠2005年秋拍），题跋云："九峰晴岚，九峰乃云间精神所出。甲申初夏，云间程十发并记"，"高山流水，无限风光，远渊（源远）流长。程十发甲申夏"。

初夏，作《四季海棠》，题跋云："四季常青秋海棠，百草迎春纸一张。无由青光破墙隙，展示残灯日月长。甲申初夏，程十发并题。"

7月1日，在中国共产党成立83周年之际，先生书大字"精艺报国"。这不仅是先生艺术生涯的终生践诺，也是一名共产党员的最佳诠释。

夏，绘金笺小帧《双羊开泰》，题跋云："双羊开泰，程十发于甲申夏。"

8月17日至22日，"吴湖帆诞辰110周年画展"在上海中国画院举办，展品60件。

新秋，绘《山茶双吉图》（58.5cm×52cm，西泠2011年春拍），题跋云："近日余居程家桥饲浦东名种鸡。甲申新秋，程十发并记。"

9月，经上海市文化广播影视管理局委员会批准，施大畏任上海中国画院院长、党总支书记，先生任上海中国画院名誉院长，钱琦琦任党总支副书记、副院长，张雷平、韩硕任副院长。

9月，程多多摄影作品集《花不语》由上海书画出版社出版，影集中由先生和陈佩秋共同录诗文。

9月28日（中秋），绘《花鸟行书》成扇，题跋云："春酣。甲申中秋，十发"，"吉祥如意。程十发"。

秋，为友人送来的早年所绘《周勃造像》黑白稿补色。题跋一："一九七八年二月，客龙胜写周勃像黑白稿之六并以此迎春，十发制。"题跋二："新秋如初夏，此画稿廿

《四季海棠》

余年前旧物，友人获此，属余补色，甲申秋仲，程十发记于沪西程桥。"

秋，绘《渊源流长图》手卷（34cm×138.5cm），题跋云："长流渊远。甲申秋日，程十发年八十四。"自题引首云："渊源流长。甲申小春，程十发。"

12月，人民美术出版社出版《中国近现代名家画集——程十发》。

12月，上海香山画院举行项目签约仪式，任上海香山画院终身名誉院长的先生冒雨至静安宾馆参加活动。

本年，枫泾中学成立"程十发国画艺术班"，先生为该班20多名学生赠送了大量画笔、宣纸等，并到校给予指导，为家乡绘画人才的培养做出了自己的贡献。

上海松江区人民政府计划设立程十发艺术馆，并请先生到现场选址。

1月7日，胡若思（1916—2004）在加拿大多伦多病逝，享年88岁。

9月25日，马承源（1928—2004）在上海逝世，享年76岁。

2005年　乙酉　八十五岁

　　年初，云南省委宣传部领导专程赶到上海，代表云南省人民政府授予先生"对云南有杰出贡献的文艺家"光荣称号，并隆重出版发行了大型画册《程十发画云南》。

　　为纪念抗日战争胜利60周年，先生坚持克服年高体弱、手指发颤等困难，全力创作《岁寒三友》，以表拒绝战争永保和平的愿望，这也是先生最后一幅完整的创作。早年间先生曾为聂荣臻元帅画过此图，后聂帅将之转赠给抗战时期抚养过的日本战俘之女美穗子。

　　1940年8月，"百团大战"期间，八路军战士从炮火中救出了父母双亡的日本小姑娘美穗子姐妹。晋察冀军区司令员聂荣臻精心照料姐妹俩，并派人专程将她们护送到仍在交战中的日本兵营。聂荣臻救助日本孤女传为一段佳话，成为中日两国人民友谊的历史见证。1980年7月，美穗子得知自己被救的身世后首次访华，聂帅在相会时将《岁寒三友》相赠。

　　4月，张金锜迁葬金山枫泾祖墓。

　　5月，程雏60岁生日，先生为他题字："三釜后人。乙酉三月，程雏六十初度，八十五翁程十发。"

　　6月，因做疝气手术住进华东医院，但手术引发了多种并发症，先生后来长住在医院病房。

　　6月20日，上海美术馆举行"王天一画展"，先生欣然为画展题字，并且病体初愈即身着白色礼服参加了画展的开幕式。先生在贵宾室内休息时，由苏石风老师带笔者拜会先生，得闻謦欬，并奉上拙作所印制的明信片。

　　王天一（1926—2013）是甘肃画院原副院长、国家一级美术师、甘肃省文史馆馆员、文化部中国画研究院院务委员。他的传统绘画功力深厚，兼收西画之长，人物、山水画皆工，尤擅长花鸟画，出版有《写意花卉画法》《花鸟画技法浅说》等著作。1983年为中南海紫光阁绘制《秋》（四季通景屏之一），1989年为人民大会堂绘《松鹰图》。

　　7月11日，在保持共产党员先进性教育活动中，重新誊写入党誓词："我志愿加入中国共产党，拥护党的纲领，遵守党的章程，履行党员义务，执行党的决定，严守党的纪律，保守党的秘密，对党忠诚，积极工作，为共产主义奋斗终身。随时准备为党和人民牺牲一

笔者拜访程十发先生

切，永不叛党。程十发。"

9月10日，在中国嘉德国际拍卖的秋季拍卖会上，《召树屯和喃诺娜》画稿40幅（34cm×25cm）拍出了创纪录的加佣金1100万人民币，当时国内曾经拍过的连环画原稿从未到达过如此高价。

11月，向松江捐赠本人作品和收藏的古代书画作品共67件，由松江博物馆接收暂存（后在2009年2月移交至程十发艺术馆）。

11月，上海书画出版社出版《程十发画选》，后该画册内作品皆由朵云轩拍卖，这也是国内第一场"程十发书画作品专题拍卖"。

入党誓词

《程十发画选》序言

以连环画名于世的程十发，给人留下印象最深、最受欢迎、目前市场上价格最高的是他的写意人物画。人们常说的"程家样"，就是专指他这类绘画艺术。青年时代，他在连环画方面着力最多，用功最深，画写意人物画只是连环画创作的业余游戏。他既画规矩的连环画，又画泼墨写意画，收收放放，两者兼容。他曾将画连环画称为"裹小脚"。程十发是位绝顶聪明的画家，他知道只在深闺中"裹小脚"是行不得也，其结果连路都不会走，也须做"大脚婆娘"，才能一路上八面生风。正是"小脚"与"大脚"的结合，给人物画带来一番春信。

山水画科班出身的程十发，骨子里流着文人画艺术的血。从他早期的山水、花鸟画来看，作品一派文人画的蕴藉。从事连环画的创作，其通俗、朴实、明了的特性，使他很快就领悟到要向民间艺术讨生活。文人画更是相对于民间画而言的，两者是对立的，文人画勃兴，民间画就变成冷门，程十发向冷门淘宝。他用最古的笔法与最新的现实相结合，将民俗的色彩与少数民族的题材相结合，色彩大红大绿，艳而不俗，用小细节、小装饰、小动作，传达人物的性格与心态。玩味程十发的艺术，要品味画中的那个"巧"字；品味不出那个"巧"字，可以说没有看懂"程家样"。

欣赏程十发的画，尝有人言：会看的看线条，不会看的看热闹。这可谓是识者之言，一语中的。程十发绘画线条变化，应该说是从云南少数民族写生开始的。从1965年到1985年，他的线条变化可谓是与时俱进，波澜壮阔。大体上，线条是由拘谨到奔放，由写实到夸张，由光润到粗犷，由显露到含蓄，最后稳定在老辣成熟的个性化上。看上去是一笔到底，而实际上他的手中那支笔在转动，使线条带有很强的顿挫、紧凑感。他运用水墨效果，一笔下去，线由细到粗，或粗细相间。细线表现受光的一面，粗线表现阴影的一面，再加上转折枯笔，完整而有变化。这在刻画人物的衣纹、动物背脊的线条上，表现得尤为突出，令人感叹真是神来之笔。

发老说："艺术当然要用来征服人，不能靠线条、笔触征服人，线条、笔触是塑造形象的手段，但最后显示给人的应当是完整的形象。"的确，线条只是一种手段，是画家的笔情个性的体现，至于作品能不能为观者所接受，受不受欢迎，那就是另一回事了。能征服人的还是艺术形象。

"程家样"的特色在于，线条及表现方法是夸张的，而形象是写实的，在写实中传达出神情的韵味。这在他画的放牧的男娃、女娃——牧童画中表现得淋漓尽致。那圆圆的面孔、翘起的发角、玲珑的身体，总是和夸张的大斗笠、大背篓、大方巾形成有趣的对比。一张张小脸及额前短发画得真实细致，而其他都是大笔挥洒。观赏程十发这类题材的画，要能品味画中流露出来的情绪。牧童脸上两块膏药似的胭脂，那不正是放牧时野花染出来的红润吗？那一双双秀媚而流动的眼睛，不是分明显示出勃发的生命吗？牧女背篓中插着采撷来的野花，吹着短笛，老羊在侧耳倾听，羊羔被笛声陶醉得欲睡，更有一只飞鸟，似乎也被笛声吸引从远处飞来……画家在世俗的绘画中，飘逸出对童年的向往、对闲适生活的追求。画面上洋溢飘荡的这种情思，临摹是临不出来的。只有细心地品味，才能品出味道来。笔者在这里所说的，还只是在欣赏这个肤浅的层面上，鉴定家是不会说这些的。

学习历史，对欣赏程十发的画是很需要的。《程十发画选》中的《屈子行吟》《魏公观海》《文姬归汉》等，都是历史题材的画。有时他虽然不写上画题，熟悉的人一看就知道他画的是谁。在这一类画中，画是写自己的心灵，以形立言。在《屈子行吟》中，我们看到屈原背着双手，似已走到了纸的尽端，而将大块的水面空白抛在身后。这种不入常规的构图方法，正是和屈原的受诬、被逐、悲愤欲绝的心情是一致的：行吟泽畔，已经走到天的尽头，再也无路可走了。通过这样奇特的构图，给观者转达的是屈原只有一死了之的意念。如果不了解历史，对这幅画我们就不会有深层次的理解。

当代画家中以画动物来标志某一画派的有三位，一位是徐悲鸿画马，一位是黄胄画毛驴，一位是程十发画羊。发老曾说："得松雪察马之法以察百兽，腕下即有真羊。余胸中只知一羊，不知百兽，如是腕下无羊矣。"作品不只画出了羊的千姿百态，更画出了羊的表情，随着画中人物身份、心态及所处的环境不同，羊的表情也不同。有的张着嘴，有的抿着嘴，有的双目圆睁，有的闭目沉思，晚霞成绮，雁过其空，没有忧郁凄清之感，更多的是激情高昂，热情荡漾。

发老的幽默发自内心，天性使然，常是随机而出，信手拈来。我们欣赏他的画，也要领略其中的幽默。这种以幽默、风趣为特点的艺术，通俗明白，但俗而不腻，俗中有雅，你能说清楚哪是雅哪是俗吗？此正是雅俗融为一体的"程家样"。程十发的画易学，一学就像；程十发的画也难学，一学就走样。其原因是学者不是缺雅就是缺俗，或者雅俗共存，但是分门别户，不是一家人，难以融合。一般的鉴者，恐怕也难以领略出其中的奥妙来，所以才弄出个鱼目混珠的笑话来。

　　欣赏发老的画，不可忽略的是要从他的减笔画中领略其情趣。他为牧童的两腮"贴上"两片"膏药"，把脸的轮廓线全部减去，开当代人物画之独创，即是他的减笔。为了表现动物的情感，他那支粗犷的笔只勾出动物的身体，而次要的东西都减去了，因此使表达意念的地方更突出了。这都是笔减意不减。本来，程十发就十分欣赏禅宗的极具概括力和表现力的减笔描，诸如石恪的《二祖调心图》、梁楷的《泼墨仙人图》和牧溪的《六柿图》。发老尝言："人物画减笔最难，笔减意不减，故谓之难；笔减而神全，这是不易求得的境界。"程十发的减笔所以取得如此的成功，这得益于他的书法。他善使笔，细不弱，粗不俗，变化迭起，有风起云涌之妙。他以书法入画，除了像《东篱采菊》《仙山楼台》等在画面上表现之外，更多地即表现在减笔画的线条中。

　　欣赏"程家样"，如汲沧海，我只不过是得其瓢耳，可笑矣。

郑重
2005年10月28日

6月30日，启功（1912—2005）在北京病逝，享年93岁。

7月9日，曹简楼（1913—2005，上海中国画院画师）在上海病逝，享年92岁。

10月11日，陆一飞（1931—2005，上海中国画院画师）在宁波病逝，享年74岁。

2006年　丙戌　八十六岁

2月，筹备将在北京炎黄艺术馆举办的"程十发绘画艺术展"。

4月21日，"程十发绘画艺术展"及学术研讨会在北京炎黄艺术馆举行。中国文联出版社出版《程十发绘画艺术》画册，先生撰写前言，表达了对市场上赝鼎充斥的无奈。

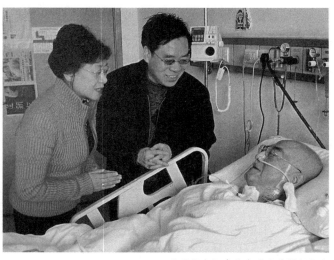

毛国伦夫妇在华东医院看望程十发

《程十发绘画艺术》前言

我近年体弱多病，很少参加社会上的活动，感谢诸位同仁对我厚爱。我一直希望在北京举办我个人绘画作品展，由于诸多原因未能形成。此次展览由程十发美术研究会策划主办，得到了老朋友炎黄艺术馆郑闻慧馆长的大力支持和北京文物公司的鼎力协助才得以实现。此次北京炎黄艺术馆展出绘画作品大部分都发表过，有些作品未曾发表。我的作品不多，近年来随着拍卖会的热潮，署我名字的作品很多，这部分作品画笔庸俗，拼凑我的旧作而成，给收藏个人和单位造成了诸多的损失。因此我尽我自己努力，收集一些我不同时期的绘画作品，编辑、展览、出版，供各界同仁作为鉴别真赝的参考依据。

6月12日至28日，上海中国画院举办"丹青五百年：传承与创新——陈洪绶、任伯年、程十发艺术"展览及学术研讨会。此次画展以上海市文化广播影视管理局为指导单位，由上海中国画院、上海市美术家协会、上海书画出版社、上海美术馆、上海刘海粟美术馆共同主办，展示从陈老莲、任伯年到程十发这样一条中国绘画发展的线索。画册同时出版首发。研讨会于12日下午召开。

6月25日，北京翰海拍卖2006年春拍推出"程十发书画专场"，拍卖在北京嘉里中心二层宴会厅举行，本场中的拍品即是之前炎黄艺术馆展出的展品。

7月，上海书画出版社出版大开本画册《近现代中国画名家——程十发》。

11月6日，中华人民共和国文化部、中国文联授予先生"国家造型艺术终身成就奖"，获得该奖项的均为我国艺术界杰出的、德高望重的老艺术家。这是党和国家、人民对先生一生艺术探索与成就的最大肯定。这也是先生一生中最后也是最重要的一项荣誉。

2007年 丁亥 八十七岁

　　4月10日，在医院度过了虚岁87岁寿辰。这一天许多亲朋好友、画院领导、同事，以及华东医院的医生、护士们一起为先生祝寿。

　　先生住院期间，汪大文时常去医院探望他。6月18日，汪大文见老师格外精神，兴致勃勃地向他提到陈老莲、朱耷等先生平日最敬仰的画家的笔墨时，躺在病榻上的老人越来越有精神，他突然举起了自己的右手，做出握笔的姿势，汪大文立即会意，将一支圆珠笔搁入老师的掌心，随即又找来了护士填写每日病情的一张表格，竖置在老师面前。老人费劲地抬起笔，在纸上画了一段高低起落的线条，这些线条好似记录他生命跳动的心电图！"这也是我看着老师画完的最后一幅画作……"

　　7月17日，经多方抢救无效，18点58分，先生在华东医院逝世。

　　7月22日，在云南民歌《小河淌水》声中，"程十发先生追悼会"在龙华殡仪馆举行，国家重要领导习近平、陈至立、胡振民、金炳华、韩正、殷一璀、龚学平、蒋以任等敬送花篮。上万群众不顾酷暑炎热，自发前来送别艺术家。

　　12月21日上午10时，一代大师在枫泾落葬。先生与夫人张金锜、父亲程欣木、母亲丁织勤、祖父程子美皆安葬于祖居之地。

华东医院东九楼曾护理过程十发的十位护士们

先生生前曾担任上海中国画院院长、名誉院长，第七至第九届全国政协委员，中国文联委员，中国美术家协会理事，中国画研究院院务委员，上海美术家协会副主席，吴昌硕艺术研究会会长，杭州西泠印社副社长，上海书法家协会名誉理事，上海交通大学教授，上海大学美术学院名誉教授，上海外国语大学艺术顾问，民间艺术研究会顾问，新加坡南洋艺术学院客座教授等。

2009年4月10日，程十发88周年诞辰日，位于松江老城区华亭老街东端的程十发艺术馆开馆。

先生曾在一首题画诗中写道：有人吾之相，（天）花即着其身。谁作须菩提，幻中见真形。一切有为法，梦幻如泡影。静露如闪电，百劫又重生。披图见幻境，天花着我身。心无维摩诘，笔墨是长春。劫灰何足惧，万物皆飞尘。

世上再无程十发，他的艺术却生生不息，万古长青。

　　人生的积淀，阅历的提炼，经验的浓缩，精神的升华、成长，伴随着多少坎坷与磨砺，勤奋出智慧、苦功生巧思，大师的一生，丰富多彩又值得回味。

　　本书内容采自程十发先生的书画、金石作品，及其师友诗文集、传记、年谱、日记、书札、题跋，兼及地方文献、期刊、报纸、作品集、工具书、拍卖图录及谱主行止事迹等。

程十发艺术馆

程十发美术馆

征引书目

《海瑞的故事》，蒋星煜著，程十发插图装帧，少年儿童出版社（上海），1959年12月。

《砸烂黑画院第五集》（毒画毒文毒诗毒章批判专辑），上海中国画院红旗革命造反队编印，1967年8月。

《程十发书画》（共九册），西泠印社出版社，1979年至1981年。

《现代中国的文人画家 程十发作品展》，日本西武百货株式会社，1980年。

《韩天衡印选》，上海书店，1985年7月。

《朵云轩 上海书画出版社 廿五周年纪念册》，上海书画出版社，1985年10月。

《荣宝斋35周年纪念册（1950—1985）》，荣宝斋，1985年12月。

《韩天衡书画篆刻》，新加坡豪珍画廊，1986年5月。

《读书随笔三集》，叶灵凤著，三联书店，1988年1月。

《程十发的彩墨画》，台北金陵艺术中心，1988年10月。

《上海中国画名家作品》，上海人民美术出版社，1992年9月。

《当代名家中国画全集：程十发》，张瑞林主编，古吴轩出版社，1993年8月。

《名家翰墨48期 程十发特集》，香港翰墨轩出版有限公司，1994年1月。

《张金锜》（画集），美国无尽藏艺术公司，1994年。

《程十发画集》，当代著名中国画画家专列编委会，上海教育出版社，1996年5月。

《程十发：陆牧滔藏品第一集》，陆牧滔编著，上海书画出版社，1997年9月。

《上海美术馆藏品选集·黄准、吕蒙捐赠作品专辑》，上海美术馆，1997年11月。

《张大千全传》，李永翘著，花城出版社，1998年4月。

《上海中国画院画家丛书·程十发》，上海画报出版社，1998年5月。

《程十发：陆牧滔藏品第二集》，陆牧滔编著，上海书画出版社，1998年10月。

《画外话》，曹可凡著，上海文艺出版社，2000年9月。

《程十发画语录图释》，王荔编著，山东美术出版社，2003年1月。

《海派无派——程十发访谈》，惠兰撰，《美术观察》2003年第2期。

《程十发精绘丽人集》，程十发绘，程助选编，上海古籍出版社，2004年5月。

《与大师谈艺系列之三釜书屋程十发》，郑重著，上海古籍出版社，2004年7月。

《上海中国画院1956—2004》，上海中国画院编，上海人民美术出版社，2004年12月。

《连坛回首录》，黎鲁著，上海画报出版社，2005年7月。

《程十发绘画艺术》，中国文联出版社，2006年4月。

《近现代中国画名家——程十发》，上海书画出版社，2006年7月。

《荣宝瑰梦》，米景扬著，北京出版社，2007年2月。

《时代华章——北京画院·上海中国画院50年》，北京画院、上海中国画院编著，文化艺术出版社，2007年10月。

《名家老版连环画：程十发专辑》（全九册），海豚出版社，2007年12月。

《程十发的笔墨世界》，王悦阳编著，远东出版社，2008年6月。

《集宝堂藏扇》，苏州市中国书画收藏家协会编，2008年6月。

《桃李情：缅怀恩师程十发——汪大文毛国伦陈明曹晓明作品展》，上海徐汇艺术馆，2008年7月。

《艺术大师程十发》，程十发艺术馆编著，2009年。

《郑逸梅美文类编·林下云烟》，北方文艺出版社，2009年1月。

《跟程十发品名画》，王悦阳编著，中国青年出版社，2009年1月。

《上海美术专科学校口述史（一）》，樊琳整理，上海市档案馆编，《上海档案史料研究　第6辑》，上海三联书店，2009年3月。

《美术生涯70载》，丁浩著，上海人民美术出版社，2009年6月。

《智者十发》，王汝刚著，上海辞书出版社，2009年8月。

《画家十发》，王悦阳著，上海辞书出版社，2009年8月。

《程十发捐赠松江书画作品集》，程十发艺术馆编，2010年4月。

《诚实的列宁》，上海人民美术出版社，2011年4月。

《程十发谈画录》，上海人民美术出版社，2011年4月。

《浦江拾忆》，魏绍昌著，云南人民出版社，2011年5月。

《海派大师传记丛书　程十发传》，郑重著，上海东方出版中心，2012年1月。

《程十发中国画要诀》，程十发著，程助编，上海人民美术出版社，2012年1月。

《沈斋藏画》，徐存菁编，上海书画出版社，2012年6月。

《海派百年代表画家系列作品集·程十发》，上海市美术家协会编，上海书画出版社，2013年7月。

《往事丹青》，陈岩著，北京中信出版社，2013年10月。

《一程十发·程十发作品选集》，上海人民美术出版社，2013年11月。

《散锋简笔·海派菁华　程十发笔墨艺术文献集》，程十发艺术馆主编，上海文化出版社，2014年11月。

《云乡话食》，邓云乡著，中华书局，2015年4月。

《张金锜画集》，程十发艺术馆编，2015年4月。

《高妙传神——关良绘画艺术研究》，北京画院编，广西美术出版社，2015年4月。

《"四人帮"上海余党覆灭记》，李海文、王守家著，中国青年出版社，2015年4月。

《摄影大师简庆福的光影岁月》，陈耀王著，学林出版社，2015年5月。

《近代海上画坛五人——"三吴一冯""海上四家"艺事琐记》，冯天虬著，上海交通大学出版社，2016年8月。

《吴湖帆年谱》，王叔重、陈含素编著，上海东方出版中心，2017年7月。

《程十发传》（新版），郑重著，上海东方出版中心，2018年5月。

《炉边诗话　金性尧古诗纵横谈》，金性尧著，北京联合出版有限公司，2018年5月。

《独立墨林——程十发艺术展》，上海国际信托有限公司，2018年6月。

《墨缘·食砚斋主人珍藏书画随笔》，宋玉麟著，古吴轩出版社，2019年4月。

《云霞出海曙——程十发书画艺术作品集》，程十发艺术馆编，上海文化出版社，2019年5月。

《程十发艺术馆年鉴 2009—2019》，程十发艺术馆主编，上海文化出版社，2019年9月。

《我认识一些深情的人》，曹可凡著，上海文艺出版社，2020年1月。

《山花烂漫：程十发用印集》，程十发艺术馆编，西泠印社出版社，2020年11月。

《程十发百年诞辰学术论文集》，程十发艺术馆编，上海文化出版社，2020年12月。

《书画名家年谱大系：王个簃年谱》，魏武、姚沐编著，上海书画出版社，2020年12月。

《精艺报国——纪念程十发诞辰100周年艺术展作品集》，上海中国画院、程十发美术馆编，2021年。

《师道传承——程十发　汪大文　毛国伦　程多多作品集》，程十发艺术馆编，2021年4月。

《陈佩秋先生年谱》，费滨海、庞沐兰编撰，上海交通大学出版社，2021年4月。

《高怀寄古——程十发捐赠陈洪绶书画》，上海中国画院、程十发美术馆编，2021年4月。

《程十发书画》（全十二册），马元浩、马亮编著，西泠印社出版社，2021年6月。

《掌故（第八集）》：《上海中国画院特别班》，陈铃，中华书局，2021年7月。

《十发谈艺》，程十发艺术馆编，上海文化出版社，2022年1月。

《海上画坛闻见记》，徐建华著，浙江人民美术出版社，2022年3月。

陈志强、王劼音：《访谈程十发》，《二十五年：上海市美术专科学校纪念文集（1959—1983）》，上海大学出版社，2012 年 8 月。

韩天衡：《幽默、仁心、才情——忆程十发先生》，《文汇笔会》，2017年9月。

张迪平：《汾阳路150号的记忆》，《东方早报》，2016年9月21日。

《汪大文访谈：四十年前的册页里有一段人生》，《新民晚报》，2019年8月18日。

澎湃新闻·上海老底子：《没有小人书的童年是不完整的》，2020年6月2日。

恽甫铭：《程十发的漫画》，《解放日报》，2011年8月。

曹有成回忆，周宓笔录：《程十发的早年生活和工作》，2012年7月。

周素子：程十发与《三阳开泰》，中共如皋市委新闻网，2016年1月4日。

汪观清口述：《人美社108将：上海为何会成为中国连环画大本营》，澎湃新闻，2016年1月28日。

邢砚斐：《诗窠　棋囿　字仓场》，《松江报》，2016年3月25日。

程佳：《1950年代上海连环画业的改造》，《档案春秋》，2017年02期。

上海中国画院：《从传统走来的新艺术——程十发遇见拉斐尔前派》，2019年9月24日。

周和平：《宋文治与香港（庆祝香港回归祖国25周年特辑）》，宋文治艺术研究中心，2022年7月1日。

郭怡孮：《熙天曜日大地回春　著名中国画家、中央美院教授郭怡孮忆"庆香港回归画展"》，《美术报》，2022年7月1日。

袁丽：《时代激荡中的个体探索——程十发20世纪50年代的艺术实践》，《上海艺术评论》，2022年11月28日。

后　记

有人吾之相，（天）花即着其身。谁作须菩提，幻中见真形。一切有为法，梦幻如泡影。静露如闪电，百劫又重生。披图见幻境，天花着我身。心无维摩诘，笔墨是长春。劫灰何足惧，万物皆飞尘。

程十发

　　至今依然清晰记得，18年前的2005年6月20日，程十发先生病体初愈即欣然出席上海美术馆举行的"王天一画展"开幕式，笔者由恩师苏石风先生带进贵宾室，拜会先生，得亲闻謦欬。身着白色礼服的程老风度翩翩，对我冒昧奉上印着拙作的明信片作为汇报作品，也笑言鼓励，让人如沐春风。

　　在苏老师的悉心教导下，笔者对传统书画艺术逐渐入门，特别是在苏老师惠赠一幅程老所绘的戏画作品《坐楼杀惜》后，便一发不可收地迷上了程十发先生的作品。此后十余年收藏经手的程先生的创作，除了通常意义上的纸绢质书画外，还陆续收集了先生的素描、画稿、摄影作品、瓷盘画、文稿、信札、剧本、连环画原稿、装帧设计稿、会议记录、印章、木雕、文房用品、工作证、借条、收据、便条等等，可以说如痴如醉。

　　开始编撰此书的契机是正将届十发先生百年华诞纪念之际，看到许多对先生官方的、私人的讨论、研究和纪念活动及文章，但忽觉汗牛充栋的画册、书籍中欠缺了"年谱"这一重要部分。于是立志并开始埋头于这项工作。"年谱"内容直接来源于程十发先生的书画、金石作品、藏品、访谈、书札、题跋等等，旁及先生的师友诗文集、回忆录、传记、年谱、日记，兼及地方文献、期刊、报纸、作品集、工具书、拍卖图录、拍卖记录等，加之自己收藏的对年谱的编撰助益良多的第一手资料，让本书初具规模，谱主行止事迹略备。

　　在整理的过程中，自觉所获良多，不仅能一窥十发先生艺术创作的渊源流变，其自我风格的形成、发展、转变，不断地探索和创新，最终从心所欲、以臻化境；在深切体会到先生艺术的渊深海博、山高岳峙的同时，也能历历目睹他用强大的内心、发自肺腑的幽默感来笑对各种打击和困境。

　　书中所引书画作品，由于先生的创作繁如星汉，且艺术品市场上赝鼎掺杂，除公认无误者之外，只能勉力从年代风格行款特征等等入手，并参照专家意见，择什一而录之，不敢也无力面面俱到、锱铢无遗，姑且略览先生高标风神而已。

先生阅八十春秋，影响力和足迹遍及海内外，师友门生交游广泛。在间接材料方面，本书正是借助他们提供的口头、文字资料，尤其是那些生动且充满主观情绪的回忆，才将十发先生的形象，在他的作品之外，给我们以活泼泼的感受，仿佛让我们可以触及这位伟大的现代艺术家，直面这位幽默达观、坚韧不拔、平易近人，对生活和艺术充满热情，对世界充满爱心的老人。

本书的编撰可以说享受到了许多此前未有的便利，能够参考到更多仍在持续增加的作品资料和文献信息。对先生艺术的深入研究和探讨，可以说是站在他人的肩膀上寻章摘句，让本书的完成如百流归海，所以感激之情溢于言表。

当然基于时间的过滤及其他种种原因，总有些信息互歧，同时网络时代信息如潮水扑面，泥沙俱下，对材料的甄别带来更多的困难。目前呈现的材料择选绝非敢称定谳，并且先生早年和中年的部分资料欠缺颇多，大家看到的这本年谱只能说面貌初具、抛砖引玉而已，完美的版本还留待日后再行补充、完善。虽然本书错过了先生的百年华诞纪念，但是我相信百年是一个节点而不是一个终点，更不是淡化和遗忘的开端。

由于个人学力所限，不揣浅陋，程十发先生之事迹，全篇文字整理粗疏，唯不乏诚意和敬意而已。书中的文字或图片或偶一心得，如能为广大爱艺者的资料索求起到些微襄助作用，则乐莫大焉。本书中所引用的来源尽量详细地附在文末，但疏忽错漏在所难免，如有无心之失或臆测失据乃至贻笑大方之处，恳切冀望诸位贤哲有道不吝赐教、多所指正。

蔡梓源　王志娴
2023年中秋节于上海

程十发作品选辑

《仿八大画意》

《泛舟访友》

《仿黄鹤山樵图》

489

女几山前野路斜，横松声偏解合泉声试枕
静裹閒倾耳，便觉沖然道气生
戊子八月六日赋六如山路松声往存负欵識
十瞥庐七程陸

臨六如居士山路松聲

程十髮先生出山路松聲圖屬题神品

《山路松声图》

《临徽宗溪山秋色图》

《反黑田》

《第一回胜利》

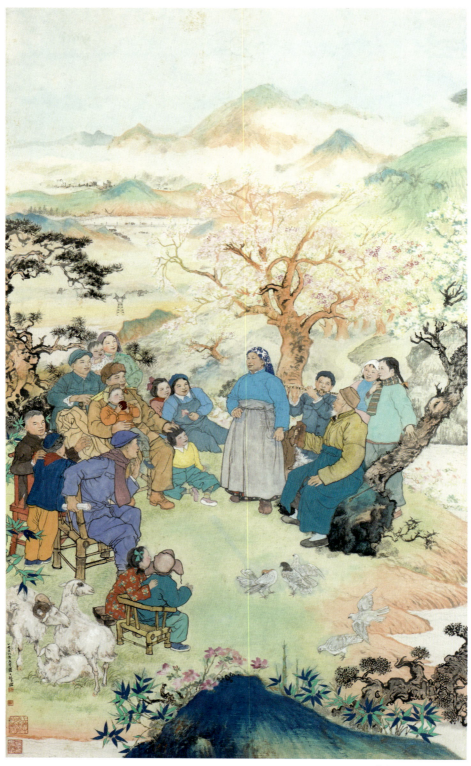

《歌唱祖国的春天》

《瑞丽江边》

《与少数民族在一起》

《海上大学》

《景颇一景》

《行书》

《窗明如镜》

《我们的朋友和同志遍于全世界》

《新疆人物》 四帧

《秋》

《少女与大角羚羊》

《夏日街头》

《胭脂》（聊斋故事）

《竹荷鸳鸯图》

《竹报平安》

《荔枝双雀图》

《幸福琴声》

《一叶报秋心》

《二湘图》

讀唐人傳奇虬髯客後如之摹象

戊午仲秋 程十髮漫筆

《虬髯客》

戊午天中前夕敬寫

屈靈均象

右皇嘉樹橘徠服兮受命不遷生南國兮深固難徙更壹志兮綠葉素榮

紛其可喜兮曾枝剡棘圓果摶兮青黃雜糅文章爛兮精色內白額佀道

兮紛緼宜脩姱而不醜兮嗟爾幼志有以異兮獨立不遷豈不可喜兮

深固難徙廓其無求兮蘇世獨立橫而不流兮閉心自慎終不失過兮

秉德無私參天地兮願歲幷謝與長友兮淑離不淫梗其有理兮年歲雖少

可師長兮行比伯夷置以為像兮

郋再錄橘頌一章

《屈靈均象（像）》

《漱玉填词》

《瓶花》

《少女牧羊》

《放鹤图》

《古树新声图》

《巾帼英雄图（梁红玉）》

《橘颂》

《满载而归》

許良先生雅教 己未二月程十發愍於羊城

《兰花少女》

《钟馗听琴图》

《赶集图》

《一心为集体》

《真知》

《读书仕女》

《晚香图》

《献花图》

《橘颂》

《大青树下》

《沧浪吟》

《衣被天下之願望》

《石榴海棠图》

《茶花·双鸡》

《藤花长青》

民歌詩意程十髮繪製 程多多題

月兒彎彎照九州　哪嚓嚓小寶寶搖呀搖呀搖　乖乖快睡覺老師明天到　媽媽要去上課了快快去準備　農民歌詩意

《妈妈读书去》

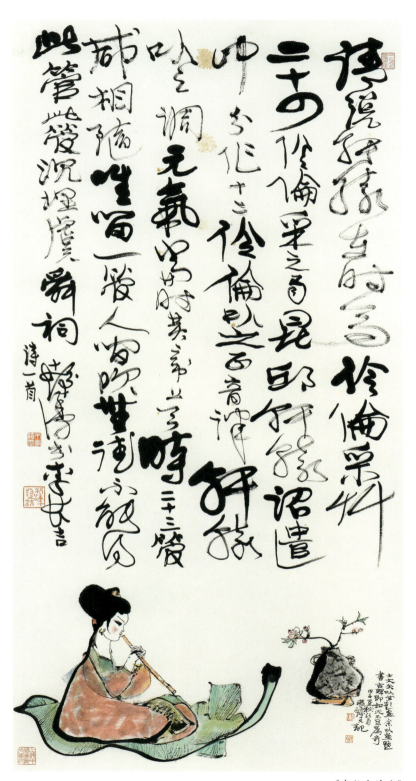

《李长吉诗意》

《烟云山川图》

《山居瑞雪》

《仕女》

绛侯周勃垂厚少文
韎陛诸吕玉宇澄清
敕造一躯供养斋门题
魅魈魍魉失瞳逃遁
柔家祐福泽业

壬申之九年
程十发谨制并题
于上海

《周勃仗剑图》

《钟馗饮酒图》

《阆苑长春图》

《饲鹿图》

《欢乐的节日》

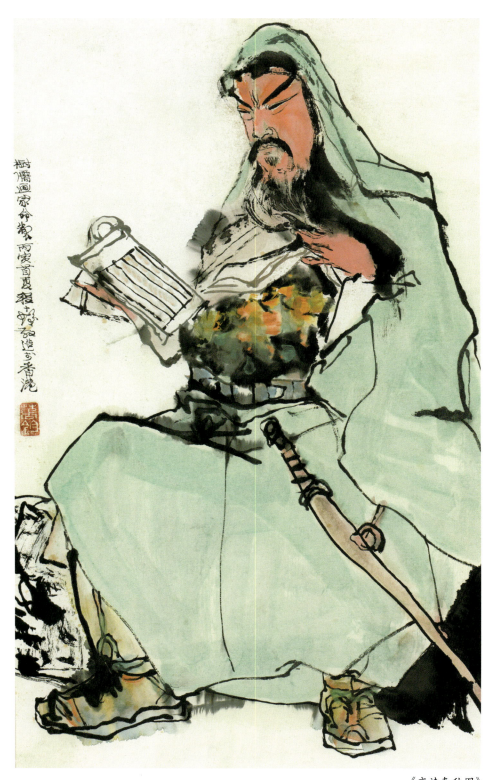

《夜读春秋图》

《李青蓮造象（像）》

《陶渊明诗意图》

《洞箫梅花图》

《福禄双吉图》（与张金锜合作）

《五色锦鳞图》

《湖石锦鸡》

《花间少女图》

《瑞兽图》四帧

《玉兰图》

《四季平安》

上海金融報創刊三周年紀念 一九九五年有月 程十髮畫賀

《瓶花》

《仕女》

壬子冬宣夜 程十髪寫意

《少女》

《幽香图》

后皇嘉树，橘徕服兮。
受命不迁，生南国兮。
深固难徙，更壹志兮。
绿叶素荣，纷其可喜兮。
曾枝剡棘，圆果抟兮。
青黄杂糅，文章烂兮。
精色内白，类任道兮。
纷缊宜修，姱而不丑兮。
嗟尔幼志，有以异兮。
独立不迁，岂不可喜兮。
深固难徙，廓其无求兮。
苏世独立，横而不流兮。
闭心自慎，终不失过兮。
秉德无私，参天地兮。
愿岁并谢，与长友兮。
淑离不淫，梗其有理兮。
年岁虽少，可师长兮。
行比伯夷，置以为像兮。

甲戌暮秋云间程十发
振坤鉴教之

《橘颂》

程十发印选

鲈乡	鲈乡人	华亭路畔之华亭县人	二陆乡人
云间	云间	云间	步鲸楼
三釜书屋	修竹远山楼记	不教一日闲过之斋	十发
程	十发	程十发	石鼓山下人家
程十发玺	十发一程	程十发印	十发

十发私玺	程十发画记	松江人	十发之玺
十发	叱石成羊	意到便成	不知笔在手
随心所欲	大象	十发减笔	程潼
程十发	程十发	鲸楼	十发得伯年铭心绝品
程多多	十发	发	司明祥

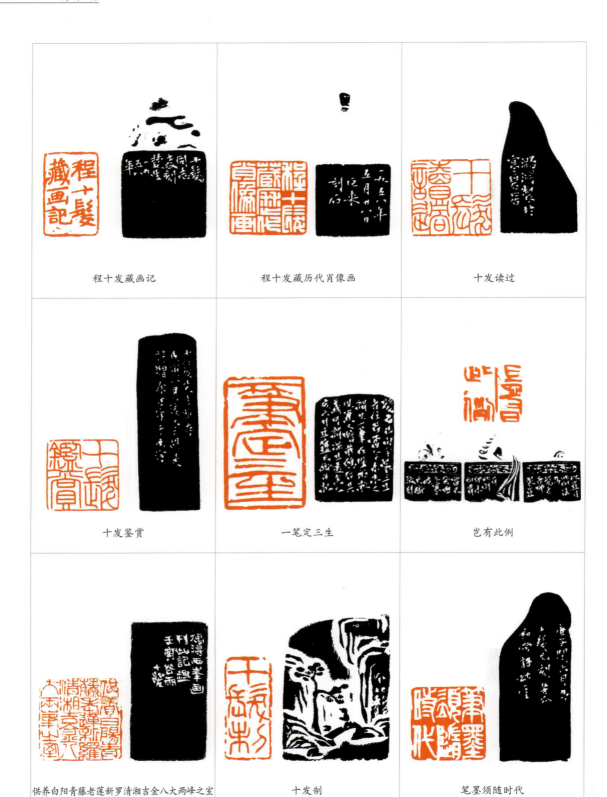

程十发藏画记	程十发藏历代肖像画	十发读过
十发鉴赏	一笔定三生	岂有此例
供养白阳青藤老莲新罗清湘吉金八大两峰之室	十发制	笔墨须随时代

十发一程   云间程潼   十发

程氏藏书   程   病起头已白

程十发审定书画之印   司明祥   张白妹